AF566505

David C. Bienert

# Bibelkunde des Neuen Testaments

Penguin Random House Verlagsgruppe FSC® N001967

3. Auflage, 2021


Umschlaggestaltung: Init GmbH, Bielefeld
Umschlagmotiv: Replikat des 𝔓52, dem ältesten Fragment des Neuen Testaments aus dem frühen 2. Jahrhundert n. Chr., Fotoarchiv Alexander Schick, © www.bibelausstellung.de
Satz: Satz!zeichen, Landesbergen
Druck und Bindung: PB Tisk, a.s., Pribram
Printed in Czech Republic
ISBN 978-3-579-08043-7
www.gtvh.de

# Vorwort

Dieses Buch ist ein Wagnis. Angesichts gegenwärtiger Umstrukturierungen an den bundesdeutschen Hochschulen haben sich die Anforderungen an das Fach »Bibelkunde« in den vergangenen zehn Jahren spürbar gewandelt – von einer landeskirchen- oder bundesweit einheitlichen Regelung scheint man jedoch weiterhin Lichtjahre entfernt. Einen verbindlichen Wissenskanon für das Fach Neues Testament aufzustellen, widerstrebt vermutlich jedem, der dieses Fach vertritt; nichtsdestotrotz ist das Anliegen begründet. Eine Binnendifferenzierung zwischen »Lehramt« und »Pfarramt« vorzunehmen, ist nicht minder problematisch – und doch unverzichtbar. »Bibelkunde« ist aber nicht nur Prüfungsfach, sondern – zumindest nach der in dem hier vorliegenden Buch vertretenen Auffassung – Grundlage jeder kritischen Begegnung mit dem Neuen Testament – weit über Examina hinaus.

Dass dieses Wagnis nun innerhalb von drei Jahren Gestalt angenommen hat, ist in erster Linie und in besonderer Weise Diedrich Steen vom Gütersloher Verlagshaus zu verdanken, der mich nach unserer ersten persönlichen Begegnung im Frühjahr des Jahres 2007 zu diesem Projekt ermunterte und es mit seiner freundlichen und ermutigenden Art fortwährend interessiert, kritisch und wohlwollend begleitet hat. Für sein Vertrauen in mich, diese verantwortungsvolle Aufgabe zu meistern, bin ich ihm überaus verbunden und zu großem Dank verpflichtet. Ebenso danke ich den Mitarbeiterinnen und Mitarbeitern des Gütersloher Verlagshauses, namentlich Frau Dipl. Theol. Tanja Scheifele, für vielfältige Beratung und Hilfestellungen bei den Endkorrekturen sowie der Drucklegung.

Wer sich auf einen solchen Weg wagt, bedarf vieler Vorläufer und Weggefährten, um nicht auf halber Strecke zu resignieren. Danken möchte ich daher meinen eigenen Bibelkunde-Lehrern an der Evangelisch-Theologischen Fakultät Münster, namentlich Dr. Joachim Jeska, Dr. Dirk Schwiderski und besonders PD Dr. Jakob Wöhrle, von denen ich viel gelernt habe und die auf ihre je eigene Weise das Konzept dieses Lehrbuches beeinflusst haben. Ich danke meinen neutestamentlichen Lehrerinnen und Lehrern, allen voran meinem 2004 verstorbenen Doktorvater Prof. Dr. Jens-W. Taeger, ohne dessen Zutrauen ich wohl niemals die Möglichkeit zu diesem Projekt erhalten hätte, dessen unverkennbare Prägekraft sich auf jeder Seite dieses Buches niedergeschlagen hat und dessen Anliegen in meinem hermeneutischen Nachwort widerhallt. Nicht weniger habe ich den ihm nachfolgenden Direktoren des neutestamentlichen Seminars, Prof. Dr. Dietrich-Alex Koch und Prof. Dr. Hermut Löhr zu danken, die mir neben anderem durch die Übertragung der Verantwortung für die neutestamentliche Bibelkunde an unserer Fakultät ermöglichten, den Grundstein für dieses Lehrbuch zu legen; ihnen und allen weiteren Mitgliedern des Münsteraner neutestamentlichen Doktorandenkolloquiums verdanke ich darüber hinaus vielfältige Anregungen und Einblicke in aktuelle und vergangene Diskurse um das neutestamentliche Schrifttum. Dank sagen möchte ich aber auch den

Mitgliedern der Arbeitsgemeinschaft neutestamentlicher Assistentinnen und Assistenten (AG-ASS), namentlich Dr. Markus Lang, PD Dr. Enno E. Popkes, Dr. Klaus-Michael Bull und Pfr. Dirk Jonas für zahlreiche Gespräche und hilfreiche Impulse.

Frau stud. theol. Dagrun D. Pflüger war mir als studentische Hilfskraft am neutestamentlichen Seminar über Jahre hinweg mit geschärftem Blick, gespitztem Stift und einem hohen Maß an Sorgfalt und Sachverstand eine unverzichtbare Hilfe bei der Vorbereitung meiner Bibelkunde-Lehrveranstaltungen – sie hat wesentlich zum Gelingen dieses Buches beigetragen. Zahlreiche wichtige Hinweise und Korrekturen verdanke ich außerdem Frau Dipl. Theol. Ruth Ebach sowie den Herren Dr. Sebastian Fuhrmann, stud. theol. Moritz Gräper und Markus Gratias. *Last but not least* spreche ich aber allen Studierenden (und Prüflingen) meinen Dank aus, die meine Lehrveranstaltungen zur neutestamentlichen Bibelkunde seit dem WS 2004/05 an der Evangelisch-Theologischen Fakultät der WWU Münster kritisch begleitet haben. Aus den Dialogen und Diskussionen mit ihnen erwuchsen manche Einsichten, die ich allein am Schreibtisch wohl niemals gewonnen hätte – und auch wenn ihr Interesse angesichts der Prüfungsanforderungen in hohem Maße extrinsisch motiviert gewesen sein dürfte, so hoffe ich inständig, dass ich bei der einen und dem anderen doch einen Hauch intrinsische Begeisterung für die biblischen Fächer, besonders natürlich das Neue Testament entfachen konnte.

Dieses Buch ist ein Wagnis – vielleicht deshalb, weil das Neue Testament uns lehrt, dass auch der Glaube stets ein Wagnis ist, und nur als ungesicherter Glaube tragfähig. Den dafür erforderlichen Wage*mut* verdanke ich vor allem meiner Frau Maren Bienert, die meine »Bibelkunde« von Beginn an begleitet und in vielfältiger Weise gefördert hat. Ihr ist dieses Buch gewidmet.

Münster, den 13. 12. 2009 David C. Bienert

# *Inhalt*

# Teil 1:
# Vorbemerkungen

# I. Einleitung: Die Konzeption dieses Bibelkunde-Lehrbuchs

Aktuelle Bibelkunde-Lehrbücher: *Bormann, L.*: Bibelkunde. Altes und Neues Testament, Göttingen [5]2014; *Bull, K.-M.*: Bibelkunde des Neuen Testaments. Die kanonischen Schriften und die Apostolischen Väter. Überblicke. Themakapitel. Glossar, Neukirchen-Vluyn [7]2011; *ders./Rösel, M.*: Elektronische Bibelkunde 3.0. Altes Testament mit Apokryphen, Neues Testament und Apostolische Väter, Stuttgart [3]2011; *Merkel, H.*: Bibelkunde des Neuen Testaments. Ein Arbeitsbuch, Gütersloh [4]1992; (*Preuß, H. D.*/)*Berger, K.*: Bibelkunde des Alten und Neuen Testaments. Zweiter Teil: Neues Testament. Register der biblischen Gattungen und Themen. Arbeitsfragen und Antworten, Heidelberg [6]2003; *Westermann, C./Ahuis, F.*: Calwer Bibelkunde. Altes Testament. Apokryphen. Neues Testament, Stuttgart [14]2001 (bis 13. Aufl. *Westermann, C.*: Abriß der Bibelkunde); *Wick, P.*: Bibelkunde des Neuen Testaments, Stuttgart 2004.

Bibelkunde-Lehrbücher lassen sich grob in drei Kategorien einteilen. Die einen legen den Schwerpunkt auf die Nacherzählung der biblischen Texte (*Bull*); die anderen versuchen mit Hilfe von Tabellen und Strukturen den Stoff möglichst transparent zu machen (besonders prägnant bei *Westermann*, in Ansätzen auch bei *Bull*; nun in besonders detaillierter Weise bei *Wick*). Eine dritte Gruppe stellt vorrangig Arbeitsfragen, mit deren Hilfe die Studierenden sich die Texte eigenständig erschließen sollen (klassisch bei *Merkel*; *Berger* bietet am Ende seines Lehrbuchs 100 Fragen zum Neuen Testament, *Bormann* stellt einige spezielle Rückfragen). Die meisten Lehrbücher vertreten gemischte Ansätze, wenn auch mit jeweils unterschiedlicher Schwerpunktsetzung.

Dieses Lehrbuch beschreitet einen eigenen Weg, der sich an den bereits existierenden Bibelkunde-Lehrbüchern und Einleitungen orientiert. Am Ende dieses Weges steht das Ziel, den Studierenden Hilfestellungen zu geben, den (für Prüfungen) zu lernenden Stoff einzuordnen, sie dabei aber nicht mit »Nacherzählungen« der biblischen Texte zu langweilen (was auch *Wick* fordert). Gegenwärtig erscheint es am nötigsten, dass Studierende angeleitet werden, die richtigen *Fragen* an die Texte zu stellen. Zu diesem Zweck ist die Verschränkung von Einleitungswissen und Bibelkunde unumgänglich, doch soll das Einleitungswissen das Lernen lediglich unterstützend begleiten, es ist nicht *per se* Gegenstand einer Bibelkundeprüfung.

Hinzu kommt, dass an den Universitäten häufig zwischen »Pfarramtswissen« und »Lehramtswissen« differenziert werden muss. Eine solche Unterscheidung mag nicht jedem gefallen, suggeriert sie doch, dass Lehramtsstudierende (in NRW: Studierende mit Abschluss BA/MA) einen »verkürzten« Kanon zu lernen hätten – und diese Annahme beförderte in der Vergangenheit nicht selten das Pauschalurteil, Lehramtsstudierende seien »Schmalspurtheolog(inn)en«. Die Realität sieht aber so aus, dass Lehramtsstudierende, die neben der Theologie in der Regel noch ein weiteres Fach und Pädagogik studieren, sich in weniger als der Hälfte der Zeit nahezu dasselbe Grundwissen aneignen sollen, das von Pfarramtsstudierenden erwartet wird. Das ist natürlich utopisch. Schon von daher will dieses Lehrbuch mehrschrittig vorgehen – das für alle Studierenden unerlässliche Grundwissen kann für Pfarramtsstudierende noch nicht ausreichen, um die Bibelkundeprüfung (gegenwärtig Teil der Zwischenprüfung an den Evangelisch-Theologischen Fakultäten, demnächst Bestandteil des Propädeutik-Moduls im bundesweiten »Magister Theologiae«) zu bestehen. Lehramtsstudierende sollten umgekehrt aber im Laufe ihres Studiums das erlernte Wissen weiter vertiefen können. Hierzu möchte dieses Lehrbuch ausdrücklich ermuntern.

Es ist darüber hinaus zu wünschen, dass auch Studierende der Katholischen und Orthodoxen Theologie diese Bibelkunde gewinnbringend lesen und anwenden können. Die exegetischen Fächer bieten ein enormes – und zu selten genutztes – Potential für den ökumenischen Dialog der Konfessionen: Zwar wird die gemeinsame Grundlage der »Schrift« nicht an allen Punkten übereinstimmend gedeutet und deren Normativität divergent beurteilt, doch das *Bemühen um ein gemeinsames Verstehen* der biblischen Überlieferung ist aus Gründen wissenschaftlicher Seriosität *und* ökumenischer Verbundenheit notwendig.

## 1. Die Voraussetzungen

Noch vor einigen Jahren ging man selbstverständlich davon aus, dass zumindest die Kenntnis biblischer Geschichten bei allen Studierenden der Theologie vorhanden ist. Wenngleich sich Schulen und Kirchen vermehrt wieder um die Vermittlung solchen »Grundwissens« bemühen, ist ein »interner« Kanon mittlerweile nicht mehr vorhanden. Selbst die berühmten Gleichnisse Jesu vom »Verlorenen Sohn« (Lk 15) oder vom »Barmherzigen Samariter« (Lk 10) sind überraschenderweise vielen Studierenden inhaltlich nicht bekannt; genauer gesagt: die Schere zwischen denen, die eine Menge Vorwissen mitbringen und denen, die über wenig Vorwissen verfügen, klafft immer weiter auseinander. Kirchlich sozialisierte Theologiestudierende wundern sich oft über das Nichtwissen ihrer Kommilitoninnen und Kommilitonen. Im Rahmen einer Lehrveranstaltung ist diese Ausgangslage stets zu berücksichtigen, und aus diesem Grund wird das auch für dieses Buch notwendige »Vorwissen« möglichst niedrig angesetzt. Der Versuch, die Kapitel jeweils unabhängig voneinander zu konzipieren, gestaltete sich hingegen für die drei ersten Evangelien (Mt, Mk, Lk) nur begrenzt.

Auf ein Glossar am Ende des Buches wurde verzichtet. Damit aber Anfängerinnen und Anfänger ohne Vorkenntnisse und auch Nichttheologen sich schnell einarbeiten können, sollten sie zum Verständnis der hier verwendeten wissenschaftlichen und theologischen Fachausdrücke ein *Fremdwörterbuch* zu Rate ziehen, z. B. *Hauck, F./Schwinge, G.:* Theologisches Fach- und Fremdwörterbuch. Mit einem Verzeichnis von Abkürzungen aus Theologie und Kirche und einer Zusammenstellung lexikalischer Nachschlagewerke, Göttingen [11]2010.

## 2. Der Text des Neuen Testaments

**Wichtige Bibelausgaben**: »*Lutherbibel*«: Die Bibel. Nach Martin Luthers Übersetzung. (Bibeltext in der revidierten Fassung von 2017), hg.v. der Evangelischen Kirche in Deutschland, Stuttgart 2017; »*Einheitsübersetzung*«: Die Bibel. Einheitsübersetzung der Heiligen Schrift. Gesamtausgabe. Stuttgart 2017; »*Neue Zürcher Bibel*«: Zürcher Bibel, hg.v. Kirchenrat der Ev. Ref. Landeskirche des Kantons Zürich, Zürich 2007; »*Griechischer Text*«: Nestle, E./Aland, K. u. a. (Hg.): Novum Testamentum Graece, Stuttgart [28]2012; (für Pfarrämtler empfiehlt sich die *zweisprachige Ausgabe*: Das Neue Testament. Griechisch und Deutsch [griechischer Text: 28. Aufl. des Novum Testamentum Graece/deutsche Texte: revidierte Fassung der Lutherbibel von 2017 und Einheitsübersetzung der Heiligen Schrift 2016], hg.v. B. und K. Aland, Stuttgart [5]2017). Inzwischen sind viele Bibelausgaben auch *online* abrufbar; u. a. auf den Seiten der Deutschen Bibelgesellschaft (http://www.bibelwissenschaft.de/online-bibeln *sowie* http://www.die-bibel.de [2018]).

Auch wenn es zunächst abschreckend wirkt: Grundlage jeder Bibelkunde ist (notwendig) der so genannte »Urtext«, das ***griechische* Neue Testament**, denn in dieser Sprache ist es verfasst worden. Für alle, die einmal Griechisch gelernt haben, sollte es daher selbstverständlich sein, immer *auch* den Originaltext zur Kenntnis zu nehmen. Es empfiehlt sich daher für Studierende im Pfarramtsstudiengang und diejenigen, welche das gymnasiale Lehramt anstreben, eine zweisprachige Ausgabe (Griechisch-Deutsch) bei der bibelkundlichen Arbeit zu verwenden, zumal die Standardausgabe sowohl die Luther- *als auch* die Einheitsübersetzung zusammen mit dem griechischen Text parallel abdruckt. Dies hat einen weiteren Vorteil: Bei einem sorgfältigen Vergleich der Übersetzungen dürfte auffallen, dass es an einigen Stellen zu unterschiedlichen Interpretationen kommt. Man entwickelt dadurch zwangsläufig ein kritisches Bewusstsein den möglicherweise »anders« vertrauten Texten gegenüber.

Studierende *ohne* Griechischkenntnisse sollten zumindest eine gebräuchliche Bibelübersetzung wählen, die dem »Urtext« nahe steht, diesen aber zugleich in einem verständlichen Deutsch wiedergibt. Von daher empfehlen sich die »Klassiker« **Lutherbibel** (**LB**; in den meisten ev. Landeskirchen gebräuchlich), **Einheitsübersetzung** (**EÜ**; im röm.-kath. Bereich vorherrschend) oder die (**Neue**) **Zürcher Bibel** ([**N**]**ZB**; bei den Kirchen reformierten Bekenntnisses im Gebrauch). Interpretierende (dynamisch-gleichwertige) Übersetzungen wie die von *Jörg Zink* und *Ulrich Wilckens* oder auch die *Gute Nachricht Bibel* können für ein besseres Verständnis einzelner Passagen hilfreich sein, sind aber als Grundlage für bibelkundliches Lernen schlechter geeignet – das gilt auch für die »Bibel in gerechter Sprache«, die als kritische Anfrage an herkömmliche Interpretationen und Leseweisen ihren eigenen Wert *jenseits* bibelkundlichen »Grundwissens« besitzt. Die (revidierte) Elberfelder Bibel ist nah am »Urtext«. Formalisierte Übertragungen wie das »Münchener Neue(s) Testament« oder eine Interlinear-Übersetzung sind als Hilfsmittel brauchbar, zur fortlaufenden Lektüre jedoch wenig geeignet.

Die in diesem Buch vorherrschende Schreibweise der Namen sowie die Abkürzungen der biblischen Bücher orientieren sich an den *Loccumer Richtlinien* bzw. der NZB, was denen, die mit der »Lutherbibel« vertraut sind, an einigen Stellen ungewohnt erscheinen dürfte.

## *3. Die Unterscheidung von »Grundwissen« und »Spezialwissen«*

Dieses Buch will Studierende unterschiedlicher Studienrichtungen innerhalb der Theologie, aber auch der Religionswissenschaft, Philosophie oder Kunstgeschichte mit Blick auf verschiedenste Abschlüsse (Diplom, Pfarramt, BA, MA) ansprechen und dabei weder die einen über- noch die anderen unterfordern. Darüber hinaus soll es sich auch zum Selbststudium eignen. Unter diesen Voraussetzungen ist es wichtig, das zu erlernende Wissen zu differenzieren.

Grundsätzlich gilt, dass alle Studierenden einen *Überblick* über den Inhalt der neutestamentlichen Schriften erwerben sollen. Dies wird durch eine kurze Einleitung sowie eine abschließende Strukturübersicht der jeweiligen Schrift geleistet. Die klassischen »Einleitungsfragen« nach Autor, Adressaten, Entstehungszeit und -ort der Schriften werden thematisiert, aber nicht erschöpfend behandelt: Sie dienen lediglich der notwendigen Orientierung. Anhand eines Fragenkataloges, der zwischen Grund- und Spezialwissen unterscheidet, wird dann ein vertieftes Selbststudium ermöglicht. Die Antworten sind bewusst knapp gehalten und nicht erschöpfend, sie sollen die *notwendige* Lektüre nicht ersetzen, sondern ausschließlich als Kontrolle dienen. Für ein erfolgreiches Studium entscheidend ist die fortlaufende Lektüre der jeweiligen Schriften unter *Einbeziehung* der gestellten Fragen. Am Ende jedes Abschnitts werden noch einmal prägnante Zitate zum Auswendiglernen präsentiert.

Von Pfarramtsstudierenden wird erwartet, dass sie den *gesamten* Kanon überblicken können, während bei Lehramtsstudierenden und »Nebenfächlern« eine Konzentration auf die *Evangelien*, die *Apostelgeschichte* und die *»echten« Paulusbriefe* sinnvoll erscheint.

Schließlich ist es aber auch wichtig, über *einzelne Personen* im Neuen Testament Bescheid zu wissen und zu wichtigen *theologischen Themen* die notwendige biblische Fundierung zu gewinnen. Dies wird u. a. durch spezielle, im Fragenkatalog ausgewiesene »Themen« gewährleistet. Diese sollten Studierende sich zunächst selbständig aneignen – die in Kapitel XIV. gegebenen Zusammenfassungen können dann als Kontrolle dienen und das Erarbeitete gegebenenfalls noch ergänzen oder vertiefen. In diesem letzten Abschnitt wird zwischen Grundwissen und Spezialwissen dahingehend differenziert, dass die **fettgedruckten** Stellenangaben als allen Studierenden bekannte Grundlage dienen sollen. Auf weiterführende Literaturverweise wird (außerhalb der einleitenden Kapitel und der Exkurse) verzichtet.

## *4. Lernen und Verstehen – der hermeneutische Zirkel aller Bildung*

Bibelkunde wird überwiegend als (reines) »Lernfach« verstanden. Doch gelten für alle Formen des Lernens gewisse *Grundvoraussetzungen* des »*Verstehens*«. So mindert etwa die (bei vielen Studierenden des Grundstudiums anzutreffende) Unkenntnis der Geographie des Mittelmeerraums in der Antike bereits enorm die Lernkapazitäten und -leistungen hinsichtlich der paulinischen Missionsreisen. Ein Schlüsseltext wie Apg 16 (von Troas in Kleinasien gelangt Paulus nach Philippi in Makedonien) kann erst dann in seiner Relevanz *verstanden* werden, wenn die kontinentalen Unterschiede (»Asien« [Troas] – »Europa« [Philippi]; zweisprachiger bzw. lateinischer »Westen« und griechischer »Osten«) bekannt sind. Die Verwendung der in den geläufigen Bibelausgaben abgedruckten *Landkarten* und *Glossare* wird daher bereits an dieser Stelle dringend empfohlen. Zwar ist die Kenntnis der Geographie selbst *nicht* Gegenstand bibelkundlichen Wissens, doch wie sollen Studierende sich das Wissen sinnvoll aneignen können, wenn ihnen diese Grundkenntnisse fehlen?

Darüber hinaus wird der *propädeutische Aspekt* der Bibelkunde oft nicht gebührend berücksichtigt. Für die reformatorische Theologie, in welcher der Grundsatz gilt, die Schrift als *norma normans* (*non normata*) (d. h. eine nicht erneut zu begründende Norm) anzusehen, können die »Bekenntnisschriften« diesen Sachverhalt gut illustrieren. Explizit nimmt beispielsweise die *Confessio Augustana* (CA) im vierten Artikel (CA 4: »Von der Rechtfertigung«) auf Paulus' Thesen aus Röm 3–4 Bezug. Zahlreiche andere Artikel enthalten eine explizite biblische Begründung, wie beispielsweise in CA 19, wo der Teufel (und nicht Gott!) als »Urheber der Sünde« aus Joh 8,44 *bewiesen*, in CA 22 die Notwendigkeit das Abendmahl in beiderlei Gestalt (Brot *und* Wein) zu empfangen aus 1 Kor 11,23–26 und in CA 23 der Ehestand der Priester aus 1 Kor 7 und 1 Tim 4 *abgeleitet* werden. Um die eigene Bekenntnisgrundlage kritisch *beurteilen* zu können, ist somit die Schrift als »Richtschnur« maßgeblich und das rechte exegetische Verständnis dieser Texte unverzichtbar. *Vor* aller Exegese steht zwar die *Lektüre* der biblischen Texte, doch in Anlehnung an die Frage des Philippus an den äthiopischen Beamten aus Apg 8 muss zugleich nach dem *Verstehen* dessen gefragt werden, was gelesen wird, soll dies Gelesene kein »totes« Wissen bleiben. Nur eine *fundierte* Kenntnis der biblischen Schriften ermöglicht einen angemessen Einsatz der Bibel im dogmatischen und ethischen Diskurs wie auch in der Praxis (Liturgie, Predigt, Seelsorge, Unterricht).

*Auch außerhalb* der theologischen Disziplinen ist eine fundierte Bibelkenntnis hilfreich. In der *Kunstgeschichte*, nicht nur des »christlichen Abendlandes«, ist der Einfluss der Bibel – auch und gerade des Neuen Testaments – allgegenwärtig. Oft ist die Einsicht in die intertextuelle Verflechtung von Bildern nur bei einer profunden Kenntnis der Einzeltexte möglich. Dies gilt einerseits im Blick auf die Gestaltung der Kirchenräume, die besonders aus der Offenbarung des Johannes zahlreiche Inspirationen erhalten hat, aber auch bei Darstellungen biblischer Szenen in der bildenden

Kunst, in denen einem Kundigen sichtbar wird, welche Schriftstellen als Vorlage gedient haben und auch, wie sie interpretiert wurden. Hier spielen nun nicht selten Details eine Rolle, die aus »bibelkundlicher« Sicht dem Exegeten wie dem Glaubenden weniger relevant erscheinen – nichtsdestotrotz: um diese Details klären und kontextualisieren zu können, bedarf es zunächst einer gründlichen (basalen) Kenntnis von *Aufbau und Struktur* des Neuen Testaments, zumal, wenn man sich ein eigenes Urteil über die Rezeption und Interpretation dieser Texte in der Kunst bilden möchte.

Dasselbe ließe sich ohne Probleme auf die *Musikgeschichte* ausweiten, besonders wenn man sich auf textgebundene Musik und die *Kirchenmusik* konzentriert.

Die *Literaturgeschichte* (als Teildisziplin der Germanistik, Anglistik, Romanistik, Slawistik usw.) ist ebenfalls ohne den Rückgriff auf biblische Themen undenkbar. Hier haben besonders einzelne Geschichten über Jesus, die Passionsgeschichte, die Gleichnisse Jesu, aber auch manche Pauluslegenden weitergewirkt. Angefangen bei Wolfram von Eschenbach über Goethe, Rilke, Kafka und Thomas Mann kann diese Liste bereits für die Germanistik beliebig fortgeführt und erweitert werden, und nicht erst seit Umberto Eco (»Der Name der Rose«) und Dan Brown (»Sakrileg«) sind biblische Themen in Bestsellern der Gegenwart allgegenwärtig. Letzterer Autor bietet sich zudem in besonderer Weise dafür an, der durch die fortschreitende Edition *apokrypher* Texte angeregten *neuen* Legendenbildung über Jesus mit *bibelkundlich* fundiertem Wissen zu begegnen.

Der Einfluss neutestamentlicher Texte auf die abendländische (und auch die »morgenländische«) *Philosophiegeschichte* ist unbestreitbar. Von der Zeit Konstantins an bis in die Zeit des Humanismus war die Philosophie vorrangig Sache der *Theologen*, zunachst der altkirchlichen Väter und später der mittelalterlichen Philosophen (die bekanntesten christlichen »Leuchttürme« sind sicherlich die Kirchenväter und Philosophen Augustinus von Hippo und Thomas von Aquin). Die Inhalte der biblischen Texte sahen sie vorwiegend als göttliche Offenbarungen an, welche die Einsichten der menschlichen Vernunft *ergänzten*. Gelesen und diskutiert wurde die Bibel im Mittelalter überwiegend von höheren Klerikern, während die zentralen Inhalte den Laien über die bildende Kunst und die Predigt vermittelt wurden. Durch die Zentralstellung der Bibel in der Reformationszeit, die Weiterentwicklung der Übersetzung in die Volkssprachen und schließlich die weltweite Verbreitung durch Bibelanstalten entwickelten sich neue Diskurse über die Inhalte der Bibel und eine fundierte Bibelkritik, was in der Zeit der Aufklärung eine fortschreitende Emanzipation der Philosophie von der Theologie als Wissenschaft nach sich zog. Trotzdem ist auch die europäische Philosophiegeschichte vom Deutschen Idealismus bis hin zu Nietzsche und Heidegger, Gadamer und Ricœur sichtbar beeinflusst von der Bild- und Themenwelt des Alten und Neuen Testaments. Die Gleichnisse vom »Barmherzigen Samariter« oder vom »Verlorenen Sohn« dienen weiterhin als ethische Paradigmen, Texte wie die »Bergpredigt« und das »Liebesgebot« werden hinsichtlich ihrer praktischen Umsetzbarkeit oder ihres politischen Potentials *auch* im philosophischen Kontext diskutiert. Erst das 20. Jh. brachte, besonders im europäischen Kulturraum, eine Abnabelung der Philosophie von den biblischen Fundamentaldebatten und Bildern, sodass gegenwärtig *klassische* philosophische Texte kaum noch in dem geistigem Horizont verstanden werden, dem ihre Autoren angehörten. Ein Philosophiestudium ohne *bibelkundliche* Kenntnisse gerät daher in die Gefahr, den enormen Einfluss der biblischen Texte auf das philosophische Denken mit ihren Nachwirkungen bis in die Gegenwart zu unterschätzen.

I. Kant »genoss« eine pietistische Erziehung, G.W.F. Hegel hatte Evangelische Theologie studiert und war Repetent des theologischen Stifts in Tübingen gewesen. Hegels Gegenspieler S. Kierkegaard war Evangelischer Theologe und lag fortwährend im Streit mit seiner Dänischen Nationalkirche. Die so genannten »Linkshegelianer« (u.a. Feuerbach) begründeten ihren »Atheismus« nicht in Unkenntnis, sondern gerade in *Kenntnis* der Bibel (und ihrer Rezeption). Der Pfarrerssohn F. Nietzsche war zugegebenermaßen kein *fröhlicher* Bibelleser, aber seine Kritik am Christentum basierte stets auf einer beeindruckenden Kenntnis des biblischen Fundaments (seine Freundschaft mit dem bedeutenden Patristiker F. Overbeck sei hier nur am Rande erwähnt). M. Heidegger hatte Katholische Theologie studiert und war ehemaliger Priesteramtskandidat. Diese Liste ließe sich beliebig fortsetzen. Die protestantische »Kultur« des 19. und beginnenden 20. Jh. ist von biblischen Themen durchtränkt, wenn auch oft vermittelt durch philosophische Reflexionen *über* diese Themen, was zudem einen »unmittelbaren« Zugang zu den Texten bis heute nachhaltig erschwert.

## 5. Das bibelkundliche Lernen

Kein Mensch kann sofort alles für immer wissen – das gilt für Studierende der Theologie ebenso wie für Bibelkunde-Dozenten. Von daher ist es notwendig, sich von vornherein die vorrangigen Lernziele des Faches »Bibelkunde« zu vergegenwärtigen. Hier sind vier Aspekte zu erwähnen:

1. Das »*Landkartenmodell*«: In einer fremden Umgebung ist es wichtig, sich schnell orientieren zu können. Vergleicht man das Neue Testament mit einer Stadt, die man (ohne ständig einen Stadtplan mit sich herumzutragen) erkunden möchte, so kann man sich deren Struktur auf ganz unterschiedliche Weisen »erarbeiten« oder »erlernen«. Am Anfang ist eine *grobe Orientierung* notwendig – man prägt sich die großen Hauptstraßen ein, weiß, welche Stadtviertel wo liegen, wo wichtige Gebäude und Institutionen zu finden sind usw. Hilfreich sind dabei auch »hohe Gebäude«, die einem den eigenen Standpunkt von weitem erschließen lassen. Wer eine Stadt auf diese Weise erkundet, der kennt zwar noch lange nicht alle Straßen, Gebäude, Institutionen, aber er kann sich Vieles schnell erschließen und sich rasch orientieren.

Ein Beispiel, das in den meisten Stadtgrundrissen sichtbar ist, sei nur erwähnt: In vielen kleineren Stadtvierteln werden die Straßen so benannt, dass ein Zusammenhang sichtbar wird. In Münster gibt es etwa das »Komponistenviertel« (*Vivaldistraße*, *Gluckweg* usw.), in Köln das »Belgische Viertel« (*Brüsseler, Lütticher Straße* …). Letzteres zeigt auch sogleich die Grenzen dieses Modells auf: So sind im »Belgischen Viertel« nicht nur die *Amsterdamer*, sondern sogar die *Osloer Straße* gelegen.

Bibelkundlich gesprochen heißt das zweierlei. Zunächst muss man den *Kanon* kennen: Welche Schriften enthält das Neue Testament, welchen Umfang haben diese Schriften, in welcher Reihenfolge stehen sie im Kanon, wer hat sie an wen geschrieben und wovon handeln sie? Auf die einzelnen Schriften angewandt bedeutet es, deren *Inhalt* grob zusammenfassen bzw. die in den Texten verhandelten *zentralen Themen* und *Leitgedanken* benennen und wiederfinden zu können. Grobgliederungen helfen dabei, wichtige Schaltstellen in den Texten zu entdecken. Die Grenzen dieses Modells liegen darin, dass die Schriften nicht so verfasst wurden, dass man sämtliche zu lernenden Aspekte bei der ersten Lektüre wahrnimmt. Ähnlich wie (europäische, v. a. deutsche) Städte und Gemeinden sind auch viele der Schriften in einem längeren Prozess entstanden, gewachsen, gesammelt, ergänzt und zusammengestellt worden.

2. Das »*konzentrische Lernen*«: Wer »konzentrisch« lernt, geht vom Allgemeinen zum speziellen Einzelnen vor. Wie ein Mediziner sämtliche Funktionen des menschlichen Körpers in Grundzügen kennen muss, bevor er sich einem speziellen Bereich zuwendet, so muss auch der Theologe zunächst jede neutestamentliche Schrift für sich als Ganzschrift betrachten, mit einem immer enger werdenden Fokus. Wie bei »konzentrischen Kreisen« wird der Blick für immer feinere Details geschärft. Dies wird vorrangig durch die *wiederholte Lektüre* einzelner Schriften ermöglicht und durch *Strukturüberblicke* erleichtert.

3. Das »*themenzentrierte Lernen*«: »Finden macht das Suchen leichter« hat der Aphoristiker *Elazar Benyoëtz* einmal formuliert. Das gilt besonders für die Grundfragen: »Was *soll* ich wissen? – Was ist *wichtig*?« Aufgabe eines Bibelkunde-Lehrbuchs sollte daher sein, die *richtigen Fragen* zu stellen. Im Laufe der zweitausendjährigen Kirchengeschichte wurden viele Fragen an die Texte herangetragen – und im Laufe einer lebenslangen Beschäftigung mit den biblischen Texten werden immer wieder neue, andere Fragen gestellt. Dieses Lehrbuch bietet daher im letzten Kapitel neben differenzierten Porträts wichtiger Gestalten des Neuen Testaments (Johannes der Täufer, Jesus, Petrus, Paulus u. a.) auch 15 Einzelthemen, auf die hin jede einzelne Schrift befragt wird (von »Taufe« bis »Auferstehung«). Auf diese Weise stellt eine Bibelkunde die notwendige Grundlage für jede weitere Arbeit mit dem Neuen Testament bereit, sei es im schulischen oder kirchlichen Unterricht, in der Predigtvorbereitung, im Kindergottesdienst – sowie bei der Behandlung wissenschaftlicher und theologischer Fragen der Gegenwart.

4. Das *Auswendiglernen wichtiger Einzeltexte*: Dem Kirchenvater Johannes Chrysostomus wird nachgesagt, er habe sämtliche Texte des Neuen Testaments auswendig aus dem Gedächtnis zitieren können. Mittelalterliche Mönche lernten in der Regel *ein* ganzes Evangelium (oft das MtEv). Man darf skeptisch fragen, wie *exakt* der gesamte Wortlaut behalten wurde – trotzdem erscheint es auch heute noch sinnvoll,

einige »Kerntexte« des Neuen Testaments zu kennen. Jedoch scheiden sich die Geister, *welche* Texte dafür anzusehen sind. Die meist getroffene Auswahl richtet sich danach, welche Texte in der Geschichte des Christentums nachhaltig rezipiert wurden, welche Bedeutung sie in dogmatischer und ethischer Perspektive oder im gottesdienstlichen und seelsorgerlichen Handeln gewonnen haben. So ist ein Text wie der Johannesprolog (Joh 1,1–18) zwar nur einer unter vielen und seine Lehre von der *Fleischwerdung des göttlichen Logos* (Joh 1,14) im Neuen Testament sogar einzigartig – trotzdem hat diese theologische Konzeption die christliche Dogmengeschichte (genauer: die Christologie) viel stärker beeinflusst als viele andere neutestamentliche Konzeptionen. Es empfiehlt sich daneben, Texte auswendig zu lernen, die wesentliche Aussagen eines Evangeliums oder Briefes prägnant zur Sprache bringen (z. B. die »Inhaltsangaben« der Apostelgeschichte [Apg 1,6–8] oder des Römerbriefs [Röm 1,16f]). Hierbei sollte es Studierenden – im Rahmen des dazu Angemerkten (s. o. I.2.) – überlassen werden, welche Übersetzung sie beim Auswendiglernen zugrunde legen. Meist bietet sich hierfür immer noch die (revidierte) Lutherbibel aufgrund der (meist aus dem gottesdienstlichen Kontext) vertrauten Sprache und Formulierungen an. Eine korrekte Wiedergabe des Inhalts ist dabei wichtiger als die wortwörtliche Übereinstimmung mit einem bestimmten »Text«. Daher richten sich auch die in den Abschnitten »Texte zum Auswendiglernen« gebotenen Übersetzungen nach keiner einheitlichen Bibelausgabe, sondern basieren auf eigenen Übersetzungen, die sich teils an die NZB, teils an die Lutherbibel, bisweilen auch an die EÜ anlehnen. Sie sind als Vorschläge anzusehen.

Alle vier Aspekte wurden bei der Konzeption dieses Lehrbuchs berücksichtigt. Die neutestamentlichen Schriften werden darin zunächst *einzeln* behandelt und jedes Kapitel beginnt mit einer knappen *einleitungswissenschaftlichen* Skizze, die durch die Lektüre entsprechender Lehrbücher (»Einleitungen«) vertieft werden kann – und sollte. Es ist zur Vertiefung des bibelkundlichen Wissens unentbehrlich.

Grundsätzlich empfehlenswert sind folgende Bücher, die den gegenwärtigen Stand der Einleitungswissenschaft seriös darstellen: *Ebner, M./Schreiber, S.* (Hg.): Einleitung in das Neue Testament, Studienbücher Theologie 6, Stuttgart [2]2013; *Niebuhr, K.-W.* (Hg.): Grundinformation Neues Testament. Eine bibelkundlich-theologische Einführung, Göttingen [4]2011; *Pokorný, P./Heckel, U.*, Einleitung in das Neue Testament. Seine Literatur und Theologie im Überblick, Tübingen 2007; *Schnelle, U.*: Einleitung in das Neue Testament, Göttingen [9]2017; *Vielhauer, P.*: Geschichte der urchristlichen Literatur. Einleitung in das Neue Testament, die Apokryphen und die Apostolischen Väter, Berlin/New York 1975 (div. Nachdrucke).
Die beiden ersten Bücher sind »Sammelwerke« mit Beiträgen unterschiedlicher Autoren (*Ebner/Schreiber* ist zudem »ökumenisch« ausgerichtet), bei *Vielhauer* und *Schnelle* handelt es sich um zwei unterschiedliche protestantische »Klassiker«, von denen lediglich Schnelle den *gegenwärtigen* Stand der Forschung widerspiegelt. *Pokorný/Heckel* bieten nun zu *Schnelle* einen neueren, beachtenswerten Kontrapunkt. Zuletzt sei auf einen zeitlosen »Klassiker« hingewiesen, dessen erstmals 1963 erschienene »Einleitung« bis heute lesenswert ist, weil sie in das sachgemäße *Verstehen* der neutestamentlichen Schriften einführen möchte: *Marxsen, W.*: Einleitung in das Neue Testament. Eine Einführung in ihre Probleme, Gütersloh [4]1978.

Für Detailfragen zu den einzelnen Texten sei zuletzt auf die reichlich vorhandene Kommentarliteratur verwiesen. Es sollte bei der Lektüre solcher Schriften selbstverständlich sein, dass bei wichtigen Fragen zum Verständnis des Textes ein Kommentar zu Rate gezogen wird. Allerdings können auch beim gründlichen bibelkundlichen Studium nicht alle Fragen auf einmal geklärt werden. Manches Problem muss der Leser, die Leserin erst einmal zurückstellen.

Grundsätzlich bietet jede Kommentarreihe Werke unterschiedlicher Qualität. Für Studierende ohne Griechischkenntnisse sind die Kommentare aus der Reihe »Neues Testament Deutsch« (NTD, ev. Autoren; auch als CD-Rom erhältlich), »Regensburger Neues Testament (RNT, röm.-kath. Autoren) und »Ökumenischer Taschenbuchkommentar« (ÖTK) besonders zu empfehlen, da sie wissenschaftlich anspruchsvoll und zugleich allgemeinverständlich gehalten sind. Auch die (neueren) Kommentare aus der Reihe »Theologischer Handkommentar« (ThHK) sind zu erwähnen. Studierende *mit* Griechischkenntnissen können auf die Kommentare aus der Reihe »Kritisch-exegetischer-Kommentar« (KEK; ev. Autoren), »Herders Theologischer Kommentar« (HThK, röm.-kath. Autoren) und »Evangelisch-Katholischer Kommentar« (EKK) zurückgreifen. Sehr anspruchsvoll und eher für fortgeschrittene Studierende gedacht sind die Kommentarwerke aus der Reihe »Handbuch Neues Testament« (HNT).

# II. Die Lektüre des Neuen Testaments

Bibelkunde scheint eine Disziplin zu sein, die ohne allzu viele Voraussetzungen auskommt – geht es doch darum, die *Texte selbst* zu Wort kommen zu lassen, und beweist nicht die Tatsache, dass es sich um ein weit verbreitetes und übersetztes Buch handelt, dass das Neue Testament allgemein verständlich ist? Hiergegen ist einzuwenden: *Es gibt keine voraussetzungslose oder unvoreingenommene Lektüre* – jede Leserin, jeder Hörer besitzt bestimmte Vorkenntnisse, aber auch Intentionen und Vorstellungen, mit denen (und warum!) sie bzw. er etwas liest. Zudem gibt es unterschiedliche (und durchaus legitime) Zugänge zum Neuen Testament, die nicht alle für eine neutestamentliche Bibelkunde, welche als Propädeutikum für die wissenschaftliche Arbeit mit dem Neuen Testament und das gesamte Theologiestudium dienen soll, tatsächlich hilfreich sind. Daher sind neben den bisher genannten Voraussetzungen weitere Aspekte hervorzuheben im Blick auf die Frage, mit *was für* »Augen« und »Ohren« die Texte wahrgenommen werden *sollen (und wollen!).*

## 1. *Das Neue Testament als antike* Literatur

Die Schriften des Neuen Testaments sind *literarische* Zeugnisse, als solche aber zugleich *historische* Quellen. Dies ist hervorzuheben, weil grundsätzlich zwischen einer »historischen« und einer »literarischen« Zugangsweise bei der Lektüre der Texte unterschieden werden kann.

### a) Die historische Zugangsweise

Die *historische Zugangsweise* fragt nach den »Fakten«: Wer war Jesus, wer war Paulus, wer war Petrus? Was haben diese Personen »tatsächlich« getan, wann und wo haben sie gelebt? *Kritisch* prüft sie alles, was in den neutestamentlichen Schriften über Jesus, Petrus oder Paulus berichtet wird; sie wertet die Texte als »historische« Quellen aus, indem sie den historischen Wert der Aussagen zwar nicht grundsätzlich bestreitet, die Aussagen selbst aber einer gründlichen Analyse unterzieht.

So gibt es etwa über die Herkunft Jesu bei kritischer Lektüre der vier Evangelien mindestens drei einander widersprechende Aussagen: 1. Jesus stammt aus Nazaret (und ist vermutlich auch dort geboren) – so schildern es das MkEv und das JohEv. 2. Jesus wurde in Betlehem geboren und seine Familie stammte ursprünglich aus Betlehem. Erst als die Familie vor dem König Herodes nach Ägypten flieht und anschließend – nach dessen Tod – zurückkehren möchte, lässt sie sich in Nazaret nieder – so das MtEv (Mt 2). 3. Jesu Familie lebte in Nazaret, doch weil der Vater Jesu aus dem Stamm Davids kam, musste er anlässlich einer Volkszählung zur Zeit des Kaisers Augustus nach Betlehem reisen. Maria, seine hochschwangere Frau, bringt auf dieser Reise in Betlehem ihr Kind zur Welt. Anschließend reist die Familie nach Nazaret zurück – so schildert es das LkEv (Lk 2). Nur *eine* dieser Versionen kann, aus historischer Perspektive betrachtet, *richtig* sein – oder gar keine von diesen. Alle drei *könnten* zwar (theoretisch) historisch zuverlässige Details enthalten, trotzdem ist eine Harmonisierung nicht möglich. Ähnliches gilt für die Darstellung des Apostelkonvents in Apg 15 (vom Evangelisten Lukas) und Gal 2 (von Paulus selbst, also einem Teilnehmer und Zeitzeugen).

In einer neutestamentlichen Bibelkunde interessiert vorrangig *nicht* die historische Ebene, sie kann aber auch nicht gänzlich ausgeblendet werden, zumal sie vermittelt, welche Texte im Neuen Testament aus *historischer* Perspektive besondere Aufmerksamkeit verdienen. Für die Erforschung der neutestamentlichen Umwelt und Zeitgeschichte wie der Geschichte des Urchristentums ist die Frage nach den »historischen Fakten« zentral. Die Biographien einzelner Gestalten (u. a. das »Leben Jesu«) können mangels außerbiblischer Quellen *allein* aus den neutestamentlichen Berichten konstruiert werden. Notwendig ist aber das kritische Bewusstsein, die aus den Texten gewonnene »Realität« noch nicht für eine Abbildung dessen anzusehen, »wie es tatsächlich war«, und zu differenzieren, aus *welchen* Quellen *welche* Informationen geschöpft werden.

Die Briefe, besonders die sieben von der Forschung als »echt« anerkannten Paulusbriefe (Röm, 1/2 Kor, Gal, Phil, 1 Thess, Phlm) stellen zwar literarische Zeugnisse dar, sind aber Teil eines Kommunikationsprozesses zwischen Paulus und den von ihm angeschriebenen Gemeinden bzw. den zu den Gemeinden gehörenden Personen. Die so genannten »Deuteropaulinen« sowie alle weiteren Briefe sind zwar unter einem Pseudonym verfasst (s. u. Kap. X-XII), doch auch sie sind teilweise Ausschnitte eines Kommunikationsgeschehens. Die (historische) Analyse eines Briefes verlangt vom Leser, sich den Unterschied zwischen der »Realität« (wie es »wirklich« war) und der Realität, die der Autor unterstellt (etwa die Situation in einer Gemeinde) zu unterscheiden, wenngleich beide aufeinander bezogen sind. Sofern keine weiteren zuverlässigen Informationen über die Ereignisse in den angeschriebenen Gemeinden existieren, bildet jedoch die vom *Autor* unterstellte Realität stets den Ausgangspunkt jeder sorgfältigen historischen Analyse.

Die erzählenden Texte, d. h. die Evangelien und die Apostelgeschichte, sind als *Quellen* ernst zu nehmen, jedoch auch (und besonders) hier im Bewusstsein dessen, dass es sich um *Literatur* handelt, die auf außertextliche Realitäten – die historische Gestalt Jesus von Nazaret, die »Apostel« Petrus und Johannes, die »Hellenisten« Stephanus und Philippus oder die Heidenmissionare (und »Apostel«) Barnabas und Paulus – in einer bestimmten *Absicht* Bezug nimmt. Diese Absicht *kann* sein, deren Leben und Wirken historisch zuverlässig wiederzugeben (man könnte sagen: »nach bestem Wissen und Gewissen«; vgl. Lk 1,1–4); doch hängt diese »Absicht« nicht zuletzt an der Kompetenz der Autoren, die zu beurteilen uns Lesern im Rückblick äußerst schwer fällt. Bibelkundliches Wissen ist daher – und das ist besonders zu betonen – von dem »historischen« Wissen *über* die Inhalte dieser Schriften zu unterscheiden, d. h. von einem »Leben Jesu« oder einer »Geschichte des Urchristentums«. In jedem Fall geht das bibelkundliche Wissen jenem Wissen *voraus*, da es die notwendigen »Bausteine« für die historische Arbeit liefert.

## b) Die literarische Zugangsweise

Die *literarische* (bzw. *literaturwissenschaftliche*) *Zugangsweise* steht somit stets am Anfang: Sie betrachtet die Texte *ausschließlich* als literarische Zeugnisse und daher z. B. die Einzelerzählungen innerhalb der Evangelien oder der Apostelgeschichte stets als Teil einer Gesamtkomposition mit einer inneren (erzählerischen) Logik. Der Text will nicht an jedem einzelnen Punkt die Ereignisse, von denen er berichtet, »historisch zuverlässig« darstellen. Da die Erzählungen aber auf historische Ereignisse Bezug nehmen, fällt die Unterscheidung beider Ebenen meist schwer, weswegen sie von vorneherein *vermittelt* werden muss.

Auch (und gerade!) die Briefe dürfen nicht als »Originalzeugnisse« und damit in jedem Fall zuverlässige Quellen missverstanden werden, denn auch hier ist zwischen den Ebenen des text*internen* und des text*externen* Absenders sorgfältig zu unterscheiden: Was der Verfasser »wirklich« sagen will, bleibt dem Leser stets verborgen – er kennt nur den Text, den der Autor geschrieben hat. Zusätzlich stellt sich das Problem der »Pseudepigraphie«: So tragen einige Briefe einen fiktiven Absender, sind entweder unter dem Namen des Paulus verfasst, stammen aber nicht von ihm (»Deuteropaulinen«), oder geben sich als Schreiben einer anderen urchristlichen Autorität (Jakobus; Petrus; Judas) aus. Manche Briefe tragen überhaupt keinen Absender (Hebr; 1 Joh) oder nur eine »Amtsbezeichnung« (der »Presbyter« in 2/3 Joh). Die Offenbarung des Johannes stammt von einem – ansonsten unbekannten – Mann, der sich »Johannes« (Offb 1,2.9) nennt. Die Zuschreibungen der Evangelien an historische Gestalten der Vergangenheit ist literarische Fiktion, zumal über diese Gestalten meist nicht mehr bekannt ist, als die neutestamentlichen Texte überliefern.

Für das bibelkundliche Lernen ist es daher notwendig, weniger nach »historischer« als vielmehr nach *erzählimmanenter* Logik (»Kohärenz«) zu fragen, und dies *auch* übergreifend im Kontext des neutestamentlichen *Kanons*. Hinsichtlich der Jesusüberlieferung ist sorgfältig zu unterscheiden, *welcher* Evangelist *welchen* Erzählstoff überliefert. Bei den Paulusbriefen ist jeder Brief einzeln auf seine Theologie hin zu überprüfen, bevor sie alle miteinander »harmonisiert« werden. Das leitende Prinzip ist dabei scheinbar einfach: Es geht darum, *schlicht* und *präzise* den Inhalt der neutestamentlichen Schriften im Einzelnen wiederzugeben. Das gilt mit besonderem Nachdruck hinsichtlich der *Evangelienschilderungen*, da es hier vor allem auf die Unterschiede, weniger auf die Gemeinsamkeiten in der Darstellung ankommt. Dass dies Anfängerinnen und Anfänger in der Theologie oft überfordert, liegt daran, dass die Inhalte oft nur *scheinbar*, aber nicht *wirklich* verstanden werden. Eine zeitgemäße Bibelkunde muss diesen Aspekt besonders ernst nehmen, wenn sie den Studierenden das Handwerkszeug zur Lektüre vermitteln möchte, ohne sie zu sehr in eine bestimmte Richtung des Verstehens zu lenken. Hier liegen weitere Tücken verborgen, die im Folgenden erläutert werden.

## 2. *Das Neue Testament als* antike *Literatur*

Die Sprache und Vorstellungswelt des Neuen Testaments ist »hellenistisch-römisch«, genauer: Es ist Literatur aus der Zeit des römischen *Prinzipats* (14 v. Chr. – 296 n. Chr.), abgefasst zu verschiedenen Zeitpunkten an unterschiedlichen Orten des *Römischen Reiches*. Jede Literatur weist sowohl zeitgeschichtliche Verflechtungen und Konventionen als auch regionale Beeinflussung auf; eine Fontanesche Novelle, ein Gedicht von Schiller, ein Drama von Shakespeare oder ein Lied von Paul Gerhardt gehören in einen spezifischen (besonders *zeitlichen*) Kontext, sprechen eine eigene Sprache und besitzen eine ihnen eigentümliche Vorstellungswelt. Dasselbe gilt für die Schriften des Neuen Testaments. Hinzu kommt die enge Beziehung der neutestamentlichen Schriften zur Sprache und Vorstellungswelt des *Alten Testaments* (und zwar in dessen griechischer Fassung, der so genannten »Septuaginta« [LXX]), das selbst eine Sammlung von Schriften aus unterschiedlichen Epochen darstellt, aber auch zu weiteren Schriften des zeitgenössischen Judentums.

Das »Neue Testament« ist wie die LXX eine *Sammlung* antiker, in griechischer Sprache verfasster Schriften. Es besteht aus 27 *Einzelschriften*, die grob geschätzt in den Jahren 50–150 n. Chr. entstanden sind, also einem Zeitraum von weniger als 100 Jahren (zum Vergleich: Die [in der Forschung umstrittene] Entstehungszeit der Schriften des Alten Testaments umfasst einen Zeitraum von *mindestens* 700–800 Jahren!). Diese zunächst einzeln überlieferten literarischen Werke stellen wiederum nur einen Ausschnitt aus der christlichen Literatur des ersten und beginnenden zweiten Jahrhunderts dar (s. u. Kap. III 2.). Um die Schriften zu *verstehen*, ist an vielen Stellen Wissen über den Alltag und die Lebensbedingungen der Menschen dieser Zeit hilfreich.

Viele Verstehenshilfen leisten bereits die Übersetzungen (etwa wenn nicht mehr von den anvertrauten »Talenten« oder »Pfunden«, sondern vom »anvertrauten Geld« die Rede ist, vgl. Mt 25; Lk 16), doch es bleibt eine Distanz zur Vorstellungswelt, die stets bewusst bleiben muss. Diese kann zugleich innerhalb des Kanons variieren. So werden beispielsweise Krankheiten bei den Synoptikern oft auf das Wirken von »Dämonen«, unreinen »Geistern« zurückgeführt (vgl. Mk 1,21–28; 5,1–20), jedoch nicht im JohEv. Zentrale Begriffe wie »Reich Gottes«, »ewiges Leben« oder auch »Auferstehung« sind andererseits deshalb schwierig zu verstehen, weil sie bis in die gegenwärtige Theologie hinein reflektiert und neu gedeutet wurden, sodass ihr ursprünglicher Sinn möglicherweise verdeckt ist. Dies kann Bibelkunde *allein* nicht leisten, sie will und muss aber eine propädeutische Vorleistung erbringen.

Methodisch heißt dies, dass bibelkundliches Wissen bereits von Beginn an *auch* der Vertiefung und Kontextualisierung bedarf. Der Leser muss wissen, wann die Kaiser Augustus und Tiberius (zumindest ungefähr) regierten, wenn er die Aussagen aus Lk 2,1; 3,1 tatsächlich auswerten und *verstehen* möchte. Ebenso hilfreich ist das Wissen darüber, welche alttestamentlichen Themen und Motive im Hintergrund neutestamentlicher Aussagen stehen, etwa vom »Bund« oder von der »Abrahamskindschaft« oder die Kenntnis über die Bedeutung des römischen Bürgerrechts in der Antike. Geographische Angaben sollten anhand einer Landkarte nachvollzogen werden, um zu verstehen, was es heißt, wenn Jesus von Cäsarea Philippi aus nach Jerusalem geht (Mk 8), wenn er in das Gebiet von »Tyrus und Sidon« kommt (Mk 7), welche weltpolitische Dimension es hat, wenn Paulus in (Alexandria) Troas eine Vision hat und anschließend nach Philippi gelangt (Apg 16). Doch zugleich ist eine Warnung auszusprechen: Je mehr text*externes* Wissen in die Textwelten hineingetragen wird, umso größer ist auch die Gefahr, die Texte misszuverstehen oder überzuinterpretieren. Dies gilt nicht so sehr für Ortsangaben, da diese eine ungefähre geographische Kenntnis voraussetzen. Wichtiger aber ist, darauf zu achten, welche innertextliche (*intratextuelle*) Bedeutung etwa dem römischen Bürgerrecht des Paulus in Apg 16–28 zukommt, anders gesagt: Wie setzt der Autor diese Information in *seiner* Erzählung um? Dasselbe gilt für die Auslegung der Briefe. Genaue historische Kenntnis über die jeweiligen *Orte* der Gemeinden, an die Paulus schreibt, kann das Wissen vertiefen, kann sogar einzelne Aspekte, etwa die Problematik des Fleischverzehrs in 1 Kor 8–10, durchaus *verdeutlichen*, doch für das *Gros* der Fragen ist man auf die Informationen des Paulus bzw. des jeweiligen Briefautors angewiesen. Jegliches »Wissen« über die Adressaten, besonders die »Gegner« des Paulus, ihre Ansichten und »Irrlehren«, gründet sich ausschließlich auf die *Darstellung dieser Gegner* durch den Briefautor. *Antwortbriefe* der Gemeinden an Paulus sind verschollen, wie viele überhaupt existiert haben, ist unbekannt. Ob seine *Gegner* Schriften hinterlassen haben, entzieht sich unserer Kenntnis. Geistesgeschichtliches Wissen über antike Philosophie oder das Judentum zur Zeit des zweiten Tempels kann hilfreich sein, gegnerische Positionen einzuschätzen und diese möglicherweise angemessener zu beurteilen, doch bleibt dies stets *spekulativ*.

Alles, was dieser Spekulation *voraus*geht, ist im weitesten Sinne »Bibelkunde«. So erklärt sich auch das verbreitete Diktum, auch das »Erste Theologische Examen« bestehe zu weiten Teilen aus »Bibelkunde«. In der Tat stellt das biblische (und kirchengeschichtliche) Fundament die solide und unverzichtbare Grundlage *allen* theologischen Denkens und Arbeitens dar.

# III. Der Kanon des Neuen Testaments

## *1. Die Geschichte des neutestamentlichen Kanons*

*Leseempfehlung* (neben den Abschnitten in den bereits erwähnten *Einleitungen*): *Schneemelcher, W.*: Haupteinleitung: 2. Zur Geschichte des neutestamentlichen Kanons, in: *ders.*: Neutestamentliche Apokryphen, Bd. 1 (s. u.), 7–40.

Die Geschichte des neutestamentlichen Kanons ist – streng betrachtet – nur *indirekt* Gegenstand einer »Bibelkunde« des Neuen Testaments. Da diese Kanongeschichte aber den bis heute gültigen Aufbau des Neuen Testaments deutlich geprägt hat, ist es hilfreich, einige wichtige Daten und Fakten zu kennen. Der Begriff *Kanon* bedeutet dabei »Regel« oder »Richtschnur«, wird aber bereits in der Antike auch als Begriff für *Listen* unterschiedlicher Art gebraucht.

Noch bis in das 4. Jh. hinein blieb der Kanon der neutestamentlichen Schriften in seinem Umfang umstritten. Den heute gültigen »Konsens« hat erstmals *Athanasius von Alexandrien* in seinem 39. Osterfestbrief (367 n. Chr.) formuliert. Nachdem er die alttestamentlichen Schriften aufgezählt hat, schreibt er:

»Ohne Bedenken sind weiterhin die Schriften des Neuen Testaments zu nennen, und zwar […]: Die vier Evangelien nach Matthäus, Markus, Lukas und Johannes, ferner nach ihnen die Apostelgeschichte und die sieben sogenannten katholischen Briefe der Apostel, nämlich einer des Jakobus, zwei des Petrus, weiter drei des Johannes und nach diesen einer des Judas. Dazu kommen vierzehn Briefe des Apostels Paulus, in folgender Anordnung geschrieben: der erste an die Römer, darauf zwei an die Korinther, und dann nach diesen an die Galater, anschließend an die Epheser, danach an die Philipper und an die Kolosser und danach zwei an die Thessalonicher sowie der Brief an die Hebräer und sogleich zwei an Timotheus, einer an Titus und als letzter der eine an Philemon. Ferner noch die Offenbarung des Johannes. Dieses sind die Quellen des Heiles, auf dass der Dürstende sich an den in ihnen enthaltenen Worten übergenug labe. In ihnen allein wird die Lehre der Frömmigkeit verkündigt. Niemand soll ihnen etwas hinzufügen oder etwas von ihnen fortnehmen« (zit. n. *Schneemelcher*, Geschichte, 40).

Rückblickend endet mit der breiten Anerkennung dieses Schreibens *vorläufig* eine Debatte, die seit der Mitte des 2. Jh. das frühe Christentum beschäftigte. Die Bibel der frühen Christen war das griechische »Alte Testament«, die so genannte »Septuaginta« (LXX), wobei auch deren *Umfang* nicht vollständig geklärt war. Die Briefe des Paulus scheinen früh gesammelt worden zu sein (vgl. 2 Petr 3), unter dem »Evangelium« verstand man jedoch zunächst (und noch lange) eine mündliche Botschaft, die inhaltlich vor allem auf das heilvolle Todesgeschick des Gottessohns am Kreuz bezogen war (vgl. **Röm 1,16f**). Mitte des 2. Jh. nach Christus scheinen aber besonders die »Evangelien«-*Schriften* mit ihren Aussprüchen Jesu eine autoritative Kraft zu entfalten. Der wohl früheste Versuch eines »Abschlusses« geht auf den Reeder *Markion von Sinope* (gest. um 160) zurück, der *um 140* einen verbindlichen Kanon formulierte, welcher nicht nur das Alte Testament verwarf, sondern auch nur zehn von ihm »bereinigte« Paulusbriefe sowie ein »bereinigtes« Lukasevangelium enthielt. Das so genannte »Diatessaron« des syrischen Kirchenlehrers *Tatian* (um 160) war ein weiterer Versuch die Zahl der »Evangelien« auf eines zu reduzieren: der Name »(Eines) durch Vier« zeigt dabei, dass die späteren *vier Evangelien* als maßgeblich angesehen wurden, obwohl bereits zahlreiche andere, später »apokryph gewordene« Evangelienschriften kursierten (s. u.).

Im Laufe der folgenden *zwei Jahrhunderte* entwickelte sich ein fortlaufender Streit um die für das Christentum normativ gültigen Schriften, den »Kanon«. Als entscheidende Kriterien haben sich dabei folgende drei Merkmale herausgebildet: die *Apostolizität*, d. h. die Herkunft einer Schrift von einem »Apostel« (wobei außer den zwölf Jüngern Jesu nur Paulus als »Apostel« anerkannt wurde), und damit einhergehend die *Orthodoxie*, d. h. die bekenntnisgemäße Lehre, sowie der *Gebrauch der Schriften* in den frühen christlichen Gemeinden.

Umstritten waren daher von Beginn an diejenigen Schriften, die bereits aufgrund inhaltlicher Probleme Zweifel hinsichtlich ihrer *Autorschaft* erweckten. Neben den drei »Johannesbriefen« (1–3 Joh) und dem Hebräerbrief (Hebr), die keinen Absender im Briefeingang nennen, waren auch die Zuschreibung der Apokalypse (Offb) an den *Zebedaiden* Johannes sowie die Zuschreibung des Jakobusbriefes (Jak) und des Judasbriefes (Jud) an *Apostel* umstritten. Die beiden Letzteren scheinen sich ja auch eher auf die leiblichen *Brüder Jesu* zu berufen. Diese wurden erst in der Tradition mit den »Aposteln« Jakobus *Alphäi* und Judas *Jakobi* (Lk 6) identifiziert. Auffallend ist der früh sich herausbildende Vier-Evangelien-Kanon, zumal selbst die Zuschreibung nur bei zweien direkt »apostolisch« ist (Matthäus und Johannes), während Mk und Lk *indirekt* als apostolisch legitimiert wurden (Markus als »Dolmetscher des *Petrus*«; Lukas als der »Arzt« und Begleiter des *Paulus*), was umgekehrt das Bestreben sichtbar macht, diese Evangelien nachträglich auf die beiden »Hauptapostel« Petrus und Paulus zurückzuführen.

Bis in das vierte Jahrhundert galten der Hebr im Westen und die Offb im Osten des Römischen Reiches als *nicht* kanonisch.

Entgegen landläufiger Ansichten kam es erst sehr spät in der Kirchengeschichte zu einer »Festschreibung« des Kanons neutestamentlicher Schriften in Form eines offiziellen Dekrets. Auf dem Konzil von Trient (1545) hat die römisch-katholische Kirche *erstmals* den seinerzeit gültigen Kanon der »Vulgata« als lehrverbindlich festgelegt:

»Wer aber eben diese ganzen Bücher mit allen ihren Teilen, wie sie in der katholischen Kirche gelesen werden und in der alten, lateinischen Vulgata-Ausgabe enthalten sind, nicht als heilig und kanonisch anerkennt und wer bewusst und mit Bedacht die Überlieferungen, von denen die Rede war, verachtet, der sei ausgeschlossen.« (*Denzinger, H./Hünermann, P.* [Hg.]: Kompendium der Glaubensbekenntnisse und kirchlichen Lehrentscheidungen, Freiburg i.Br. [u. a.] [42[3]]2009, Nr. 1504)

Dies geschah als Reaktion auf die *reformatorische* Bewegung: Während die Kirchen lutherischen Bekenntnisses *bis heute* keine verbindliche Festlegung des Kanons getroffen haben, existiert in Teilen der reformierten Tradition eine klare Definition; im ersten Artikel des Bekenntnisses von Westminster (1647) werden dabei für das

Alte Testament allein die *in hebräischer Sprache überlieferten* Schriften, d. h. die vom rabbinischen Judentum bis heute anerkannten Schriften als »kanonisch« betrachtet. Der Kanon des Neuen Testaments entspricht dem bis ins 17. Jh. gültigen Umfang und der traditionellen Anordnung; dagegen hatte Martin Luther seinerzeit Bedenken hinsichtlich der *Apostolizität* folgender vier Schriften: Hebr, Jak, Jud, Offb. Er setzte diese vier an das Ende seiner Bibel und zählte sie gemäß den Vorreden zur *letzten* Ausgabe der Lutherbibel (1545) nicht zu den *Hauptstücken*.

Luther hatte bereits in dem »Septembertestament« (1522), seiner ersten vollständigen Übersetzung des Neuen Testaments, diese vier Schriften aus der Zählung herausgenommen, da er sie nicht als »apostolisch« anerkannte. Er betrachtete sie gewissermaßen als »Anhang« und ordnete sie nicht den *kanonischen* Schriften zu, d. h. er zählte nur *23 Schriften* zum Neuen Testament. Luther konnte sich dabei auf altkirchliche Argumente stützen (s. o.): Schon Hebr und Offb waren in der Anfangsphase umstritten gewesen. War Paulus nicht der Verfasser des Hebr, dann ist der Brief wohl auch nicht »apostolisch«. Der Verfasser der »Apokalypse« konnte schon nach philologischen Kriterien kaum derselbe sein, der auch die joh Briefe und das JohEv geschrieben hatte. Und *welcher* Jakobus, *welcher* Judas verbergen sich hinter den jeweiligen Briefen? Neben diesen Anfragen bringt Luther aber auch *theologische* Einwände gegen die Schriften vor und bietet zugleich eine *inhaltliche* Definition dessen, was er »apostolisch« nennt: »Was Christum (d. h.: die Botschaft von der *Rechtfertigung*) predigt, das ist *apostolisch*, auch wenn es Judas, Hannas, Pilatus und Herodes täte.« (WA DB 7,384)

## 2. *Die »Apostolischen Väter« und die »Apokryphen«*

Die im »Neuen Testament« vorliegenden Schriften sind nur ein Ausschnitt aus der sehr viel umfangreicheren Literatur des Christentums der ersten zwei Jahrhunderte. Einige davon sind verloren gegangen, manche erst durch spektakuläre Quellenfunde im 20. Jh. aufgetaucht (z. B. das »Thomasevangelium« [EvThom] oder das »Judasevangelium« [EvJud]). Die Unterteilung dieses teilweise sehr alten Schrifttums in »Apostolische Väter« und »Apokryphen« geschah erst in der Neuzeit, basiert aber auf Ansichten älterer Kirchenväter: Als die«Apostolischen Väter« bezeichnet man Schriften, die deswegen nicht kanonisch wurden, weil sie sich selbst nicht direkt auf »Apostel« zurückführen, obwohl sie nahezu zeitgleich mit den neutestamentlichen Schriften des (1.–2. Jh.) entstanden sind.

Zu ihnen zählt man: Die »Didache« (Did), wohl die älteste bekannte »Kirchenordnung«, den »ersten Klemensbrief« (1Clem), aus dem die Forschung einen weiteren, den »zweiten Klemensbrief« (2Clem) gewonnen hat, darüber hinaus den »Barnabasbrief« (Barn), eine weitgehend *allegorische* Ausdeutung alttestamentlicher Texte auf Christus, die Briefe des Bischofs Ignatius von Antiochia an sechs Gemeinden (Ephesus [IgnEph], Smyrna [IgnSm], Philadelphia [IgnPhil], Rom [IgnRom], Magnesia [IgnMg], Tralles [IgnTrall]), und den Bischof Polykarp von Smyrna (IgnPol) sowie den so genannten »Hirte des Hermas« (Herm), eine apokalyptische Visionsschrift. Zuletzt zählt man darunter auch den legendarischen Bericht vom Martyrium des Polykarp (MartPol), den Brief an Diognet (Diogn) sowie Fragmente aus dem Werk des Papias von Hierapolis und einer Apologie des Quadratus. Die Ignatiusbriefe sind allerdings in einer »Langfassung«

überliefert, die insgesamt zehn Briefe enthält: Bis heute rankt ein Streit darum, ob die *rekonstruierte* »Kurzversion« tatsächlich sieben *echte* Briefe des angeblich unter Trajan hingerichteten Bischofs enthält oder doch – wie die »Langversion« – nur jüngere *Pseudepigraphen.*

Zu den »Apokryphen« werden hingegen sämtliche Schriften gezählt, die sich auf »apostolische« Autoren berufen, jedoch meist jüngeren Datums sind und oft aus Sicht der frühen Kirchenväter »häretische«, v. a. gnostische, doketische oder »judaisierende« Lehren verbreiten. Schon früh erhielt das Wort »apokryph«, das ursprünglich »verborgen« oder »geheim« bedeutet und wohl als Selbstbezeichnung von Schriften galt, die sich als »Geheimlehren« verstanden, eine abwertende Bedeutung: Apokryphe Schriften gelten seitdem oft als »häretisch«, und generell als »unapostolisch«. Man unterscheidet grob zwischen apokryphen »Evangelien« und apokryphen »Apostelakten«, letztere sind meist populäre und legendarisch gestaltete Romane über das Wirken der Apostel, man spricht auch von antiker »Erbauungsliteratur«.

Von den apokryphen Evangelien ist das »Protevangelium des Jakobus« hervorzuheben: Dieses enthält legendarisches Material über die Herkunft Marias und die Geburt Jesu, das in der christlichen Tradition, v. a. in der Kunst bis in die Gegenwart nachwirkt: »Anna« und »Joachim« als Eltern der Maria, ihr Wirken als »Tempeljungfrau«, das auch der Koran beschreibt, die bleibende Jungfräulichkeit der Maria, die Darstellung der Brüder Jesu als »Halbgeschwister« und schließlich »Ochs und Esel« im »Stall« von Betlehem. All diese Details finden sich *nicht* im Neuen Testament, nicht einmal bei den »Apostolischen Vätern«, sind aber trotzdem – auf andere Weise – »kanonisch« geworden.

Eine wesentliche Modifikation bei der Nomenklatur hat der Neutestamentler *Dieter Lührmann* eingefordert: Er spricht von »apokryph *gewordenen* Schriften«. Dies ist im Blick auf die ursprünglich breite Rezeption dieser Schriften zu beachten. Wollen die »Apostelakten« meist keine »Geheimlehren« verbreiten, besitzen umgekehrt das Mk und das Joh Tendenzen, die diese Schriften als »Geheimoffenbarungen« kennzeichnen – und trotzdem sind diese »kanonisch geworden«.

Eine neutestamentliche Bibelkunde hat diese Schriften nicht zum Gegenstand und kann die Beschäftigung mit ihnen nicht leisten. Einführungen und (zweisprachige) Textausgaben zu den »Apostolischen Vätern« bieten: *A. Lindemann/H. Paulsen (Hg.)*: Die Apostolischen Väter. Griechisch-deutsche Parallelausgabe auf Grundlage der Ausgabe von F.X. Funk, K. Bihlmeyer und M. Whittaker, Tübingen 1992; sowie die vierbändige Reihe »Schriften des Urchristentums« (SUC): *J. A. Fischer (Hg.)*: Die Apostolischen Väter, SUC 1, Darmstadt [9]1986; *K. Wengst (Hg.)*: Didache (Apostellehre). Barnabasbrief. Zweiter Klemensbrief. Schrift an Diognet, SUC 2, Darmstadt 1984; *U. H. J. Körtner/M. Leutzsch (Hg.)*: Papiasfragmente. Hirt des Hermas, SUC 3, Darmstadt 1998. Knappe und verständliche *inhaltliche* Zusammenfassungen bietet *K.-M. Bull*, Bibelkunde, 135–160; Einleitendes findet sich bei *Pratscher, W. (Hg.):* Die Apostolischen Väter. Eine Einleitung, Stuttgart 2009 und *Vielhauer*, Geschichte, 529–566.599–612.719–744.757–765. Zu den »Neutestamentlichen Apokryphen« sind als *Einstieg* empfehlenswert: *W. Schneemelcher (Hg.)*: Neutestamentliche Apokryphen in deutscher Übersetzung, 2 Bde., Tübingen [6]1990/1997 (eine 7. Auflage, hg. von C. Markschies und J. Schröter, ist 2012 erschienen); *H.-J. Klauck*: Apokryphe Evangelien. Eine Einführung, Stuttgart [3]2008; *ders.*: Apokryphe Apostelakten. Eine Einführung, Stuttgart 2005 (dort jeweils Hinweise auf weitere *Textausgaben*).

## 3. *Umfang des Kanons und Reihenfolge der Schriften*

Der erste Schritt, sich dem Neuen Testament zu nähern, geht über das Inhaltsverzeichnis. Die Kenntnis der *Reihenfolge* der Schriften ist *unentbehrlich*, um damit sinnvoll zu arbeiten. In dieser kommen zudem bereits wichtige theologische Vorentscheidungen zum Ausdruck:

| | **«Kanonische Reihenfolge« (z. B. NTG[27], EÜ und NZB)** | **Reihenfolge der »Lutherbibel« (seit 1522)** |
|---|---|---|
| **4 »Evangelien«** | | |
| *Das Evangelium ...* | nach Matthäus (Mt) | nach Matthäus (Mt) |
| | nach Markus (Mk) | nach Markus (Mk) |
| | nach Lukas (Lk) | nach Lukas (Lk) |
| | nach Johannes (Joh) | nach Johannes (Joh) |
| **1 Geschichtswerk** | Die Taten der Apostel/ Apostelgeschichte (Apg) | Apostelgeschichte (Apg) |
| **21 Briefe** | | |
| *Brief des Paulus an ...* | die Römer (Röm) | die Römer (Röm) |
| | die Korinther I (1 Kor) | die Korinther I (1 Kor) |
| | die Korinther II (2 Kor) | die Korinther II (2 Kor) |
| | die Galater (Gal) | die Galater (Gal) |
| | die Epheser (Eph) | die Epheser (Eph) |
| | die Philipper (Phil) | die Philipper (Phil) |
| | die Kolosser (Kol) | die Kolosser (Kol) |
| »Corpus Paulinum« = | die Thessalonicher I (1 Thess) | die Thessalonicher I (1 Thess) |
| | die Thessalonicher II (2 Thess) | die Thessalonicher II (2 Thess) |
| | Timotheus I (1 Tim) | Timotheus I (1 Tim) |
| | Timotheus II (2 Tim) | Timotheus II (2 Tim) |
| | Titus (Tit) | Titus (Tit) |
| | Philemon (Phlm) | Philemon (Phlm) |
| (Hebr: *Problemfall*) | die Hebräer (Hebr) | |
| *Brief des ...* | Jakobus (Jak) | |
| | Petrus I (1 Petr) | Petrus I (1 Petr) |
| | Petrus II (2 Petr) | Petrus II (2 Petr) |
| «Katholische Briefe« = | Johannes I (1 Joh) | Johannes I (1 Joh) |
| | Johannes II (2 Joh) | Johannes II (2 Joh) |
| | Johannes III (3 Joh) | Johannes III (3 Joh) |
| | Judas (Jud) | |
| **1 »Apokalypse«** | Offenbarung des Johannes (Offb) | |
| *»Anhang« zur Lutherbibel (vier nicht-apostolische Schriften)* | | *Hebräerbrief*<br>*Jakobusbrief*<br>*Judasbrief*<br>*Offenbarung des Johannes* |

Man kann sagen, dass Luther die letzten vier Schriften analog zu den »Apokryphen« (d.h. »deuterokanonischen« Schriften) des Alten Testaments ansah: Sie seien wohl lesenswerte und interessante Schriften, gehörten aber nicht zu den »Hauptstücken« des Neuen Testaments. Ihre Autoren sind (im Sinne Luthers) *keine Apostel.*

Die »kanonische« Reihenfolge wird im Folgenden als die in der neutestamentlichen Wissenschaft gültige der Lutherbibel vorgezogen. Daneben ist zu beachten, dass sämtliche *Überschriften* »sekundär« sind, sie sind nicht Bestandteil des ursprünglichen Dokuments. Allerdings ist die Anordnung der Schriften noch lange im Fluss gewesen und hat sich in der hier gegebenen Form erst nach und nach durchgesetzt.

Darüber hinaus sind weitere wichtige Zuordnungen zu beachten, denn innerhalb der Paulusbriefe und hinsichtlich der übrigen Schriften haben sich in der Exegese spezielle Bezeichnungen eingebürgert, die man kennen muss.

## a) Der Vier-Evangelien-Kanon und die Apostelgeschichte

Hinsichtlich der ersten fünf Bücher wird gerne auf die Analogie zum Alten Testament verwiesen, an dessen Spitze die »fünf Bücher Mose« bzw. der »Pentateuch« stehen. Tatsächlich scheint es sich hier um fünf »Geschichtswerke« zu handeln, deren erste vier Leben, Wirken und Botschaft Jesu von Nazaret darstellen, das fünfte hingegen die Zeit des Urchristentums und die Mission des Paulus. Durch Konstruktion dieser Anordnung wird allerdings das von demselben Autor verfasste *lukanische Doppelwerk* (Lk und Apg) durch das JohEv unterbrochen. Offensichtlich war der *Vier-Evangelien-Kanon* in der vorliegenden Fassung stärker als die Anbindung des LkEv an die Apg. In den Überschriften »*nach* Matthäus«, »*nach* Lukas« usw. (gr. *kata*) wird deutlich, dass diese eine Mehrzahl des »einen Evangeliums« voraussetzen: Es ist *das* Evangelium *nach* Darstellung des jeweiligen Autors.

## b) Das »Corpus Paulinum«

Die Definition des Begriffs *Corpus Paulinum*, der Paulusbriefsammlung, ist gegenwärtig umstritten und daher verwirrend. Die beste Annäherung läuft über folgende, in der Forschung eingebürgerte Sammelbezeichnungen:

Mit *Corpus Paulinum* »im engeren Sinne« bezeichnet man die *sieben* »echten Paulinen«, d.h. die von der Mehrheit der Forschung als echt angesehenen Paulusbriefe (Röm, 1/2 Kor, Gal, Phil, 1 Thess, Phlm). Als unumstritten *deuteropaulinisch* gelten die *Pastoralbriefe* (1 Tim, 2 Tim, Tit), als umstritten weiterhin der 2 Thess und der Kol, bisweilen auch der Eph.

Mit *Corpus Paulinum* »im weiteren Sinne« bezeichnet man die *dreizehn* Briefe, die als *Absender den Namen des Paulus* tragen. Dies ist die in der Einleitungswissenschaft gebräuchliche Redeweise. Dabei werden die *Deuteropaulinen* auch als Briefe aus der »Paulusschule« bzw. in der Tradition des Paulus stehend angesehen.

Mit *Corpus Paulinum* »im weitesten Sinne« bezeichnet man die *vierzehn* Briefe, die *nach ihren Adressaten* bezeichnet werden – hierzu zählt dann auch der *Hebr*, der keinen Absender nennt.

Die beiden letzteren Definitionen kann man sich an der Reihenfolge und an weiteren Kriterien verdeutlichen: Grundsätzlich sind die Briefe der Länge nach im Kanon angeordnet: neun Gemeindebriefe und vier Briefe an Einzelpersonen, der kürzeste steht am Ende. Der Hebr wäre der zehnte Gemeindebrief, er steht aber trotz seiner Länge (immerhin 13 Kapitel!) am Ende. Darin kommt die Unsicherheit im Blick auf seine Kanonizität zum Ausdruck, die Luther schließlich veranlasste, ihn gänzlich aus dem *Corpus Paulinum* zu entfernen.

Das Bemühen, den Hebr in das Corpus Paulinum zu integrieren, dürfte nicht zuletzt auch ein Interesse an Zahlensymbolik gewesen sein: Erst jetzt nämlich hat man *zehn Gemeindebriefe* und *vier* Briefe, die an *drei* verschiedene Einzelpersonen gerichtet sind. Insgesamt schreibt Paulus an *sieben* verschiedene Gemeinden, an *drei* verschiedene Einzelpersonen – und an »die Hebräer«, eine unklare Adressierung, die zudem sekundär (durch die *Überschrift*) ist.

Als »Pastoralbriefe« (und neuerdings sogar als *Tritopaulinen*) bezeichnet man seit dem 16. Jh. die drei Briefe an die Paulusmitarbeiter *Timotheus* und *Titus*. Ihnen gegenüber werden noch die »Gefangenschaftsbriefe« herausgestellt, die Paulus während einer *Inhaftierung* geschrieben hat (Eph, Phil, Kol, Phlm), wobei Eph und Kol wohl bereits die Gefangenschaft *fingieren*. Auch die Pastoralbriefe suggerieren eine paulinische Gefangenschaft ohne diese näher zu thematisieren – der 2 Tim ist sogar als »Testament des Paulus« stilisiert.

| **»echte Paulinen«** | **»Deuteropaulinen«** | **»Pastoralbriefe«** | **»Gefangenschaftsbriefe«** |
|---|---|---|---|
| **Röm** | | | |
| **1 Kor** | | | |
| **2 Kor** | | | |
| **Gal** | | | |
| | Eph | | **Eph** |
| **Phil** | | | **Phil** |
| | Kol | | **Kol** |
| **1 Thess** | | | |
| | 2 Thess | | |
| | 1 Tim | **1 Tim** | (1 Tim) |
| | 2 Tim | **2 Tim** | (2 Tim) |
| | Tit | **Tit** | (Tit) |
| **Phlm** | | | **Phlm** |
| | *(Hebr)* | | |

## c) Die »Katholischen Briefe«

Im Unterschied zu den vierzehn vorangehenden Briefen zeichnen sich die »Katholischen Briefe« dadurch aus, dass sie nach ihrem (fiktiven) Absender benannt werden. Sie werden in der Forschung mehrheitlich als Pseudonyme gewertet (umstritten ist hier v. a. der *Jakobusbrief*): Die Briefe wurden wichtigen Gestalten der »Urzeit« des Christentums zugeschrieben, um ihre Bedeutung hervorzuheben. Dies gilt im Blick auf die »Johannesbriefe« allerdings erst für die sekundär zugewachsenen »Überschriften«: Der 1 Joh nennt keinen Absender beim Namen und im 2/3 Joh bezeichnet sich der Absender als »*ho presbyteros*«, d. h. als »Ältester« oder »Presbyter«.

Die Bezeichnung als »katholisch« geht auf gr. *katholikos* (»allgemein«) zurück. Es handle sich demnach um Briefe, die sich nicht an *bestimmte* Gemeinden oder Personen, sondern an die »Allgemeinheit« richteten. Dies ist historisch zwar nicht ganz zutreffend (vgl. 1 Petr oder auch 2/3 Joh), aber der Grund, *weshalb* sie nach ihrem Absender bezeichnet wurden. Bei der Kanonisierung dürfte auch hier Zahlensymbolik eine große Rolle gespielt haben: Es sind *sieben* Briefe von *vier* Einzelpersonen, der Länge nach angeordnet, wobei allerdings die Briefe desselben Autors jeweils nacheinander stehen. *Jakobus* (den »Herrenbruder«), *Petrus* und *Johannes (Zebedäus)* bezeichnet Paulus in Gal 2,9 als die »Säulen« der Jerusalemer Gemeinde. Auch in Apg 2–8; 15; 21 erscheinen diese drei als die bedeutendsten Autoritäten neben Paulus. Dahingegen ist der *Judasbrief* ein Kuriosum: Er führt sich auf »*Judas*, den Bruder des Jakobus (den Herrenbruder)«, also einen »Bruder Jesu« zurück (vgl. Mk 6). Sein Alter, seine literarische Verwandtschaft mit dem 2 Petr und der Wunsch nach einer *Siebenzahl* haben ihn vermutlich kanonisch werden lassen.

## d) Das »Corpus Johanneum«

Auch die Definition des *Corpus Johanneum* ist umstritten; hierzu existieren zwei Vorschläge: Die Mehrheit der Exegeten bezeichnet damit das *JohEv* und die *drei Joh-Briefe*, eine Minderheit zählt auch die *Offenbarung des Johannes* hinzu. Letztere ist im Übrigen die einzige der fünf Schriften, die einen »Johannes« als Verfasser nennt. Die altkirchliche Tradition (seit *Irenäus*) bemühte sich, alle (fünf) Schriften demselben Verfasser zuzuordnen (dem »Zebedaiden«). Für die Offb ist dies jedoch schon im 3. Jh. (bei Dionysius v. Alexandrien) aufgrund philologischer Beobachtungen bestritten worden.

Für die Bezeichnung *Corpus Johanneum* spricht die inhaltliche und sprachliche Verwandtschaft der ersten vier Schriften (Joh; 1–3 Joh) miteinander – sie scheinen aus demselben Umfeld, dem »johanneischen Kreis« oder einer »johanneischen Schule« zu stammen. Angesichts thematischer und motivischer Berührungen mit dem (übrigen) johanneischen Schrifttum, wird die Offb bisweilen als (»tritojohanneisches«) *Spätprodukt* dieses »johanneischen Kreises« angesehen.

# Teil 2:

# Die Schriften des Neuen Testaments I:

# Die Geschichtsbücher (Mt – Apg)

# IV. Die Evangelien und das »synoptische Problem«

## *1. Gemeinsamer Grundriss der Evangelien*

Lit.: *Schnelle*: 185–217; *Vielhauer*: Geschichte, 263–280.

Die ersten drei (»synoptischen«) Evangelien stimmen sowohl in der Anordnung des Stoffes als auch inhaltlich weitgehend überein.

| Thema | Matthäus | Markus | Lukas | [Johannes] |
|---|---|---|---|---|
| Vorgeschichte und »Stammbaum« | 1–2 | --- | 1–2 (+ 3) | 1<br>[Prolog] |
| Johannes der Täufer und Taufe Jesu | 3 | 1 | 3 | 1 |
| Versuchung Jesu | 4 | 1 | 4 | --- |
| Berufung der ersten Jünger | 4 | 1 | 5 | 1 |
| Auftreten Jesu in Galiläa | 4 | 1 | 4 | 1 |
| Wirken Jesu am See Gennesaret (Exorzismen, Heilungen, Wunder und Lehre) | 5–14 | 1–6 | 5–9 | 2–11<br><br>Wirken Jesu in Galiläa (2–4.6), Samarien (4), Jerusalem und Umgebung (5.7–11)<br><br>(6 bzw. 7 Wundergeschichten (2; 4; 5; 6; 9; 11) |
| Wirken Jesu außerhalb Galiläas und Rückkehr nach Galiläa | 15–16 | 7–8 | --- | |
| Der Weg nach Jerusalem | 16–20 | 8–10 | 9–19 | |
| Der Einzug in Jerusalem (mit *Tempelaktion*) | 21 | 11 | 19 | 12<br>(*Tempelaktion* bereits Kap. 2) |
| Wirken Jesu in Jerusalem (vorrangig Lehre) | 21–22 | 11–12 | 19–20 | 12 |
| Die Endzeitrede Jesu (»synoptische Apokalypse«) | 23–25 | 13 | 21 | --- [13–17]<br>*Abschiedsreden* |

| | | | | |
|---|---|---|---|---|
| Die Passionserzählung (Tötungsplan, Letztes Mahl, Verhaftung in Getsemani, Verhör vor dem Hohen Rat, Prozess vor Pilatus, Folter, Kreuzigung, Grablegung) | 26–27 | 14–15 | 22–23 | 13.18–19 |
| Die Auffindung des leeren Grabes | 28 | 16 | 24 | 20 |
| Berichte von Erscheinungen des Auferstandenen | 28 | [16] | 24 | 20–21 |

Diese Beobachtung weist auf ein *literarisches Verhältnis* zwischen diesen drei Evangelien.

Man nennt die drei ersten Evangelien aufgrund ihres parallel verlaufenden Aufrisses die »Synoptiker« (*gr. synopsis* = »Zusammenschau«); das JohEv wird dagegen aufgrund zahlreicher Abweichungen in der Darstellung gesondert betrachtet. Ein genauerer Blick auf die Gemeinsamkeiten und Unterschiede verrät, dass Lk und Mt vermutlich Mk gekannt und als Quelle für ihr Evangelium benutzt haben (vgl. auch Lk 1,1–4).

Darüber hinaus bieten Mt und Lk gemeinsames Material, das sich bei Mk nicht findet. Wegen der großen inhaltlichen (oft *wörtlichen*) Übereinstimmungen nimmt man mehrheitlich eine (bis heute »verschollene«) zweite Quelle an, die sowohl Mt als auch Lk benutzt haben und die aus dem vorhandenen Stoff rekonstruiert wird: die »Logienquelle« oder einfach »Q«.

## *2. Die Zwei-Quellen-Theorie*

Die Beobachtungen nötigen zu folgender *Benutzungshypothese* (die Zwei-Quellen-Hypothese nach *Christian Hermann Weisse* 1838):

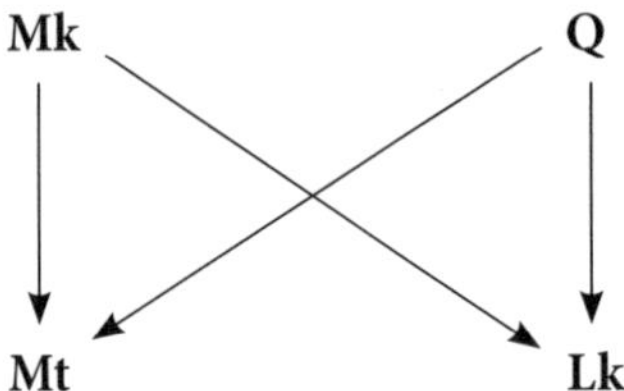


Mt und Lk schöpfen darüber hinaus aus *eigener* Überlieferung (»Sondergut« [S]; *vgl. III.4.b*). Daraus ergibt sich folgendes *modifiziertes* Schema:

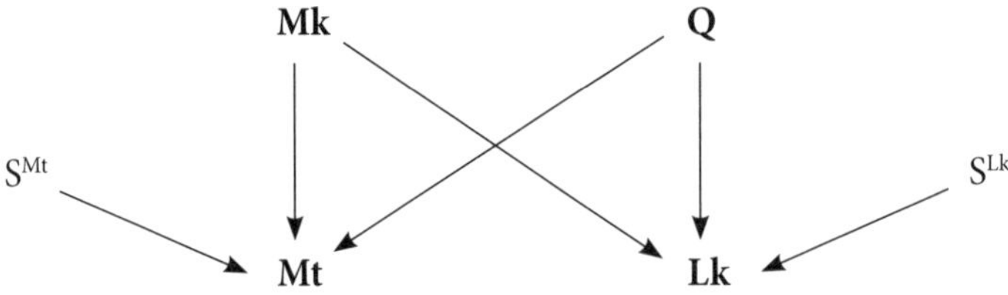


## *3. Weitere Modifikationen der Zwei-Quellen-Theorie*

Mit der »Zwei-Quellen-Theorie« lässt sich zwar ein Großteil des synoptischen Befunds erklären (ca. 85–90 %), sodass ihr heuristischer Wert weiterhin hoch zu veranschlagen ist. Aufgrund bleibender Unklarheiten (s. u.) werden jedoch wiederholt modifizierte Modelle vorgeschlagen.

### a) »Deuteromarkus«-Hypothese

Mt und Lk haben nicht das heutige MkEv, sondern eine nicht mehr vorhandene bearbeitete Fassung des Mk (»Deuteromarkus«) vorliegen gehabt (*U. Schnelle*). Damit ließe sich erklären, warum bestimmte Texte aus Mk sowohl bei Lk *als auch* bei Mt fehlen (u. a. Mk 2,27; 3,20f; 4,26–29) und warum beide an einigen Stellen gemeinsam von Mk abweichen (die so genannten »*Minor Agreements*«; etwa das Streichen der »Verärgerung« Jesu in Mk 10,14).

### b) »Urmarkus«-Hypothese

Mt und Lk lag eine Vorstufe des heutigen MkEv (»Urmarkus«) vor (*P. Vielhauer*). Auch dies erklärt die *Minor Agreements*; das »Sondergut des Mk« wäre demnach Teil einer späteren Bearbeitungsschicht.

### c) Doppelte Q-Hypothese

Möglicherweise lagen Mt und Lk jeweils unterschiedliche Exemplare der Logienquelle vor ($Q^{Lk}$ und $Q^{Mt}$) – dies könnte weitere Abweichungen zwischen Mt und Lk in der Darstellung des Materials aus Q erklären.

## *4. Die Stoffverteilung*

### a) Die Logienquelle Q im Kontext der Evangelien

Das folgende Schema verdeutlicht die Arbeitsweise der Evangelisten Mt und Lk: Während Mt das Material aus der »Logienquelle« zu größeren Blöcken zusammenfügt und daraus v.a. große *Reden Jesu* bildet, fügt Lk das Material in *zwei Blöcken* ein. Man spricht von der »**kleinen Einschaltung**« (**Lk 6,20 – 8,3**) und der »**großen Einschaltung**« (**Lk 9,51 – 18,14**) sowie der »**großen Auslassung**« (**Mk 6,45 – 8,26**), die das LkEv prägen, während das MtEv durch **fünf** (bzw. **sechs**) **große Reden** (**Mt 5–7; 10; 13; 18; 23.24–25**) den Weg Jesu neu strukturiert. Anders als Lk übernimmt Mt mehr Material aus dem MkEv, strafft dieses jedoch und ordnet es teilweise neu. Der bei beiden »Seitenreferenten« fehlende Stoff wird als »Mk-Sondergut« bezeichnet.

Neuere Rekonstruktionsversuche als vollständige Textausgaben bieten *P. Hoffmann/C. Heil*, Die Spruchquelle Q. Studienausgabe. Griechisch und Deutsch, Darmstadt/Leuven 2002 und *J.S. Kloppenborg*, Q-Parallels. Synopsis, Critical Notes, and Concordance, Sonoma (CA) 1988 sowie (umfangreicher und mit einem ausführlichen Kommentar versehen) *J.M. Robinson/P. Hoffman/J.S. Kloppenborg* (Hg.), The Critical Edition of Q. Synopsis Including the Gospels of Matthew and Luke, Mark and Thomas with English, German and French Translations of Q and Thomas, Hermeneia, Minneapolis (MN)/Leuven 2000.

| Mt | Mk | Lk |
|---|---|---|
| 1–2 $S^{Mt}$ | – | 1 – 2 $S^{Lk}$ |
| 3–4 (+ Q) | 1 | 3–4 (+ $S^{Lk}$ + Q) |
| 5–7 (Q + $S^{Mt}$) | – | [Lk 6,17–49] |
| 8–9 (+ Q) | 1–3 | 5–6 |
| **10 (Q + $S^{Mt}$)** | | |
| [5–7] | - | Lk 6,17–49 (Q) |
| [8,5–13] | - | 7,1–17 (Q + $S^{Lk}$) |
| 11,1–19 (Q) | - | 7,18–35 (Q) |
| 12,1–21 | [2,23–3,12] | [6,1–19*] |
| [26,6–13] | [14,3–9] | 7,36–50 |
| 12,22–37 | 3,22–30 | [11,14–23] |
| 12,38–45 (Q) | - | [11,29–32] |
| 12,46–50 | 3,31–35 | 8 |
| 13 (+$S^{Mt}$) | 4,1–34 | |
| [8,23–9,26] | 4,35–5,43 | |
| 14 | 6 | 9 |
| 15–16 | 7–8 | --- |
| 17–18 | 9 | 9 |
| (19,1–2) | (10,1) | **9,51–18,14 (Q + $S^{Lk}$)** |
| 19–20 | 10 | 18,15–19,27 |
| 21–22 | 11–12 | 19,28ff–20,47 |
| 23 (+ Q und $S^{Mt}$) | 13 | 21 |
| 26–27 | 14–15 | 22–23 |
| 28 (+**$S^{Mt}$**) | 16 | 24 (+**$S^{Lk}$**) |
| | 16,9–20 | |

grau: Mk-Stoff; gerahmt: Einfügungen aus Sondergut und/oder Material aus Q; dunkler gefärbt: Kombinationen aus Mk-Stoff mit Q und/oder Sondergut

Daraus ergibt sich für die »**Logienquelle Q**« folgendes Bild:

(nach *H. Conzelmann/A. Lindemann*, Arbeitsbuch zum Neuen Testament, Tübingen [14]2004, 82; vgl. *Schnelle*, Einleitung, 218–238; *Ebner/Schreiber*, Einleitung, 85–88).

| **Abschnitt/Perikope** | **Lk (= [Q])** | **Mt** | **Stoff (E, R, Gl)** |
|---|---|---|---|
| **I. Die Anfänge** | | | |
| Johannes der Täufer (**Bußpredigt**) | 3,7–17 | 3,7–12 | R (+*E*?) (*Mk 1,3–7*) |
| *Versuchung Jesu* | *4,1–13* | *4,1–11* | *E* (*Mk 1,14*) |
| **II. Feldrede/Bergpredigt** | 6,17.20 – 7,1a | [5,1 – 7,28*] | R/Gl |
| **III. Hauptmann von Kafarnaum** | 7,1b-10* | 8,5–13 | E |
| **IV. Jesus und der Täufer** | 7,18–35 | 11,2–19 | E/R |
| **V. Nachfolge und Sendung** | | | |
| Nachfolgesprüche und Aussendungsrede | 9,57 – 10,12 | 8,19–22; 9,32f; 10,7–16 | R (*vgl. Mk 6,7–13*) |
| Wehe- und Jubelruf | 10,13–15.21f | 11,21–27 | R |
| **VI. Gebet** | | | |
| Vom Beten (u. a. **Vaterunser**) | 11,2–4.9–13 | 6,9ff; *7,7–11* | R |
| **VII. Auseinandersetzungen** | | | |
| *Beelzebul* | *11,14–23** | *12,22–30** | *R /(E: Mk 3,22–27)* |
| Rückfall des bösen Geistes | 11,24–26 | 12,43–45 | R |
| Zeichenforderung (**Zeichen des Jona**)/ Sprüche | 11,16.29–35 | 12,38–42; 5,15; 6,22ff | R (*Mk 8,11–13*) |
| Gegen die Pharisäer u. Schriftgelehrten | 11,39–52 | 23,4.23–25.29–36.13 | R |
| **VIII. Trost und Ermahnung** | 12,2–12 | 10,26–33; 12,32; 10,19f | R (Gl) |
| **IX. Vom Sorgen und Wachen (Endzeitgleichnisse)** | 12,22–59 | 6,19ff u. a. | R (Gl) |
| **X. Sprüche und Gleichnisse** | | | |
| Senfkorngleichnis/Bildworte | 13,18–30; 14,5 | 13,31ff u. a. | Gl (*vgl. Mk 4,30–32*) |
| Weheruf über Jerusalem | 13,34f | 23,37–39 | R |
| Gastmahlgleichnis | 14,16–24 | 22,2–10 | Gl |
| kürzere Sprüche/Gleichnisse (u. a. »Vom verlorenen Schaf«) | 14,26f.34f; 15,4–7 | 10,37 u. a. 18,10–14 | R/Gl |
| Alt und Neu | 16,13.16ff | 6,24 u. a. | R (Gl) |
| **XI. Die Endereignisse** | | | |
| Von den letzten Dingen | 17,22–37 | 24,26–28.37–41 | R (*vgl. Mk 13*) |
| Gleichnis von den »Talenten« | 19,12–27 | 25,14–30 | Gl |
| Gericht über Israel | 22,28–30 | 19,28 | R |

*Erläuterung*: E: Erzählstoff; R: Redestoff; Gl: Gleichnis; *kursiv*: *gemeinsamer Stoff mit MkEv*

Umstritten ist, ob die Versuchungserzählungen zur Quelle Q gehören oder nicht; ebenso unsicher muss das Verhältnis Mk/Q bleiben, da möglicherweise identisches Material in beiden Schriften vorhanden war (was auch einige der *Minor Agreements* erklären könnte).

Demzufolge bot die Logienquelle – neben einer ganzen Reihe von Aussprüchen, Reden und Bildworten Jesu – folgende *längere Textpassagen*:

1) Überlieferungen zu *Johannes dem Täufer* (Bußpredigt: Q 3; Täuferanfrage: Q 7)
2) *Erzählungen von Jesus* (Versuchungserzählung: Q 4; Hauptmann von Kafarnaum: Q 7)
3) Einige bekannte *Gleichnisse Jesu* (Vom Hausbau: Q 6; Senfkorn und Sauerteig: Q 13; Vom großen Gastmahl: Q 14; Vom verlorenen Schaf: Q 15; Von den anvertrauten Talenten: Q 19)
4) Eine eigene Fassung der *Beelzebul-Perikope* (Mk 3) mit *Exorzismus* eines Stummen (Q 11)

→ Zur Erläuterung: mit »Q #« bezeichnet man das Kapitel in der Logienquelle nach der Zählung des LkEv (Q 7 = Lk 7; Q 11 = Lk 11).

## b) Das Sondergut der Synoptiker

Für einen ersten Überblick lohnt es, das jeweilige Sondergut nach *drei Kriterien* (*Gleichnisse, Wunderberichte, Sonstiges*) grob zu skizzieren. Verständlich wird dies zwar erst *nach* der Lektüre der Schriften, aber es hilft bereits im Voraus bei der Einordnung der jeweiligen Stücke.

Auf Details und kürzere Abschnitte wird hier bewusst verzichtet und die Möglichkeit, dass einzelnes *Sondergut* aus Q stammen könnte, aus *lernstrategischen* Gründen *nicht* erwogen. Eine vollständige Auflistung des jeweiligen Sonderguts bietet *Schnelle*, Einleitung, 195–197.

| | **Gleichnisse/ Bildworte Jesu** | **Wunderberichte** | **weitere Erzählungen** |
|---|---|---|---|
| **Mk** | **4**: Vom Wachsen der Saat | **7**: Heilung eines Taubstummen (»Effata«)<br>**8**: Blindenheilung bei Betsaida | **3**: Jesu Verwandte halten ihn für verrückt<br>**14**: Die Flucht des »nackten Jünglings« |
| **Mt** | **13**: Unkraut unter dem Weizen (mit Deutung);<br>Schatz im Acker und Perle;<br>Fischnetz; Hausvater<br>**18**: Schalksknecht<br>**20**: Arbeiter im Weinberg<br>**21**: Ungleiche Söhne<br>**25**: Die zehn Jungfrauen; Vom Weltgericht | (**27**: »Wunder« bei Jesu Tod) | ***1–2**: Vorgeschichten*<br>**14**: Seewandel des Petrus<br>**16**: Petrus als »Fels«<br>**17**: Tempelsteuer<br>(**27**: Das Ende des Judas; vgl. Apg 1)<br>**27/28**: Die Grabwächter und deren Bestechung<br>**28**: »Missionsbefehl« |

| | | | |
|---|---|---|---|
| **Lk** | **10**: Barmherziger Samariter<br>**11**: Vom bittenden Freund<br>**12**: Der reiche Narr; vom wiederkommenden Herrn<br>**15**: Die verlorene Drachme, Der verlorene Sohn<br>**16**: Ungerechter Haushalter, Reicher Mann und armer Lazarus<br>**18**: Richter und Witwe; Pharisäer und Zöllner | **5**: Fischzug des Petrus<br>7: Jüngling zu Nain<br>**13**: Sabbatheilung der verkrümmten Frau<br>**14**: Heilung eines Wassersüchtigen<br>**17**: Heilung der zehn Aussätzigen<br>(**22**: Heilung des Ohrs eines Hohenpriesters Knechts) | *1–2: Vorgeschichten*<br>(**3**: Stammbaum; *vgl. Mt 1*)<br>**3**: Standespredigt d. Täufers<br>(**7**: Sünderin; *vgl. Mk 14*)<br>**8**: Dienende Frauen<br>**10**: Maria und Martha<br>**19**: Zachäus<br>**23**: Jesu Weg nach Golgota (weinende Frauen);<br>Der Schächer am Kreuz<br>**24**: Die Emmausjünger; Erscheinungen *in Jerusalem*; Himmelfahrt Jesu |

Der Überblick vermittelt auch einen ersten Eindruck von den jeweils unterschiedlichen *Akzenten* der Evangelien in ihrer Darstellung des Wirkens Jesu:

So *ergänzt* das $\mathbf{S}^{Lk}$ zwar *Heilungswunder* und sogar eine *echte Totenerweckung*, schildert aber *keine weiteren Exorzismen* (ausgenommen die Notiz in Lk 8,1–3) – die bei Lk *fehlenden* Heilungen aus Mk 7–8 gehören in den Kontext der so genannten »großen Auslassung«. Bei den Erzählungen liegt ein besonderer Akzent auf *Frauengestalten* im Umkreis Jesu, in den Gleichnissen ist ein besonderes Interesse am Thema »Arm und Reich« sowie an der »Barmherzigkeit Gottes« erkennbar. Insgesamt sind auch häufiger *Zöllner* im Blick.

Das $\mathbf{S}^{Mt}$ scheint auf Wunderberichte keinen besonderen Wert zu legen (die Ereignisse bei der Kreuzigung sind zumindest keine Wunderhandlungen *Jesu*). Bei den Gleichnissen überwiegen solche, die Gottes *richtendes Handeln* in den Blick nehmen, das *barmherzig gegenüber Barmherzigen*, *unbarmherzig gegenüber Umbarmherzigen* ist (Mt 13; 18; 25).

Doch auch *Gemeinsamkeiten* sind zu erkennen: Bei beiden *Seitenreferenten* (Mt und Lk) ist ein gesteigertes Interesse an *Petrus* zu konstatieren, beide ergänzen den Stoff des Mk zudem um (im Detail voneinander erheblich abweichende!) *Geburtslegenden* (Vorgeschichten) und *Ostererzählungen*, beide führen einen *Stammbaum Jesu* an. Daneben sind beide stark durch das vorgegebene Material aus Q geprägt, gerade wenn es um den Aspekt der *Wachsamkeit* angesichts des nahen Weltendes geht (vgl. Q 17; 19).

## 5. *Resümee*

Die intensive Beschäftigung mit der Zwei-Quellen-Theorie verdeutlicht deren notwendige Beziehung zur Bibelkunde. Mit ihrer Hilfe gelingt eine sinnvolle Zuordnung des Materials, sodass umgekehrt deutlich wird, *welche Texte* bibelkundlich im Fokus liegen:

- Wer das **gesamte MkEv** kennt, hat damit den Grundstock aller synoptischen Evangelien.
- Wer den **Stoff der Quelle Q** zuordnen kann, hat das Grundprinzip der Struktur des jeweiligen Seitenreferenten erfasst.
- Wer das **jeweilige »Sondergut«** zuordnen kann, kann theologische Schwerpunkte der Evangelisten in ihrer Darstellung Jesu wahrnehmen.

Im Folgenden wird immer wieder nach diesem Stoff gefragt, sodass die hier gegebenen Informationen eine *wichtige Ergänzung* zu den folgenden drei Kapiteln darstellen. Zuvor sind aber noch einige allgemeine Informationen zu den *Formen und Gattungen* innerhalb der neutestamentlichen Erzählwerke vonnöten. Auch dieses Wissen hilft bei der *Strukturierung* und Einordnung der jeweiligen Erzählungen.

# Exkurs I: Formen und Gattungen in den Erzählwerken

Literatur: *Berger, K.*: Formen und Gattungen im Neuen Testament, Tübingen/Basel 2005; *Bultmann, R.*: Die Geschichte der synoptischen Tradition, Göttingen [10]1995; *Dibelius, M.*: Die Formgeschichte des Evangeliums, Tübingen [6]1971; *Pesch, R./Kratz, R.*: So liest man synoptisch. Anleitung und Kommentar zum Studium der synoptischen Evangelien, 7 Bde., Frankfurt a. M. 1975–1980 (Bd. 2–3: [2]1982); *Reiser, M.*: Sprache und literarische Formen des Neuen Testaments. Eine Einführung, Paderborn u. a. 2001; *Schmidt, K.L.*: Der Rahmen der Geschichte Jesu, Berlin 1919 (ND Darmstadt 1969); *Strecker, G.*: Literaturgeschichte des Neuen Testaments, Göttingen 1992, 170–205; *Vielhauer*, Geschichte (s. o.), 291–310.

Die Erzählwerke (wie auch die Briefe) werden bis heute (für den gottesdienstlichen Gebrauch) in unterschiedlich lange »Perikopen« unterteilt. Diese Unterteilung wie auch die Einteilung der Bücher in einzelne »Kapitel« geht nicht auf deren Autoren oder erste Herausgeber zurück. Der Begriff »Perikope« (gr. *perikopê* = »Herausgeschlagenes«, »Ausschnitt«) deutet bereits an, dass es sich um »Ausschnitte« aus einem längeren Erzählwerk handelt. Die Abgrenzung geschieht nach inhaltlichen Kriterien – in Erzählwerken achtet man hierfür auf prägnante *Textsignale* (Orts-, Zeit-, Personen-, Themenwechsel).

Die ältere so genannte »formgeschichtliche« Untersuchung des Neuen Testaments, verbunden mit den Namen *Karl Ludwig Schmidt, Rudolf Bultmann* und *Martin Dibelius*, entwickelte aus der Beobachtung, dass in den Evangelien und der Apg zahlreiches Material aus mündlicher Überlieferung gesammelt und zusammengestellt wurde, Kriterien zur Unterscheidung dieses Traditionsstoffes. Die Ergebnisse hat *Vielhauer* in seiner Einleitung zusammengefasst, und sie wirken bis heute nach, trotz berechtigter Kritik am Verfahren (u. a. von *Berger* und *Reiser*). – Für eine bibelkundlich geschärfte Lektüre ist zunächst die grobe Unterscheidung von *Redestoff* (»Worte Jesu«) und *Erzählstoff* sinnvoll, die im Folgenden genauer ausdifferenziert wird.

Auch diese Definitionen sind streng genommen kein Gegenstand bibelkundlichen Wissens – sie sind aber hilfreich bei der Lektüre der Texte, um den Stoff zu »sortieren«.

## *A) Der Redestoff in den Evangelien (und der Apg)*

### 1. Einzelworte

Im Anschluss an *Bultmann* lassen sich die in den Evangelien überlieferten »Herrenworte«, die auch als »Gnomen« (gr. *gnômê*) oder »Sentenzen« (lat. *sententia*) bezeichnet werden (*Reiser*), unterscheiden in a) *Logien* im engeren Sinn (Weisheitsworte), b) *prophetische und apokalyptische Worte*, c) *Gesetzesworte und Gemeinderegeln* sowie d) »*Ich-Worte*«.

### *a) Logien*

Unter »Logien« (gr. *logion* = »Ausspruch«) versteht man nach der älteren formgeschichtlichen Klassifikation gemeinhin *Weisheitsworte*, in denen Jesus als »Weisheitslehrer« in Erscheinung tritt. Oft sind dies keine spezifisch christlichen Aussagen – Analogien begegnen in der rabbinischen Literatur wie in der hellenistischen Popularphilosophie, aber auch in der »Spruchweisheit« des Alten Testaments (vgl. *Sprüche*; *Jesus Sirach*). Verwirrend ist, dass alle folgenden »Worte« (1b-d wie auch die Gleichnisworte) unter dem Stichwort »Logien« subsumiert werden können; auch die Apophthegmen (s. u. B 1) enthalten meist prägnante Einzelworte Jesu.

- Der Prophet gilt nichts in seiner Heimat. (Mk 6,4)
- »Der Arbeiter ist seines Lohnes wert.« (Lk 10,7)
- »Geben ist seliger als Nehmen.« (Jesus) (Apg 20,31)

### *b) Prophetische und apokalyptische Worte*

In der Jesusüberlieferung finden sich sowohl *Heilsworte* als auch *Drohworte, Mahnreden* und apokalyptische *Weissagungen*. Mahnungen werden aber oft in Gestalt von Gleichnissen überliefert (s. u. A 2).

- Die Seligpreisungen (*Makarismen*) (Mt 5,3–12/Lk 6,20–23)
- *Drohworte* gegen die Reichen (Lk 6,24–26)
- *Wehrufe* über Chorazin und Betsaida (Q 10,13–15)
- *Mahnworte* als Warnung vor der Verführung zum Abfall (Mk 9,42–49)
- *Ankündigung* der Tempelzerstörung (Mk 13,2; Lk 19,43f)
- »... siehe, das Reich Gottes ist unter euch!« (Lk 11,20f)

### *c) Gesetzesworte und Gemeinderegeln*

Schon das Urchristentum überlieferte Worte Jesu, in denen seine Stellung zum (jüdischen) Gesetz zum Ausdruck kommt, und solche, die konkrete Weisungen an die Jünger bzw. die Gemeinde enthalten. Manche davon dürften allerdings auf spätere Gemeindebildung zurückgehen.

- Die »Goldene Regel« (Mt 7,12; Lk 6,31)
- Die »Antithesen« der Bergpredigt (Mt 5,21–48)

### *d) Ich-Worte*

An wenigen Stellen der synoptischen Evangelien spricht Jesus in der »Ich-Form«. Hierzu zählt man auch die so genannten *Menschensohnworte*, in denen Jesus von sich selbst als dem »Menschensohn« spricht.

- *Heilandsruf*: »Kommt her alle, die ihr mühselig und beladen seid ...« (Mt 11,28)
- »Ich bin nicht gekommen Gerechte zu rufen, sondern Sünder.« (Mk 2,17b)
- Die »Ich-bin-Worte« im JohEv (Joh 6; 8; 10; 11; 14; 15)
- Die »Leidensankündigungen« (Mk 8,31–33; 9,31f; 10,32–34 parr)

## 2. Gleichnisse und Verwandtes

*Literaturergänzungen*: *Harnisch, W.*: Die Gleichniserzählungen Jesu. Eine hermeneutische Einführung, Göttingen [4]2001; *Jülicher, A.*: Die Gleichnisreden Jesu. Zwei Teile in einem Band, Tübingen [2]1910; *Klauck, H.-J.*: Allegorie und Allegorese in synoptischen Gleichnistexten, NTA NF 13, Münster [2]1986; *Weder, H.*: Die Gleichnisse Jesu als Metaphern. Traditions- und redaktionsgeschichtliche Analysen und Interpretationen, Göttingen [4]1990; *Zimmermann, R.* (Hg.): Kompendium der Gleichnisse Jesu, Gütersloh 2007.

In der synoptischen Tradition verkündet Jesus seine Botschaft in »Gleichnissen« (gr. *parabolê*; vgl. Mk 4), dem JohEv zufolge hingegen in »Rätselworten« (gr. *paroimia*; vgl. Joh 10,1–5; 16,25.29). Zur Differenzierung der einzelnen Gleichnisse hat sich in den vergangenen 100 Jahren eine spezielle Terminologie eingebürgert, die gegenwärtig *höchst* umstritten ist. Die im Folgenden gebotene Unterscheidung fußt auf den Arbeiten *Jülichers* und *Bultmanns;* sie wurde u. a. von *Weder*, *Harnisch* und *Berger* unterschiedlich kritisiert.

In dem 2007 von *R. Zimmermann* herausgegebenen »Kompendium« wird neuerdings die Unterscheidung von *Gleichnis im engeren Sinne*, *Parabel* und *Beispielerzählung* insgesamt als unangemessen zurückgewiesen; sämtliche Gleichnisse (auch die Bildworte) werden als »Parabeln« bezeichnet: »Eine Parabel ist ein kurzer narrativer (1), fiktionaler (2) Text, der in der erzählten Welt auf die bekannte Realität (3) bezogen ist, aber durch implizite oder explizite Transfersignale zu erkennen gibt, dass die Bedeutung des Erzählten vom Wortlaut des Textes zu unterscheiden ist (4). In seiner Appellstruktur (5) fordert er einen Leser bzw. eine Leserin auf, einen metaphorischen Bedeutungstransfer zu vollziehen, der durch Ko- und Kontextinformationen (6) gelenkt wird« (*Zimmermann*, Kompendium, 25). Es bleibt abzuwarten, ob sich diese Definition durchsetzt. Zum Verständnis älterer Literatur ist die Kenntnis der seit Jülicher vorherrschenden Klassifikation weiterhin nützlich.

Die Gleichnisse Jesu zählen zum *Redestoff*, enthalten aber oft narrative Elemente. Es bietet sich an, diesen Stoff gesondert zu betrachten.

### *a) Bildworte*

In *Bildworten* wird ein Sachverhalt in Form eines Bildes zum Ausdruck gebracht, und oft wird dabei *ausschließlich* das Bild erwähnt. Es handelt sich der Form nach um weisheitliche Aussprüche allgemeiner Art, deren Vergleichscharakter allein durch den *Kontext* erschlossen wird.

- »Eine Stadt auf dem Berg kann nicht verborgen bleiben.« (Mt 5,14b)
- »Nichts was in den Menschen hineingeht, macht ihn unrein, sondern das, was aus ihm herausgeht.« (Mk 7,15)
- Das Wort vom *Arzt für die Kranken (*Mk 2,17)
- Man füllt nicht alten Wein, sondern neuen Wein in neue Schläuche. (Mk 2,21f)

### *b) Metapher und Vergleich*

Die *Metapher* ist ein abgekürzter Vergleich; das verwendete Bild wird mit der damit bezeichneten »Sache« identifiziert (z. B. Jünger = Licht). Der Vergleich ist evident und bedarf meist keiner weiteren Erläuterung.

- »Ihr seid das Salz der Erde … [und] das Licht der Welt.« (Mt 5,14a)

Anders als bei der Metapher werden beim *Vergleich* Bild- und Sachhälfte durch eine Vergleichspartikel (»wie«) verbunden.

- »Ich sende euch *wie Schafe* mitten unter *Wölfe*.« (Mt 10,16)

### c) Gleichnis im engeren Sinn

Anders als bei einem Bildwort oder Vergleich wird bei einem *Gleichnis im engeren Sinn* das Bild ausführlich geschildert, es enthält daher unweigerlich auch narrative Elemente. Dabei nennt die Bildhälfte meist Typisches oder Charakteristisches, was sie wesentlich von der *Parabel* unterscheidet.

- Das Gleichnis vom Wachsen der Saat (Mk 4,26–29)
- Das Senfkorngleichnis (Mk 4,30–32)

### d) Parabel (Gleichniserzählung)

Die *Parabel* schildert *keinen typischen* Vorgang (Wachsen einer Saat), sondern einen *Einzelfall*. Für Gleichnisse und Parabeln gilt jedoch gleichermaßen, dass die Pointe im *tertium comparationis* zwischen Bild- und Sachhälfte liegt, d. h. anders als bei der *Allegorie* in einem *einzelnen* Vergleichspunkt zwischen Bild- und Sachebene.

- Die Parabel vom verlorenen Schaf (Lk 15,1–7)
- Die Parabel vom verlorenen Sohn (Lk 15,11–32)

### e) Beispielerzählung

Im Unterschied zu *Gleichnissen* und *Parabeln* zielt die Beispielerzählung selbst in allen Punkten auf die *Sachebene*, die allein narrativ gestaltet wird. Besonders im LkEv findet sich diese Gattung sehr häufig, sie illustriert oft Beispiele für rechtes Verhalten. Die Anwendung (Vergleich) geschieht implizit.

Diese Definition, die Bultmann von A. Jülicher übernommen hat, wird inzwischen vielfach verworfen. Tatsächlich ist der Unterschied zwischen »Beispielerzählung« und »Parabel« schwer zu begründen – allerdings hat die Beispielerzählung einen *stärker appellativen* Charakter, der beispielsweise beim Gleichnis vom verlorenen Schaf *ursprünglich* (ohne die lukanische Deutung!) *nicht* vorhanden ist.

- Der barmherzige Samariter (Lk 10,30–35)
- Pharisäer und Zöllner (Lk 18,9–14)

### f) Allegorie

Eine *Allegorie* besteht aus einzelnen *Metaphern* und erscheint in Gestalt eines Gleichnisses, einer Parabel oder Beispielerzählung. Entscheidend ist nicht die äußere Form, sondern die inhaltliche Deutung. Auch erhalten ursprüngliche Gleichnisse bisweilen nachträglich eine allegorische Deutung (»Allegorese«).

Auch die Unterscheidung von Gleichnis und Allegorie steht auf dem Prüfstand. Viele Autoren weisen darauf hin, dass jede einzelne Metapher mehrere Vergleichspunkte besitzt – insofern solle man eher von einem unterschiedlichen Grad an Bildhaftigkeit sprechen. Man kann aber festhalten, dass die Allegorie bewusst auf mehrere Einzelpointen angelegt ist, während das Gleichnis die möglichen Vergleichspunkte auf eine bestimmte Pointe zuspitzt.

- *Deutung* des Gleichnisses vom Sämann (= *Allegorese* von Mk 4,3–9) (Mk 4,13–20)
- Die bösen Weingärtner (»ursprüngliche« Allegorie) (Mk 12,1-9)

## *B) Der Erzählstoff der Evangelien*

### 1. Apophthegma, Paradigma, Chrie

Für ein- und dasselbe Phänomen kursieren derzeit mehrere Bezeichnungen. *Bultmann* nennt *Apophthegmen* (bzw. *Apophthegmata*), was *Dibelius* als *Paradigmen* bezeichnet – *Berger* nennt sie, in Anlehnung an eine antike Gattung, *Chrien*. Es handelt sich dabei um kurze, knappe *Anekdoten* (so *Reiser*), die abgerundet sind und sich durch einen erbaulichen Stil auszeichnen. Die Handlungsträger sind schematisch gekennzeichnet (keine individuellen Porträts: Jesus und »die Pharisäer«) und die Pointe bildet stets ein *Jesuswort von allgemeiner Bedeutung* (Logion, Weisheitswort, Bildwort o. ä.).

*Berger* (Formen und Gattungen, 140f) listet 67 von ihm als *Chrie/Apoftegma* bezeichnete Erzählungen auf: 26 synoptische (mk) Texte, drei aus der Logienquelle Q, sechs aus $S^{Mt}$, 20 aus $S^{Lk}$, zehn aus dem JohEv und zwei aus der Apg.

*Bultmann* unterscheidet zwei Grundtypen: *Streit-* und *Schulgespräche* sowie *biographische Apophthegmen*. In den Streit- und Schulgesprächen geht es vorrangig um Fragen der Lehre oder des Verhaltens in bestimmten Situationen, die biographischen Apophthegmen schildern Gespräche oder Situationen, in denen es um die *Person Jesu* bzw. das Verhalten zu ihm geht, sie wollen eine allgemeine Wahrheit zum Ausdruck bringen.

**Streitgespräche** (→ mit Gegnern)

- Das Ährenraufen am Sabbat (Mk 2,23–28)
- Die Sadduzäerfrage (von der Auferstehung) (Mk 12,18–27)
- Heilung eines Wassersüchtigen am Sabbat (Lk 14,1–6)

**Schulgespräche** (→ mit Jüngern oder Wissbegierigen)

- Die Gefahr des Reichtums (Mk 10,17–27)
- Die Frage nach dem höchsten Gebot (Mk 12,38–34)

**Biographische Apophthegmen**

- Berufungen zur Nachfolge (»Menschenfischer«) (Mk 1,16–20)
- Berufung des Levi (Mk 2,17f)
- Die Segnung der Kinder (Mk 10,13–16)
- Die Salbung in Betanien (Mk 14,3–9)
- Maria und Martha (Lk 10,38–42)

## 2. »Wundererzählungen« in den Evangelien (und der Apg)

Literaturergänzungen: *Kollmann, B.*, Neutestamentliche Wundergeschichten. Biblisch-theologische Zugänge und Impulse für die Praxis, Stuttgart [2]2007, *Theißen, G.*: Urchristliche Wundergeschichten. Ein Beitrag zur formgeschichtlichen Erforschung der synoptischen Evangelien, Gütersloh [7]1998.

Neben den Streit- und Schulgesprächen nehmen Wundererzählungen einen breiten Raum in den erzählenden Werken des Neuen Testaments ein. Dabei ist die Bestimmung der *Gattung* Wundererzählung alles andere als eindeutig. *Echte* Wundererzählungen sind *Dibelius* und *Bultmann* zufolge nur solche, in denen der *Vorgang des Wunders* beschrieben wird und den *eigentlichen Inhalt* der Erzählung bildet. Ereignen sich Wunder, die lediglich Anlass zu einer Auseinandersetzung liefern, so seien dies keine Wundergeschichten, da sie andere Interessen verfolgten, sondern *Apophthegmen* bzw. *Streitgespräche.*

Die Heilung der verdorrten Hand am Sabbat (Mk 3,1–6) und die Heilung des Blindgeborenen (Joh 9) sind u. a. solche Beispiele, in denen der Fokus der Geschichte auf der Auseinandersetzung mit den (jüdischen) Gegnern (Schriftgelehrten, Pharisäern usw.) liegt. *Theißen* sieht viele Wundererzählungen als »symbolische Handlungen« an; ihnen kommt zumindest oft *paradigmatische Bedeutung* zu (vgl. auch die Blindenheilungen in Mk 8,21–26; 10,46–52). *Berger* bestreitet generell die Existenz einer eigenen Gattung »Wundererzählung«.

Eine so enge Definition übergeht die Tatsache, *dass* auch hier ein Wunder geschildert wird, weswegen diese zunächst als Wundererzählungen betrachtet werden *sollten.* Eine besondere Mischform liegt beispielsweise in *Mk 2,1–12* (Heilung eines Gelähmten) vor: dort gipfelt die Wundererzählung einerseits in der Heilung, andererseits in Jesu Vollmacht zur Sündenvergebung, und bereitet damit den anschließend entfalteten Konflikt mit den Pharisäern vor.

Daneben gibt es auch die *Kombination mehrerer* Wundererzählungen, z. B. die Heilung der blutflüssigen Frau und die Erweckung der Jaïrus-Tochter (Mk 5,21–43).

(*Reine*) *Wundergeschichten* werden grob in *Heilungswunder* und *Naturwunder* unterteilt, die Heilungswunder selbst in *Krankenheilungen*, *Dämonenaustreibungen* (= *Exorzismen*) und *Totenerweckungen.*

| **Heilungswunder** | **Aufbauschema** | **Beispiele** |
|---|---|---|
| *Krankenheilung* | 1) *Exposition*: Jesus wird um Hilfe gebeten | Mk 2,1–12;<br>Lk 8,40–48;<br>Joh 5,1–9 |
| | 2) *Vorbereitung* (z.T. wird die Schwere der Krankengeschichte aufgezeigt) | |
| | 3) *Durchführung*: Heilung durch **Wort** *oder* **Handlung** (allein oder in der Menge) | |
| | 4) *Demonstration* des Wunders | |
| | [5) *Reaktion* = Akklamation; z. T. »*Chorschluss*«] | |

| | | |
|---|---|---|
| *Dämonenaustreibung/ Exorzismus* | 1) *Exposition*: Jesus wird um Hilfe gebeten oder mit der besessenen Person konfrontiert [z. T. Bericht der Leidensgeschichte] | Mk 1,21–28; 5,1–20 (vgl. Lk 8,26–39/ Mt 8,28–34) |
| | 2) *Vorbereitung*: der Dämon erkennt die Allmacht Jesu, es kommt zum (verbalen) Konflikt | |
| | 3) *Durchführung*: Austreibung durch das **Wort** | |
| | 4) *Demonstration* des Exorzismus (Ausfahren des Dämons wird sichtbar gemacht) | |
| | [5) *Reaktion* = Akklamation; z. T. »*Chorschluss*«] | |
| *Totenerweckung* | 1) Der Wundertäter wird um Hilfe gebeten | Mk 5,21–43; Lk 7,11–17; Joh 11; vgl. Apg 9,36–43 |
| | 2) Umstände des Todes werden dargestellt [z. T. verzögertes Eintreffen des Wundertäters] | |
| | 3) *Wunder* geschieht durch das **Wort** | |
| | 4) *Demonstration*: der Tote lebt | |
| | 5) Reaktion, Proklamation des Wundertäters | |

Die Übersicht macht deutlich, dass sämtliche Heilungswunder nach einem analogen Schema erzählt werden. Ob die Totenerweckungen zu den »Heilungswundern« oder den »Naturwundern« zu zählen sind (immerhin durchbrechen sie die *Naturgesetze*), ist umstritten, der Form nach gelten sie als *Heilungen*. Ein ausführliches »Motivgerüst« der Wundergeschichten bieten *Pesch/Kratz* (Bd. 2–3) sowie *Theißen* (Wundergeschichten, 57–89).

Die **Naturwunder** werden differenziert in *Rettungs-*, *Epiphanie-* und *Geschenkwunder*. Sie demonstrieren die göttliche Macht Jesu und besitzen keinen stereotypen Aufbau; das Wunder selbst wird teilweise durch ein Wort oder eine Handlung Jesu bewirkt (Mk 4,35–41; 6,30–44; 6,45–52; 8,1–10; Lk 5,1–11; Joh 2,1–12; 6,1–15; 21,1–14). Mk schildert lediglich vier Naturwunder:

- Sturmstillung (= Rettungswunder) (Mk 4)
- Seewandel (= *Epiphanie*) (Mk 6)
- Speisung der 5000 und der 4000 (= *Geschenkwunder*) (Mk 6; 8)

Lk 5 schildert ein weiteres Naturwunder (Fischzug des Petrus); Mt 16 erweitert den Seewandel Jesu um den Seewandel des Petrus.

Zu den »Naturwundern« zählt *Bultmann* auch die Verfluchung des Feigenbaums (Mk 11 par) sowie die Perikope von der Tempelsteuer (Mt 17).

Das JohEv bietet weitere Naturwunder (Joh 2: Hochzeit zu Kana; Joh 21: Fischzug), enthält aber keine Exorzismen und nur drei (exemplarische) *Heilungswunder* sowie eine *Totenerweckung* (Lazarus). Es lässt sich andererseits eine wachsende Tendenz zur *Steigerung* der Wunder von Mk zu Mt und Lk, hin zu Joh und schließlich zu den apokryph gewordenen Evangelien beobachten.

Zwar ist im Unterschied zu den Heilungswundern kein eindeutiges Schema zu erkennen, doch weist die Sturmstillung (Mk 4 parr) eine Nähe zu den *Exorzismen* auf (Jesus befiehlt dem Wind durch das *Wort*), den Speisungen (Mk 6 parr; 8 par) geht wie manchen *Heilungen* jeweils eine bestimmte *Handlung* Jesu voraus (die sich im Übrigen beim *letzten Mahl* wiederholt; *vgl. Mk 14,22!*). In Lk 5 (und Joh 21) steht indirekt das »Wort« Jesu als Anweisung zum Auswerfen der Netze im Vordergrund; ähnlich funktioniert die wundersame Weinvermehrung (Joh 2). Allein der »Seewandel« Jesu (Mk 6; Mt 16; Joh 6) fällt als *Epiphaniewunder* ein wenig aus dem Rahmen, da hier das Wunder keinen *Mangel* beseitigt, sondern allein Jesu göttliche Macht ins Zentrum rückt, und nur die Jünger bei diesem Ereignis (wie auch bei der Sturmstillung) zugegen sind. Es steht somit der Verklärung Jesu (Mk 9 parr) inhaltlich nahe.

Eine letzte Bemerkung zu den »Wundererzählungen« sei erlaubt: *Was* ein »Wunder« ist, liegt ausschließlich im *Auge des Betrachters*. Dies wird auch in der so genannten »Beelzebul-Perikope« (Mk 3 parr) deutlich zur Sprache gebracht: Es kommt im Kontext des antiken Weltbildes wesentlich darauf an, in *wessen* Vollmacht jemand wundersame Taten vollbringt. Ob Jesus *tatsächlich* Exorzismen durchgeführt, Menschen geheilt und Lebensmittel vermehrt hat, ist nicht entscheidend, denn der *Glaube* in den Evangelien richtet sich nicht auf das Wunder selbst, sondern auf die *Person* Jesu und auf Gott, in dessen Auftrag er handelt. Zwar ist zu vermuten, dass die Naturwunder – anders als die Heilungen – *keinen* historischen Kern besitzen, da nicht anzunehmen ist, Jesus habe die Naturgesetze aufgehoben. Von der Qualifikation solcher Ereignisse als »Wunder« und somit als Ausdruck dessen, dass *Gott am Werk* ist, ist aber die Frage nach ihrer Historizität unabhängig. Die neutestamentlichen Schriften äußern bisweilen selbst Kritik am Wunderglauben, sofern die Wunder der *Legitimation* des Wundertäters dienen sollen (vgl. die »Zeichenforderung« in Mk 8 parr). Zudem sind nicht nur die *Taten*, sondern auch die *Worte Jesu* »wundersam«, weil sie »vollmächtig« sind (vgl. Mk 1,27).

## *C) Weitere Gattungen und die Erzählwerke selbst*

Die Erzählwerke enthalten darüber hinaus *Genealogien* (Mt 1; Lk 3) und weitere *Legenden* (*Kindheitsgeschichten* [Mt 1–2; Lk 1–2], den *Tod Johannes des Täufers* [Mk 6 parr] usw.) sowie die *Passionsgeschichte* (Mk 14–15 parr), die als zusammenhängende Erzählung sich wieder in unterschiedliche Sequenzen unterteilen lässt. Zu erwähnen sind auch die *Prologe* des lk Doppelwerks (Lk 1,1–4; Apg 1,1–3) und der »Prolog« des JohEv, der meist als *Hymnus* bezeichnet wird (Joh 1,1–18), sowie dessen *Epiloge* (Joh 20,30f; 21,24f). Die Kindheitserzählungen im LkEv enthalten weitere Lieder (*Hymnen*) (»Magnifikat« [Lk 1,46–55]; »Benedictus« [1,68–79]; »Nunc Dimittis« [2,19–22]).

Zuletzt ist darauf hinzuweisen, dass die Evangelisten teilweise lange *Reden* komponieren; zu nennen sind, neben der »synoptischen Apokalypse« (Mk 13 parr):

- die fünf (bzw. sechs) *großen Reden Jesu* im *MtEv*
    - Bergpredigt (Mt 5–7); Aussendungsrede (10); Gleichnisrede (13); Gemeinderede (18); Pharisäerrede/Endzeitrede (23.24–25)
- die *Reden Jesu* im *JohEv*
    - u.a. Nikodemusrede (Joh 3), Lebensbrotrede (Joh 6); Hirtenrede (Joh 10), Weinstockrede (Joh 15) *sowie insgesamt*
    - die Abschiedsreden Jesu (Joh 13–17)
- die *Reden* in der *Apg*
    - *Petrusreden* (u.a. Apg 2: Pfingstpredigt; 15: Apostelkonzil)
    - *Paulusreden* (u.a. Apg 17: Areopagrede; 20: Abschiedsrede; 22.24.26: Verteidigungsreden)
    - *Stephanusrede* (Apg 7: Tempelrede)
    - *Jakobusrede* (Apg 15: Apostelkonzil)

Die Erkenntnis, dass die Evangelien und die Apg redigierte Sammelwerke sind, mündet in die Frage nach der Gattung »Evangelium« selbst. Die Evangelien sind Episodenerzählungen, die mehr oder weniger eine Nähe zu hellenistischen *Biographien* (gr. *bios*) oder *Historiographien* (gr. *diêgêsis)* besitzen. Dasselbe gilt für die im griechischen Original als »Taten der Apostel« (*praxeis apostolôn*) betitelte Apg, die allerdings viele erbauliche und unterhaltende Elemente besitzt; mancher ist geneigt, von antiker »Trivialliteratur« zu sprechen. Sie weist stärker als die Evangelien Züge eines antiken *Romans* auf, ist jedoch antiken Geschichtswerken (etwa denen des *Flavius Josephus*) vergleichbar.

## D) Ertrag und Vorschläge zur Lektüre

Diese Zuordnung der Einzeltexte zu Einzelgattungen basiert zunächst auf der Sichtweise der älteren »Formgeschichte«. Deren Vertreter fragten nach der ursprünglichen (mündlichen) Gestalt und der Überlieferung der Einzeltexte sowie nach deren »Sitz im Leben«, *bevor* sie Teil eines »Evangeliums« wurden. Die neuere Kritik hebt dagegen den unüberwindlichen Bruch zwischen mündlicher und literarischer Überlieferung hervor – sämtliche Texte liegen allein im Kontext größerer Kompilationen (»Evangelien«) vor und sind nicht so leicht aus diesen zu isolieren, auch wenn sie als Teiltexte wahrgenommen und interpretiert werden. Die Kategorisierung des Lesestoffs in *Erzähl-* und *Rede*stoff sowie die Ausdifferenzierung in *Einzelworte*, *Gleichnisse*, *Wundererzählungen* sowie *Genealogien, Hymnen* und *Reden* bietet jedoch ein hilfreiches Raster für die Lektüre der ersten fünf Bücher des Neuen Testaments, unabhängig von der Frage nach deren Genese.

Bibelkundlich ist relevant, dass die *Perikopen* als Einzeltexte in ihrem jeweiligen Zusammenhang wahrgenommen und gelernt werden. Eine Konzentration auf längere Passagen ist für das Lernen entscheidend, um sich selbst nicht *endgültig* zu überfordern. Die Verortung einer Erzählung oder eines Gleichnisses im Aufriss eines Evangeliums ist aus drei Gründen wichtig:

- Es ist für das Verständnis eines Textes oft entscheidend, welcher Autor eine bestimmte Perikope überliefert (Mk; Mt; Lk; Joh).
- Es ist wichtig, diese Perikope im Aufriss des Gesamttextes verorten zu können, um sie innerhalb ihres Kontextes zu *verstehen.*
- Umgekehrt kann eine geschulte Person aus der Einzelerzählung und dem Wissen um bestimmte Charakteristika der jeweiligen Evangelisten bisweilen auch den Kontext *erschließen.*

Der Informationsgehalt jeder Erzählung muss sinnvoll reduziert werden; allerdings reicht die alleinige Kenntnis einer *Überschrift* (»Der barmherzige Samariter«) meist nicht aus. Besonders wichtig ist es daher, die *Pointe* einer Erzählung oder eines Gleichnisses benennen zu können. Das Erkennen der *Pointe* einer Erzählung setzt aber wiederum eine geschulte Lektüre voraus. Daher sollen nun die Texte selbst zu Wort kommen. Um den größtmöglichen Lernerfolg zu gewährleisten, empfiehlt sich das folgende *Prozedere*, das besonders im Blick auf Pfarramtsprüfungen beherzt werden sollte.

## *Das bibelkundliche Lernen*

1. »**Erstlektüre**«: Lesen Sie jede Schrift einzeln, *bevor* Sie den jeweiligen Abschnitt im Lehrbuch bearbeiten. Achten Sie dabei auf folgende Merkmale:

- Welche handelnden Personen treten auf? In welcher Beziehung stehen sie zueinander?
- Gibt es besondere *Einschnitte* im Erzählverlauf? Inwiefern?
- Versuchen Sie, die geographischen Angaben möglichst gut nachzuvollziehen.
- Versuchen Sie, den Zeitangaben zu folgen.
- Weist der Text eine nachvollziehbare Struktur auf?
- Achten Sie besonders auf die »Ränder«: Was steht am Anfang, was am Schluss der jeweiligen Schriften? Überlegen Sie ruhig auch, welche Intention damit verbunden sein könnte – *denken hilft*!

2. »**Zusammenfassung**«: Schließen Sie die Bibel und versuchen Sie nun, die *gesamte* Erzählung in wenigen Worten zusammenzufassen.

- Gerade bei der Lektüre des zweiten oder dritten Evangeliums mag dies zunächst sinnlos erscheinen. Doch ist es interessant zu beobachten, inwiefern sich scheinbar *dieselbe Erzählung* unterschiedlich zusammenfassen lässt.

3. »**Rekapitulation**«: Schreiben Sie auf, welche Aussagen, Erzählungen, Einzelworte oder Gleichnisse Ihnen *besonders* aufgefallen sind. Versuchen Sie sich *ungefähr* an deren Kapitel und/oder den Kontext zu erinnern.

- Gerade Texte, die Ihnen aus anderen Kontexten (Literatur, Kunst, Musik, Film) vertraut sind, werden Ihnen besonders auffallen. Sie sind möglicherweise wichtig!

4. »**Basiswissen**«: Lesen Sie den zugehörigen Abschnitt im Lehrbuch und überprüfen Sie auch, ob das Gelesene mit Ihrem Eindruck übereinstimmt. Prägen Sie sich die *Grobstruktur* jeder Schrift gut ein!

5. »**Zweitlektüre**«: Lesen Sie nun die jeweilige Schrift unter Berücksichtigung der gestellten Fragen und notieren Sie sich die Antworten separat. Die im Lehrbuch gegebenen Antworten dienen anschließend der Kontrolle.

6. »**Thematische Vertiefung**«: Die zu jeder Schrift genannten »Themen« werden im letzten Abschnitt des Lehrbuchs ausführlich behandelt. Hier empfiehlt es sich, für jedes Thema bei der Lektüre eine eigene *Karteikarte* anzulegen, auf der die jeweiligen Bibelstellen und kurze Stichworte notiert werden.

Die entsprechende Lektüre der »Themenkapitel« am Ende dieses Buches empfiehlt sich allerdings frühestens, *nachdem* Sie die vier Evangelien und die Apostelgeschichte durchgearbeitet haben. Dort können Sie dann Ihre Notizen kontrollieren.

7. »**Repetition**«: Im Blick auf die jeweilige Abschlussprüfung ist selbstverständlich die kontinuierliche *Wiederholung* des Lernstoffes unerlässlich.

# V. Das Markusevangelium

## A) Einleitungswissen

Der Verfasser ist **unbekannt**, könnte aber *Markus* geheißen haben; allerdings ist umstritten, aus welcher Zeit die Evangelienüberschriften stammen. Die altkirchliche Überlieferung seit Papias von Hierapolis sieht in ihm den Dolmetscher des Petrus (vgl. auch 1 Petr 5,13) und identifiziert ihn mit »Johannes Markus« (Apg 12,12.25; 13,5.13; 15,37.39; vgl. Phlm 24; Kol 4,10; 2 Tim 4,11). Mit Sicherheit ist der Evangelist *kein Augenzeuge* der Ereignisse (trotz der Notiz Mk 14,51f, wo der Autor sich vielleicht selbst ein »Denkmal« setzt). Die historischen Hintergründe der Entstehung des Werkes sind unbekannt; wegen der Notiz Mk 13,2.14 wird meist eine Abfassung **um 70 n. Chr.** (Zerstörung des Jerusalemer Tempels durch die Römer) favorisiert – zumindest ist es älter als Mt und Lk, die beide das MkEv bereits rezipieren. Viele Exegeten lokalisieren die Schrift in **Syrien** oder Umgebung (*Antiochia*; *Dekapolis*); zahlreiche Latinismen und numismatische Spezialkenntnisse (vgl. Mk 12,42) weisen möglicherweise auf **Rom** als Abfassungsort. Es wurde offensichtlich für eine Gemeinde geschrieben, die gesetzesfreie Heidenmission betreibt und sich dafür auf das Wirken des irdischen Jesus beruft (vgl. Mk 7). Die sichtbare *Distanz* zu den Jüngern aus dem »Zwölferkreis« (Stichwort: *Jüngerunverständnis*) könnte als ein weiterer Hinweis auf die Identität der mk Gemeinde ausgewertet werden.

## B) Inhalt

Das MkEv ist vermutlich das älteste bekannte »Evangelium« (als Literaturgattung; in Mk 1,1 erscheint erstmals der Begriff *euangelion* als »Gattungsbezeichnung«). Sein Inhalt ist die Schilderung des *Wirkens Jesu von Nazaret* von der Taufe durch Johannes den Täufer bis zu seiner Kreuzigung und Grablegung in Jerusalem; es endet ursprünglich mit der Botschaft von seiner Auferstehung (16,8). Nach der »Überschrift« (1,1) und einem »Prolog« (1,2f; einer Kombination aus Mal 3,1 und Jes 40,3), beschreibt es zunächst das *Wirken Johannes des Täufers*. Die Taufe Jesu bildet den ersten Wendepunkt: von da an sind ausschließlich *Wirken und Verkündigung Jesu* im Blick (einzige Ausnahme ist die Erzählung von der Hinrichtung des Täufers in Mk 6). Die **Botschaft Jesu** wird programmatisch in **1,14f** vorangestellt: Jesus verkündet die *Nähe des Reiches Gottes* und ruft daher zur *Umkehr* und zum *Glauben an das Evangelium* auf. Der Stoff ist klar gegliedert (s. u.), teilweise in einzelne »Themenblöcke«: *Streitgespräche* in Mk 2,1 – 3,6; *Gleichnisse Jesu* in Mk 4,1–34; *Wundergeschichten* in Mk 4,35 – 6,52; *katechetische*, d. h. über Gemeindefragen wie Ehe und Ehescheidung oder den Umgang mit Kindern *belehrende Texte* in Mk 10. Einen wesentlichen Einschnitt markiert die Schilderung von der Enthauptung Johannes des Täufers (6,19–29), mit der ein erster Bogen zum Beginn des Evangeliums geschlagen wird. An sie schließt eine von zwei Speisungswundern gerahmte *Ringkomposition* (Mk 6,30–8,26) an, die zugleich den (vorläufigen) Abschluss des Wirkens in Galiläa ankündigt. Die Speisung der 5000 (Mk 6) findet am Westufer, die Speisung der 4000 (Mk 8) am Ostufer des Sees Gennesaret statt. Im Zentrum dieses Abschnitts (Mk 7) steht die Debatte um »Rein« und »Unrein«, an die sich das Wirken Jesu in heidnischem Gebiet anschließt – die (griechische) Syrophönizierin überzeugt Jesus sogar davon, dass seine Sendung über die »Schafe des Hauses Israel« hinausgeht. Es folgt die Heilung eines Taubstummen, und nach der Überfahrt, auf der Jesus mit den Jüngern noch einmal die Speisungswunder thematisiert, gelangt er nach Betsaida, wo er einen Blinden in »zwei Stufen« heilt.

Die anschließenden Kapitel (Mk 8–10) sind durch die so genannten »Leidensankündigungen« Jesu (8,31–33; 9,31f; 10,32–34) gegliedert, die den Aufenthalt in Jerusalem (ab Kap. 11) und den Passionsbericht in Mk 14–15 vorbereiten. Sie schildern den »Weg Jesu« zur Passion (Mk 8,27: Cäsarea Philippi ist der *nördlichste* Punkt Galiläas – von dort aus reist Jesus nun [durch Galiläa] nach Jerusalem) und sind vom Thema der »Nachfolge« bestimmt. Das Kapitel 10 wird dabei in besonderer Weise als »Weg« Jesu mit seinen Jüngern geschildert, ein Weg, der in Jericho wiederum mit einer Blindenheilung (des Bartimäus) einen vorläufigen Abschluss findet.

Das gesamte Evangelium ist geprägt von einer doppelt gelagerten theologischen Konzeption: Zum einen begegnet der »Sohnestitel« bzw. »Sohn-Gottes-Titel« an exponierten Stellen: in der *Überschrift* (1,1; allerdings textkritisch unsicher), bei der *Taufe* (1,11 – als Aussage Gottes), bei der *Verklärung* Jesu (9,7: ebenfalls Gottesrede) und *unter dem Kreuz*, nach dem Tod Jesu (15,39: im Mundes des *Centurio*). Auch die Dämonen, die Jesus austreibt, kennen seine göttliche Herkunft, doch fordert Jesus sie zum Schweigen auf. Dieses Phänomen wurde von der Forschung als »**Messiasgeheimnis**« (*W. Wrede*) bezeichnet, welches das Mk durchziehe. Mit diesem verbunden ist das so genannte *Jüngerunverständnis*: Mehrfach wird betont, dass die Jünger Jesus bzw. »etwas« nicht »verstanden« (v. a. in 6,52; 8,14–20) – und selbst auf das »Messias-Bekenntnis« des Petrus: »Du bist der Christus« (8,29) hin antwortet Jesus erneut mit einem »Schweigegebot«. Diesem Jüngerunverständnis korrespondiert nun ein eigentümliches *Glaubensverständnis* im MkEv: »Glaube« (gr. *pistis*) ist stets daran sichtbar, dass Menschen gegenüber Jesus aktiv werden – und *dadurch* werden sie gerettet, wobei der Glaube auch »stellvertretend« wirkt; vgl. Mk 2,5 (die *Begleiter* des Gelähmten decken das Dach ab); 5,27–29.34 (die blutflüssige Frau berührt Jesu Kleider); 9,23f.29 (das »gläubige« Gebet des »ungläubigen« *Vaters* rettet das Kind); 10,47.52 (Bartimäus bittet Jesus lautstark um Hilfe – auch hier hat der »Glaube« gerettet). Glaube ist also *vertrauensvolle und aktive Hinwendung* zu Jesus. Abschließend verkörpert der (ehemals) blinde Bettler Bartimäus die Verknüpfung von Glauben und *Nachfolge*: Er glaubt zuerst, wird gerettet und angesichts seiner Rettung »folgt er« Jesus »nach«. Eine »Auflösung« des »Messiasgeheimnisses« bietet erst die Passionsgeschichte: In Mk 14,61 wird Jesus vom Hohenpriester befragt, ob er »Christus, der Sohn des Hochgelobten [= Gottes]« sei. Als Jesus dies bejaht, wird diese Aussage als Geständnis gewertet und daraufhin das Todesurteil gefällt. Das Evangelium will somit vermitteln, dass Jesus *als* Christus der *Sohn Gottes* ist, jedoch zugleich verdeutlichen, dass dieses Bekenntnis nur im Zusammenhang seines Leidens und Sterbens richtig verstanden werden kann.

Die Nachfolge Jesu ist demgemäß eine *Leidensnachfolge* (Mk 9–10), deren Gewinn jedoch im »ewigen Leben« und einer »neuen Familie« besteht (Mk 10). Nur wer – wie der Hauptmann unter dem Kreuz – diesen Zusammenhang von Leiden und Gottessohnschaft erkennt, kann Jesus wahrhaftig als Christus *und* als Sohn Gottes bekennen. Doch betrifft dies allein die *Erkenntnis* dessen, wer Jesus in Wirklichkeit ist. Der *Glaube* dagegen – im Sinne des MkEv – gründet sich nicht auf diese *Erkenntnis*, sondern allein darauf, dass Menschen ihre *Hoffnung* auf Jesus Christus setzen, wie die Wundererzählungen illustrieren. Den »Zwölfen« und vielen »Jüngern« fehlt durchweg diese Erkenntnis bzw. das Verständnis, wer Jesus ist (Mk 6,53), aber auch der Glaube. Als Vorbilder für die spätere Gemeinde sind sie in erster Linie »Nachfolgende« (Kap. 10).

Der **Schluss** des MkEv lautete ursprünglich: »... und [die Frauen] sagten niemandem etwas, denn sie fürchteten sich.« (Mk 16,8). Dass Mk 16,9–20 nicht der ursprüngliche Schluss ist, beweist u. a. die Existenz antiker Handschriften, die einen anderen (kürzeren) Schluss kennen; dieser so genannte »sekundäre Markusschluss« hat aber eine breite Rezeption erfahren und wird in den gängigen Bibelausgaben mit abgedruckt. Er stellt eine frühe *Harmonie* bekannter Ostererzählungen dar, indem er eine Offenbarung Jesu vor den Jüngern (vgl. Lk 24), einen Tauf- und Missionsbefehl (vgl. Mt 28) im Kontext eines gemeinsamen Mahls (vgl. Lk 24; Joh 21) sowie die Himmelfahrt Jesu (vgl. Lk 24; Apg 1) schildert. Mit dem übrigen MkEv verbindet ihn allerdings die harsche Kritik am *Unglauben* der Jünger.

## *C) Arbeitsfragen*

### 1) Zu Mk allgemein

1. Erstellen Sie *selbst* eine Grobgliederung. Achten Sie dabei zunächst auf topographische und chronologische Angaben, anschließend auf *thematische* Blöcke.

- Deutlich ist die geographische Zweiteilung: *Galiläa* als Ort der Wirksamkeit und Lehre Jesu – *Jerusalem* der Ort der Lehre und der Passion Jesu. Der »Rückruf nach Galiläa« des Jünglings am Grab (Mk 16,7) ist daher programmatisch zu verstehen.
- Als »Blöcke« lassen sich herausschälen: Mk 2,1–3,6 sowie 11,27 – 12,37 bilden zwei Blöcke von Streitgesprächen; 4,1–34 stellt eine Komposition aus einzelnen Gleichnissen dar. Der Abschnitt 4,35 – 8,21 erhält sein Gepräge durch das Motiv des »Bootes« und diverse Überfahrten sowie die zwei Speisungen am See Gennesaret (6; 8), wird allerdings durch die Reise nach »Tyrus und Sidon« bzw. das Gebiet der »Zehn Städte« (gr. *Dekapolis*) in Mk 7 unter-

brochen. Mk 10 enthält eine Reihe von Gemeindebelehrungen und Mk 13 eine lange Rede Jesu. Mk 14–16 schließlich schildern Passion und Auferstehung Jesu in mehreren einzelnen Perikopen, deren Gerüst wohl auf eine ältere zusammenhängende Darstellung zurückgreift.

## 2. Stellen Sie mit Hilfe einer deutschen Bibelausgabe (und einer deutschen Synopse) fest, in welche Perikopen sich das Evangelium gliedert.

- *Es macht keinen Sinn, hier sämtliche Perikopen aufzuzählen; die wichtigsten Erzählungen werden im Folgenden herausgestellt.*

## 3. Welche Text-Gattungen können Sie im MkEv bestimmen?

- Insgesamt ist das MkEv erster Repräsentant der Gattung »Evangelium«; es beinhaltet das Wirken Jesu unter dem Vorzeichen seiner theologischen bzw. religiösen Bedeutung für die frühen Christen.
- Dieses »Evangelium« enthält viele Einzelgattungen:
    - *Wundergeschichten* (Heilungswunder, Exorzismen und Naturwunder)
    - *Dialoge*: Streit- und Schulgespräche
    - *Einzelworte*: Gleichnisse, Aussprüche
    - *Summarien*: Lehr- und Wundersummarien

---

→ vgl. dazu *ausführlich* Exkurs I: Formen und Gattungen in den Erzählwerken (s. o.)

---

## 4. Wo finden sich sog. »Doppelüberlieferungen« (Perikopen, die – in leicht abgewandelter Fassung – noch einmal vorkommen)?

- Die Speisungen der 5000/4000 (Mk 6; 8) stellen eine »Doppelüberlieferung« dar, weil dieselbe Erzählung in zwei unterschiedlichen Fassungen geboten wird.
- Die »Leidensankündigungen« (Mk 8,31–33; 9,31f; 10,32–34) sind nahezu identisch formuliert – im Anschluss an diese bietet der Evangelist jeweils Anweisungen zur Nachfolge. Man könnte also vorsichtig von einer »Dreifachüberlieferung« sprechen.
- Eine *echte* »Dublette« ist lediglich das Logion Mk 9,35 = 10,44 (»Wer der erste sein will, sei eines jeden Sklave.«)

## 5. Wo finden sich Gleichnisse im MkEv? Warum spricht Jesus nach Auskunft des Mk in Gleichnissen?

- *Mk 4: vier einzelne Gleichnisse:*
    - »Von der vierfachen Aussaat« (mit *allegorischer* Ausdeutung)
    - »Von der Lampe« (Bildwort)
    - »Vom Wachsen der Saat« und »Vom Senfkorn« (evtl ein *Doppelgleichnis*)

- *Mk 7: in zwei unterschiedlichen Perikopen zwei Bildworte:*
    - 7,14: »Nicht was in den Menschen hineingeht, macht ihn unrein, sondern was aus dem Menschen herausgeht.« Dieses Wort erläutert Jesus seinen Jüngern im Kontext der Perikope »Rein und unrein«.
    - 7,27: »Es ist nicht recht, dass man den Kindern das Brot wegnimmt und wirft es den Hunden hin.« Die »Syrophönizierin«, an die es gerichtet ist, entgegnet Jesus ebenfalls mit einem Bildwort.

  - Weitere Bildworte finden sich in Mk 2,18–22 (Vom Bräutigam; Vom »neuen Wein«; Vom »Flicken«).
- *Mk 12:* Die *Allegorie* von den bösen Weingärtnern
- *Mk 13:* Das »Gleichnis vom Feigenbaum« (aus der Endzeitrede Jesu)
- Eine Erklärung liefert die »Parabeltheorie« (Mk 4,10–12.33f): Jesus spricht ausschließlich in Gleichnissen, da es sich um eine *esoterische Unterweisung* handelt, die »Außenstehende« nicht verstehen können/sollen. Mit dem Zitat aus Jes 6,9f wird ihnen zudem die Möglichkeit zur »Umkehr« und zur »Vergebung« abgesprochen.

---

→ zur Unterscheidung der Gleichnistypen vgl. ebenfalls den Exkurs I (s. o.)

---

## 6. Skizzieren Sie grob den Aufbau der Wundergeschichten. Wie werden die Wunder theologisch qualifiziert?

- *Gemeinsamer Aufbau (s. auch Exkurs I.2)*:
  - Angabe der Notlage – Bitte um Hilfe
  - Hilfeleistung (Wort/Geste)
  - Konstatierung des Erfolges – Demonstration
- *Heilungswunder*: Heilung der Schwiegermutter des Petrus (1); Heilung eines Aussätzigen (1), Heilung eines Gelähmten (2); Verdorrte Hand am Sabbat (3); Tochter des Jairus (Auferweckung?) (5); Blutflüssige Frau (5); Tochter der Syrophönizierin (7); Taubstummer (7); Blindenheilung bei Betsaida (8); Bartimäus (10).
- *Exorzismen*: Kafarnaum/Synagoge (1); Besessener in Gerasa (5); »Mondsüchtiger Knabe« (9). Hinzu kommen Summarien (z. B. 1; 4). Diskutiert wird, ob Jesus mit »Beelzebul« die bösen Geister austreibe (3).
- *Naturwunder*: Sturmstillung (4), Speisung der 5000 und Seewandel (6); Speisung der 4000 (8)
- Die Wunder werden unterschiedlich qualifiziert. Die *Exorzismen* gelten als Zeichen der Vollmacht Jesu (1), die *Heilungswunder* setzen oft den »Glauben« ins Zentrum – nicht nur der Betroffenen, sondern auch der *Begleiter* (so in 2,5; vgl. 5,34.36; 7,29; 10,49). Die »Naturwunder« haben zwar eine positive, zu Jesus hinführende Funktion, sie demonstrieren (wie die Exorzismen) seine *göttliche* Macht, doch fehlt den Jüngern Jesu der »Glaube« (4,40) und das »Verstehen« (6,50; 8,14–21).

## 7. Wie heißen die Zwölf (Jünger Jesu)? Welche davon spielen eine bedeutendere Rolle? Wie sieht ihre »Tätigkeit« aus?

- Simon Petrus und Andreas, Jakobus und Johannes, Philippus, Bartholomäus, Thomas, *Thaddäus*; Simon *Kananäus*, Matthäus, Jakobus, »der des Alphäus«, Judas Iskariot. (*Die Namenslisten der Evangelien weichen z.T. ab: vgl. hierzu XIV.A3.*)
- Simon Petrus und Andreas, Jakobus und Johannes (= »Zebedaiden«) sind die Erstberufenen und (mit Ausnahme von Andreas) Zeugen der Auferweckung der Tochter des Jaïrus (5) und der Verklärung Jesu (9). Simon Petrus tritt darüber hinaus als Wortführer der Jünger hervor (Kap. 8; 10); in Kap. 14 leugnet er, Jesus zu kennen.
- Bei der Berufung der ersten Jünger fällt das Stichwort »Menschenfischer« (1). Die Berufung bzw. Einsetzung der »Zwölf« wird in Kap. 3 geschildert. Doch sind die Jünger zunächst ausschließlich »Nachfolgende« oder »Begleiter« Jesu (vgl. die Aussage des Petrus in Mk 10).

Die Jünger *lehren* nur einmal - im Kontext ihrer *Aussendung* (6). In diesem Zusammenhang heilen sie auch und treiben Dämonen aus, doch fehlt ihnen anschließend weiterhin die rechte Einsicht (9).

- Vgl. zu den »Zwölfen« ausführlich den Abschnitt XIV. A.3.b)

### 8. Wo finden sich die so genannten »Leidensankündigungen«? Warum ist dieser Begriff nur partiell angemessen?

- Sie stehen in Mk 8,31–33; 9,31–32; 10,32–34; Jesus spricht sie auf dem *Weg von Galiläa nach Jerusalem.* Auffälligerweise redet Jesus darin von sich als dem »Menschensohn« in der dritten Person.
- Die Ankündigungen beinhalten nicht nur das *Leiden* des Messias, sondern auch Jesu *Sterben* und seine *Auferstehung am dritten Tag.*

### 9. Wo stehen die »Einsetzungsworte« des Abendmahls? Skizzieren Sie kurz den Inhalt des Abendmahlsberichts bei Mk.

- Als »Einsetzungsworte« werden die Deuteworte Jesu über Brot und Wein in Mk 14,22–25 bezeichnet: Das gebrochene Brot repräsentiert seinen Leib (V. 22), der Kelch das »Bundesblut«, das »für die Vielen« vergossen wird (V. 24). Sie werden mit einem eschatologischen Verzichtswort (V. 25) abgeschlossen (*vgl. dazu ausführlich Kap. XIV. B.2.*)
- Die einzelnen Stationen sind: das Passamahl; Jesus und die »Zwölf«; Ankündigung des Verrats ohne eindeutige Identifikation des Verräters, Einsetzungsworte, Lobgesang, Gang zum Ölberg.

### 10. Skizzieren Sie den Ablauf der Ereignisse in Jerusalem (Einzug/Passion/Auferstehung).

- Eine detaillierte Skizze der Passions- und Ostererzählungen bietet Kap. XIV. A.2.g.

### 11. Wie endet das MkEv – und was ist der so genannte »sekundäre Mk-Schluss«?

- Die drei Frauen, die Jesus am Sonntagmorgen salben möchten, finden nur das leere Grab vor. Ein Bote beauftragt sie, den Jüngern die Botschaft von der Auferstehung zu übermitteln: »Geht nach Galiläa!« (Mk 16,1–8)
- Der sekundäre Markusschluss ist eine in späteren Handschriften nachgewiesene *Osterharmonie* (er enthält Ostererzählungen aus allen übrigen Evangelien).

---

Auch den »sekundären Markusschluss« sollten Sie aufgrund seiner bedeutenden Rezeptionsgeschichte kennen; besonders die Aussage Mk 16,16: »Wer da glaubt und getauft wird, der wird selig werden, wer nicht glaubt, wird verdammt.«

---

## 2) Zu Jesus von Nazaret

### 1. Wo und wie wird der Inhalt der Verkündigung Jesu im MkEv zusammengefasst?

- **Mk 1,14f**: Jesus verkündet das »**Evangelium Gottes**« (vgl.: 1,1; 8,35; 10,29; 13,10; **14,9**; 16,15): Sein *Bußruf* angesichts des nahen Gottesreichs ist verbunden mit der Aufforderung, *an das Evangelium zu glauben.*

- Jesus lehrt »vollmächtig« (1) und in Gleichnissen (4; 12), letzteres wird mit der »Parabeltheorie« (4,10–12) erläutert als geheime Belehrung, die nur »Eingeweihten« erläutert werde – dennoch sind die Gleichnisse *allgemein verständlich* (vgl. Mk 7).
- Daneben führt Jesus *Streitgespräche* (Debatten mit jüdischen Autoritäten um kultische Reinheitsfragen oder zentrale theologische Topoi [Mk 2f; 7; 11f]) und *Schulgespräche* (Belehrung über die Nachfolge; über Ehe/Ehescheidung; Umgang mit Kindern usw. [9f]). Eine Zusammenfassung seiner »Reinheitslehre« bietet Mk 7,15.

## 2. Welche *biographischen* Angaben (über Jesus und seine Verwandtschaft) können Sie dem MkEv entnehmen?

- Die wesentlichen Aussagen sind **Mk 3**,31–35 und 6,1–6 zu entnehmen: Jesus kommt aus Nazaret, ist von Beruf Zimmermann; seine Mutter ist Maria (vgl. Mk 15–16) und er hat vier leibliche Brüder: Jakobus, Joses, Judas, Simon sowie mehrere Schwestern.
- Als Vater wird allein Gott (Mk 1; 9; 15) genannt, ein *irdischer* Vater *nicht erwähnt.*
- Er wurde nach Mk 1 von Johannes dem Täufer getauft.
- Die Zeit der Wirksamkeit kann *chronologisch* nicht bestimmt werden (ca. ein Jahr?).
- Er wird durch Pilatus verurteilt; dieser Verurteilung ging jedoch eine Verschwörung und Aburteilung des Hohen Rates (d.h. der Tempelaristokratie) voraus (14–15).
- Jesus wird außerhalb Jerusalems (auf Golgota) gekreuzigt und begraben.
- Am Ende wird die Botschaft von der Auferweckung am dritten Tag verlautbart (16).

## 3. Welche *Gegner Jesu* werden genannt?

- In *Galiläa*: *Pharisäer und Schriftgelehrte* (Mk 2–3), Anhänger des Herodes (3,6!); (Pharisäer auch in Mk 12 [Steuerfrage]); anfangs auch: Dämonen (Mk 1; 5 u. ö.)
- In *Jerusalem*: *Schriftgelehrte und Hohepriester* (sowie Sadduzäer und Älteste) (11f; 14f)

## 4. Wo wird Jesus als »Gottes Sohn« betitelt? Wo als »Messias« bzw. »Christus«? Welche sonstigen Hoheitstitel werden für Jesus verwendet?

- *Sohn (Gottes)* (1; 3; 5; 9; 13; 15) und *Christus/Messias* (8,29; 14,61) sind die wichtigsten Titel. Der Sohnestitel spielt eine wichtige Rolle in den Gottesreden (1,11; 9,7), bei einzelnen Exorzismen (3; 5) sowie beim Bekenntnis des Hauptmanns (15,39). Das Christusbekenntnis des Petrus leitet eine Wende in der Erzählung ein; in Mk 14 bejaht Jesus die Frage des Hohenpriesters, ob er »Christus, der Sohn des Gepriesenen« sei und wertet dessen Aussage (»Du sagst es«) als Gotteslästerung.
- Als weitere Titel begegnen *Heiliger Gottes* (1); *Menschensohn* (v. a. in den Leidensankündigungen 8–10); *Sohn Davids* (10: Bartimäus; 11: Einzug in Jerusalem); *König der Juden* (15: Kreuzesinschrift; lat.: *Iesus Nazarenus Rex Iudaeorum* [INRI]).
- Selten wird Jesus als »Herr« (*kyrios*) bezeichnet; auffallend sind daher die jeweiligen Zusammenhänge: In Mk 2 bezeichnet er sich als »Herr über den Sabbat«, in Mk 5 und 11 als »der Herr« – die kanaanäische Frau (Mk 7) ist die einzige Gestalt, die ihn explizit als »Herr« (gr. *kyrie*) anspricht.
- *Vgl. auch Kap. XIV A) 2.i)*

## 5. Wo und wie wird der Menschensohn-Titel gebraucht?

- Von 2,10.38 an ist er Selbstbezeichnung Jesu, stets verbunden mit einer Vollmachtaussage; als Selbstaussage findet er sich v. a. in den Leidensankündungen und zuletzt in endzeitlichen

Zusammenhängen (nach Mk 13,26; 14,62 kommt er auf den Wolken des Himmels; vgl. Dan 7,12).

## 3) Themen (Näheres hierzu s. u. Kap. XVI.)

Notieren Sie sich Kapitelangaben und Stichworte zu folgenden Themen:

- *Johannes der Täufer; Zwölf/Jünger/Apostel; Petrus; Judas (Iskariot); Frauen im NT*
- *Jesus:* Versuchung, Endzeitrede, Letzte Worte; Titel Jesu
- *Taufe, Abendmahl, Heiliger Geist, Liebe/Liebesgebot, Ehe/Ehescheidung, Verhältnis zur Staatsmacht, Auferstehung/postmortale Existenz*

## 4) Vertiefte Einzelfragen (Pfarramt)

1. Wo wird das »Unverständnis« der Jünger Jesu thematisiert?

- In Mk 4: Gleichnisse und Sturmstillung (»Unglaube«); 6: Speisung; 7: Reinheit; 8: Bootsfahrt; Leidensankündigungen; evtl. auch in 14f: Verhalten bei der Passion

2. Nennen Sie Beispiele für Schweigegebote Jesu. Gibt es »Verkündigungsaufträge«?

- Schweigebote werden erteilt
  - an Dämonen (1,25; 3,12) *und*
  - an Jünger (8,30; 9,9.30f) bezüglich seiner Identität (Christus, Sohn Gottes)
  - an Geheilte (1,44; 5,43; [und das Volk] 7,36f); diese bleiben aber sämtlich wirkungslos, vermehren vielmehr die Nachrichten vom heilvollen Handeln Jesu
- Der Gerasener, der bei Jesus bleiben möchte, wird zur Verkündigung ermuntert (5,19).

3. Nennen Sie Beispiele für »Summarien«.

- *Wundersummarien*: 1,32–34.39.45; 3,7–12 [vor Berufung der 12]; 6,53–56
- *Lehrsummarien*: 2,13; 4,33f (Gleichnisse); 6,6b.34; 10,1
- Die Summarien haben im Wesentlichen eine resümierende und gliedernde Funktion.

4. Nennen Sie wesentliche Unterschiede zwischen den beiden Speisungswundern.

- 5 Brote + 2 Fische – 7 Brote (+ einige Fische)
- 12 Körbe – 7 Körbe
- 5.000 Mann – 4.000 (Menschen)
- Gemeinsamkeiten: am See Gennesaret; Jesus hat Mitleid mit den Menschen

5. Um welche Themen drehen sich die (Streit-)Gespräche Jesu mit jüdischen Autoritäten konkret?

- Sündenvergebung (2), kultische Reinheit (2; 7), Fasten (2), Sabbat (2; 3)
- Speisevorschriften (7); Ehescheidung (10)
- Vollmacht Jesu (11); Steuern (12); Auferstehung (12); höchstes Gebot (12); Davidssohnschaft des Messias (12)

### 6. Wo begegnen allegorische Gleichnisse oder Auslegungen?

- Mk 12 (Die bösen Weingärtner); Mk 4 (Auslegung des Gleichnisses von der Aussaat)

### 7. Woran wird deutlich, dass das MkEv zwischen den »Jüngern« und den »Zwölfen« unterscheidet?

- Es gibt weitere »Nachfolger« Jesu, z. B. Levi (2) und Bartimäus (10).
- In Mk 4,10 (Parabeltheorie) ist von »Begleitern« *mit den Zwölfen* die Rede.
- In Mk 14 bereiten *zwei Jünger* das Mahl vor, Jesus kommt am Abend »mit den Zwölfen« hinzu. Beim Mahl sagt er zunächst: »Einer *von euch* wird mich ausliefern«, auf die Rückfrage der Jünger konkretisiert er: »einer von den Zwölfen«.

### 8. Welche Texte finden sich nur im MkEv (»mk Sondergut«)?

- Zum »Sondergut« zählen u. a. folgende charakteristische Texte:
  - Mk 3,20f (Angehörige Jesu halten ihn für verrückt)
  - Mk 4,26–29 (Gleichnis von der »selbstwachsenden« Saat)
  - Mk 7,31–37 (Heilung eines Taubstummen)
  - Mk 8,22–26 (Heilung eines Blinden vor Betsaida)
  - Mk 14,51f (Der »nackte Jüngling«)

### 9. Wo begegnen folgende Einzelgestalten: Jairus, Bartimäus, Kajaphas, Pilatus, Herodes, Barabbas, Josef von Arimatäa, Levi?

- Jairus (5): der Synagogenvorsteher aus Kafarnaum
- Bartimäus (10): der blinde Bettler vor Jericho
- Kajaphas (14): der Hohepriester
- Pilatus (14–15): der »Statthalter« von Jerusalem
- Herodes (Antipas) (6): Regent und Landesherr Jesu
- Barabbas (15): der von Pilatus zum Passafest freigelassene Gefangene
- Josef von Arimatäa (15): erwirbt den Leichnam Jesu und begräbt ihn
- Levi (2): ein Zöllner, den Jesus in die Nachfolge ruft (keiner der »Zwölf«!)

## *D) Die Struktur des Markusevangeliums*

| | | |
|---|---|---|
| **1,1** | | **Überschrift**<br>»Anfang des Evangeliums Jesu Christi [des Sohnes Gottes]« |
| **1,2–13** | | **Vorbereitung der Wirksamkeit Jesu** |
| | 1,1–13 | *Johannes der Täufer*<br>Taufe Jesu (1,11: Jesus ist der »Sohn« [Gottes]<br>Versuchung (kurz) |
| **1,14–8,26** | | **Wirksamkeit Jesu innerhalb und außerhalb Galiläas** |
| | | **1,14f: Die Botschaft Jesu** |
| | | **1,16–4,34: Wirksamkeit von Kafarnaum aus** |
| | 1–2<br>2–3<br>3<br>4 | Berufungen, Exorzismen, Heilungen<br>(Schul- und) Streitgespräche (3,6: *Todesbeschluss*)<br>Einsetzung der »Zwölf«; Beelzebulperikope<br>Reich-Gottes-Gleichnisse (4,10–12 *Parabeltheorie*) |
| | | **4,35–8,26: Wirksamkeit vom See Genezaret aus** |
| | 4,35ff<br>5<br>6 | Sturmstillung (*Überfahrt*)<br>Exorzismen, Heilungen<br>Aussendung der Zwölf<br>*Enthauptung Johannes des Täufers* |
| | 6,30ff<br>7<br>8 | Speisung der 5000 und Seewandel (*Überfahrt*)<br>»Rein und Unrein«, Syrophönizierin, Taubstummer<br>Speisung der 4000, *Überfahrt*, Blindenheilung |
| **8,27–10,45** | | **Der Weg Jesu nach Jerusalem** |
| | *8,29ff*<br>9<br>10 | *Petrusbekenntnis; erste Leidensankündigung (vgl. 9,31f; 10,32ff)*<br>Verklärung (9,7: Jesus = »Sohn [Gottes]«), Nachfolge<br>Gemeindefragen (Ehe, Kinder, Reichtum und Nachfolge, Rangstreit); Heilung des blinden Bartimäus |
| **11,1–16,8** | | **Jesu Wirken, Leiden und Auferstehung in Jerusalem** |
| | | **11–12: Auseinandersetzungen in Jerusalem** |
| | 11<br>11–12 | Einzug in Jerusalem, »Feigenbaum«, Tempelreinigung<br>Schul- und Streitgespräche; Allegorie von den bösen Winzern |
| | | **13: Endzeitrede** |
| | | **14–15: Passionsgeschichte** |
| | 14<br><br><br>15 | Vorbereitung des Passamahls, Abendmahl (Verrats- und Verleugnungsankündigung, »Einsetzungsworte«), Gebet in Getsemani, Verhaftung, Jüngerflucht, Verhör, Verleugnung des Petrus<br>Verhör vor Pilatus, Folter, Verurteilung (Barabbas), Kreuzigung, letzte Worte (15,34), Tod (Tempelvorhang), Grablegung |
| | | **16: Ostern – das leere Grab** |
| **16,9–20** | | **»sekundärer Markusschluss«** |

## E) Texte zum Auswendiglernen

Sinnvoll zumindest sinngemäß auswendig zu kennen sind neben den unten genannten Texten auch die Überschrift des MkEv (1,1), die so genannten »Leidensankündigungen« (Mk 8,31–33; 9,31f; 10,32–34) und der Schluss (Mk 16,8), um das Gerüst des Evangeliums besser zu verinnerlichen.

*Zusammenfassung der Lehre Jesu* (**Mk 1,14f**): »Das Reich Gottes ist nahe: Kehrt um und glaubt an das Evangelium!«

*Jesu Stellung zum Sabbat* (**Mk 2,27**): »Der Sabbat ist um des Menschen willen geschaffen, nicht der Mensch um des Sabbats willen.«

*Die wahre Verwandtschaft Jesu* (**Mk 3,35**): »Wer den Willen Gottes tut, der ist mein Bruder und meine Schwester und meine Mutter.«

*»Parabeltheorie«* (**Mk 4,11**): »Euch ist das Geheimnis des Reiches Gottes gegeben, jenen aber, die draußen sind, geschieht dies alles in Gleichnissen.«

*Außerkraftsetzung der Speisegebote* (**Mk 7,15**): »Nicht, was in den Menschen hineingeht, sondern was aus ihm herauskommt, macht unrein.«

*Petrusbekenntnis* (**Mk 8,29**): »Du bist der Christus.«

*Reichtum und Himmelreich* (**Mk 10,25**): »Eher geht ein Kamel durchs Nadelöhr als ein Reicher in das Reich Gottes.«

*Vom Dienst des Menschensohnes* (**Mk 10,45**): »Der Menschensohn ist nicht gekommen, um sich dienen zu lassen, sondern zu dienen und sein Leben hinzugeben als Lösegeld für viele.«

*Deuteworte zum Abendmahl* (**Mk 14,22–25**): [Und als sie aßen …] »Nehmt, das ist mein Leib«; [Er nahm den Kelch, dankte und gab ihnen den, und sie tranken alle daraus:] »Das ist mein Blut des Bundes, das vergossen wird für die Vielen.«

*Jesu Mahnung an die Jünger in Getsemani* (**Mk 14,38**): »Wachet und betet, damit ihr nicht in Versuchung kommt, denn der Geist ist willig, aber das Fleisch schwach.«

*Jesu letzte Worte am Kreuz* (**Mk 15,34**): »Eloi, Eloi, Lama Sabachthani (d.h. mein Gott, mein Gott, warum hast Du mich verlassen)?!«

*Bekenntnis des Centurio* (**Mk 15,39**): »Wahrlich, dieser Mensch war Gottes Sohn.«

# VI. Das Matthäusevangelium

## A) Einleitungswissen

Der Verfasser ist **unbekannt**, die altkirchliche Überlieferung (Papias) schreibt es dem aus dem Zwölferkreis stammenden Jünger Matthäus (dem Zöllner, vgl. Mt 9,9) zu. Dies dürfte eher unwahrscheinlich sein, da das MtEv das MkEv voraussetzt (und überarbeitet). Meist wird der Ursprung des Evangeliums in **Syrien** (Antiochia?) lokalisiert (vgl. Mt 4,24); herfür sprechen auch die im Evangelium verarbeiteten judenchristlichen Traditionen (u. a. »Q«) und die mögliche Bezeugung des Evangeliums durch zwei ebenfalls in Syrien lokalisierte Schriften aus den »Apostolischen Vätern«: die *Didache* und die Briefe des Bischofs *Ignatius von Antiochia*. Entstanden ist bzw. veröffentlicht wurde es zwischen **70** und **ca. 110 n. Chr.**: Die Zerstörung des Tempels ist vorausgesetzt (vgl. Mt 21,41; 22,7; 23,38) und das MkEv bereits bekannt, ab 110 finden sich erste Spuren einer Rezeption (Did; Ign; Papias); die oft genannte Datierung 80–90 n. Chr. stellt lediglich einen *Näherungswert* dar. Zwar wendet sich der Verfasser an eine von *heidenchristlichen* Auffassungen geprägte Gemeinde, wurzelt aber im *Judenchristentum*, wofür die konsequente Rede vom »Himmelreich« (anstelle von »Gottesherrschaft« bzw. »Reich Gottes«), die Hochschätzung des »Gesetzes« (Mt 5) und die Petrustraditionen (Mt 16) sprechen. Er blickt auf Konflikte mit dem zeitgenössischen synagogalen Judentum zurück, die besonders seine Darstellung der Pharisäer beeinflussen (10,17; 23,34).

## B) Inhalt

Mt baut, wie bereits angemerkt (s. o. IV.), das Material aus Q und sein Sondergut in Gestalt mehrerer Blöcke in den Rahmen des MkEv ein: Die Geburtsgeschichte wird vorgeschaltet, der Redestoff und der Erzählstoff stärker strukturiert. Der geographische und biographische Rahmen bleibt aber weitgehend identisch, ab Mt 12 folgt der Autor dem Erzählfaden des MkEv (Mk 3; man nennt dies auch *Markusakoluthie* von gr. *akoluthein* = »folgen«), doch erst ab Mt 14 (Mk 6) läuft die Schilderung tatsächlich weitgehend *parallel*. Der Spannungsbogen verschiebt sich nicht unerheblich durch die Einschaltung der »großen Reden« und einen in Mt 12 zu beobachtenden »Umschwung«: Wird die Wirksamkeit Jesu in Mt 4–11 weitgehend »konfliktfrei« geschildert, so treten von Mt 12–16 an die Konflikte mit den jüdischen Autoritäten und von Mt 16–20 an Gemeindefragen in den Vordergrund (auf dem Weg nach Jerusalem; vgl. Mk 10). Insofern lässt sich auch Jesu *Wirksamkeit* in zwei Teile gliedern: Der Messias Israels (4–11) und seine Ablehnung (12–16).

Im Vergleich mit dem MkEv stechen zwei weitere Merkmale hervor: Erstens ist das gesamte Evangelium stärker »geschichtlich-biographisch« orientiert. Es beginnt mit den Worten »Buch der Abstammung Jesu Christi«, eine Überschrift, welche an alttestamentliche Genealogien (vgl. Gen 5; 10; 1 Chr 1) erinnert. Mit dem Stammbaum wird Jesus gleich zu Beginn in die Heilsgeschichte Israels eingeordnet, die mit den Erzvätern (Abraham, Isaak, Jakob) beginnt. Die »Vorgeschichten« mit der Ankündigung der Jungfrauengeburt (Mt 1) und der Huldigung des Jesuskindes durch die »Sterndeuter« (gr. *magoi* [= Magier]) aus dem Osten (Mt 2) schildern von da an bereits die Geburt Jesu als eine Zeit der *Bedrohung des Kindes*. Die sogenannten *Erfüllungszitate* (»Dies ist geschehen, damit erfüllt würde …«) dienen hingegen der heilsgeschichtlichen Verankerung: Indem alttestamentliche, v.a. prophetische *Verheißungen* (Mi 5; Sach 9) in der Geschichte Jesu von Nazaret ihre *Erfüllung* finden, legitimieren sie auch seine Botschaft.

Diese *Botschaft*, die »Lehre Jesu« stellt das zweite wesentliche Merkmal dar. Im MtEv erscheint Jesus vorrangig als der *Lehrer*, der in großen Reden seine Botschaft vom »*Himmelreich*« (ein nur im MtEv belegter Ausdruck für das »Reich Gottes«, der sich jüdischer Herkunft verdankt) programmatisch entfaltet, besonders kraftvoll in der durchkomponierten *Bergpredigt* (Mt 5–7). Dass die Wundertaten Jesu erst im Anschluss an diese Rede geschildert werden, verdeutlicht deren Funktion als *Bestätigung* der Lehre. In der Bergpredigt erscheint Jesus in besonderer Weise als Bewahrer und Vollender des jüdischen Erbes: »Ich bin nicht gekommen das Gesetz aufzulösen, sondern es zu erfüllen« (vgl. Mt 5,17). Dies geschieht jedoch in überbietender Weise: Die alttestamentlichen Gebote werden auf ihren *ethischen* Gehalt hin zugespitzt und zugleich radikalisiert bzw. gesteigert, besonders in den so genannten *Antithesen* der Bergpredigt (Mt 5): »Ihr habt gehört, dass gesagt ist … – *ich* sage euch … .« Dieses (neue) *Gesetz Jesu* enthält das Programm einer *besseren Gerechtigkeit* (Mt 5,20), und diesem entsprechen die Betonung der Barmherzigkeit (vgl. Mt 6) und der Nachdruck auf dem *Endgericht* im MtEv (besonders in Mt 25,31–46). Aus Mt 25,34–36 werden traditionell sechs der »sieben Werke der Barmherzigkeit« begründet: 1) Hungrige speisen, 2) Durstige tränken, 3) Fremde beherbergen, 4) Nackte kleiden, 5) Kranke pflegen, 6) Gefangene besuchen (Nr. 7 [Tote bestatten] wird erst seit dem 3./4. Jh. [Laktanz] aus Tob 1 ergänzt).

Ein weiterer Akzent liegt im MtEv auf der *Gemeinde* bzw. *Kirche* (*ekklêsia*). Allein in Mt 16,16–19 erscheint Petrus als der »Fels der Gemeinde«, der zugleich »Schlüsselgewalt« besitzt – ein Wort, auf dem bis heute das römische *Papsttum* gründet. In der Gemeinderede (Mt 18) werden spezielle Fragen, auch des gottesdienstlichen Lebens, behandelt; in ihr findet sich ein für die protestantische Ekklesiologie wichtiges Wort, die neutestamentliche »Skatregel« (Mt *18,20*): »Wo zwei oder drei in meinem Namen versammelt sind, da bin ich mitten unter ihnen.« Weil die Aufgabe der Kirche in der Nachfolge Jesu und damit in der Befolgung *seines* Gesetzes besteht, sind auch die Jünger in jeder Hinsicht in die Nachfolge Jesu gerufen: sie sind nun wie er »leidende Gerechte« (vgl. bereits die Seligpreisungen in Mt 5).

Die Verbindung des *Endgerichts* mit dem Gemeindeverständnis wird v. a. in den Sondergutgleichnissen deutlich: Wie das Gleichnis vom »Unkraut unter dem Weizen« und das vom Fischnetz (Mt 13) verdeutlichen, ist die Gemeinde ein *corpus permixtum*: ein »vermischter Leib« aus Sündern und Gerechten, die erst im Endgericht endgültig geschieden werden. Deshalb sind zunächst *alle* in der Gemeinde zur Barmherzigkeit aufgefordert. Das Gleichnis der »Arbeiter im Weinberg« (Mt 20) illustriert, dass es nicht notwendig ist, zu den »Ersten« zu gehören, und es wird gerahmt von der Aussage (aus Mk 10,31) »Viele Letzte werden Erste und Erste Letzte sein!« (Mt 19,30; 20,16; vgl. 27,64!). Dieser Satz korrespondiert wiederum mit der in Mt 22,14 formulierten Aussage: »Viele sind berufen, wenige sind auserwählt«, denn wen der Herr beruft, bei dem ist es egal, *wann* er berufen wurde. Das Gleichnis vom »königlichen Hochzeitsmahl« (Mt 22) und die vier aufeinander folgenden Gleichnisse in Kap. 24–25 (»Vom guten und törichten Knecht«, »Von den klugen und törichten Jungfrauen«, »Von den anvertrauten Talenten [Pfunden]« und »Vom Endgericht«) unterstreichen noch einmal abschließend die mit diesem prägnanten Satz verbundene Notwendigkeit der *Bereitschaft* für das Kommen des Richters.

Der »*Missionsbefehl*« in Mt 28,18–20 erweist sich abschließend als Höhepunkt und Schlüsseltext für das gesamte Evangelium; in ihm vereinen sich zudem zwei der angeführten Lieblingsthemen des MtEv: die *Gemeinde* (»machet zu *Jüngern* alle Völker, indem ihr sie tauft …«) und die *Lehre Jesu* (»… und indem ihr sie lehrt zu halten alles, was ich euch befohlen habe«). Dass die *Elf* (*Judas* hat sich Mt 27 zufolge bereits erhängt) »in alle Welt« gehen sollen, korrespondiert zudem mit alttestamentlichen Verheißungen, die ein endzeitliches Heil für *alle* Völker ankündigen. Die Erfüllung *dieser* Verheißungen aber steht aus Sicht des Autors noch aus.

## *C) Arbeitsfragen*

### 1) Zu Mt allgemein

1. Erstellen Sie eine Grobgliederung. Versuchen Sie es zunächst topographisch und achten Sie darauf, inwiefern Mt dem Mk-Aufriss folgt.

- Es ist äußerst schwierig, das MtEv zu gliedern:
  - Allgemein: 1–2 Kindheit; 3–4 Vorgeschichte u. Beginn der Wirksamkeit; 4–16 Jesu Wanderungen; 16–20 Weg nach Jerusalem (ab 19–20 definitiv »Weg« vgl. Mk 10); 21–28 Jerusalem (26–28 Passion und Auferstehung)
  - Ab Mt 12 folgt Mt dem Erzählfaden des MkEv (»Markusakoluthie«); danach geraten die »Konflikte« stärker in den Blick. Die Zeit der Wirksamkeit Jesu (4–16) lässt sich daher noch einmal in zwei Teile gliedern: 4–11: Der Messias Israels; 12–16: Die Ablehnung des Messias.

2. Wo finden sich größere Einschaltungen der Redequelle Q?

- Kap. 3–4 (Johannes der Täufer und Versuchung); Kap. 5–7 (Bergpredigt); Kap. 8 (Hauptmann von Kafarnaum); Kap. 10 (Aussendungsrede); Kap. 11 (Täuferanfrage und Zeugnis;

Wehrufe und Lobpreis des Vaters); Kap. 12 (Beelzebul [Q] + Zeichen des Jona); Kap. 13 (Senfkorn und Sauerteig); Kap. 18 (Verlorenes Schaf); Kap. 22 (königliches Hochzeitsmahl); Kap. 23–25 (Pharisäerrede und Endzeitrede)

## 3. Wo findet sich gehäuft so genanntes »Sondergut« des Matthäus? Benennen Sie v. a. prägnante Gleichnisse und Erzählungen.

- *Gleichnisse*: Kap. 13: Vom Unkraut unter dem Weizen; Schatz im Acker; Perle; Fischnetz; Hausvater; 18: Schalksknecht; 20: Arbeiter im Weinberg; 21: Von den ungleichen Söhnen; 25: Die zehn Jungfrauen; Vom Weltgericht
- *Erzählungen*: Kap. 1–2: Vorgeschichte(n); 9: Blindenheilungen; stummer Besessener; 14: sinkender Petrus; 17: Tempelsteuer; 27: Ende des Judas; Wächter am Grab; 28: Betrug der Hohenpriester; Missionsbefehl in Galiläa
- Daneben: 5–7: Wichtige Teile der »Bergpredigt«; 11,28–30: Heilandsruf; 16,16–19: Wort vom Felsen; 18: Gemeinderegeln; 19: »Eunuchen für das Himmelreich«

## 4. Gliedern Sie die »Bergpredigt«. Wo finden sich weitere große Reden und welche Themen werden in ihnen verhandelt?

- **5–7: Bergpredigt**:
  - Kap. 5: neun (8+1) Seligpreisungen; Salz und Licht; sechs (2x3) Antithesen
  - Kap. 6: Almosen, Beten (Vaterunser), Fasten; Umgang mit Besitz; Von der Sorge
  - Kap. 7: Vom Richten; Vom Bitten; *Goldene Regel*; Die enge Pforte; Baum und Früchte; Vom Hausbau
- **10: Aussendungsrede** (vgl. Mk 6): wichtig ist v. a. die *Beschränkung* des Heilsangebotes *auf Israel* (Mt tilgt den Bericht von der Wirksamkeit und Rückkehr der *Zwölf*); darüber hinaus sollen die Jünger aber auch Tote auferwecken und Aussätzige heilen.
- **13: Gleichnisrede** (vgl. Mk 4): Sie enthält sieben Gleichnisse; vier sind an das Volk (V. 1–36), drei (Fischnetz, Perle, Schatz) allein an die Jünger (V. 37–52) gerichtet.
- **18: Gemeinderede**: Sie enthält u. a. zwei Gleichnisse; *Vom verlorenen Schaf* und *Vom unbarmherzigen Knecht* thematisieren den Umgang der Christen untereinander. Im Fokus stehen besonders die »Kleinen«, in 18,20 werden Mindestbestimmungen für die Gemeindeversammlung formuliert (die »Skatregel«: »Wo zwei oder drei …«).
- **23: Pharisäerrede**: Neben der Kritik an der Gesetzespraxis der Pharisäer schärft die Rede v. a. die Forderung der Barmherzigkeit ein.
- **24–25: Endzeitrede**: Gegenüber Mk 13 ist die Rede stark erweitert: Wichtig sind v. a. die Gleichnisse *Von den klugen und törichten Jungfrauen* sowie *Vom Weltgericht*.

## 5. Formulieren Sie das Verständnis des »Gesetzes« nach der »Bergpredigt«. Wie lassen sich die sechs »Antithesen« gliedern?

- Mt 5,17 zufolge bringt Jesus nicht die »Auflösung«, sondern die »Erfüllung« des Gesetzes – kein »Jota« und kein Häkchen werden vergehen. Dies entspricht dem Programm einer »besseren Gerechtigkeit«.
- Die »Antithesen« in Mt 5 bilden zwei Dreierreihen, wobei jeweils das 2. und 3. Glied einander fortführen: Das *Scheidungsverbot* radikalisiert das Ehebruchverbot und die *Feindesliebe* überbietet den Verzicht auf Vergeltung. Mt 5,48 kann als Quintessenz aller Antithesen gelesen werden: »Darum sollt ihr vollkommen sein …«

| 1) Vom Töten | 5,21–26 | 4) Vom Schwören | 5,33–37 |
|---|---|---|---|
| 2) Vom Ehebrechen | 5,27–30 | 5) Von der Vergeltung | 5,38–42 |
| 3) Scheidungsverbot | 5,31f | 6) Feindesliebe | 5,43–47 |
| | *5,48* | *Das Vollkommenheitsideal* | |

6. Wo findet sich die so genannte »Goldene Regel«? Was besagt sie? Nennen Sie weitere Beispiele für das Verständnis der Ethik bei Mt.

- Mt 7,12; positiv formuliert: *Was ihr wollt, das die anderen euch tun sollen, tut ihnen.*
- Mt 22,40: Doppelgebot der Liebe [= »Gesetz und Propheten«]; vgl. auch die Darstellung der Streitgespräche in Mt 12; 15.
- Die wichtigsten ethischen Anweisungen stehen in den »Antithesen« und den übrigen Weisungen der Bergpredigt. Besonders markant ist die Forderung der *Feindesliebe.*

7. Wo stehen die »Einsetzungsworte« des Abendmahls? Skizzieren Sie kurz den Inhalt des Abendmahlsberichts bei Mt. Was fällt gegenüber Mk besonders auf?

- Die »Einsetzungsworte« in Mt 26,26–29 sind analog zu Mk 14,22–25 in den Rahmen eines letzten Passamahls Jesu mit seinen Jüngern eingeflochten und folgen direkt auf die Verratsankündigung, bei der Judas eindeutig identifiziert wird.
- Das Brotwort ist *kurz*; das Kelchwort spricht vom Blut *des* Bundes für *viele, zur Sündenvergebung;* Abschluss durch eschatologisches *Verzichtwort*
- Abgesehen von den Zusätzen ist die Nähe zu Mk 14,22–25 deutlich.
- *Vgl. hierzu auch Kap. XIV. B.2.b.*

## 2) Zu Jesus von Nazaret

1. Skizzieren Sie die Geburtsgeschichte Jesu bei Mt.

- Auf den Stammbaum folgt die Ankündigung der Geburt an Josef, der seine Frau Maria wegen ihrer Schwangerschaft verlassen möchte. Der Engel mahnt ihn, bei ihr zu bleiben – das Kind ist Frucht des Heiligen Geistes. Jesus wird in Betlehem geboren. »Weise« (gr.: *Magoi*, d. h. »Magier«) aus dem Osten reisen zu König Herodes, um den neugeborenen König der Juden zu sehen, dessen »Stern« sie gesehen hätten. Der Stern führt sie schließlich zum Ort der Geburt. Sie huldigen Jesus, bringen ihre Geschenke (Gold, Weihrauch, Myrrhe) und kehren nach einer Traumvision in ihre Heimat zurück, ohne zu berichten. Herodes lässt daraufhin alle neugeborenen Kinder in Betlehem töten – Jesus und seine Eltern fliehen nach Ägypten. Nach dem Tod Herodes des Großen lassen sie sich – aus Angst vor dessen Nachfolger Archelaos – in Nazaret nieder.

2. Welches Verständnis des »Gesetzes« findet sich im Munde Jesu? Nennen Sie einzelne Stellen.

- Mt 5,17–20: Es geht um Erfüllung, nicht um Auflösung des Gesetzes!
- Mt 7,12: Die *Goldene Regel* wird mit »dem Gesetz und den Propheten« identifiziert.
- Mt 23,23: Im Gesetz zählt: Recht, Barmherzigkeit und Treue (gr. *pistis*)!
- Dies ist das Programm einer »besseren Gerechtigkeit« (Mt 5,20)

### 3. Welche biographischen Angaben entnehmen Sie dem MtEv? Wo widersprechen sie den Angaben bei Mk?

- Der Vater heißt Josef, aus dem Hause Davids (vgl. *Stammbaum*), er ist »Zimmermann« bzw. Bauhandwerker (anders Mk 6 – dort ist das der Beruf Jesu).
- Nazaret ist erst der spätere Wohnort (als Erfüllung eines unbekannten Schriftzitats), die Familie stammt ursprünglich aus Betlehem (anders Lk 1–2; Mk 6; Joh 1).

### 4. Skizzieren Sie Charakteristika des Stammbaums Jesu.

- Der Stammbaum in Mt 1 listet 3 x 14 Generationen von Abraham bis Josef auf. Als wichtige Zäsuren gelten: Abraham – David – Babylonische Gefangenschaft – Josef.
- Er beinhaltet *vier Frauen*: *Tamar* (vgl. Gen 38); *Rahab* (vgl. Jos 2); *Ruth* (Rut 4); *Batseba* (»die des Urija«; vgl. 2 Sam 11). Alle vier sind »Heidinnen«, daher ist von Beginn an eine universale Perspektive wirksam, Tamar und Batseba erinnern zudem an eine *Schuld* der beiden maßgeblichen Stammväter (Juda; David).

### 5. Welche Anrede für Jesus wird am häufigsten im Mund der Jünger gebraucht?

- Häufiger als bei Mk wird Jesus »Herr« (= Kyrios) genannt (vgl. Mt 8; 17 u. ö.).
- Häufiger und wichtiger ist für Mt der Titel *Davidssohn* (Mt 1,1; 9,27; 12,23).
- *Sohn Gottes* ist Jesus von Geburt (Mt 2); wie im MkEv wird dies bei der Taufe (3) und der Verklärung (17), jedoch auch schon im Petrusbekenntnis (16,16) bekräftigt.

### 6. Wer sind die wichtigsten Gegner Jesu im MtEv?

- Als wichtigste Gegnerschaft erscheinen die *Pharisäer*, die meist in einem Atemzug mit den »Schriftgelehrten« genannt werden (erstmals in Mt 9, kritisiert werden sie bereits zuvor in 3,7 [Täuferrede] und 5,20).
- Pharisäer und Schriftgelehrte sind – anders als im MkEv – *auch in Jerusalem* die Gegner Jesu (vgl. die Pharisäerschelte). Neben die »Schriftgelehrten und Pharisäer« treten partiell auch die »Pharisäer und Sadduzäer«.

## 3) Themen (Näheres hierzu s. u. Kap. XIV.)

Notieren Sie sich Kapitelangaben und Stichworte zu folgenden Themen (orientieren Sie sich dabei v. a. an den Mk-Parallelen!):

- *Johannes der Täufer, Zwölf/Jünger/Apostel, Petrus, Frauen im NT*
- *Jesus:* Vor- bzw. Kindheitsgeschichten Jesu, Versuchung Jesu, Wirken Jesu, »Apokalypse«/ Endzeitrede, Letzte Worte Jesu; Titel Jesu
- *Taufe, Abendmahl, Heiliger Geist, Buße/Sündenvergebung, Gesetz, Liebesgebot, Ehe/Ehescheidung, Engel/Engellehre*

## 4) Vertiefte Einzelfragen (Pfarramt)

1. Vergleichen Sie die Darstellung der Ereignisse mit der bei Mk – gibt es weitere auffällige Abweichungen?

- Allgemein *präzisiert* Mt die mk Darstellung und streicht
  - *Gefühlsregungen Jesu* (Mt 8: Erbarmen; 12: Zorn und Betrübnis; 18: Kinder werden nicht in die Arme genommen; 19: »Jüngling«)
  - *Fragen Jesu* (»Allwissenheit«)
- Die Wundermacht Jesu wird gesteigert (Mt 13,58: Jesus *tut* kein Wunder, er könnte!)
- Statt vom *Unglauben* der Jünger ist vom *Kleinglauben* die Rede (der Vorwurf wird gemildert, aber nicht getilgt). Nach Mt 12,49 sind die Jünger diejenigen, die den Willen Jesu tun. In Mt 16 wird gegenüber Mk 8 der Vorwurf der *Herzenshärte* getilgt.
- Die Zebedaidenfrage (20) wird von der *Mutter* der beiden Brüder gestellt.
- Beim Einzug nach Jerusalem benutzt Jesus *zwei* Reittiere (Mt 21). Dies korrespondiert mit dem Gedanken der »Erfüllung« – hier wird auf das Zitat aus Sach 9,9 angespielt.
- Die Lokalisierung des Missionsbefehls in *Galiläa* greift die Perspektive aus Mk 16,7 auf: »Geht nach Galiläa, dort werdet ihr ihn sehen« (anders Lk 24; Apg 1).

2. Wo stehen die so genannten »Reflexionszitate« (Erfüllungszitate)? Erläutern Sie auch deren Funktion.

| **Verheißung** | **MtEv** | **AT** |
|---|---|---|
| Jungfrauenschwangerschaft | Mt 1,22f | Jes 7,14 |
| Messias aus Betlehem | Mt 2,5f | Mi 5,1 |
| Ruf aus Ägypten | Mt 2,15 | Hos 11,1 |
| Das Beweinen der Kinder | Mt 2,17f | Jer 31,19 |
| Er wird »Nazoräer« heißen | Mt 2,23 | --- (unklar) |
| Das »Galiläa der Heiden« | Mt 4,15f | Jes 9,1 |
| (Jesus) als Gottesknecht | Mt 12,18–21<br>(vgl. Mt 8,17 | Jes 42,1–4<br>Jes 53,4) |
| *Verstockung* | *Mt 13,14f* | *Jes 6,9f* |
| Der Prophet | Mt 13,35 | Ps 78,2 |
| Einzug in Jerusalem | Mt 21,5 | Sach 9,9 |
| Der Töpferacker | Mt 27,9f | Jer 18,2; 32,1ff; Sach 11,12f |

- Die Zitate verdeutlichen, dass in der Geschichte Jesu sich die alttestamentlichen Verheißungen erfüllt haben – Jesus ist der verheißene Messias.

3. Was fällt bei der Darstellung des Petrus besonders auf?

- Die Züge aus Mk werden übernommen, das Unverständnis gemildert.
- In Mt 14–19 erscheint Petrus mehrfach als »Fragesteller«.
- Hervorgehoben wird Petrus in Mt 14 (als sinkender Petrus) und Mt 16 (»Wort vom Felsen der Kirche«). In Mt 17 fungiert er als Ansprechpartner bei der Frage nach der »Tempelsteuer«. Bereits zu Lebzeiten Jesu wird er damit zur Führungsgestalt erhoben.

## 4. Wo ist von »Sündenvergebung« die Rede. Was fällt dabei inhaltlich auf?

- Bei der Ankündigung der Geburt Jesu heißt es: »Er wird sein Volk retten aus ihren Sünden.« (Mt 1,21)
- Aus Mk übernimmt Mt die Erzählungen von der Heilung eines Gelähmten (Mt 9) und die »Sünde wider den Heiligen Geist« (12,31f). Dabei betont Mt 12, dass *alle* Sünden vergeben werden, ergänzt aber die Ausführungen um die Gerichtsthematik und bringt das Bild vom »guten Baum, der gute Früchte trägt«.
- Beim Abendmahl erscheint der Topos der sündenvergebenden Kraft des Blutes Jesu in den »Einsetzungsworten« (Mt 26,28); dagegen bewirkt die Taufe des Johannes *keine* Sündenvergebung (Mt 3)!

## 5. Vergleichen Sie die Darstellung der Taufe Jesu (Mt 3) mit der in Mk 1.

- Zwei wichtige Unterschiede sind (über das Fehlen der sündentilgenden Kraft der Johannestaufe hinaus; s. o.) zu konstatieren: 1) die *Weigerung* des Täufers, Jesus zu taufen; 2) die *öffentliche* Proklamation der Himmelsstimme, dass Jesus »der geliebte Sohn (Gottes)« ist.

## 6. Was sind die Grundthemen der »Gemeinderede«?

- Programmatisch am Anfang steht das Wort, man müsse »umkehren und wie die Kinder werden«, um in das Himmelreich zu gelangen (vgl. Mk 10,15) – dies erfordert einen besonderen Schutz für die »*Kleinen*«.
- Das Gleichnis vom Verlorenen Schaf illustriert die Suche Gottes nach dem »Verirrten«, was im Kontext auf die »*Kirchenzucht*« angewandt wird – es geht um Zurechtweisung aus dem Motiv heraus, den Bruder (und die Schwester) zu retten.
- Zuletzt wird daher ein hohes Maß an *Vergebungsbereitschaft* eingefordert (7x70 Mal), was am Gleichnis vom »unbarmherzigen Knecht« vorgeführt wird.

## 7. Wo und wie wird das »Endgericht« geschildert?

- Das Endgericht wird meist in Form von Gleichnissen angekündigt, v. a. in der »synoptischen Apokalypse« (Mt 24–25). Auch andere Gleichnisse thematisieren das Gericht (22: »Königliches Hochzeitsmahl«; 20: »Arbeiter im Weinberg«; 18: »Vom Schalksknecht«; 13: »Vom Unkraut unter dem Weizen«), und bereits die Bergpredigt schärft den Grundsatz der Barmherzigkeit und den Verzicht auf das »Richten« ein wie Mt 14 die Bereitschaft zur Vergebung.
- Das Endgericht ist ein Gericht nach den Werken, v. a. den *Werken der Barmherzigkeit* (vgl. Mt 25). Inwieweit ein Mensch daran »mitwirken« kann, ist jedoch nicht eindeutig, denn nicht alle sind »auserwählt« (vgl. Mt 22) und nicht jeder Baum bringt »gute Früchte« hervor (Mt 12).

## 8. Woran wird im Text jeweils deutlich, dass eine größere Rede endet?

- Am Ende jeder Rede findet sich der Satz: »Und es geschah, als Jesus diese Reden vollendet hatte …« (7,28; 11,1; 13,53; 19,1; 26,1) Aus diesem Grund werden die »Pharisäerrede« (23) und die Endzeitrede (24/25) als zusammenhängende »Doppelrede« angesehen.

## *D) Die Struktur des Matthäusevangeliums*

| **1,1** | | **Überschrift: »Buch der Geschichte Jesu Christi…«** |
|---|---|---|
| **1–2** | | **Vorgeschichte(n)** |
| | [S$^{Mt}$] | Stammbaum Jesu; Verkündigung an Josef; Geburt; die Sterndeuter; Flucht nach Ägypten; Kindermord |
| **3,1–4,16** | | **Vorbereitung der Wirksamkeit Jesu** |
| | [Mk 1] | Johannes der Täufer (*Gerichtspredigt*); Taufe Jesu (Weigerung des Täufers);<br>Versuchung (3x) – Rückzug nach Kafarnaum |
| **4,17–16,12** | | **Wirksamkeit Jesu innerhalb und außerhalb Galiläas** |
| | | **(Teil 1: *Der Messias Israels*: 4,17–11,30)** |
| | | **4,17–25: Beginn der Wirksamkeit Jesu** |
| | | **5–7: Die Bergpredigt** |
| | | **8–9: Wunderzyklus mit Einzellogien** |
| | [Mk 1; 4; Q] | *Hauptmann von Kafarnaum*; Sturmstillung; Heilungen<br>Abschluss: *Erntelogion* (aus Q) |
| | | **10,1–11,1: Berufung der Zwölf und *Aussendungsrede*** |
| | | **11,2–30: Abschluss des ersten Teils der Wirksamkeit** |
| | [Q; S$^{Mt}$] | Täuferanfrage; Zeugnis über Johannes den Täufer, Wehrufe, Lobpreis des Vaters, Heilandsruf Jesu (11,28–30) |
| | | **(Teil 2: *Die Ablehnung des Messias in Israel*: 12,1–16,12)** |
| | | **12: Heilungen und Streitgespräche** |
| | [Mk 2,23 – 3,35] | Ährenraufen; Heilungen; Beelzebul; Sünde gegen den Heiligen Geist; *Zeichen des Jona I*; Jesu wahre Verwandtschaft |
| | | **13: Die Gleichnisrede** [*7 Gleichnisse*] |
| | | **13,53–16,12: Wanderungen durch Galiläa** |
| | [Mk 6,1 – 8,21] | Ablehnung in Nazaret, Ende des Täufers; Speisungen; Seewandel (+ sinkender Petrus); »Kanaanäische Frau«<br>Zeichenforderung (*Zeichen des Jona II*) |
| **16,13–20,34** | | **Der Weg Jesu zur Passion (»Gemeindefragen«)** |
| | | **16,13–17,27: Die Person Jesu und die rechte Nachfolge** |
| | [Mk 8,27–9,32] | Petrusbekenntnis (+ Felswort); Leidensankündigungen; Kreuzesnachfolge; Verklärung; Tempelsteuer |
| | | **18: Die Gemeinderede** |
| | | **19–20: Der Weg nach Jerusalem** |
| | [Mk 10] | + Gleichnis: Arbeiter im Weinberg |

| **21,1–28,20** | **Jesu Wirken, Leiden und Auferstehung in Jerusalem** | |
|---|---|---|
| | **21–22 Auseinandersetzungen in Jerusalem** | |
| | [Mk 11–12] | + Auffinden der Reittiere; das *Gleichnis von den ungleichen Söhnen*; *Gleichnis vom königlichen Hochzeitsmahl* |
| | **23: Pharisäerrede** | |
| | **24–25: Endzeitrede** | |
| | **26–27: Passionsgeschichte** | |
| | [Mk 14–15] | + Selbstmord *des Judas*<br>+ Bewachung des Grabes (in 28: Bestechung) |
| | **28: Das leere Grab und der Missionsbefehl in Galiläa** | |

## *E) Texte zum Auswendiglernen*

*Vom Gesetz* (**Mt 5,17**): »Meint nicht, ich sei gekommen, das Gesetz oder die Propheten aufzulösen. Nicht um aufzulösen, bin ich gekommen, sondern um zu erfüllen.«

*Das Vaterunser* (**Mt 6,9–13**): »Vater unser im Himmel …«

*Vom Richten* (**Mt 7,1**): »Richtet nicht, damit ihr nicht gerichtet werdet!«

*Die »goldene Regel«* (**Mt 7,12** [vgl. **Lk 6,31**]): »Wie immer ihr wollt, dass die Leute mit euch umgehen, so geht auch mit ihnen um. Das ist das Gesetz und die Propheten.«

*Die endzeitlichen Entzweiungen* um Jesu willen **(Mt 10,34b)**: »Ich bin nicht gekommen Frieden zu bringen, sondern das Schwert.«

*Der Heilandsruf* (**Mt 11,28–30**): »Kommt zu mir, all ihr Geplagten und Beladenen: Ich will euch erquicken. Nehmt mein Joch auf euch und lernt von mir, denn ich bin demütig. … Mein Joch drückt nicht und meine Last ist leicht«

*Das Wort an Petrus* (**Mt 16,16–19**): »Du bist ›Petrus‹ (Fels), und auf diesen Felsen werde ich meine Gemeinde bauen, und die Tore des Totenreichs werden sie nicht überwältigen. Ich werde dir die Schlüssel des Himmelreichs geben, und was du auf Erden bindest, wird auch im Himmel gebunden sein, und was du auf Erden löst, das wird auch im Himmel gelöst sein.«

*Das Doppelgebot der Liebe* (**Mt 22,37–40**): »Du sollst den Herrn, deinen Gott lieben … Du sollst deinen Nächsten lieben wie dich selbst. An diesen beiden (Geboten) hängen das ganze Gesetz und die Propheten.«

*»Christologische« Barmherzigkeitsethik* (**Mt 25,40b**): »Alles was ihr einem meiner geringsten Brüder getan habt, das habt ihr mir getan.«

*Der Tauf- und Missionsbefehl* (**Mt 28,18–20**): »Gehet hin in alle Welt und macht zu Jüngern alle Völker, indem ihr sie tauft auf den Namen des Vaters und des Sohnes und des Heiligen Geistes und sie lehrt alles zu halten, was ich euch befohlen habe. Und siehe, ich bin bei euch alle Tage bis an das Ende der Welt(zeit).«

# VII. Das »lukanische Doppelwerk«: Lukasevangelium und Apostelgeschichte

Dass beide Werke im Zusammenhang gelesen werden wollen, zeigt der jeweilige »Prolog« (auch als Proömium bezeichnet) am Anfang (Lk 1,1–4; Apg 1,1–3), den der unbekannte Autor jeweils an »Theophilus« richtet. In der Forschung hat sich daher der Ausdruck »lukanisches Doppelwerk« eingebürgert. Wegen des jeweils eigenständigen Charakters beider Schriften wird das »Einleitungswissen« aber im Folgenden getrennt wiedergegeben.

## 1. Das Lukasevangelium

### *A) Einleitungswissen*

Im Evangelium meldet sich der Autor zu Beginn selbst zu Wort (Lk 1,1–4), ohne jedoch seine Identität mitzuteilen (was für ein antikes *Proömium* dieser Art ungewöhnlich ist). Er weist sich darin als literarisch gebildeter Historiker und Theologe aus. Seine Identität ist **unbekannt**; das Werk wird später einem »Lukas« zugeschrieben. Möglicherweise ist er ein »Gottesfürchtiger«, ein ehemals der Diaspora-Synagoge nahe stehender *Heidenchrist*; andere vermuten einen hellenistisch gebildeten Judenchristen. Der Kirchenvater Irenäus von Lyon identifiziert ihn mit dem Arzt und Paulusbegleiter Lukas, der traditionell als »Paulus' letzter Gefährte« (in der Gefangenschaft) gilt (vgl. Phlm 24; Kol 4,14; 2 Tim 4,11), was historisch zweifelhaft ist. Da der Autor mit geographischen Details nicht vertraut zu sein scheint, ist das Werk wohl **außerhalb Palästinas** entstanden, hinsichtlich des Abfassungsortes aber besteht in der Forschung kein Konsens (manche plädieren aufgrund mancher in der Apg genannten Details für das syrische Antiochien, andere für Kleinasien [Ephesus?], Griechenland [Philippi?] oder Italien [Rom?]). Mit Sicherheit schreibt er für eine **heidenchristliche Gemeinde**.

Auch die vielen *judenchristlichen Sondertraditionen*, beispielsweise die drei »Hymnen« (Lk 1–2) und die Legenden aus dem Umkreis Johannes' des Täufers (Lk 1; vgl. auch Apollos [Apg 18] und die »Täuferjünger« [Apg 19]), tragen wenig zur Klärung bei – offensichtlich hatte der Autor Zugang zu Quellen unterschiedlicher Provenienz.

Zeitlich setzt das Evangelium die Abfassung des MkEv und die Tempelzerstörung (vgl. Lk 21,20–22) voraus, nach eigener Angabe (1,1–4) kursieren bereits andere »Jesusdarstellungen«. Demnach dürfte das LkEv *zwischen* **80 und 135** verfasst worden sein, das »positive« Bild der römischen Obrigkeit und das Fehlen von Hinweisen auf staatliche Christenverfolgungen (vgl. jedoch Lk 6,22; 12,4–12!) werden oft für eine Frühdatierung (80–90 n. Chr.) veranschlagt (vgl. dazu ausführlich die Ausführungen zur Apg [VII. 2.A]).

## *B) Inhalt*

Wie Mt und Mk schildert auch das LkEv das Leben Jesu von Nazaret von der Taufe bis zur Kreuzigung, erweitert um zahlreiche Vor- und Nachgeschichten. Der Prolog, die Widmung an »Theophilus« (auch als »Proömium« bezeichnet), bringt das Anliegen des LkEv zum Ausdruck: Nachdem bereits verschiedene Versuche der Evangelienschreibung unternommen wurden, will das LkEv die Ereignisse »der Reihe nach« präsentieren, damit Theophilus über die »Zuverlässigkeit« der Lehre informiert ist. Mehr als die anderen Evangelien erhebt damit das LkEv den Anspruch, eine historische Monographie zu sein. Einzigartig ist, dass der Autor mit der Apg eine *Fortsetzung* dieser Geschichte schreibt, die damit auch die nachösterliche Zeit theologisch interpretiert.

Während das MkEv und die Logienquelle Q neben dem Sondergut die Basis der Komposition bilden, wird der Mk-Rahmen an drei markanten Stellen geändert:

| | | |
|---|---|---|
| **Lk 6,20–8,3** | **«kleine Einschaltung«** | zwischen Mk 3,19 und 3,31;<br>3,20f fehlt; 3,22–30 hat Lk umgestellt |
| **Lk 9,51–18,14** | **«große Einschaltung«** | zwischen Mk 10,1 und 10,13;<br>Mk 10,2–12 fehlt [vgl. Lk 16,18] |
| **[vgl. Lk 9,17.18]** | **«große Auslassung«** | Mk 6,45–8,26 fehlt |

Ebenfalls fehlen (neben dem »Mk-Sondergut«) die Schilderung vom Ende Johannes' des Täufers (Lk 9,7–9 notiert, was Mk 6,14–29 erzählt), der »Rangstreit der Jünger« (Mk 10,35–45; vgl. aber Lk 22) und die Verfluchung des Feigenbaums (vgl. Mk 11). Hinter der »großen Auslassung« ist ein lukanisches »Programm« zu vermuten, das mit der Apg zusammenhängt: Der dritte Evangelist vermeidet auf diese Weise einerseits eine Hinwendung der Heiden zu Jesus *vor* der Mission der Apostel, und im Blick auf die Frage der Speisegebote (vgl. Mk 7) kann er in Apg 15 das »Aposteldekret« nachtragen. Zugleich rücken die Speisung der 5000 und das Petrusbekenntnis enger zusammen – die Speisung wird so zum »Höhepunkt« des Wirkens Jesu vor dem Petrusbekenntnis, der Verklärung und dem »Reisebericht«.

Einige mk Perikopen sind in markanter Weise verändert und umgestellt:

| | | |
|---|---|---|
| **Lk 4,14–29** | vgl. Mk 6,1–6 | Aus der *Verwerfung Jesu* in Nazaret wird eine programmatische »Antrittspredigt« mit anschließender Verwerfung und dem Versuch der Steinigung Jesu |
| **Lk 5,1–11** | vgl. Mk 1,16–20 | Aus der *Berufung der ersten Jünger* zu Menschenfischern wird *die* Berufung des Petrus mit Fischzug. |
| **Lk 7,36–50** | vgl. Mk 14,3–9 | Die *Salbung in Betanien* wird zur *Salbung durch die Sünderin*, die nun paradigmatisch die Zuwendung Jesu zu den *Verlorenen* (*Sündern*) illustriert. |
| **Lk 8,19–21** | vgl. Mk 3,30–35 | Die *wahre Verwandtschaft Jesu* wird im Anschluss an die Gleichnisrede thematisiert – so werden die Jünger Jesu explizit zu den »wahren Verwandten Jesu«. |
| **Lk 10,25–37** | vgl. Mk 12,28–34 | Die *Frage nach dem höchsten Gebot* wird zur Frage nach dem *ewigen Leben* und erhält in der Erzählung vom *Barmherzigen Samariter* eine konkrete Ausgestaltung der Antwort Jesu. |
| **Lk 16,18** | vgl. Mk 10,1–12 | Das *Verbot der Ehescheidung* wird auf einen Vers zusammengestrichen. |
| **Lk 22,55–62** | vgl. Mk 14,54.66–72 | Die *Verleugnung des Petrus* wird dem Prozess Jesu *vorgeschaltet*. |

Das lk *Sondergut* verteilt sich v. a. auf Lk 1–2 (Kindheitslegenden) und den »Reisebericht« (9,51–19,27), gehäuft begegnet es in Lk 10 und 14–18; mögliches *Zentrum* ist Lk 15 mit den *Gleichnissen vom Verlorenen*.

Thema des LkEv ist die Unterweisung in christlicher Lehre (1,1–4) anhand der *Biographie* von Jesus Christus; Jesus selbst erscheint als der im Alten Testament verheißene Messias und Gottessohn, was auch in den drei psalmenartigen »Hymnen« der Maria, des Zacharias und des Simeon zum Ausdruck kommt.

| ***Hymnus*** | **Sänger/in** | **Abschnitt** |
|---|---|---|
| *Magnificat* | Maria | Lk 1,46–55 |
| *Benedictus* | Zacharias | Lk 1,68–79 |
| *Nunc dimittis* | Simeon | Lk 2,29–32 |

In den Kindheitsgeschichten mit dem klassischen *Weihnachtsevangelium* (Lk 2,1–12) wird Jesus in den weltgeschichtlichen Rahmen eingezeichnet: Der Engelgesang verkündet den Hirten auf dem Felde Jesus als *Friedensbringer* in Opposition zum Kaiser Augustus – hier ist von einem *anderen* Frieden, keinem politischen, sondern dem Frieden zwischen Gott und den Menschen die Rede (2,12). Als *Zwölfjähriger* lehrt Jesus bereits im Tempel und thematisiert dabei sein besonderes Bewusstsein als »Sohn Gottes«. Mit der nur beiläufig erwähnten *Taufe Jesu* und dem *Stammbaum*, der rückwärts von Josef bis Adam, dem Vater der gesamten Menschheit, reicht (3), sowie der *Versuchung* durch den Teufel (4), der ab 4,13 »von Jesus ablässt« und nach zweimaliger Erwähnung (Satansturz: 10,18; Streitgespräch Lk 11,14–23 [Beelzebul/Satan]) erst in 22,3 wieder die Bühne betritt, um in Judas Iskariot zu fahren, endet der erste größere Abschnitt, der auch als *Vorgeschichte* bezeichnet werden kann.

Mit der *Antrittspredigt in Nazaret* wird die Wirksamkeit Jesu programmatisch eröffnet (4) – und seine Botschaft erfährt bereits dort ihre Ablehnung. Es folgt die *Berufung* einzelner Jünger (5–6), die zweite programmatische Rede in der »*Feldrede*« (6,20–49) und eine Phase intensiver *Wundertätigkeit* (7–8). In Kap. 9 treten einerseits die Jünger stärker in den Blick, andererseits wird die Identität Jesu mehrfach thematisiert und geklärt: Während Herodes über Jesu Auftreten beunruhigt ist, bekennt sich Petrus im Anschluss an die Speisung der 5000 zu ihm als dem »Messias Gottes«; bei seiner Verklärung wird Jesus schließlich als Gottes Sohn proklamiert. Die folgenden *Leidensankündigungen* hingegen stehen in Beziehung zu den Aussagen von der Leidensnachfolge.

In seinem *großen Reisebericht* (Lk 9,51 – 19,27) bietet Lukas das Material aus Q und aus seinem »Sondergut« ($S^{Lk}$) dar. Dessen Gliederung gestaltet sich schwierig, lediglich die drei Heilungserzählungen (13–14; 17) bilden erzählerische Einschnitte. Der Reisebericht beginnt mit der Ablehnung in einem samaritanischen Dorf und dem Aufruf zur Nachfolge (9) und schließt die Aussendung der »Zweiundsiebzig« an (eine Parallele zur Aussendung der Zwölf in Lk 9), die seinen Weg vorbereiten sollen (10). In den folgenden Perikopen tritt Jesus wiederholt als »Lehrer« in Erscheinung, besonders charakteristisch in der Perikope von *Maria und Martha* (10). In Kap. 11 lehrt er seine Jünger zu beten – am Ende desselben Kapitels schilt er Pharisäer und Gesetzeslehrer: Die ersteren ermangelten der »Liebe Gottes«, die anderen hätten den »Schlüssel zur Erkenntnis« weggenommen.

In Lk 12–13 dominieren eschatologische Themen, die wiederholt in den Ruf zur Wachsamkeit und Standhaftigkeit münden. Die erste Sabbatheilung einer *verkrümmten Frau* (13) scheint die darauf folgende Thematik vorwegzunehmen. Der nächste Abschnitt, ein langgezogenes Sabbatmahl, beginnt ebenfalls mit einer Sabbatheilung (eines *Wassersüchtigen*) und bündelt dann einzelne Themen lukanischer Theologie (Kap. 14–17): die notwendige Bescheidenheit des Gastgebers und die Zuwendung Gottes zu den Außenseitern angesichts der Mahnung zur »Wachsamkeit« (14: das große Gastmahl), die rechte Nachfolge (14) und die Zuwendung Gottes zu den »Verlorenen« mit dem Ruf zur Umkehr (15), sowie den Umgang mit Besitz (16). Der abschließende Teil richtet sich vornehmlich an die Jünger Jesu, denen eingeschärft wird, sie sollten sich selbst als »unnütze Knechte« betrachten, die lediglich ihren Auftrag erfüllen (17).

Ab Lk 17,11 gerät erneut der Weg nach Jerusalem in den Blick. Bei der *Heilung der zehn Aussätzigen* bringt nur der Samaritaner die Dankbarkeit für seine Heilung zum Ausdruck; ihm wird gesagt: »Dein Glaube hat dich gerettet.« Es folgt die Q-Fassung der »Endzeitrede«. In den Gleichnissen von der bittenden Witwe und vom Pharisäer und Zöllner (18) wird noch einmal die geforderte Haltung verdeutlicht: Man soll hartnäckig Gott bitten und sich selbst erniedrigen. Indem ab Lk 18,15 der Mk-Faden wieder aufgegriffen wird, werden die Forderung, das Reich Gottes wie ein Kind anzunehmen, mit der Mahnung zur Demut und die Thematik *Reichtum und Armut* anhand des Zöllners Zachäus mit der Hinwendung zu den »Verlorenen« (vgl. Lk 15) verbunden.

An den *Einzug in Jerusalem* und Jesu *Weinen über die Stadt* (*Sondergut*) schließt ohne Umschweife die *Tempelaktion Jesu* an. Es folgen die aus Mk 11–12 bekannten »Streitgespräche«, ergänzt um eine Warnung vor den Schriftgelehrten und das »Scherflein der Witwe«, die schließlich in die »synoptische Apokalypse« münden, welche sich nun (anders als Mk 13 und Mt 24) an *alle* Jünger richtet (21). Die Passionserzählung enthält wesentliche Besonderheiten, angefangen bei der zu Mk und Mt deutlich veränderten *Abendmahlperikope*, die Vorordnung der Verleugnung Petri vor den Prozess (22), die Begegnung Jesu mit Herodes Antipas, bis hin zur veränderten Darstellung der Kreuzigungsszene, die nicht nur andere »letzte Worte« Jesu enthält, sondern auch Gespräche mit den Mitgekreuzigten (23). Auch die Ostergeschichten unterscheiden sich von Mk und Mt: Jesus erscheint seinen Jüngern dreimal in und um Jerusalem (Emmaus, Betanien), bis mit der *Himmelfahrt Jesu* und dem Lobpreis der Jünger im Tempel die Erzählung endet.

Charakteristisch für das LkEv ist die *Historisierung* der Ereignisse durch Verweise auf geschichtliche Begebenheiten bzw. auf zeitgeschichtlich bedeutende Personen (v. a. 1,5; 2,1f; 3,1f), die einem *Schwinden der Parusieerwartung* (vgl. Lk 4,21; 10,9–11; 17,21) korrespondiert: Die Zeugen der Himmelfahrt werden *nicht* die Zeugen der Wiederkunft (gr. *parusia*) Christi sein (so heißt es später in Apg 1,8.11). Gleichzeitig hält es jedoch an der Erwartung der Wiederkunft Christi als Weltenrichter (Lk 21; vgl. Apg 1,11; 3,21; 10,42; 17,31) in paränetischer (d. h. *mahnender*) Absicht fest, insofern die Aufforderung zur Bereitschaft und »Wachsamkeit« nun in den Vordergrund rückt (v. a. Lk 14,16–24). Die Gegenwart ist »Heilszeit« (und damit auch *Heilsgeschichte*): »Das Gesetz und die Propheten gelten bis Johannes, von da an wird das Reich Gottes verkündigt und jeder drängt hinein« (Lk 16,16; vgl. 17,21). Diese Zweiteilung (oder Dreiteilung) der Geschichte in die Zeit Johannes des Täufers (AT/Israel), die Wirksamkeit Jesu (LkEv) und die Zeit des »Geistes« (in der Apg) verleiht der Zeit *nach Christus* eine besondere Dignität (s. u. zur Apg). Von Beginn an dominierte bereits der *Heilige Geist*: zuerst die Geschichte des Täufers (1,15.17; vgl. 1,41–45.67.80) und dann die Geschichte Jesu (1,35; vgl. 2,25–27; 3,22), was in dessen

»Antrittspredigt« (Lk 4,18: »Der Geist des Herrn ist auf mir« als Zitat aus Jes 61,1f) programmatisch zum Ausdruck kommt.

Die *ethische Unterweisung* als Liebesethik und Barmherzigkeitsethik wird an der Person Jesu und seiner Hinwendung zu »Außenstehenden« (*Zöllnern und Sündern*) illustriert. Dazu passt, dass auch die »Samaritaner« im LkEv eine stärkere (meist positive) Beachtung finden: beim Durchzug Jesu durch Samarien (9,52–56), in der Erzählung vom Barmherzigen Samariter (10,29–37) und in der Heilung der zehn Aussätzigen (17,11–19). Mit der ethischen Mahnung verbunden ist die Aufforderung zur *»Buße«* bzw. *»Umkehr«* (gr. *metanoia*), die erstmals in der Taufpredigt (3,3.8) begegnet und verschiedentlich aufgegriffen wird (5,32; 6,27–35; 12,13–34; 14,12–14 u. ö.). Die lk Ethik schließt dabei *Besitzverzicht* und *Wohltätigkeit* ein (vgl. die »Standespredigt« [3,11–14] sowie 5; 14; 19,1–10). *Reichtum und Armut* sind ohnehin ein zentrales Thema im LkEv: Mehrfach wird der Reichtum problematisiert (vgl. »Reicher Mann – Armer Lazarus« [Lk 16,19–31]), und für den *Besitzverzicht als Bedingung der Nachfolge* steht programmatisch Lk 14,33. Ziel des LkEv scheint die Herstellung einer Liebesgemeinschaft aus Armen und Reichen zu sein (vgl. die spätere Darstellung der Urgemeinde in Apg 2–5).

Zuletzt stehen das *Gebet Jesu* und das *Beten der Jünger* im Vordergrund: Das Vaterunser (11,2–4), das lediglich die programmatische Anrede »Vater« enthält, und die wiederholte Darstellung Jesu als eines *Betenden* (3,21; 5,16; 6,12; 9,18.28f; 11,1; 23,46), legen die These nahe, das LkEv betone ein besonderes *Frömmigkeitsideal.*

## *C) Arbeitsfragen*

### 1) Zu Lk allgemein

1. Erstellen Sie eine Grobgliederung. Vergleichen Sie dabei mit den beiden anderen Synoptikern, besonders mit Mk. Welche Passagen aus Mk fehlen? Wo finden sich größere Einschaltungen von Q?

- Lk 1–2: Vorgeschichten; bis Lk 9,51 findet sich wenig Sondergut, einzelne Details der Passionsgeschichte und besonders die Ostererzählungen (Lk 22–24) weichen inhaltlich erheblich von den übrigen Synoptikern ab.
- Wesentlich sind die beiden »Einschaltungen« (6,20–8,3; 9,51–18,14), die sehr viel Material aus Q und Lk Sondergut bieten, sowie die »große Auslassung« (Mk 6,45–8,26).
- Lk enthält zwei Aussendungen und zwei Endzeitreden (9; 10 bzw. 17; 21), d. h. er komponiert diesen Stoff nicht (wie Mt) ineinander.

2. Wo findet sich der Stoff der »Bergpredigt« bei Lukas? Nennen Sie auch die charakteristischen Unterschiede zur Bergpredigt des Mt.

- Die »*Feldrede*« in Lk 6 (V. 20–49):
    - vier *Seligpreisungen* und vier *Wehrufe* (arm/reich; hungrig/satt; Weinen/Lachen; Verachtung/Ansehen);

- Gemeinsam mit der Bergpredigt bietet die Feldrede:
  - Feindesliebe und Gewaltlosigkeit
  - Goldene Regel (6,31)
  - Vom Richten; Baum und Früchte
  - Schluss: Das Haus auf dem Felsen

### 3. Wo findet sich so genanntes »Sondergut« des Lukas? Benennen Sie v.a. charakteristische Erzählungen und Gleichnisse.

- Das Sondergut verteilt sich v.a. auf die Kapitel 1–2; 10–12; 15–19 und 23–24
- *Erzählungen:* »Vorgeschichten« (Lk 1–2); Berufung des Petrus (Lk 5; ähnlich Joh 21); Jüngling zu Naïn (Lk 7); die Jesus nachfolgenden Frauen (8); Maria und Martha (10); Sabbatheilungen (13; 14) Zachäus (19); *Dominus flevit* (Jesus weint über Jerusalem) (19) [zu Passion/Ostern s.u.]
- *Gleichnisse:* Der barmherzige Samariter (10); Der bittende Freund (11); Der reiche Kornbauer (12); Verlorener Groschen; Verlorener Sohn (15), Reicher Mann und armer Lazarus (16); Bittende Witwe; Pharisäer und Zöllner (18)

### 4. Nennen Sie prägnante Unterschiede zu Mk und Mt in der Darstellung der Passion und Auferstehung Jesu.

- Die Salbung in Betanien entfällt bzw. wird vorgezogen (vgl. Lk 7,36–50)
- Abendmahlsverlauf und »Einsetzungsworte« weichen prägnant ab (22,15–20)
- Es folgen längere Tischgespräche mit den Jüngern beim Abendmahl (22,24–38)
- Jesus vor Herodes (23,6–12)
- Es fehlt die Verspottung und Geißelung durch römische Soldaten
- Gespräche mit den beiden Schächern am Kreuz (23,39–42)
- Drei (von Mk/Mt unterschiedene) »letzte Worte« Jesu am Kreuz
  - Lk 23,34 (»Vater, vergib ihnen, denn sie wissen nicht …«)
  - Lk 23,43 (»Heute noch wirst du mit mir im Paradies sein.«)
  - Lk 23,46 (= Ps 31,6): »Vater, ich befehle meinen Geist in deine Hände.«
- Die Emmausjünger; Erscheinungsberichte vor den Jüngern; Himmelfahrt (24)

### 5. Was erfahren Sie über Johannes den Täufer? Vergleichen Sie v.a. die Geburtsgeschichten Jesu und Johannes des Täufers (Lk 1f) miteinander.

- Eltern (Lk 1):
  - Zacharias (Priester aus der Abteilung des Abija)
  - Elisabet (Aaronitin) (unfruchtbar); eine Verwandte der Mutter Jesu
- Nasiräer, Elija-Funktion (vgl. Lk 1), Vorläufer Jesu bzw. Gottes (*Benedictus*)
- Die Ankündigung und Geburt Johannes des Täufers verlaufen parallel zu der Jesu (Lk 1).
- Wirksamkeit (Lk 3):
  - Berufung; Buß-/Wassertaufe; Sündenvergebung; Heilsuniversalismus
  - Gerichtspredigt (aus Q)
  - »Standespredigt« (V. 10–14)
  - Gefangennahme (kurz) – keine Ermordungsstory (vgl. Lk 9)
- Anfrage des Täufers und Jesu Zeugnis über den Täufer (Lk 7)
- Das Gesetz und die Propheten gelten bis Johannes, ab dann wird das Evangelium verkündigt (Lk 16,16): Johannes der Täufer gilt somit als (vorläufiger) Abschluss der *besonderen Heilsgeschichte* Gottes mit Israel.

### 6. Wo kommen »Hymnen« (Lieder) im LkEv vor? Finden Sie heraus, mit welchen lateinischen Namen diese Lieder bezeichnet werden – woher erhalten sie diese Bezeichnungen?

- Lk 1,46–55: *Magnificat* der Maria (Dank; endztl. Heilshandeln; Verhältnisumkehrung)
- Lk 1,68–79: *Benedictus* des Zacharias (endzeitliches Heilshandeln an Israel; Johannes der Täufer als Prophet/Vorgänger)
- Lk 2,29–32: *Nunc dimittis* des Simeon (Lobpreis Gottes für das Heilshandeln an Israel und den Völkern)
- Die Bezeichnungen stellen die ersten Worte des Liedes in der *Vulgata*, der lateinischen Bibelübersetzung dar.

### 7. Wo spielen Zöllner bei Lk eine Rolle?

- Zöllner kommen zur Taufe (3,12f; vgl. 7,29)
- Die Berufung des Zöllners Levi (5,27–32)
- Die Gleichnisse vom Verlorenen sind *an Zöllner gerichtet* (15)
- Gleichnis vom Pharisäer und Zöllner (18,9–14)
- Die Erzählung vom Oberzöllner Zachäus (19,1–10)

### 8. Nennen Sie markante Texte, die sich mit der Thematik »Armut und Reichtum« beschäftigen.

- Im Vergleich mit der Bergpredigt wird in den Seligpreisungen der »Feldrede« (6) eine Konzentration auf die *»materiell« Armen* als Trägern der Verheißung sichtbar.
- Gleichnisse/Erzählungen:
  - »Ungerechter Verwalter« (16)
  - Reicher Mann und armer Lazarus (18)
  - Indirekt: die »Standespredigt« des Täufers (3,11–14); Zachäus (19)

### 9. Wo steht und wie lautet das »Vaterunser«? Vergleichen Sie mit der Fassung bei Mt.

- Das Vaterunser steht in Lk 11,1–4, *nicht* in der Feldrede!
  - Die Anrede lautet hier ausschließlich: »Vater«
  - Es fehlen (gegenüber Mt 6,9–13) folgende Elemente:
    - »Dein Wille geschehe, wie im Himmel so auf Erden« (3. Bitte)
    - »Erlöse uns von dem Übel« (7. Bitte)
  - Ebenso wie im ursprünglichen MtEv fehlt die *Doxologie* (»Denn dein ist das Reich und die Kraft und die Herrlichkeit in Ewigkeit. Amen.«)

### 10. Lk schildert gerne (Gast-)Mahlszenen; nennen Sie Beispiele.

- Berufung des Levi (5)
- Die Salbung durch die Sünderin (7)
- Die Speisung der 5000 (9)
- Maria und Martha (10)
- Das Gastmahl mit Pharisäern und Zöllnern (14–15.[16–17?])
- Zachäus (19)
- Das letzte Abendmahl (22)
- Die Emmausjünger und das Fischessen mit den Jüngern (24)

11. Wo stehen die »Einsetzungsworte« des Abendmahls? Skizzieren Sie kurz den Inhalt des Abendmahlsberichts bei Lk und vergleichen Sie mit den anderen Synoptikern.

- Lk 22,15–20
  - 1. eschatologischer Spruch (Verzichtwort) und 1. Kelchwort (kurz)
  - 2. eschatologischer Spruch; Brotwort lang (für euch; Gedächtnis)
  - 2. Kelchwort: *neuer Bund* in meinem Blut; *für euch* vergossen
- Neben der »Umstellung« des Verzichtswortes und der Doppelung des Becher- bzw. Kelchwortes ist das Brotwort länger als bei Mt/Mk, das Kelchwort anders formuliert.

12. Erzählen Sie die Ostergeschichten bei Lk nach. Welche theologischen Intentionen könnten den jeweiligen Darstellungen zugrunde liegen?

- Frauen am Grab: Die Apostel glauben ihnen nicht; Petrus wundert sich
- Die Emmausjünger: Deutung des Geschicks Jesu als Erfüllung der Schrift auf dem Weg durch ihn selbst (*Belehrung*), anschließend gemeinsames Abendessen – Jesus wird beim *Brotbrechen* erkannt.
- Bei den Jüngern in Jerusalem: erst Erscheinung und Essen, *dann* Belehrung. In dieser Erzählung wird auch betont, dass Jesus *leiblich* auferstand, was dieser durch das Verspeisen eines Fisches demonstriert.
- [*Nach Lk 24,34 heißt es, Jesus sei »dem Simon erschienen«– demnach gab es eine weitere, von Lk nicht geschilderte Erscheinung (vgl. 1 Kor 15,4f)*]

13. Womit endet das LkEv (Lk 24)?

- Ankündigung der verheißenen »Kraft« (des Geistes)
- Segnung der Jünger bei Betanien und Himmelfahrt Jesu
- Proskynese (Anbetung) der Jünger und Rückkehr in den Tempel zum Lobpreis Gottes

## 2) Zu Jesus von Nazaret

1. Welche biographischen Angaben entnehmen Sie dem LkEv, die über Mk und Mt hinausgehen, ihnen gar widersprechen?

- Die Familie stammt aus Betlehem (Josef aus dem Geschlecht Davids), lebt aber in Nazaret (Lk 2; vgl. auch Lk 4) – wegen der Volkszählung wird Jesus in Betlehem geboren
- Jesus ist verwandt mit Johannes dem Täufer (Lk 1)
- Beschneidung und Namensgebung Jesu werden erwähnt (Lk 2)
- Jesus lehrt mit 12 Jahren im Tempel (Lk 2)
- *Zeitgeschichtliche Daten*: Lk 1: »In den Tagen des (Königs) Herodes« (4 v. Chr.); Lk 2: Erlass des Kaisers Augustus; Quirinius in Syrien (6 n. Chr.); Volkszählung (7 n. Chr.?); Lk 3: Im 15. Jahr des Kaisers Tiberius (ca. 28 n. Chr.) tritt Johannes der Täufer auf.

### 2. Vergleichen Sie den Stammbaum Jesu mit dem in Mt 1.

- Der Stammbaum in Lk 3 läuft rückwärts von Josef (dem »Vater« Jesu) bis Adam/Gott.
- Anders als in Mt 1 werden keine Frauen erwähnt und er unterscheidet sich auch in der Anzahl der Generationen (insgesamt 75 anstelle der 3x14 aus Mt 1!). Der Stammbaum läuft zwar auch über Serubbabel, David und Juda, aber nicht über Salomo!

### 3. Skizzieren Sie die Versuchungsgeschichte – vergleichen Sie mit Mt 4.

- Lk 4: drei Versuchungen (Q); 2. + 3. gegenüber Mt umgestellt; Satan lässt ab bis zu gegebener Zeit (4,13); vgl. 22,3 Satan in Judas (»satansfreie Zeit«) und den »Satanssturz« (10)
- Mt 4: drei Versuchungen (Q): Steine in Brot; Zinne des Tempels; Weltherrschaft

### 4. Wo steht die so genannte »Antrittspredigt« Jesu in Nazaret? Fassen Sie inhaltlich zusammen, was dort geschieht.

- Nach Lk 4 kommt Jesus am Sabbat nach Nazaret in die Synagoge, liest einen Abschnitt des Propheten Jesaja (61,1f) und erklärt die dort geschilderten Ansagen für »erfüllt«. Doch der Prophet gilt nichts in der Heimat (vgl. die atl. Propheten Elija; Elischa), die spätere Hinwendung der Botschaft zu den Heiden kündigt sich damit bereits an. Es kommt zur Ablehnung in Nazaret und dem Versuch der Steinigung Jesu.
- *Problemanzeige*: Was ist »in Kafarnaum geschehen«? Bisher hat Jesus nur gelehrt und erst im Anschluss werden die Ereignisse aus Mk 1,21ff geschildert!

### 5. Charakterisieren Sie die Darstellung Jesu bei Lk allgemein – was fällt auf?

- Jesus ist »Geistträger« (Lk 4); er lehrt in den Synagogen; er ist der »Gesalbte« (= *Christus*) Gottes (Lk 9: *Petrusbekenntnis*). Häufig wird er als »Prophet« betitelt (4; 7 u. ö.). Als der »Gerechte« bezeichnet ihn der Hauptmann unter den Kreuz (23,47).
- Seine Predigt ist in Anknüpfung an Johannes den Täufer ein »Ruf zur Umkehr« (Lk 5), sein Ziel die Rettung der »Verlorenen« (vgl. Lk 5; 13; 15; 19).
- Das Bild Jesu selbst trägt deutlich weichere Züge als bei Mt, daneben streicht Lk aber auch allzu menschliche Züge wie den »Zorn« (vgl. Lk 18,15–18).

## 3) Themen (Näheres hierzu s. u. Kap. XIV.)

Notieren Sie sich Kapitelangaben und Stichworte zu folgenden Themen (orientieren Sie sich dabei v. a. an den Mk-Parallelen!):

- *Johannes der Täufer; Zwölf/Jünger/Apostel, Petrus, Frauen im NT*
- *Jesus*: Vor- bzw. Kindheitsgeschichten, Versuchung, Wirken, »Apokalypse«/ Endzeitrede, Letzte Worte; Titel Jesu
- *Taufe, Abendmahl, Heiliger Geist, Buße/Sündenvergebung, Gesetz, Liebesgebot, Ehe/Ehescheidung, Besitz(verzicht), Engel(lehre), Auferstehung/postmortale Existenz*

## 4) Vertiefte Einzelfragen (Pfarramt)

### 1. Welche Informationen entnehmen Sie dem so genannten »Prolog«?

- An Theophilos; Hinweis auf bereits vorhandene Berichte von Augenzeugen; »der Reihe nach«; Unterweisungsfunktion → Gewissheit erlangen in den Lehren.

### 2. Welche Rolle spielt das Gebet bei Lk?

- Jesus tritt häufig als Betender auf:
    - Lk 3: Jesus betet bei seiner Taufe.
    - Lk 9: Verklärung: Jesus steigt auf den Berg, um zu beten.
    - Lk 10: Dankgebet nach der Aussendung der 72 Jünger
    - Lk 11: »Lehre uns zu beten, wie auch Johannes seine Jünger gelehrt hat«!
    - Lk 19: Jesus fordert, den Tempel als Gebetshaus zu heiligen (synoptisch!)
    - Lk 22: Verleugnungsankündigung an Petrus: »Ich habe für dich gebetet«; in Getsemani: »Betet!«

### 3. Wo kommt der »Satan«/Teufel vor?

- Lk 4: die dreimalige Versuchung durch den Teufel; Lk 4,13: Teufel lässt ab bis zu gegebener Zeit; vgl. den Satanssturz (10,18)
- Lk 22,3: Der Satan fährt in den Judas (dazwischen: »satansfreie Zeit«)

### 4. Wo kommen folgende Personen vor: Herodes Antipas, Zachäus, Lazarus, Maria und Martha, Zacharias, Augustus und Quirinius?

- *Herodes Antipas* ist der Landesherr Jesu; er nimmt Johannes den Täufer gefangen (3) und als er von Jesus hört, wird berichtet, er habe Johannes enthaupten lassen (9). Er will Jesus töten (13), der ihn daraufhin einen »Fuchs« nennt. Pilatus sendet Jesus zu ihm, weil er zu Passa in Jerusalem weilt (23).
- *Zachäus* ist ein kleiner Oberzöllner in Jericho, der Jesus unbedingt sehen will (19).
- Der arme *Lazarus* begegnet im Gleichnis »Reicher Mann und armer Lazarus« (16).
- Die Schwestern *Maria* und *Martha* werden von Jesus besucht: Martha bedient Jesus, während Maria zuhört (10).
- Der Priester *Zacharias* ist der greise Vater Johannes des Täufers (1).
- Kaiser *Augustus* und *Quirinius* helfen bei der Datierung der Weihnachtsgeschichte (2).

## *D) Die Struktur des Lukasevangeliums*

| | | |
|---|---|---|
| **1,1–4** | | **Prolog** (auch »Proömium«; an *Theophilus*) |
| **1–2** | | **Vorgeschichte(n)** |
| | [$S^{Lk}$] | Ankündigung und Geburt Johannes des Täufers; Ankündigung und Geburt Jesu; Beschneidung; Darstellung Jesu im Tempel; Der zwölfjährige Jesus |
| **3,1–4,13** | | **Vorbereitung der Wirksamkeit Jesu** |
| | [Mk 1; Q; $S^{Lk}$] | Johannes der Täufer (*Buß-* und Standespredigt); Gefangennahme; Taufe Jesu; Stammbaum; *Versuchung* (3x) |
| **4,14–9,50** | | **Jesu Wirken in Galiläa und Judäa** |
| | **4,14–6,16** | **Beginn des öffentlichen Wirkens Jesu** |
| | [Mk 1–2] | Antrittspredigt in Nazaret; Wunder in Kafarnaum<br>Fischzug des Petrus und Berufung der ersten Jünger |
| | **6,17–49** | **Die Feldrede** |
| | **7** | **Wunderzyklus mit Einzellogien** |
| | [v. a. Q; $S^{Lk}$] | *Hauptmann von Kafarnaum*; Jüngling zu Nain;<br>Jesus und der Täufer; Jesu Salbung durch die Sünderin |
| | **8** | **Hören und Tun des Wortes Gottes** |
| | [Mk 4–5] | Jüngerinnen Jesu; Gleichnisse; Sturmstillung; Heilungen |
| | **9,1–50** | **Die Frage nach Jesus** |
| | [Mk 6,7–44; 8,27–9,41] | Aussendung der Zwölf; Speisung der 5000, Petrusbekenntnis; Leidensankündigungen; Verklärung; Nachfolge |
| **9,51–19,28** | | **Der Weg Jesu zur Passion (»Gemeindefragen«)** |
| | **9,51–10,24** | **Die Person Jesu und die rechte Nachfolge** |
| | [$S^{Lk}$] | Aufbruch nach Jerusalem und Ablehnung durch Samaritaner; Die Aussendung der 70/72 Jünger |
| | **10,25–11,54** | **Jesus als Lehrer** |
| | [Mk ; Q; $S^{Lk}$] | Der barmherzige Samariter; Maria und Martha<br>*Vaterunser* (11,1–4); Der bittende Freund u. a. |
| | **12–13** | **Vom Kommen der Endzeit** |
| | | Der reiche Kornbauer; *Vom Sorgen* u. a. |

| | | |
|---|---|---|
| | **14,1–17,10** | **Belehrungen beim Sabbatmahl** |
| | | Heilung eines Wassersüchtigen; Das große Gastmahl |
| | → | **Die Gleichnistrilogie vom »Verlorenen« (Lk 15) (*Schaf*, Drachme, Sohn)** |
| | | Reichtum und Gesetz (Der ungerechte Verwalter; Reicher Mann und armer Lazarus u. a.) |
| | **17,11–19,27** | **Belehrungen auf dem Weg nach Jerusalem** |
| | [Mk 10,13ff] | *Kommen des Menschensohnes* [ab 18,15 Mk-Akoluthie] |
| | [$S^{Lk}$/Q] | Zachäus; *Von den anvertrauten Pfunden* |
| **19,27–24,53** | | **Jesus Wirken, Leiden und Auferstehung in Jerusalem** |
| | **19,27–20,47** | **Auseinandersetzungen in Jerusalem** |
| | [Mk 11–12] | Auffinden des Reittieres und Einzug in Jerusalem – Jesus weint über Jerusalem – Tempelaktion – Streitgespräche |
| | **21** | **Endzeitrede** |
| | **22–23** | **Passionsgeschichte** |
| | [Mk 14] | +Tischgespräche mit den Jüngern (Verratsankündigung; Rangordnung; Verleugnungsankündigung; 2 Schwerter) |
| | [Mk 15] | + Jesus vor Herodes – Pilatus erklärt Jesu Unschuld + Gespräche mit den Schächern am Kreuz |
| | **24** | **Jesu Auferstehung und Himmelfahrt** |
| | [vgl. Mk 16] | Das leere Grab (Die Frauen + Petrus), Emmaus-Jünger, Jesu Erscheinungen vor den Jüngern, |
| | [vgl. Apg 1] | Die Himmelfahrt Jesu in Betanien |

## *E) Texte zum Auswendiglernen*

Neben den folgenden Texten sollten sinngemäß die Inhalte der drei *Cantica* (*Magnifikat*, *Benedictus*, *Nunc Dimittis*) und die »letzten Worte Jesu« am Kreuz (Lk 23,34.43.46) wiedergegeben werden können. Auch schadet es nicht, die »Weihnachtsgeschichte« auswendig zu kennen (**Lk 2,1–14**).

*Die Botschaft der Engel* (**Lk 2,14**): »Ehre sei Gott in der Höhe und Friede auf Erden bei den Menschen seines Wohlgefallens!«

*Aufruf zur Nachfolge* (**Lk 9,62**): »Wer die Hand an den Pflug legt und schaut zurück, der ist nicht geschickt für das Reich Gottes.«

*Bedeutung der Jüngerschaft* **(Lk 10,16)**: »Wer euch hört, hört mich; und wer euch verachtet, verachtet mich …«

*Eschatologische Verantwortungsethik* **(Lk 12,48b)**: »Wem viel gegeben ist, bei dem wird man viel suchen; und wem viel anvertraut ist, von dem wird man umso mehr fordern.«

*Das Verhältnis zum Geld* **(Lk 16,13)**: »Kein Sklave kann zwei Herren dienen; […]. Ihr könnt nicht Gott dienen und dem Mammon.«

*Jesus als die »Mitte der Zeit«* **(Lk 16,16)**: »Das Gesetz und die Propheten reichen bis Johannes. Von da an wird das Reich Gottes verkündet, und jeder drängt mit Gewalt hinein.«

*Gegenwart des Reiches Gottes* **(Lk 17,21)**: »Siehe, das Reich Gottes ist mitten unter euch.«

*Suchen und Retten des »Verlorenen«* **(Lk 19,10)**: »Der Menschensohn ist gekommen zu suchen und zu retten, was verloren ist.«

*Ankündigung des Heils* **(Lk 21,28b)**: »Richtet euch und eure Häupter auf, denn die Erlösung naht!«

*Die Osterbotschaft* **(Lk 24,34)**: »Der Herr ist wahrhaftig auferstanden und Simon erschienen.«

*Jesu Deutung seiner Sendung* **(Lk 24,46f)**: »So steht es geschrieben, dass Christus leiden wird und auferstehen am dritten Tage; und dass gepredigt wird in seinem Namen Umkehr zur Vergebung der Sünden unter allen Völkern.«

## 2. Die Apostelgeschichte (*Acta Apostolorum*)

### A) Einleitungswissen

Von dem Verfasser des LkEv stammt auch die *Apostelgeschichte* (vgl. Apg 1,1–3); diese stellt nach eigener Auskunft die Fortsetzung des LkEv dar. Beide Schriften sind dem unbekannten »Theophilus« gewidmet und richten sich an eine mehrheitlich **heidenchristliche Gemeinde**, da die gesetzesfreie Heidenmission vorausgesetzt wird (vgl. Apg 10; 28,28), dennoch beinhalten sie judenchristliche Sondertraditionen (z. B. das »Aposteldekret« [15,29] und die Notizen über die Judenchristen Priscilla, Aquila und Apollos [18] sowie die »Täuferjünger« in Ephesus [19]). Meist nimmt man an, dass die (in jedem Fall *nach* dem LkEv verfasste) Apg ca. **90–100 n. Chr.** verfasst wurde, da sie einerseits den Tod des Paulus voraussetzt (vgl. die *Sterbeweissagungen* in Apg 20,24f; 21,13), andererseits die Bezeichnung *episkopos* für »Aufseher« (Apg 20,28) nicht für »Bischof« verwendet. Aufgrund der Nähe zu den *Pastoralbriefen* plädieren einige Forscher für eine Abfassung in Kleinasien, aber auch Griechenland (z. B. Philippi, vgl. Apg 16) oder Rom (vgl. Apg 28) werden erwogen.

Intensiv wird in der Forschung die Frage nach den in der Apg verwendeten *Quellen* diskutiert. Der Autor nimmt offensichtlich Einzelerzählungen (v. a. in Apg 1–12) und legendarisches Material auf. Vermutet wird daneben für Apg 13–21 ein *Itinerar* oder Stationenverzeichnis (mit »nüchternen« Reisebeschreibungen, evtl. ergänzt um historische Daten). Ein Sonderproblem stellen die Wir-Berichte in 16,10–17; 20,5–15; 21,1–18; 27,1 – 28,16 dar. Hierüber existieren verschiedene Theorien: a) Sie sind Bestandteil einer Quelle; b) das *Wir* geht auf den Evangelisten Lukas zurück, der entweder i) tatsächlich ein Paulusbegleiter war (so eine Minderheit der Exegeten) oder ii) das »Wir« als literarisches Stilmittel gebraucht. Möglicherweise ist eine *Kombination* der Antworten a) und b ii) (teils Quelle *und* teils literarisches Stilmittel) vorzuziehen.

Daneben enthält die textkritische Untersuchung der Apg eine Besonderheit: *Codex D 05 (Bezae Cantabrigiensis)* bietet einen wesentlich längeren Text als die übrigen Handschriften und ist ein markantes Beispiel für nachträgliche redaktionelle Veränderungen an Bibeltexten.

### B) Inhalt

Das Thema wird in Apg 1,8 deutlich entfaltet: Es behandelt die Ausbreitung des Evangeliums in alle Welt unter Führung des *Heiligen Geistes*. Die *Paulus-Darstellung* stellt dabei das theologische Zentrum der Geschichte dar: Er ist der Repräsentant der zweiten Christengeneration (Kap. 13–28) und löst damit den »Apostelfürsten«

*Petrus* (der die Kap. 1–12 dominiert) ab. Höhe- und Wendepunkt ist der so genannte »Apostelkonvent« (15). Beide Phasen sind auf verschiedene Weise miteinander verschränkt: durch personelle Überlappungen der Gemeindeglieder (Barnabas: Apg 4 und 11.13–15) sowie durch Verknüpfung einzelner Personen (Stephanus und Paulus in Apg 7–8); vgl. die Begegnungen von Paulus mit dem Herrenbruder Jakobus (in Apg 15.21).

Im Aufbau des Werkes spiegelt sich auch die in Apg 1,8 genannte *Reihenfolge* der Missionstätigkeit wider (Jerusalem, Judäa, Samaria und die ganze Welt); dabei kommt dem »Heiligen Geist« eine entscheidende Funktion zu, der an bestimmten »Schaltstellen« wirkt. Nach der Himmelfahrt Jesu und der Nachwahl des Apostels Matthias durch Losentscheid (1) beginnt die eigentliche *Geschichte des Urchristentums* mit der Ausgießung des Geistes an Pfingsten (2), die Petrus als Erfüllung der Verheißung aus Joel 3 deutet. Damit ist nun die Endzeit angebrochen: Man erwartet den großen »Tag Jahwes«, den Gerichtstag. Bis dahin gilt der Ruf zur »Umkehr«, der mit der Taufe verknüpft ist – auf die Taufe folgt die *Übermittlung* des Heiligen Geistes. Die Apostel wirken in der Folgezeit »Zeichen und Wunder«, wie es bereits Jesus getan hatte. Doch der anfängliche Erfolg des Christentums und die »Einheit« (2,42–47) in Jerusalem wird in der Folgezeit permanent bedroht: von außen durch die jüdische Tempelaristokratie (Apg 3–4), von innen durch Menschen, welche die geforderte Gütergemeinschaft nicht ernst genug betreiben (*Hananias und Saphira*; 5), und deshalb vom Heiligen Geist bestraft werden. Dazu gesellt sich ein Konflikt zwischen »Hebräern« und »Hellenisten« um die tägliche Witwenversorgung, was die Apostel zur Gründung des Gremiums der »Sieben« (»Diakone«) veranlasst (6). Diese geraten ebenfalls in Konflikt mit der Tempelaristokratie und ihr Wortführer Stephanus wird aufgrund seiner Kritik am Tempel und am Gesetz kurzerhand gesteinigt (7).

Die Verfolgung in Jerusalem führt notgedrungen zur Verlagerung der Mission in die angrenzenden Gebiete: Während der Hellenist (und »Evangelist«) Philippus in Samaria neue Christen gewinnt, unter ihnen auch einen äthiopischen Eunuchen, seine Taufe jedoch durch Petrus und Johannes *per Handauflegung* um die Geistgabe ergänzt werden muss, wirkt Petrus in der (westlichen) Küstenebene (Lydda, Joppe). Zeitgleich begegnet der Christenverfolger Saulus (8) vor Damaskus in einer Vision (und Audition) Jesus Christus (9), wird daraufhin gläubig und von Ananias in Damaskus getauft; als er von dort fliehen muss, gelangt er schließlich nach Antiochia.

Noch einmal konzentriert sich der Erzählfaden auf Petrus. Er hat eine Vision von unreinen Tieren, die er essen soll, und wird anschließend zum gottesfürchtigen Heiden Cornelius geführt. Bei einer Predigt, die Petrus hält, fällt der Heilige Geist auf die anwesenden Heiden; Petrus erkennt: Gott hat auch die Heiden erwählt. Die nun ebenfalls mit dem Geist Begabten erhalten die Taufe. Die nächste Wende in der Geschichte hat somit erneut das Wirken des Geistes vollbracht. Doch weitere Krisen erschüttern die Jerusalemer Gemeinde – eine Hungersnot (11) und die Verfolgung der Gemeinde durch Herodes Agrippa I., welcher Jakobus Zebedäus zum Opfer fällt (12). Auch Petrus wird verhaftet – kommt aber durch himmlisches Wirken frei.

Währenddessen gehen von Antiochia neue Impulse für die Mission aus – dort nennt man die Anhänger Jesu Christi erstmals »Christen« (11,26). Paulus und Barnabas sammeln und überbringen eine »Kollekte« (gr. *diakonia* = Dienst) für Jerusalem (11–12). Die erste eigenständige Missionsreise von Antiochia aus führt Saulus und Barnabas nach Zypern und ins südöstliche Kleinasien (13–14). Auf Zypern begegnet *Saulus* Paulus dem Statthalter *Sergius* Paulus (13,9), von nun an wird er ausschließlich »Paulus« genannt und allein auf dieser Missionsreise tragen er und Barnabas die Bezeichnung »Apostel«.

Im Folgenden wird der Apostelkonvent bzw. das »Apostelkonzil« (15) zum Höhepunkt in der Geschichte des Urchristentums stilisiert; Ausgangspunkt ist die Frage, ob Heidenchristen beschnitten werden müssen. Hier treten Petrus und Jakobus als die eigentlichen Autoritäten auf, Paulus und Barnabas wirken eher wie »geladene Gäste«. Man einigt sich auf die von Petrus geforderte gesetzesfreie Heidenmission, mit der Auflage des von Jakobus propagierten »Aposteldekrets«, der Enthaltung von Götzen(opferfleisch), Ersticktem, Blut und Unzucht (15,29).

Damit ist der zweite Hauptteil der Apg eröffnet – Petrus verschwindet von der Bildfläche, Jakobus begegnet noch einmal in Kap. 21. Paulus trennt sich von Barnabas, der mit Johannes Markus nach Zypern reist und ebenfalls nicht mehr erwähnt wird. Die folgende Zeit ist von zwei großen Missionsreisen des Paulus geprägt: Die »zweite Missionsreise« (15–18) führt Paulus und seine Begleiter Silas und Timotheus über die Hafenstadt *Troas* (16) nach »Europa«, genauer: nach Makedonien und in die Achaia (das heutige *östliche* bzw. *südöstliche* Griechenland) in die Zentren Philippi (16), Thessalonich (17), Athen (17) und Korinth. Nach seiner Rückkehr folgt ein kurzer Aufenthalt in Antiochia und Jerusalem, im Anschluss begibt sich Paulus allein auf die »dritte Missionsreise« (18–21), die ihn zunächst nach Galatien und Phrygien führt (18), deren Schwerpunkt jedoch in Ephesus (19) liegt. Sie endet, nach einer weiteren Reise durch Makedonien und der Rückkehr nach Troas (20), wo Paulus den gestürzten Eutychus wieder aufweckt, mit der Abschiedsrede des Paulus in Milet vor den Ältesten der Gemeinde von Ephesus. Die Rückreise über Cäsarea nach Jerusalem mündet direkt in die Gefangennahme des Paulus, welche nun den Schlussakt der Apg einläutet: die Gefangenschaft mit dem Prozess des Paulus (21–26), die nach zwei Jahren und drei Verteidigungsreden (22; 24; 26) vor unterschiedlichen Autoritäten (den Statthaltern Felix und Festus sowie König Agrippa II.) aufgrund der Appellation des römischen Bürgers *Saulus Paulus* an den Kaiser mit der Überführung nach Rom endet. Auf der Reise dorthin erleidet die Besatzung Schiffbruch (27–28), gelangt aber über »Malta« schließlich durch glückliche Umstände an ihr Ziel. Paulus kann dort zwei Jahre lang in leichter Haft die Botschaft vom Reich Gottes und von Jesus Christus ungehindert verkündigen.

Große Lebendigkeit erhält die Apostelgeschichte durch plastische *Erzählungen* und viele *Reden*, markante *Mehrfachüberlieferungen* (z. B. 9,1–22; 22,3–21; 26,9–20 = Bekehrung des Paulus) und besonders im ersten Abschnitt durch gliedernde *Sammelberichte* über das *Wachstum der Gemeinde* (1,14; 2,42–47; 4,32–35; 5,12–16; 6,7;

9,31). Die *Ortswechsel* zeugen von großer Dynamik der Ereignisse (Kap. 2–5: Jerusalem; 6–15: viele rasch wechselnde Ortschaften; 15,36 – 19,20: Kleinasien und Griechenland).

Die Begegnung mit jüdischen Gegnern und römischen Machthabern soll dem Leser vermitteln, dass der (mit dem Bruch zwischen Kirche und Judentum identische) Weg des Paulus von Jerusalem nach Rom eine *von Gott gewollte* (»geistgeleitete«) *Entwicklung* darstellt. Gottes universaler Heilswille kommt in folgenden Etappen zum Vorschein: 1) die Öffnung der Urgemeinde zur Ökumene durch die Taufe des äthiopischen Kämmerers (8,26–40) und die Bekehrung des Paulus (9,1–22; vgl. 22,3–21; 26,9–20); 2) die Einbeziehung der Heiden in das Reich Gottes durch die Kornelius-Erzählung (10,1 – 11,18) mit der Gabe des Geistes an Heiden (10,44) im Rückbezug auf ein Wort des Auferstandenen (11,16; vgl. 1,5); 3) die *heilsgeschichtliche Kontinuität* wird dadurch gewahrt, dass Paulus in seinen Predigten den Juden das Heil anbietet (14, 45–48; 18,5–7; 28,17–28), sie es aber ablehnen (v. a. 18,6!). An ihre Stelle treten die Heiden, wie es schon von Beginn an Gottes Plan war (vgl. 15,14 u. ö.). Dies kommt auch in der *Antithetik von Jerusalem und Rom* zum Vorschein: Jerusalem ist durch die vorbildhafte Urgemeinde Ort des Heils (2,42–47; 4,32–35), wird aber zum Ort des *Unheils* aufgrund der Verhärtung der Führer Israels und des Volkes gegen die Christusbotschaft. Die heilsgeschichtliche Wende von den Juden zu den Heiden (13,46f) korrespondiert demnach mit der Wende von Jerusalem nach Rom. Die dortigen Juden sind hingegen weiterhin uneins über die christliche Lehre und »verstockt« (Apg 28,26f =Jes 6,9f).

## *C) Arbeitsfragen*

### 1) Zur Apg allgemein

1. Versuchen Sie die Apg zu gliedern; achten Sie dabei besonders auf topographische Angaben und zentrale Personen (Sie können z. B. Apg 1,8 als »Inhaltsangabe« verwenden).

- 1,1–3: »Prolog«
- 1: Die Apostel in Jerusalem
- 2–7: Die Ausbreitung des Evangeliums in Jerusalem
- 8–12: Die Ausbreitung in Samaria und in der Küstenebene (ab 10f: Heidenmission)
- 13–15: Die antiochenische Mission
- 15–21: Die Mission der Paulus in Kleinasien und Makedonien
- 21–26: Rückkehr nach Jerusalem, Gefangennahme und Prozess des Paulus
- 27–28: Die Überfahrt nach Rom

## 2. Nennen Sie wichtige Stellen, wo vom »(Heiligen) Geist« die Rede ist. Welche Bedeutung kommt ihm zu? In welchem Verhältnis steht er zur Taufe?

- 1: Ankündigung des Geistes
- 2: »Pfingstwunder«: Der Geist ist Verheißung aus Joel; Taufe ist Voraussetzung für den Geistempfang (Petrusrede)
- 5: Hananias und Saphira *belügen* den Heiligen Geist
- 8: »Nachträgliche Geisttaufe« durch die Apostel Petrus und Johannes
- 8: Simon Magus (getauft) will den Geist »kaufen« und wird dafür zurechtgewiesen.
- 9: Paulus lässt sich taufen; der Geist wird ihnen verheißen, aber nicht ausdrücklich verliehen!
- 10–11: Erst Geist, dann Taufe! (doppelt berichtet; dadurch besondere Betonung!)
- 13: Die antiochenische Mission des Paulus und Barnabas wird vom Geist initiiert
- 15,28: »Der Heilige Geist und wir« beschließen [die *Konzilsformel*]
- 16: Der heilige Geist bestimmt die Reiseroute nach Troas
- 19: Täuferjünger in Ephesus: Die Taufe des Johannes vermittelte keinen Geist
- 21: »Der heilige Geist sagt«: Zeichenhandlung des Propheten Agabus
- 28: Der Prophet Jesaja hat im Geist geweissagt

## 3. Wo finden sich große Reden? Wer redet – und worüber?

- 1: Rede des Petrus (Nachwahl des 12. Apostels)
- 2: Pfingstrede des Petrus (Aufruf zur Umkehr und Taufe)
- 3: Rede des Petrus vor dem Hohen Rat (Jesus als der von *Mose* verheißene Prophet)
    - weitere Petrusreden stehen in 4,8ff; 5,29ff; 10,34ff; 11,5ff
- 7: Rede des Stephanus (»Tempelrede«)
- 13/14: Missions-Reden des Paulus
- 15: Reden des Petrus und des Jakobus auf dem Apostelkonvent (Petrus: Plädoyer für die Heidenmission; Jakobus: für das Aposteldekret)
- 17: »Areopagrede« des Paulus
- 20: Abschiedsrede des Paulus in Milet
- 22/24/26: Verteidigungsreden des Paulus

## 4. Erzählen Sie das »Pfingstwunder« nach (Apg 2).

- Die Jünger sind in Jerusalem versammelt
- Ein »Brausen« kommt vom Himmel
- Feuer-Zungen verteilen sich auf die Jünger: Zungenrede beginnt
- Die Jünger sprechen in »Zungen« → in allen Sprachen (werden verstanden)
- Petrus erläutert die Ereignisse in seiner »Pfingstpredigt«
- Petrus ruft auf zur Umkehr – viele lassen sich taufen.

## 5. Welche Gremien existieren in der Urgemeinde? Wer gehört dazu?

- Die »Zwölf Apostel« (Nachwahl des Matthias) (1 u. ö.)
    - Petrus und Johannes repräsentieren oft allein das Apostelgremium
- Die »Sieben« (»Diakone«): Stephanus, Philippus, Prochoros, Nikanor, Timon, Parmenas, Nikolaus (6–7): Witwenversorgung im Streit zwischen *Hellenisten* und *Hebräern*
- »Älteste« (in Antiochia [11,30; 14,23]; Jerusalem [15–16]; Ephesus [20,17])

## 6. Warum sprechen manche Forscher vom »Liebeskommunismus der Urgemeinde«?

- »Sie hatten alles gemeinsam« und waren »ein Herz und eine Seele« (Apg 2; 4).
- Den Ernst dieses gemeinsamen Besitzes illustriert die Erzählung von Hananias und Saphira (5): Nichts darf heimlich zurückgehalten werden.

## 7. Beschreiben Sie die Rolle des Petrus in Apg 1–15.

- Er ist Leiter und Wortführer der Apostel (1–2 u. ö.); zusammen mit *Johannes Zebedäus* repräsentiert er dieses Gremium (3; 4; 8).
- Er wirkt als Wundertäter (3; 9), selbst der Schatten des Petrus kann heilen (5,15).
- In 5,29 formuliert er die später als »*Clausula Petri*« bekannte Formel.
- Er heilt Äneas und weckt Tabitha auf (9).
- Petrus ist der erste Heidenmissionar (10–11) und verficht auf dem Apostelkonzil die Heidenmission (15).
- An Passa wird er in Jerusalem verhaftet und auf wundersame Weise befreit (12).

## 8. Was erfahren Sie wo über die Person des Stephanus?

- Stephanus war ein Mann »voll Heiligen Geistes« und wird als »Armenpfleger« der Hellenisten eingesetzt (6).
- Er gerät in Konflikt mit der Jerusalemer Tempelaristokratie und wird im Anschluss an die »Tempelrede« gesteinigt (7).
- Bei der Steinigung ist Saulus (Paulus) zugegen – er passt auf die Kleider derer auf, die Stephanus steinigen.

## 9. Wie kommt es zur Heidenmission? Welche Stationen sind sichtbar?

- 8: Die Taufe des äthiopischen Kämmerers (eines »Eunuchen«) durch Philippus
- 10: Die Vision des Petrus und die Taufe des Cornelius
- 11: Antiochia als Ausgangspunkt der Mission in Zypern usw. [11,19f: zunächst nur »Judenmission«, aber Beginn der Heidenmission)
- 13–14: Paulus und Barnabas: 1. Missionsreise (Ikonion, Lystra, Derbe; Zypern → Einsetzung von »Ältesten«)
- 15: Erster Einschnitt: Das Apostelkonzil markiert den offiziellen Beginn der Heidenmission (anknüpfend an den Synagogen)
- 18,6: Paulus in Korinth: »von jetzt an gehe ich zu den Heiden«
- 28: Paulus verkündet das Evangelium in Rom

## 10. Wer oder was ist Lukas zufolge ein »Apostel«? Was ist mit Paulus?

- Apostel müssen sein: Begleiter Jesu von der Taufe bis zur Himmelfahrt (1).
- Es handelt sich um ein »Zwölfergremium« (daher: Nachwahl des Matthias).
- Paulus wird zweimal Apostel (= »Abgesandter«?) genannt (14), von dem »Apostelkonzil« an jedoch nicht mehr. Der Begriff findet ab Kap. 16 *gar keine Verwendung* mehr.

11. Skizzieren Sie Anlass, Verlauf und Ergebnis des so genannten »Apostelkonvents bzw. -konzils« (Apg 15).

- Streit um die Frage der Beschneidung: Sollen auch Heiden beschnitten werden?
- Rede des Petrus; Paulus und Barnabas berichten von ihrer Missionsreise
- Rede des Jakobus; Aposteldekret auf Anregung des Jakobus (Götzenopferfleisch, Ersticktes, Blut und Unzucht) (15,20.29; wiederholt in Kap. 21)

12. Wo kommen Wundergeschichten (Heilungen, Totenauferweckungen) in der Apg vor? Nennen Sie drei der Wundertäter namentlich.

- Petrus (und Johannes): Heilung eines Gelähmten (3); Heilungen in Jerusalem (5); Heilung des Aeneas und Auferweckung der Tabitha (9)
- Philippus führt Exorzismen und Heilungen in Samaria durch (8)
- Wunder des Paulus: Blendung des Elymas (13); »Auferweckung« des Eutychus (20); Heilungen auf »Malta« (27)
- »Rettungswunder«: Errettung des Petrus (12), des Paulus und Silas (16) aus dem Gefängnis, der Mannschaft auf See vor dem Ertrinken (27)

13. Wo schreibt der Vf. in »Wir-Form«? Was geschieht dort inhaltlich?

- I: 16,10–17; II: 20,5–21,18; III: 27–28: Die ersten beiden Passagen sind jeweils in »Troas« lokalisiert; alle drei stehen jeweils im Kontext längerer Schiffsreisen.

14. Wo und wie endet die Apostelgeschichte?

- 28: in Rom, leichte Haft des Paulus – ungehinderte Verkündigung des Evangeliums

15. Wie werden »die Juden« in der Apg dargestellt? Gibt es auch differenzierte Aussagen?

- Sie treten als Gegner der Gemeinde in Erscheinung und verfolgen sie (v. a. in Thessalonich; vgl. 17).
- Die Juden in Rom haben bisher nichts von der Botschaft gehört und hören Paulus interessiert zu, am Ende kommt es zu einer »Spaltung« (28).

## 2) Zu Paulus

1. Welche biographischen Angaben entnehmen Sie der Apg?

- Die Verfolgung der Gemeinde (in Jerusalem!) (Apg 8–9 u. ö.)
- Die Bekehrung/Berufung des Saulus Paulus (9; 22; 26)
- Aufenthalt in Antiochia; Abgesandter der Gemeinde (mit Barnabas) auf der ersten Missionsreise (13–14) und beim »Apostelkonzil« (15)
- Er ist ein Jude aus Tarsus in Kilikien (21–22), Schüler des Gamaliel (22)
- Er ist/war Pharisäer (26) und lebt Kap. 21 zufolge weiterhin nach dem jüdischen Gesetz! Sein »bürgerlicher« Beruf ist jedoch Zeltmacher (18)
- Er ist römischer Bürger (16; 22)

## 2. Wie wird das Verhältnis zu Petrus dargestellt?

- Beide sind »Heidenmissionare«
- In 15,10 sagt Petrus dasselbe über das Gesetz wie Paulus (Gnadentheologie)
- Keine Differenzen oder Konflikte sichtbar, erste Begegnung beim Apostelkonvent
- In den Einzelerzählungen werden Petrus und Paulus ähnlich charakterisiert:
  - Beide sind herausragende Redner (Petrus: 2 u. ö.; Paulus 17 u. ö.) und Wundertäter, sie erwecken sogar Tote wieder zum Leben (Petrus: 9; Paulus: 20).
  - Beide betreiben Heidenmission (Petrus: 10–11.15; Paulus: 13–28).
  - Beide haben wichtige (Traum-)«Visionen« (Petrus: 10; Paulus: 9; 16 u. ö.).
  - Beide werden wundersam aus dem Gefängnis befreit (12; 16).
  - Beide kennen einen römischen Hauptmann in Cäsarea (Hauptmann Cornelius: 10; Claudius Lysias: 21–26).

## 3. Skizzieren Sie die *Missionsreisen* (vgl. auch Kap. XIV A 5.b)

- **13–14: »Erste Missionsreise«**
  - Zypern, Perge, pisid. Antiochia, Ikonion, Lystra, Derbe, Attalja; Rückkehr ins syr. Antiochia (am Orontes)
- 15: Jerusalem (»Apostelkonzil«)
- **15–18: »Zweite Missionsreise«**: Trennung von Barnabas; Paulus und Silas
  - Syrien, Kilikien, Derbe, Lystra (+ Timotheus)
  - durch Phrygien, Galatien, Mysien [*nicht* durch die Provinz Asia], wo Paulus eine Vision hat. Er reist mit dem Schiff von *Troas* nach *Makedonien* (16)
- Ab Kap. 16: **Makedonien und Achaia**:
  - *Philippi* (Lydia, Magd, Gefängnis), [Amphipolis, Apollonia]
  - *Thessalonich* (17): Aufstand gegen Jason, Mission in Beröa; Timotheus und Silas kommen mit nach Beröa
  - Paulus in *Athen* (allein): Areopagrede
  - *Korinth* (18): Rückkehr des Timotheus und Silas [letzte Erwähnung!]. Priscilla und Aquila. Paulus bleibt 1 ½ Jahre in Korinth. Gallio: Anklage der Juden; Kenchreä (Gelübde) → Ephesus → Cäsarea, Jerusalem, Antiochia
- **18–21: »Dritte Missionsreise«**
  - Während Apollos von Ephesus nach Korinth reist, gelangt Paulus über Galatien und Phrygien nach
  - *Ephesus* (19): 2–3 Jahre Aufenthalt (Johannesjünger, Verbrennung von Zauberbüchern; Demetrius), Aufbruch nach *Makedonien* (20) (3 Monate) und über Philippi zurück nach
  - *Troas* (20), Schiffsreise nach Milet (Abschiedsrede);
  - Zuletzt reist Paulus mit dem Schiff (über Kos, Rhodos, Patara) nach Tyrus (Ptolemais) und schließlich nach Cäsarea und Jerusalem (21).

## 4. Wo, wie (und wie oft) wird die »Bekehrung des Paulus« geschildert? Welche Unterschiede weisen die einzelnen Erzählungen auf?

- Apg 9; in Apg 22; 26 erzählt Paulus selbst rückblickend von dem Ereignis.
- Gemeinsam ist allen Erzählungen, dass Paulus auf dem Weg nach Damaskus von einem Licht umleuchtet wird und Jesus zu ihm spricht. In Kap. 22 und 26 wird Paulus bereits

durch die Begegnung mit Jesus mit der Heidenmission beauftragt, wobei es sich nach 22 um eine zusätzliche Vision im Tempel handelt.
- Erst »hören« die Begleiter, aber sehen nichts (9); dann »sehen« sie, aber hören nichts (22), und in Kap. 26 werden die Gefährten und die Taufe durch Ananias gar nicht mehr erwähnt.
- Kap. 9 schildert eine Bekehrung; Kap. 22 und 26 schildern hingegen eine »Berufungserzählung« (in 22 hierfür eine zusätzliche Vision im Tempel).

### 5. Wie wird »Saulus« zum »Paulus« in der Apg?

- Bei der Begegnung mit dem Statthalter Sergius Paulus (13,9) wird beiläufig erwähnt, dass Saulus »auch Paulus heißt«, d. h. er trägt einen *Beinamen* (*Cognomen*).
- Aus Saulus ***wird*** *also niemals* Paulus! Er heißt »Saul(us) Paulus«.

## 3) Themen (Näheres hierzu s. u. Kap. XIV.)

Notieren Sie sich Kapitelangaben und Stichworte zu folgenden Themen:

- *Johannes der Täufer; Zwölf/Jünger/Apostel; Petrus; Judas (Iskariot); Paulus; Mitarbeiter des Paulus; Apollos; Frauen im NT*
- *Taufe; Heiliger Geist; Sündenvergebung/Buße; Gesetz; Bund/Testament; Gemeindestruktur; Auferstehung/postmortale Existenz; Besitz(verzicht); Engel; Staatsmacht*

## 4) Vertiefte Einzelfragen (Pfarramt)

### 1. Vergleichen Sie die Himmelfahrtsberichte in Lk 24 und Apg 1.

- Lk 24: Jesus segnet die Apostel und wird emporgehoben; die Jünger fallen auf die Knie und beten ihn an. Diese Himmelfahrt findet unmittelbar nach der Auferstehung statt.
- Apg 1: Eine Wolke kommt und verhüllt Jesus – anschließend fährt sie empor. Die Jünger schauen hinterher und erfahren von zwei Männern in weißen Kleidern, Jesus werde *genauso* wiederkommen! (vgl. Lk 21; Apg 1,10!). Diese Himmelfahrt ereignet sich 40 Tage nach der Auferstehung.

### 2. Wo und wie wird in der Apg das Wirken Jesu zusammengefasst? Was fällt dabei auf?

- Pfingstpredigt (2): Zeichen und Wunder, Auferweckung
- In der Petrusrede vor dem Hohen Rat (3): Jesus war ein Prophet
- Im Gemeindegebet (4): Jesus als der »heilige Knecht«, den Gott gesalbt hat
- In der Predigt des Petrus an die Heiden (10,36–43): Jesus tat Gutes und heilte; er wurde gekreuzigt und auferweckt; er hat seine Jünger nach der Auferstehung zur Verkündigung beauftragt; er ist Richter über Lebende und Tote; der Glaube an ihn erwirkt Sündenvergebung
- In der Synagogenpredigt des Paulus (13): Jesus wurde als Unschuldiger gekreuzigt, von Gott auferweckt und ist vielen erschienen. Durch Jesus wird Vergebung der Sünden verkündigt, von allem, wovon das Gesetz des Mose nicht befreien konnte.

## 3. Wo taucht zum ersten Mal der Begriff »Christen« (*christianoi*) auf?

- In Antiochia wurden erstmals Anhänger Jesu als »Christen« bezeichnet (11,26)

## 4. Wo ist in der Apg vom »Brotbrechen« die Rede? Wo im LkEv?

- In den so genannten *notae ecclesiae* aus Apg 2,42: Apostellehre, Gemeinschaft, Brotbrechen, Gebet. (*Als notae ecclesiae [wörtl.: Kennzeichen der Kirche, d. h. was eine Kirche auszeichnet] gelten klassisch: Einheit, Heiligkeit, Katholizität und Apostolizität*).
- In Kap. 20 schläft Eutychus bei der nächtlichen Verkündigung des Paulus ein und fällt aus dem Fenster. Paulus weckt ihn auf und geht anschließend in das Obergemach, »um das Brot zu brechen«.
- In Kap. 27 schlägt Paulus angesichts des Seesturms vor, die Vorräte ins Meer gehen zu lassen. Zuvor spricht er ein Gebet, bricht das Brot und isst davon – die anderen folgen seinem Beispiel und werfen anschließend die Vorräte über Bord.
- In Lk 24 erkannten die Emmausjünger Jesus »als er ihnen das Brot brach«. Zuvor wurde nur in Lk 9 (bei der Speisung der 5000) und 22 (beim letzten Mahl) Brot gebrochen.
- Es ist umstritten, ob der Ausdruck »Brotbrechen« im lk Doppelwerk auf die spätere »Eucharistie« zu beziehen ist – deutlich ist zumindest der technische Gebrauch der Wendung »Brotbrechen« (gr. *klasis tou artou*).

## 5. Wie wird die römische Staatsmacht dargestellt? Nennen Sie einzelne Personen und Perikopen.

- Der Hauptmann Cornelius wird zum ersten Heidenchristen (10–11).
- Paulus und Silas werden verhaftet, obwohl sie römische Bürger sind; nach dem Erdbeben will der Wärter sich ins Schwert stürzen, bis er erfährt, dass die Gefangenen noch da sind (16).
- Der Statthalter Gallio (18) erklärt: Christen sind keine Staatsfeinde.
- Der Oberst Claudius Lysias nimmt Paulus in Schutzhaft (21–22) und kümmert sich darum, dass ihm nichts widerfährt. Dabei erfährt er, dass Paulus von Geburt an römischer Bürger ist – er selbst hat sich das Bürgerrecht erkauft.
- Prozess des Paulus (22–26): Statthalter Felix u. Festus; Verschleppung des Prozesses.
- Die Soldaten wollen beim Seesturm die Gefangenen umbringen, damit sie nicht fliehen können (27) – Hauptmann Julius hindert sie daran.
- *Fazit*: Die römische Staatsmacht erscheint weder eindeutig »positiv« noch »negativ«. Auffällig ist, dass Paulus (und auch andere Christen) stets als *loyale Staatsbürger* dargestellt werden, vielleicht sogar »bessere« Bürger.
- Nicht der römische Staat verfolgt Paulus, sondern »die Juden«. Der Staat mischt sich nach der Darstellung des Lukas nicht in religiöse Streifragen ein (13,50; 17,5–7.13; 18,12–17; 21,27ff; 23,12–15; 25,3ff).

## 6. Welche (allgemein-)historischen Angaben können Sie der Apg entnehmen?

- 11,26: Erstmals Bezeichnung »Christen« in Antiochia
- 11,27ff: Hungersnot unter Kaiser Claudius
- 12: Verfolgung der Gemeinde durch Herodes Agrippa I., Hinrichtung des Jakobus Zebedäus, Tod des Herodes; (Befreiung des Petrus aus dem Gefängnis)
- 13: Statthalter Sergius Paulus auf Zypern

- 16: Gallio Prokonsul in Korinth (datierbar!)
- 18: »Claudiusedikt« – Priscilla und Aquila sind deshalb in Korinth, weil sie aus Rom als Juden(christen) vertrieben wurden.
- 21–26: Gefangenschaft des Paulus in Cäsarea; Statthalter Felix und Festus; König Herodes Agrippa II. und seine Frau Berenike

## 7. Wo erfahren Sie etwas über die Theologie/Lehre des Paulus?

- In Apg 13 wird das jüdische Gesetz als »zu schwer« dargestellt: Wo das Gesetz nicht ausreicht, tritt der »Glaube« hinzu! (Vgl. dagegen Paulus in Röm 3; Gal 2: Gerechtigkeit *allein* aus Glauben)
- In Apg 17 vertritt Paulus den Gedanken einer »natürlichen Gotteserkenntnis« (die Athener verehren einen »unbekannten Gott«), eine Theologie, die der des historischen Paulus an wesentlichen Punkten widerspricht (vgl. Röm 1–3).
- In der Abschiedsrede Kap. 20 stellt Paulus seinen bevorstehenden Tod als Zeugnis (»Martyrium«) für das Evangelium dar.
- In das Zentrum seiner Verkündigung stellt er bei seinen Verteidigungsreden den »Bußruf« und die Lehre von der Auferstehung der Toten (22; 24; 26), letztere erscheint allerdings stärker als »taktisches Argument«.
- In Apg 28 verkündet er den Juden in Rom das Reich Gottes und predigt von Jesus aus dem Gesetz des Mose und den Propheten – zwei Jahre ungehindert.

## 8. Schildern Sie in Grundzügen den Prozess des Paulus.

- 21: Aufruhr im Tempel; Gefangennahme durch den römischen Hauptmann
- 22: Erste Verteidigungsrede (auf hebräisch) vor dem Mob → erneuter Aufruhr; Hauptmann will ihn geißeln, aber Paulus ist römischer Bürger!
- 23: Verhandlung vor dem Hohen Rat; Streit um die Auferstehung. Der Oberst (Claudius Lysias) lässt Paulus nach Cäsarea an den Statthalter Felix überführen. Der Neffe des Paulus verhindert einen Mordanschlag.
- 24: Prozess mit dem Hohenpriester und Tertullus vor Felix – Anklage. Paulus widerlegt die Anschuldigungen (Aufruhr; Entweihung des Tempels) – es gehe allein um die Lehre von der Auferstehung der Toten! Paulus bleibt zwei Jahre in leichter Haft.
- 25: Statthalter Festus löst Felix ab. Erneuter Vorstoß der Tempelaristokratie gegen Paulus; er verteidigt sich: »Weder gegen das Gesetz der Juden noch gegen den Tempel, auch nicht gegen den Kaiser habe ich gesündigt«!
- 25–26: Verteidigungsrede des Paulus vor Agrippa und Berenike. Ergebnis: Unschuldsbehauptung durch Agrippa und Festus – der Prozess könnte zu Ende sein, hätte sich Paulus nicht auf den Kaiser berufen.

## 9. Warum und wie gelangt Paulus nach Rom?

- Paulus appelliert als römischer Bürger an den Kaiser (25), d. h. sein Prozess soll in Rom fortgeführt werden.
- Er wird als Gefangener mit weiteren Gefangenen auf einem Schiff nach Rom gebracht (vgl. die Darstellung in Apg 27–28).

## 10. Wo ist von einer »Kollekte« des Paulus die Rede?

- Eine *Kollekte für Jerusalem* wird in 11,29 (in Antiochia) beschlossen (aufgrund der Hungersnot) und in Kap. 12 von Paulus und Barnabas überbracht.

## 11. Wo kommen folgende Personen vor (erzählen Sie zu jeder Gestalt eine Geschichte): Cornelius, Simon Magus (= der Magier), Philippus, Matthias, Silas, Agabus, Gamaliel I., Herodes Agrippa I., Herodes Agrippa II., Berenike, Sergius Paulus, Gallio, Felix, Festus, Lydia, Demetrius, Eutychus, Jakobus (der »Herrenbruder«), Barnabas, Johannes Markus, Apollos, Priscilla und Aquila, Dionysios (vom Areopag).

- Bekehrung und Taufe des Hauptmanns *Cornelius* (10); *Simon Magus* (= der Magier) will den Geist kaufen (8); *Philippus* (6; 8; 21) ist einer der »Sieben«, missioniert in Samaria und hat vier prophetisch begabte Töchter; *Matthias* (1) wird als zwölfter Apostel für Judas nachgewählt; *Silas* (15–17 [vgl. 18,5]), ein Prophet aus Jerusalem, ist Begleiter des Paulus und römischer Bürger (Gefangenschaft in Philippi). Der Prophet *Agabus* (11; 21) kündigt die Hungersnot an und prophezeit Paulus seine Verhaftung; der Pharisäer *Gamaliel (I.)* (5; 22,3) ist Mitglied des Hohen Rates und Lehrer des Paulus.
- *Herodes Agrippa I.* (12) verfolgt die Jerusalemer Gemeinde und stirbt eines jämmerlichen Todes, weil er sich selbst zum Gott gemacht haben soll; *Herodes Agrippa II.* und seine Frau *Berenike* (25f) würden Paulus nach seiner letzten Apologie freilassen. *Sergius Paulus* (13) ist Statthalter auf Zypern, *Gallio* (18) Statthalter in Korinth, *Felix* (23–25) und *Festus* (24–26) residieren in Cäsarea (Maritima).
- *Lydia* (16) stammt aus Thyatira und ist Purpurhändlerin in Philippi; *Demetrius* (19) ist Silberschmied in Ephesus (beim Tempel der Artemis); *Eutychus* (20) ist ein Jüngling, der in Troas bei Paulus' Predigt einschläft und von Paulus aufgeweckt wird.
- *Jakobus*, der »Herrenbruder«, leitet die Jerusalemer Gemeinde (15; 21); *Barnabas* (11; 13; 15) und *Johannes Markus* (12.15) sind Missionare und zeitweise Begleiter des Paulus; *Apollos* (18) ist ein judenchristlicher Missionar, der nur die »Taufe des Johannes« kennt; *Priscilla* und *Aquila* (18) werden durch das Claudiusedikt aus Rom vertrieben und gelangen nach Korinth, wo sie mit Apollos zusammentreffen (18); *Dionysios* ist zusammen mit *Damaris* einer der wenigen, die durch die Areopagrede des Paulus zum christlichen Glauben kommen (17).

## D) Die Struktur der Apostelgeschichte

| **1,1–3** | | **Prolog** |
|---|---|---|
| **1,4–26** | | **Die Zeit bis zur Gabe des Geistes** |
| | 1 | Jesu letzte Weisungen und Himmelfahrt; der Tod des Judas und die Nachwahl des Matthias |
| **2,1–8,3** | | **Die Apostel als Zeugen des Evangeliums in Jerusalem** |
| | **2–5** | **Die apostolische Urgemeinde in Jerusalem** |
| | 2 | Pfingsten und Pfingstpredigt des Petrus |
| | 3–4 | Petrus und Johannes: Heilung des Gelähmten; Anklage vor dem Hohen Rat und Rede des Petrus |
| | 4–5 | Gütergemeinschaft der Urgemeinde; Hananias und Saphira |
| | 5 | Wundertaten der Apostel; Verhaftung und Befreiung<br>Die *Clausula Petri* (5,29) und der *Rat des Gamaliel* (5,38f) |
| | **6,1–8,3** | **Die Wirksamkeit der »Hellenisten« in Jerusalem** |
| | 6 | Die »Sieben« (Diakone) für die Witwenversorgung |
| | 6–7 | Wirksamkeit, Anklage und Steinigung des *Stephanus* |
| **8,4–12,25** | | **Die Verkündigung des Evangeliums in Samaria und in der Küstenebene** |
| | 8 | *Philippus* in Samaria: Simon Magus; der äthiopische »Eunuch« |
| | 9 | Die Bekehrung und Mission des Saulus<br>Wundertaten des Petrus in Lydda und Joppe (Jafo) |
| | 10–11 | Die Taufe des Cornelius durch Petrus; Beginn der Heidenmission |
| | 11 | Die Gemeinde in Antiochia (*11,26: Bezeichnung »Christianer«*) |
| | 12 | Verfolgung der Jerusalemer Gemeinde durch Herodes Agrippa I.<br>Die wundersame Befreiung des Petrus an Ostern (Passah) |
| **13–28** | | **Die Ausbreitung des Evangeliums bis Rom** |
| | **13–14** | **Die »Erste Missionsreise« des Paulus** |
| | 13–14 | Paulus und Barnabas auf Zypern (*Sergius Paulus*), im pisidischen Antiochia und im südöstl. Kleinasien (Ikonion, Lystra, Derbe) |
| | **15,1–35** | **Das »Apostelkonzil« in Jerusalem** |
| | 15 | Reden des Petrus (Heidenmission) und Jakobus (Aposteldekret); Beschluss der Jerusalemer Gemeinde (15,29: »Aposteldekret«) |

| | **15,36–18,22** | **Die »Zweite Missionsreise« des Paulus** |
|---|---|---|
| | 15 | Trennung von Barnabas und Johannes Markus; *Paulus und Silas* |
| *16,10–17:*<br>*Wir-Bericht I* | 16 | Visitation der kleinasiatischen Gemeinden,<br>+ *Timotheus* (Lystra)<br>Über *Troas* (Vision) nach Makedonien (**Philippi**; *Lydia*)<br>Paulus und Silas im Gefängnis von Philippi |
| | 17 | Paulus in **Thessalonich** (Verfolgung durch örtliche Synagoge)<br>Paulus in **Athen** (Areopagrede) |
| | 18 | Paulus in **Korinth** (*Gallio*); Rückreise nach Jerusalem |
| | **18,23–21,17** | **Die »Dritte Missionsreise« des Paulus** |
| | 18 | Über Galatien und Phrygien nach Ephesus; *Apollos* in Ephesus |
| | 19 | Paulus in **Ephesus**<br>(Johannesjünger; Demetrius; Verbrennung der Zauberbücher) |
| *20,5–21,18* | 20 | Über Makedonien und Griechenland nach **Troas** (*Eutychus*)<br>Abschiedsrede in Milet (vor den ephesinischen Presbytern) |
| *Wir-Bericht II* | 21 | In Cäsarea: die Töchter des Philippus; der Prophet Agabus |
| | **21,18–26,32** | **Die Gefangenschaft des Paulus** |
| | 21 | Paulus bei der Urgemeinde (Jakobus); Verhaftung beim Tempel |
| | 22 | **1. Verteidigungsrede** (hebr.): Biographisches und Bekehrung<br>Paulus und der Oberst Claudius Lysias (*Bürgerrecht*) |
| | 23 | Paulus vor dem Hohen Rat; der Mordanschlag gegen Paulus;<br>Überführung nach Cäsarea (Brief des *Claudius Lysias*) |
| | 24 | **2. Verteidigungsrede**: Paulus vor dem Prokurator *Felix*<br>Die Verschleppung des Prozesses |
| | 25 | Die Gerichtsverhandlung vor *Porcius Festus*: Paulus' Appellation an den Kaiser. *Agrippa II.* und *Berenike* |
| | 26 | **3. Verteidigungsrede**: (»Berufungserzählung«) des Paulus vor König Agrippa II. und seiner Frau Berenike |
| | **27–28** | **Die Überfahrt nach Rom** |
| *27–28* | 27 | Paulus auf der Fahrt nach Rom (der Hauptmann *Julius*)<br>Seesturm und Schiffbruch (das gemeinsame Mahl) |
| *Wir-Bericht III* | 28 | Malta: Die Giftschlange; Krankenheilungen des Paulus<br>Paulus in Rom: Mission der röm. Juden (*Verstockung*: Jes 6,9f)<br>*Ungehinderte Verkündigung des Reiches Gottes und Jesu Christi* |

## *E) Texte zum Auswendiglernen*

*Der Auftrag Jesu an die Apostel* **(Apg 1,8)**: »Ihr werdet eine Kraft empfangen, wenn der heilige Geist über euch kommt, und ihr werdet meine Zeugen sein, in Jerusalem, in ganz Judäa, in Samaria und bis an die Enden der Erde.«

*Die »Notae Ecclesiae« der Apg* **(Apg 2,42)**: »Sie aber hielten fest an der Lehre der Apostel und an der Gemeinschaft, am Brotbrechen und am Gebet.«

*Die »Clausula Petri«* **(Apg 5,29)**: »Man muss Gott mehr gehorchen als den Menschen.«

*Der Rat des Gamaliel* **(Apg 5,38f)**: »Wenn das, was hier geplant und ins Werk gesetzt ist, von Menschen stammen sollte, wird es sich zerschlagen. Kommt es aber von Gott, dann werdet ihr sie nicht aufhalten können.«

*Jesus an Ananias über Paulus* **(Apg 9,15f)**: »Er ist mein auserwähltes Werkzeug, meinen Namen zu tragen vor den Augen von Völkern und Königen und vor den Augen der Israeliten. Ich will ihm zeigen, wie viel er wird leiden müssen um meines Namens willen.«

*Petrus zur Heidenmission* **(Apg 10,34)**: »Jetzt erkenne ich wirklich, dass bei Gott kein Ansehen der Person ist, sondern dass ihm aus jedem Volk willkommen ist, wer ihn fürchtet und Gerechtigkeit liebt.«

*Das Aposteldekret* **(Apg 15,28f)**: »[Der heilige Geist und wir haben beschlossen, euch keine weitere Last aufzuerlegen, außer … euch fernzuhalten von] *Opferfleisch, Blut, Ersticktem und Unzucht.*«

*Das apokryphe Jesuswort* **(Apg 20,35)**: »Geben ist seliger als nehmen«

*Paulus in Rom* **(Apg 28,30f)**: »Paulus blieb zwei Jahre lang in seiner eigenen Wohnung und empfing alle, die zu ihm kamen, verkündigte das Reich Gottes und lehrte über Jesus Christus, den Herrn, in aller Offenheit und *ungehindert.*

# VIII. Das Johannesevangelium (*Corpus Johanneum I*)

## A) Einleitungswissen

Der Verfasser ist **unbekannt**, erst der Kirchenvater Irenäus identifiziert ihn mit dem »Jünger des Herrn« *Johannes Zebedäus*; unsicher ist, ob sein Gewährsmann Papias (um 125–135) das Evangelium einem anderen, dem »Presbyter« Johannes zuschreibt, über den jedoch wenig zuverlässige Nachrichten existieren. Das JohEv ist (zumindest in wesentlichen Partien) das Werk eines judenchristlichen bzw. hellenistisch-jüdisch gebildeten Theologen, möglicherweise einer theologischen (der »johanneischen«) Schule. Die Datierung ist *höchst* umstritten (die Vorschläge reichen von 60–135 n. Chr.), doch gibt es gewichtige Gründe anzunehmen, dass das kanonische JohEv bereits die *Existenz weiterer Evangelienschriften* voraussetzt (vgl. Joh 20,30; 21,24f), was für eine Datierung **um 100 n. Chr.** oder später spricht. Der Verfasser (bzw. -kreis; vgl. 21,24) schreibt für eine Gemeinde mit judenchristlichem Hintergrund, die möglicherweise massive Konflikte mit den Juden in ihrer Umwelt beschäftigt (vgl. den in 9,22; 12,42; 16,2 angesprochenen Synagogenausschluss und die in 16,1–4a thematisierte Verfolgungssituation). Als Abfassungsorte werden Syrien oder Kleinasien (Ephesus) erwogen. Entscheidend für die Datierung und Verortung des Evangeliums ist auch die Frage nach dem Verhältnis zu den drei »Johannesbriefen«, deren Autoren auf die im JohEv verschriftete Tradition oder auf das JohEv selbst zurückgreifen.

Die Verse Joh 5,4 und 7,53–8,11 (Perikope von der Ehebrecherin) sind nach *textkritischen Kriterien* eindeutig *sekundär*, d. h. im Rahmen der Kanonisierung hinzugefügt worden. Manche nehmen an, der Vf. habe eine Quelle (»Zeichen-» bzw. »Semeia-Quelle«) verarbeitet, welcher die Wundergeschichten des JohEv (vgl. 2,14; 4,54) und der »erste Schluss« 20,30 entnommen worden seien. Joh 21 wird weithin als *Nachtragskapitel* einer Redaktion angesehen. Umstritten ist aber, ob auf diese »johanneische Redaktion« noch weitere Texte (v. a. 3,5; 6,51c-58; 15–17) zurückgehen, ob es einen Fortschreibungsprozess innerhalb der »Schule« gab (»Relecture«) oder ob der Autor selbst sein Werk mehrfach überarbeitet hat (»réécriture«). In letzter Zeit mehren sich Stimmen, die das gesamte JohEv als einheitliches Werk *eines* Autors ansehen.

## B) Inhalt

Ein Überblick über das JohEv zeigt zwar im Aufriss wesentliche Unterschiede zu den Synoptikern, doch zunächst ist die parallele Grundstruktur zu betonen: Auf den *Prolog* (1,1–18) folgen die *Taufe des Johannes* (1.3) und erste *Jüngerberufungen* durch Jesus (1), dann die *Verkündigung Jesu* in Wort und Tat (2–11), darin die *Zuspitzung des Konfliktes* mit den »Juden« (ab Kapitel 5–10). Nach einem »Zwischenstück« (der Auferweckung des Lazarus und der Salbung Jesu; 11–12) zieht Jesus vor dem Passafest in *Jerusalem* ein (12), hält ein *Abschiedsmahl* (13–17), wird von Judas *ausgeliefert, gefangen genommen* und mehrfach *verhört*, schließlich *gegeißelt*, durch Pilatus *verurteilt, gekreuzigt* und *begraben* (18–19). Nach der »Auferstehung am dritten Tag« folgen die Erzählungen vom leeren Grab und den Erscheinungen vor Maria und den Jüngern in Jerusalem (20) und Galiläa (21). Zwei »Buchschlüsse« (20,30f; 21,24f) rahmen das letzte Kapitel, das somit den Charakter eines Epilogs besitzt (21). In ihnen kommt einerseits die Zielsetzung des Evangeliums zum Ausdruck (20,30f), andererseits wird der »Geliebte Jünger« (s. u.) als Autor des Evangeliums benannt (21,24f).

Zur weiteren Orientierung ist ein Vergleich mit den synoptischen Evangelien hilfreich; hier sind auffällige Unterschiede zu benennen:

| Synoptiker | Johannes |
|---|---|
| *Tempelreinigung* am Ende des Wirkens Jesu bzw. zu Beginn seiner Wirksamkeit in Jerusalem (Mk 11,15f parr) | *Tempelreinigung* in Jerusalem am Anfang des Wirkens Jesu (Joh 2,12–22) |
| *Eine* Reise (nach der Taufe Jesu) nach Jerusalem (Mk 11,1ff parr; vgl. allerdings Lk 2) | *Drei* bzw. *vier* Reisen nach Jerusalem (zuletzt Rückzug nach »Betanien« [Joh 10]) (Joh 2,13; 5,1; 7,10; [12,12ff]) |
| Jesus verkündet das »Reich Gottes« bzw. das »Evangelium« (Mk 1,14f parr) | Jesus verkündet »sich selbst« als den »Sohn« (Gottes) – der zentrale soteriologische Begriff ist das »(ewige) Leben« |
| Wenige Ich-Worte, oft als »Menschensohnworte« verkleidet (z. B. Lk 11,20) | *Sieben* prädikative Ich-bin-Worte |
| Auseinandersetzungen Jesu mit Pharisäern, den »Schriftgelehrten« und der Tempelaristokratie | Johanneischer »Dualismus«: Ablehnung Jesu durch die »Welt« und »die Juden« |
| Verkündigung in Gleichnissen (gr. *parabolê*) (vgl. Mk 4 parr) | Verkündigung in umfangreichen Reden und wenigen »Bild-« bzw. »Rätselworten« (gr. *paroimia*; vgl. Joh 10; 15) |
| *Futurische* Eschatologie (Mk 13 parr; vgl. allerdings Lk 17,21) | Vorwiegend *präsentische* Eschatologie (Joh 5,24–29; 11,24–27) |

Strukturiert wird das JohEv durch verschiedene Elemente; hilfreich ist es, wenn man sich neben den allgemeinen Erzählungen auf die sieben bzw. acht Wundererzählungen (»Zeichen«) konzentriert und diese thematisch zu den verschiedenen »Reden« Jesu in Beziehung setzt. Daneben erscheint es sinnvoll, sich an den im JohEv erwähnten jüdischen *Wallfahrtsfesten* zu orientieren. Der Gesamtstruktur eignet ein deutliches Kompositionprinzip: Auf die Zeit der Wirksamkeit Jesu (1–12) und die Passionserzählung mit dem langen Abschiedsmahl (13–17), das von mehreren Abschiedsreden Jesu durchzogen ist, folgt die »eigentliche« Passion (Joh 18–19) mit Ostererzählungen (20–21). Prolog (1,1–18) und »Epilog« (21) rahmen das gesamte Buch.

Das Jesusbild des JohEv zeichnet sich durch eine »hohe Christologie« aus: Jesus ist der präexistente *Logos* (gr. »Wort«, 1,1.14) und der »Sohn« des »Vaters« (Gott) – er und der Vater sind »eins« (10,30). Jesus erzählt keine Gleichnisse und verkündet auch nicht das »Reich Gottes« – dieser Begriff begegnet nur einmal in 3,3.5, einem Text, der möglicherweise von der Taufe handelt. Jesus verkündigt *sich selbst* und den Vater in den »Ich-bin-Worten« und kleineren Bildworten. Seine Dialoge führen häufig zu »Missverständnissen« (beispielsweise im Gespräch mit Nikodemus [3] oder der Samaritanischen Frau [4]), welche die inhaltliche Entwicklung in den Gesprächen vorantreiben und somit aus Sicht des Lesers durchaus *produktive* Missverständnisse sind. Die Wundererzählungen besitzen exemplarischen Charakter, ähnlich wie im MkEv werden sie wiederholt zum Ausgangspunkt für Konflikte (ausgenommen: Joh 2; 4): Die beiden Heilungswunder (Lahmer [5] und Blindgeborener [9]) sind gegenüber synoptischen Wundererzählungen deutlich gesteigert und die Auferweckung des Lazarus (11) überbietet die »Fernheilung« des Sohnes eines »Königlichen« (4): Jesus lässt Lazarus noch drei Tage im Grab liegen, bevor er ihn auferweckt. Die Heilungswunder entfalten als *Sabbatheilungen* ein besonderes Konfliktpotential und münden bereits in Kap. 5 in den, nach der Auferweckung des Lazarus wiederholten, *Tötungsbeschluss* »der Juden«. In den Debatten von Joh 5–10 steht wiederholt das »Gesetz« bzw. die »Schrift« im Vordergrund.

Durch das gesamte Evangelium zieht sich das Motiv der »Stunde« (2,4; 7,30; 8,20; 12,23.27; 13,1; 17,1) – gemeint ist damit die Todesstunde Jesu, die zugleich die Stunde seiner »Verherrlichung« (gr. *doxazein*; bzw. *doxa*) ist. Jesus selbst agiert dabei souverän: Er weiß stets im Voraus, was geschehen wird (vgl. 13,19), initiiert sogar seine eigene Auslieferung (13,21–30) und kann nur gefangen genommen werden, weil er selbst es zulässt (18). Bezeichnend ist die Darstellung seines Todes als »Vollendung« und Schrifterfüllung (19,30).

Ein besonderes Phänomen stellen die johanneischen »*Prolepsen*« dar: An einigen Stellen wird auf Ereignisse verwiesen, die zeitlich erst später (oder gar nicht) berichtet werden: In 2,22; 7,39 wird auf die Zeit nach Ostern verwiesen; in 11,2 wird die erst in 12,1–8 geschilderte Salbung Jesu durch Maria erwähnt. Auf diese Weise werden die Zeit des Erzählers und die erzählte Zeit eigentümlich miteinander verwoben. Dieser »Verschränkung der Zeiten« entspricht eine in den Abschiedsreden deutlich hervortretende »nachösterliche« Perspektive, die auch in der eigentümlichen »präsentischen Eschatologie« des JohEv zum Vorschein kommt: Das Heil ist eine dem Glaubenden bereits in der Gegenwart zugesprochene Größe. In Joh 20,30f wird die Zweckabsicht des Buches formuliert: »Dies ist geschrieben, damit ihr glaubt, dass Jesus der Christus ist, der Sohn Gottes, und damit ihr als Glaubende *Leben* habt in seinem Namen.« »Leben« bzw. »ewiges Leben« ist der soteriologische Zentralbegriff des JohEv und bezeichnet das in Christus dem Glaubenden übereignete Heil.

Die Erzählungen selbst erwecken aufgrund der Nennung exakter Zahlen- und Mengenangaben immer wieder den Anschein, als verfüge der Verfasser über gute und detaillierte Informationen (2,6; 5,1; 6,26 u. ö.), doch kann auch vermutet werden, dass diese Angaben symbolischen Wert besitzen, wie überhaupt den »Zeichen« stets ein Verweischarakter innewohnt, der meist auf Kreuz und Auferstehung, d.h. die »Erhöhung« gerichtet ist. *Insofern* kann man von einer besonderen »Kreuzestheologie« des JohEv sprechen (vgl. Joh 3,14–16).

## *C) Arbeitsfragen*

### 1) Zum JohEv allgemein

1. Versuchen Sie, den Text in Abschnitte zu gliedern. Vergleichen Sie auch den Aufbau des JohEv mit dem der Synoptiker (topographisch, chronologisch) und benennen Sie wesentliche Unterschiede und Gemeinsamkeiten.

- Vier Reisen nach Jerusalem (2–3; 5; 7–10; 12–20) – Wechsel von Judäa und Galiläa
- Drei Passafeste (2; 6; ab 12); Festzyklus; mindestens zwei bis drei Jahre Wirksamkeit Jesu – längerer Aufenthalt in Jerusalem
- Gemeinsamkeiten: »Passionserzählung« ab Kap. 12 (Salbung in Betanien, Einzug in Jerusalem; ein Abschiedsmahl mit Verrats- und Verleugnungsankündigung; Gefangennahme, Prozess und Hinrichtung, Ostererzählungen; eine abschließende Erscheinung in Galiläa)
- Es enthält sieben bzw. acht Wundererzählungen; keine Gleichnisse, aber diverse Bildworte (v.a. »Ich-bin-Worte«)

2. Skizzieren Sie die johanneischen »Wundererzählungen«. In welchen Kapiteln stehen sie? Welche davon werden als »Zeichen« apostrophiert?

- 2; 4; 5; 6; 9; 11; 21. Nur das erste und zweite Wunder werden explizit als »Zeichen« *gezählt*, aber auch das in Kap. 21 erhält eine abschließende Zählung: es ist die »dritte« Offenbarung Jesu. Als Zeichen erscheinen *rückblickend* aber auch die Heilungen Jesu (vgl. 7) und die Speisung (6) sowie die Auferweckung des Lazarus (11).

Übersicht: *Die »Zeichen« im JohEv:* Es gibt sieben (bzw. acht) Wundergeschichten im Joh. Zu **vieren** existieren synoptisch verwandte oder sogar nahezu *identische* Erzählungen.

| Wundererzählung | JohEv | synoptisch verwandt |
|---|---|---|
| Hochzeit zu Kana | Joh **2**,1–11 | [vgl. Mk 2,18–22 parr] |
| **Heilung des Sohnes eines königlichen (Beamten)** | Joh **4**,43–54 | **Mt 8; Lk 7** |
| Sabbatheilung eines Gelähmten am Teich Bethzatha (Bethesda) | Joh **5**,1–16 | [vgl. Mk 2,1–12 parr] |
| **Speisung der 5000** | Joh **6**,1–15 | **Mk 6,30–44** parr |
| **Seewandel** | Joh **6**,16–21 | **Mk 6,45–52** par (Mt) |
| Sabbatheilung eines Blindgeborenen | Joh **9**,1–7(.8–41) | [vgl. Mk 8,21–26] |
| Auferweckung des Lazarus | Joh **11**,1–46 | [vgl. Lk 16,19–31] |
| **Der wundersame Fischzug** | Joh **21**,1–14 | **Lk 5,1–11** |

### 3. Nennen Sie Erzählungen, die *synoptische* »Parallelen« besitzen.

- 2: Die Tempelreinigung (vgl. Mk 11)
- 4: Der Hauptmann von Kafarnaum (Lk 7/Mt 8)
- 6: Speisung und Seewandel (vgl. Mk 6)
- 8: Die Beelzebulperikope (vgl. Mk 3; hier: »Samaritaner«, böser Geist)
- 11–12: Maria und Martha (Lk 10) und die Salbung in Betanien (Mk 14; Mt 26; Lk 7). Der Name Lazarus erinnert entfernt an den »armen Lazarus« aus Lk 16.
- 13: Das Abschiedsmahl mit Verrats- und Verleugnungsankündigung (vgl. Mk 14)
- 18: Gefangennahme; Prozess vor Pilatus, Freigabe des Barabbas (vgl. Mk 14f)
- 19: Verurteilung, Kreuzigung und Grablegung (vgl. Mk 15)
- 21: Der wundersame Fischzug (vgl. Lk 5)

### 4. Nennen Sie prägnante Unterschiede zu den Synoptikern in der Darstellung der Passion und Auferstehung Jesu.

- Wichtig sind neben den bereits genannten noch folgende Beobachtungen:
    - Lange Abschiedsreden nach dem Abschiedsmahl (13–17)
    - Die Gefangennahme als »Offenbarung« (Ich bin es!) (18)
    - insgesamt: Jesus als »König«, Titulus am Kreuz in drei Sprachen, der Tod als »Vollendung« (letzte Worte), der Lanzenstich in Jesu Seite, bei dem Blut und Wasser herausfließen, die Salbung Jesu vor der Grablegung (19)
    - Ostererzählungen (Geistgabe; Thomasperikope; Galiläa), keine Himmelfahrt, kein »Missionsbefehl«

### 5. Wo finden sich im ersten Teil (2–12) längere Redeabschnitte Jesu? Welche Themen werden dort behandelt.

- 3: *Nikodemusrede*: Die Taufe als Neugeburt und Jesu Kreuzigung als heilschaffende *Erhöhung* (»Schlange in der Wüste«)
- 5: *Gerichtsrede*: Vollmacht und Zeugnis Jesu (im Anschluss an die Sabbatheilung; vgl. Mk 2!), sein besonderes »Gericht«
- 6: *Lebensbrotrede*: Jesus ist das Lebensbrot (6,35 u. ö.) und spendet es – am Ende gibt er sein Fleisch »für das Leben der Welt« (6,51)
- 7: *Rede auf dem Laubhüttenfest*: Ankündigung des *Geistes* (7,37–39)
- 8: *Rede an die Juden*: Jesus als das Licht der Welt; der Weggang Jesu; Streit um Abrahamskindschaft
- 9: *Pharisäerrede*: Blindheit und Sünde
- 10: *Hirtenrede*: Jesus als der gute Hirte und die Tür der Schafe; »Tempelrede«: Jesu Offenbarung als Sohn in der Einheit mit dem Vater
- 12: *Abschließende Rede Jesu* mit dem »Wort vom Weizenkorn« (12,24)

### 6. Welche Themen werden in den Abschiedsreden verhandelt?

- Das Liebesgebot und das Verständnis der Liebe als Bruderliebe (13; 15)
- Der Weggang Jesu (14; 16)
- Die Ankündigung des *Parakleten* (s. u.) (14; 15; 16)
- Ankündigung von Verfolgungen (15–16)

## 7. Wo finden sich Aussagen zum »Parakleten«? Welche Funktion kommt ihm zu?

- Der Paraklet ersetzt die Anwesenheit Jesu (14; 16).
- Er ist der »Heilige Geist«, der »Geist der Wahrheit«; er hat »belehrende« und »erinnernde« Funktion (14).
- Er ist »Zeuge« für Jesus (15) (vgl. analoge Aussagen über Johannes den Täufer [1] und den »Geliebten Jünger« [19]).
- Er hat »überführende Funktion« (über die Sünde, die Gerechtigkeit, das Gericht) und er leitet »in alle Wahrheit« (16).
- *Angesichts dessen wird deutlich, dass der »Paraklet« die Funktionen des vorösterlichen Jesus auf Erden übernimmt.*

## 8. Wo werden »die Zwölf« erwähnt? Was fällt dabei auf?

- Nur an zwei Stellen werden »die Zwölf« als Gruppe erwähnt:
  - In Kap. 6 bei der Trennung der Jünger fragt Jesus »die Zwölf«, ob sie auch gehen wollen – *Petrus* fungiert als ihr Sprecher.
  - In 6,71 wird »*Judas*, der des Simon Iskariot« als »einer von den Zwölfen« bezeichnet.
  - In Kap. 20 erhält Thomas dieselbe Charakterisierung.
- *Eine Aufzählung der Namen wie in den synoptischen Evangelien fehlt!*

## 9. Was erfahren Sie über den »Jünger, den Jesus liebte« (in der Literatur auch »Lieblingsjünger« genannt) – welche Funktion kommt ihm zu?

- Er wird erstmals in Kap. 13 und dann nur noch in 19–21 erwähnt.
  - Beim Mahl liegt er »an der Brust Jesu« (13; vgl. 21).
  - Unter dem Kreuz nimmt er die Mutter Jesu zu sich (19).
  - Nach dem Wettlauf zum Grab mit Petrus »glaubt« er als erster (20).
  - In Joh 21 erkennt er Jesus als erster und wird abschließend als Autor des Buches identifiziert. Ein *Gerücht* sagt, er werde nicht sterben.
- Unklar ist, ob der namenlose Johannesjünger in Joh 1 und der »Bekannte des Hohenpriesters« (Joh 18) ebenfalls den Geliebten Jünger repräsentieren.
- *Bis zum Schluss bleibt er anonym. Die Versuche, ihn zu identifizieren, sind zahllos. Aber: Die einzigen Personen im JohEv neben dem Geliebten Jünger, die Jesus ausdrücklich »liebt«, sind Lazarus, Maria und Martha, später auch alle anderen Jünger.*

## 10. Welche wesentlichen Unterschiede und Gemeinsamkeiten im Blick auf die Synoptiker bietet das JohEv bei der Abendmahlsdarstellung?

- *Gemeinsamkeiten*: gemeinsames Mahl; Ankündigung des Verrats; Eintauchen mit/für Judas; Ankündigung der Verleugnung des Petrus; Satan und Judas (vgl. Lk 22!); Tischgespräche über die Frage von Herrschaft und Dienst (vgl. Lk 22)
- *Unterschiede*: kein Passamahl; keine »Deuteworte«; Fußwaschung; Gabe des »neuen Gebotes«; Geliebter Jünger; »Liebesmahl«

## 11. Erzählen Sie die Ostergeschichten bei Joh nach – kennen Sie Parallelen aus den Synoptikern?

- 1. Frauen am Grab → hier nur Maria Magdalena (vgl. Lk 24)
- 2. Wettlauf zum Grab: Petrus und Geliebter Jünger

- 3. Offenbarung Jesu vor Maria (Magdalena): *Noli me tangere!* (Rühr mich nicht an!) Eine »Himmelfahrt Jesu« (als *Rückkehr* zum Vater) wird angekündigt
- 4. Am Abend des »ersten Tages«: Erscheinung Jesu: »Friede«, Geistgabe mit Vollmachtsankündigung zur Sündenvergebung (vgl. Mt 16,19; 18,18!)
- 5. Der »ungläubige« Thomas
- 6. Erster »Buchschluss«
- 7. Epilog: Erscheinung am See Gennesaret vor sieben Jüngern; Fischzug (vgl. Lk 5)
  - anschl. Gespräche mit Petrus und Geliebtem Jünger; Ankündigung des Martyriums und Beauftragung Petri (dreimalige Anfrage!)
- 8. Das Schicksal des Geliebten Jüngers und der »zweite Buchschluss«

### 12. Nennen Sie charakteristische antithetische Begriffspaare im JohEv (»Dualismus des Joh«, z. B. Licht – Finsternis [Joh 1 u. ö.]).

- Licht – Finsternis (1; 8; 12!)
- Wahrheit – Lüge (8)
- Freiheit – Knechtschaft (= Sünde) (8!)
- Knecht – Herr (13; 15)
- Liebe – Hass (15–16)
- Glauben – Nichtglauben (12)
- »Aus der Welt sein« – »In der Welt sein« (1; 15–17)
- Mose – Jesus (1; 6 u. ö.)

## 2) Zu Jesus von Nazaret

### 1. Welche biographischen Angaben macht das JohEv über Jesus?

- Jesus stammt aus Nazaret (1), *nicht* aus Betlehem (7).
- Sein Vater heißt Josef (1; 6), seine Mutter und seine Brüder bleiben dagegen anonym (2; 6; 19 [Mutter] bzw. 2; 7 [Brüder]).
- *Erst in Joh 20–21 werden Jesu Jünger als »Brüder« bezeichnet.*

### 2. Wie wird das Verhältnis Jesu und seiner Jünger zu Johannes dem Täufer dargestellt?

- Johannes der Täufer als »Wegbereiter« (1); »Freund des Bräutigams« (3,29); Taufe mit Wasser gegenüber Jesus als »Geisttäufer« und als »Zeuge« (3; 5)
- Jünger des Johannes werden zu Jüngern Jesu (1)

### 3. Stellen Sie die »Ich-bin-Worte« Jesu zusammen. Wie sind sie formal aufgebaut? Wo findet sich welche Aussage?

- Es lassen sich grob zwei »Typen« unterscheiden:
- (1) Die **Selbstprädikation** mit Bildwort:
  - *Übliche Struktur*:
  - Selbstprädikation – Bedingungssatz – Verheißung (z. B.: »Ich bin das Brot des Lebens – wer zu mir kommt – den wird nie mehr hungern« usw.)

| **»Ich bin ...«** | | |
|---|---|---|
| Das Brot des Lebens | Joh **6**,35 | (+ 6,41; vgl. 6,48.51!) |
| Das Licht der Welt | Joh **8**,12 | |
| Die Tür (der Schafe) | Joh **10**,7 | (+ 10,9) |
| Der gute Hirte | Joh **10**,11 | (+ 10,14) |
| Die Auferstehung und das Leben | Joh **11**,25 | |
| Der Weg, die Wahrheit und das Leben | Joh **14**,6 | |
| Der wahre Weinstock | Joh **15**,1 | (+ 15,5) |
| (ein König) | (Joh 18,37) | |

- (2) Das absolute »egô eimî« (= »Ich bin's«) als **Selbstidentifikation** Jesu (»Rekognitionsformel«). Es kann in Einzelfällen auch als »Hoheitsbezeichnung« verstanden werden (Joh **6,20**; 8,24.28.58; 13,19; **18,5.6.8**).
- In Joh 6,27–58 (Brot); 10,1–21 (Tür und Hirte) und 15,1–17 (Weinstock) sind zudem die »Ich-bin-Worte« in umfangreiche Bildreden eingebunden.

## 4. Gibt es neben den Ich-bin-Worten und Bildreden weitere markante Gleichnisworte bzw. Bildworte Jesu? Wenn ja, wo?

- Jesu Rede von seinem Leib als »Tempel« (2,17–21)
- Jesu Werk als »Speise« und das Wort von der Ernte (4,32–38)
- Das Wort vom Weizenkorn (12,24)
- Das Verhältnis von Knecht und Herr (13,16)

## 5. Mit welchen Hoheitstiteln ist Jesus ausgestattet? Welcher Titel Jesu dominiert? Wie wird sein Verhältnis zu Gott beschrieben?

- Der »Sohn« schlechthin (des Vaters) (5; 10)
- »Menschensohn« – hier in besonderer Weise als der »herabgekommene« und »zurückkehrende« Menschensohn (1; 3; 6), der »erhöht« werden muss (3; 8) bzw. »verherrlicht« (12; 13) – und sich selbst als Speise gibt (6)
- Kap. 1: König von Israel (→ vgl. 6; 18f) und »Messias« (v. a. 1; 4 u. ö.)

## 6. Wer tritt als Gegner Jesu auf? Welche Aussagen werden über »die Juden« gemacht?

- Meist werden die Gegner als »die Juden« bezeichnet (1,19; 5–8; u. ö.)
- Daneben werden aber auch erwähnt:
  - die Hohenpriester (7; 11)
  - Pharisäer (4,1; 7), auch unter den Anhängern Jesu (9)
- Auffällig ist das gänzliche Fehlen von »Schriftgelehrten« im JohEv.

## 3) Themen (Näheres hierzu s. u. Kap. XIV.)

Notieren Sie sich Kapitelangaben und Stichworte zu folgenden Themen (orientieren Sie sich dabei v. a. an den Mk-Parallelen):

- *Johannes der Täufer; Zwölf/Jünger/Apostel, Petrus, Judas; Frauen im NT*
- *Jesus:* Vor- bzw. Kindheitsgeschichten, Wirken, Passion, Letzte Worte, Titel Jesu
- *Taufe, Abendmahl, Heiliger Geist, Sündenvergebung, Gesetz, Schöpfungsmittlerschaft, Liebe/ Liebesgebot, Auferstehung/postmortale Existenz*

## 4) Vertiefte Einzelfragen (Pfarramt)

### 1. Ein wesentliches Strukturmerkmal sind die jüdischen Feste – versuchen Sie einmal, das Evangelium nach den »Festen« zu gliedern.

- **Passa** (2–4)
- unbekanntes Fest (5)
- **Passa** (6)
- Laubhüttenfest Sukkot (7–10) und Tempelweihe (Chanukka) (10)
- **Passa** (ab Kap. 12 im Blick)
- Kap. 3–4 und 11–12 lassen sich als »Zwischenzeiten« charakterisieren; außerhalb des Festzyklus' stehen auch die Jüngerberufungen und die Hochzeit zu Kana (1–2) sowie die Offenbarung am See Gennesaret (21).

### 2. Skizzieren Sie den Prolog (Joh 1,1–18) in seinen Einzelaussagen.

- 1. Die Schöpfungsmittlerschaft und Göttlichkeit des Logos
  - er ist und spendet **Leben** und **Licht** (V. 1–5)
  - das Licht scheint in der Finsternis, die es nicht ergriffen hat
- 2. Das Zeugnis des Johannes (V. 6–8.15)
- 3. Das Kommen des Lichtes in die Welt, Aufnahme und Ablehnung (V. 9–13) als Zeichen der Gotteskindschaft
- 4. Die Fleischwerdung des Logos, seine Wohnung in der Welt und das Sehen seiner Herrlichkeit (gr. *doxa*) (V. 14)
- 5. Gnade und Wahrheit durch Jesus Christus als Überbietung des Gesetzes (V. 14.16–17)
- 6. Die Verkündigung des Vaters durch den *einziggeborenen Gott* (V. 18)

### 3. An welchen Stellen meldet sich ein literarisches »Wir« zu Wort?

- Diese so genannten »Selbstzeugnisse« einer Gemeinde finden sich im letzten Abschnitt des Prologs (1,14–18) sowie am Schluss des Buches (21,24).
  - Das »Wir« bezeugt die Wahrheit des Zeugnisses und identifiziert den Verfasser des Buches mit dem Geliebten Jünger.
- *An einigen Stellen spricht Jesus in der »Wir«-Form, z. B. in Joh 3,11; 4,21 – hier nimmt Jesus möglicherweise die Position der nachösterlichen Gemeinde ein.*

4. Im JohEv kommt es oft zu »Missverständnissen« – nennen Sie markante Beispiele.

- In 2,19–22 spricht Jesus vom »Tempel seines Leibes«
- In 3,3–5 spricht Jesus zu Nikodemus von einer »Geburt von oben«
- In 4,10–15 verheißt Jesus der Frau am Brunnen »lebendiges Wasser«
- In 4,31–34 spricht Jesus von seinem Werk als einer »Speise«
- In Joh 6,32–35.41f; 6,51–53 ist in unterschiedlicher Weise von Jesus als »Himmelsspeise« und »Brot« bzw. von seinem »Fleisch« die Rede
- *Vgl. auch 7,33–36; 8,21f; 8,31–33; 8,51–53; 8,56–58*

5. Welche Aussagen zur Eschatologie trifft das JohEv (= der joh Jesus)?

- 5,24–29: gegenwärtiges Gericht und gegenwärtiges Heil (= »Leben«)
- 6,39f.44.54: Auferstehung am jüngsten Tag für die Glaubenden
- 11,24f: Jesus selbst *ist* die Auferstehung und das Leben
- 14,1–3: Bereiten der »Wohnstätten« beim Vater
- 16,22f: Ankündigung der Wiederkunft Jesu: »Ich will euch wiedersehen – und ihr werdet mich an dem Tag nichts fragen.«

6. Welche Jünger Jesu werden (wo) namentlich erwähnt? Achten Sie besonders auf Petrus und Thomas sowie den »Geliebten Jünger«.

- Kap. 1 (Jüngerberufung): Petrus, Andreas, Philippus, Natanael + X
- Andreas und Philippus (6; 12; Philippus allein in 14)
- Petrus (6; 13; 18); Judas (6; 12; 13; 18); Judas, nicht Iskariot (14; vgl. Lk 6; Apg 1)
- Thomas (11; 14; 20)
- Geliebter Jünger (13; [18?]; 19–21)

7. Welche weiteren Einzelgestalten treten neben den Jüngern und der Familie Jesu auf? *Welche davon kommen auch bei den Synoptikern vor*?

- *Nikodemus* (3; 7; 19); die Samaritanerin am Brunnen (4), der Königliche (4), der Kranke von Betesda (5), der Blindgeborene (9)
- Maria (Joh 11–12; auch 19–20?), Martha (vgl. Lk 10) und Lazarus (Joh 11–12) (vgl. Lk 16)
    - (Maria *Magdalena* [Joh 20; vgl. Mk 16; Lk 8, 24])
- Der Hohepriester *Kajaphas* (Joh 11; 18; vgl. Mk 14 parr); der Hohepriester Hannas (18)
- *Josef von Arimathäa* (Joh 19; vgl. Mk 15 parr)

8. Wo ist vom Tod Jesu die Rede? Welche Bedeutung kommt ihm zu?

- Der Tod ist »Erhöhung« (Joh 3; 8; 12 u. ö.)
- Die Todesstunde ist die »Stunde der Verherrlichung« (2; 7; vgl. 13,1.34!)
- Jesus stirbt als guter Hirte »für die Schafe« (10)
- Der Tod ist der »Weggang zum Vater« (13–17)
- Jesus lässt sein Leben für die Freunde als »Liebesdienst« (15)
- Jesus stirbt in Joh 19 am Vorabend des Passa (als »Passalamm«? vgl. 1,29)

## *D) Die Struktur des Johannesevangeliums*

| **1,1–18** | | **Prolog (»Vorgeschichte«)** |
|---|---|---|
| | 1,1–5 | Der göttliche Logos als Schöpfer und als Träger von Licht und Leben |
| | 1,6–8 | Johannes der Täufer als Zeuge des Lichtes |
| | 1,14<br>1,16–18 | Die Fleischwerdung des Logos – [1,14: Fleischwerdung und Sehen der Herrlichkeit; 1,16–18: Gesetz durch Mose – Gnade und Wahrheit durch Jesus Christus] |
| **1,19–12,50** | | **Das Wirken des Offenbarers vor der Welt** |
| | **1,19ff** | Johannes der Täufer, Jesus als »Lamm Gottes«;<br>Jüngerberufungen |
| Passa | **2** | *(I) Die Hochzeit zu Kana.* Das erste Passa (Tempelaktion) |
| *Zwischenzeit I* | **3** | Jesus und Nikodemus: »Geburt von oben« und die Erhöhung Jesu<br>Abschließendes Wirken Johannes des Täufers |
| | **4** | Jesus und die Samaritanische Frau: »Lebenswasser«<br>*(II) Die Heilung des königlichen Sohnes* |
| Fest (Sabbat) | **5** | *(III) Heilung am Teich Betesda.*<br>Das Gericht des Menschensohns |
| »Passa« | **6** | *(IV) Speisung der 5000; (V?) Seewandel;*<br>**Lebensbrotrede (A)** |
| Laubhütten-fest | **7** | Jesus auf dem Laubhüttenfest<br>(Debatten um die Tora) |
| | **8** | Jesus als das Licht der Welt; »die Juden« als »Teufelskinder« |
| (Sabbat) | **9** | *(VI) Die Heilung des Blindgeborenen* – Blindheit und Sünde |
| Chanukka | **10** | **Hirtenrede: Jesus der gute Hirte und die Tür (B)**<br>Jesus auf dem Tempelweihfest (Chanukka):<br>Einheit mit dem Vater |
| *Zwischenzeit II* | **11** | *(VII) Auferweckung des Lazarus* → Todesbeschluss des Kajaphas |
| [Vor-]Passa | **12** | Salbung (Maria); Einzug in Jerusalem;<br>Griechen auf dem Fest |
| **13,1–17,26** | | **Die Offenbarung Jesu vor den Seinen (»Abschiedsmahl«)** |
| [Vor-]Passa | **13,1–30** | Die Fußwaschung und die Identifikation des Judas |
| | **13,31–14,31** | **Das »neue Gebot« und die »erste Abschiedsrede«**<br>Weggang Jesu zum Vater; die Verheißung des Parakleten |

| | | |
|---|---|---|
| | 15–16 | **»Weinstockrede« (C) und »zweite Abschiedsrede«** Die Liebe Jesu und der Hass der Welt; der Paraklet als Beistand und Heiliger Geist; Jesu Abschied |
| | 17 | Das **Hohepriesterliche Gebet** Jesu |
| **18,1–20,29** | | **Jesu Wirken, Leiden und Auferstehung in Jerusalem** |
| | **18–19** | **Die »Passion« Jesu** |
| | **18** | Gefangennahme und Verhör vor Hannas und Kajaphas [währenddessen: Verleugnung des Petrus]; Jesus vor Pilatus – Barabbas |
| Passa | **19** | Geißelung und Verspottung Jesu – »Ecce Homo« Kreuzigung Jesu (durch »die Juden«); der dreisprachige *Titulus* |
| | | Letzte Worte Jesu – Lanzenstich (19,34) als Erfüllung der Schrift; Salbung und Grablegung (Josef von Arimathäa und Nikodemus) |
| | **20** | **Auferstehung und Erscheinungen Jesu** |
| | **20** | Der Wettlauf zum Grab (Petrus und GJ); Erscheinung vor Maria und vor den Jüngern (Geistgabe); der Zweifel des Thomas |
| | **20,30f** | **»Erster Buchschluss«:** Glaube an Jesus Christus und Leben |
| **21,1–21,25** | | **»Epilog« (Nachgeschichte)** |
| | 21 | *Der Fischzug (VIII)* und das Mahl am See; Jesus, Petrus und GJ |
| | **21,24f** | **»Zweiter Buchschluss«:** GJ als Autor des JohEv |

A–C: große Bildreden Jesu; I-VIII: Wundererzählungen (»Zeichen« Jesu)

## *E) Texte zum Auswendiglernen*

Die »Ich-bin-Worte Jesu« sollten vertraut sein, da in ihnen die Christologie des JohEv deutlich zum Vorschein kommt. Darüber hinaus lohnt es auch, den Prolog (sinngemäß) auswendig zu lernen, da in ihm die Theologie des gesamten JohEv komprimiert zum Ausdruck gebracht wird. Hinzu kommen neben den »letzten Worten Jesu am Kreuz«, den »Parakletaussagen« und den beiden Buchschlüssen (**20,30f**; **21,24f**) folgende Kerntexte:

Der Anfang (**Joh 1,1**): »Im Anfang war das Wort …«

*Die Fleischwerdung des Logos* (**Joh 1,14a**): »Und das Wort (der Logos) wurde Fleisch und wohnte unter uns und wir sahen seine Herrlichkeit«.

*Die Gegenüberstellung von Mose und Jesus* **(Joh 1,17)**: »Das Gesetz ist durch Mose gegeben – Gnade und Wahrheit sind durch Jesus Christus geworden.«

*Jesus Erhöhung* **(Joh 3,14f)**: »Wie Mose die Schlange in der Wüste erhöht hat, so muss der Menschensohn erhöht werden, damit jeder, der glaubt, in ihm ewiges Leben hat.«

*Die Liebe Gottes zur Welt* **(3,16)**: »Also hat Gott die Welt geliebt, dass er den einzigen Sohn dahingab, damit jeder, der an ihn glaubt, nicht verloren geht, sondern das ewige Leben hat.«

*Die geistliche Anbetung Gottes* **(Joh 4,24)**: »Gott ist Geist, und die ihn wahrhaftig anbeten, müssen ihn in Geist und Wahrheit anbeten.«

*Das joh Petrusbekenntnis* **(Joh 6,68f)**: »Herr, wohin sollen wir gehen? Du hast Worte ewigen Lebens, und wir haben geglaubt und erkannt, dass du der Heilige Gottes bist.«

*Jesus als der gute Hirte*: **(Joh 10,11.27–28a)**: »Ich bin der gute Hirte, der gute Hirte lässt sein Leben für die Schafe. […] Meine Schafe hören meine Stimme und ich kenne sie, und sie folgen mir, und ich gebe ihnen das ewige Leben.«

*Die Einheit Jesu mit dem Vater* **(10,30)**: »Ich und der Vater sind eins.«

*Das Wort vom Weizenkorn* **(Joh 12,24)**: »Wenn das Weizenkorn nicht in die Erde fällt und stirbt, bleibt es allein; wenn es aber stirbt, bringt es viel Frucht.«

*Die Erhöhung* **(Joh 12,32)**: »Wenn ich erhöht werde von der Erde, will ich alle zu mir ziehen.«

*Das »neue Gebot«* **(Joh 13,34)**: »Liebet einander so wie ich euch geliebt habe.«

*Die Liebe zu Jesus* **(Joh 14,23)**: »Wer mich liebt, wird mein Wort halten …«

*Der Friede Christi* **(14,27)**: »Frieden lasse ich euch, meinen Frieden gebe ich euch …«

*Jesu Tod als Liebesakt* **(Joh 15,13)** »Niemand hat größere Liebe, als dass er sein Leben lässt für seine Freunde.«

*Jesu Sieg über die Welt* **(Joh 16,33)**: »In der Welt habt ihr Angst, aber seid getrost …«

*Das Bekenntnis des Thomas* **(Joh 20,28)**: »Mein Herr und mein Gott.«

*Das Wort Jesu an Thomas* **(Joh 20,29b)**: »Selig sind, die nicht sehen und doch glauben!«

# Teil 3:

# Die Schriften des Neuen Testaments II:

# Die Briefliteratur (Röm – Jud)

# Exkurs II: Formen und Gattungen in der Briefliteratur

*Literatur*: *Ebner/Schreiber*, Einleitung, 250–264; *Klauck, H.-J.*: Die antike Briefliteratur und das Neue Testament, Göttingen 1998; *Strecker*, Literaturgeschichte, 56–95.

Die im Neuen Testament am häufigsten anzutreffende Literaturgattung ist der Brief. Nach klassischer Auffassung ist der Brief ein »halbiertes Zwiegespräch«, d.h. Teil eines Kommunikationsgeschehens, von dem der Leser nur eine Hälfte kennt. Nicht alle formal als Briefe zu bezeichnenden Schreiben sind aber tatsächlich Bestandteil eines *Dialogs*, was bisweilen auch deren Aufbau widerspiegelt.

## *A) Aufbau der Briefe im Neuen Testament*

Die neutestamentlichen Briefe sind wie andere antike Briefe auch *dreigliedrig* aufgebaut.

| | | | | |
|---|---|---|---|---|
| **I** | **Einleitung** | 1) Präskript | a) Superscriptio | (Absender) |
| | | | b) Adscriptio | (Adressat[en]) |
| | | | c) Salutatio | (Grußformel) |
| | | 2) Proömium | | (Danksagung) [fehlt im Gal!] |
| **II** | **Briefkorpus** | | | |
| **III** | **Briefschluss** | 1) Paränese | *(Es ist umstritten, ob diese Teil des Korpus oder des Schlusses ist)* | |
| | | 2) Grüße | *(können entfallen)* | |
| | | 3) Eschatokoll | | (abschließende, formelhafte Wendung) |

Man unterscheidet dabei das »orientalische« vom »griechischen« Präskript: Ein reines ***griechisches*** **Präskript** stellt **Jak 1,1** dar: *Absender*, *Adressat*, *Gruß* (gr. *chairein*); vgl. auch die Briefe in Apg 15,23–29; 23,26–30, die ebenfalls »klassisch« gestaltet sind. Das ***orientalische*** **Präskript** ist generell ausführlicher und enthält einen *Friedensgruß* (hebr. *schalôm;* vgl. Esr 4,7; 5,17), das paulinische Briefformular stellt jedoch eine besondere »Mischform« dar.

In der neueren Forschung wird darüber hinaus erwogen, dass einzelne Briefe (z.B. der Gal oder der Hebr) sich am Aufbau antiker Reden orientieren. Deren klassischer Aufbau ist 4- bis 6-gliedrig:

**Exordium** – **Narratio** – [Partitio/Propositio] – **Probatio** – **Peroratio** – [Exhortatio]
Einleitung – Darlegung des Sachverhaltes – [Übergang] – Beweisführung – Überzeugung – [Schluss: Mahnung oder Ermunterung]

Einige »Briefe« enthalten allerdings keine oder nur einzelne Briefmerkmale:

- der **1 Joh**, der kein Präskript und keinen klassischen Briefschluss besitzt, sich aber direkt an die Adressaten wendet und daher gerne als »Epistel« bezeichnet wird, sowie
- der **Hebr**, der kein Präskript, aber abschließende Briefmerkmale besitzt.

Das Präskript wird in beiden Fällen durch einen »Prolog« ersetzt (1 Joh 1,1–4; Hebr 1,1–4).

Dem **Jak** als »Mahnrede« fehlen im Unterschied zum Hebr *abschließende* Briefmerkmale. Die Offenbarung des Johannes (Offb) besitzt zahlreiche Briefelemente (Präskript [1,4ff]; Eschatokoll [22,21]) und richtet sich explizit an sieben Gemeinden (vgl. Offb 2–3), wird aber trotzdem *nicht* zu den Briefen gezählt.

## *B) Mündliche Tradition in der Briefliteratur und der Apokalypse*

*Literatur*: *Strecker*, Literaturgeschichte, 95–111; *Vielhauer*, Geschichte, 1–57.

In den Briefen ist an einigen Stellen deutlich die Aufnahme geprägter (mündlicher) Tradition sichtbar. Sichtbar wird dies jedoch nur an zwei Stellen, an denen Paulus ausdrücklich darauf hinweist (1 Kor 11,23; 1 Kor 15,3). In der Tradition von Vielhauer lassen sich die Stücke folgenden Gattungen zuordnen:

### 1. Hymnen

Mehrstrophige Traditionsstücke mit einem klar gegliederten Aufbau (z. B. **Phil 2,6–11**; **Kol 1,15–20**; **Tit 3,16**; vgl. auch Joh 1,1–18; Lk 1,46–54; Lk 1,68–79). Als »Oden« bzw. Lieder werden explizit bezeichnet: Offb 5,9–13; 15,3–4.

### 2. Herrenworte

Bisweilen zitiert Paulus »Worte des Herrn«; unklar ist, ob er sich dabei auf den irdischen Jesus (so vermutlich in **1 Kor 7,10f**; *vgl. Apg 20,35*) oder den erhöhten Kyrios (Herrn) beruft (so eindeutig in **2 Kor 12,9**); nicht eindeutig zuzuordnen sind **1 Thess 4,15f** und die Anweisung **1 Kor 9,14**.

## 3. Glaubensformeln (Pistisformeln)

### *a) Bekenntnisformeln*

Bereits Paulus zitiert offenbar ältere Formeln, die vermutlich aus liturgischen oder katechetischen (= unterweisenden) Kontexten des frühen Christentums stammen. Besonders prägnant sind die Bekenntnisformeln in **Röm 1,3f** und **Röm 10,9f**.

### *b) Sterbeformeln*

Eine der ältesten Traditionen bezieht sich auf den Tod Jesu und die rettende Kraft seines Blutes (**Röm 3,25** und **Röm 4,25**).

### *c) Kombinierte Formeln*

In **1 Kor 15,3b–5** zitiert Paulus ein frühes Glaubensbekenntnis, das eine »Sterbeformel« enthält.

## 4. Weitere Bekenntnistexte

Den Formulierungen in **Gal 3,26–28** liegt möglicherweise ein altes Taufbekenntnis zugrunde; aus dem Taufkontext könnten auch Formulierungen wie Röm 6,3 oder Kol 2,12 stammen. Manche vermuten hinter dem Bekenntnistext in **1 Tim 6,13–16** ein urchristliches Ordinationsbekenntnis.

# IX. Die »echten« Paulusbriefe (*Corpus Paulinum I*)

Seit Ende des 19. Jh. besteht in der Paulusforschung ein Konsens, der zwar im Detail wiederholt kritisch angefragt, jedoch bisher nicht mit überzeugenden Argumenten bestritten wurde. Teil dieses Konsenses ist, dass nur *sieben* der dreizehn (bzw. vierzehn) Briefe des *Corpus Paulinum* von Paulus selbst verfasst wurden und dass der *älteste* Paulusbrief der 1 Thess ist.

Umstritten sind 2 Thess und Kol, nur vereinzelt wird noch der Eph für paulinisch erklärt. Die Authentizität der Past wird von keinem kritischen Exegeten mehr ernsthaft erwogen.

Die *relative Chronologie* der Briefe ist umstritten und wird aus den Angaben des Paulus, kombiniert mit denen aus der Apg folgendermaßen rekonstruiert:

---

1 Thess – 1 Kor – 2 Kor – Gal – Röm
(*unklar: Phil; Phlm*)

---

Der Phil und der Phlm sind »Gefangenschaftsbriefe«. Von einer längeren Gefangenschaft berichtet die Apg in Cäsarea (Apg 22–26) und in Rom (Apg 28) – in diesem Fall wären es die beiden letzten Briefe nach dem Röm. Paulus selbst erwähnt jedoch eine Todesgefahr in Asia (2 Kor 1) und einen »Kampf mit wilden Tieren« in Ephesus (1 Kor 15). Möglicherweise weist dies auf eine frühere Gefangenschaft während seines Aufenthaltes in Ephesus, von der Apg 19 nicht berichtet. In diesem Fall wären Phil und Phlm noch vor dem 1 Kor verfasst worden.

Die Reihenfolge Gal – Röm wird bisweilen angezweifelt; »beweisen« lässt sie sich nicht. Die mit Hilfe außerchristlicher Zeugnisse rekonstruierten *absoluten* Abfassungsdaten sind zwar nicht bibelkundlich relevant, aber doch zumindest erwähnenswert.

| | |
|---|---|
| 48/49 | Apostelkonvent |
| 49/50 | Mission in Makedonien und Achaia |
| 50–52 | Aufenthalt in Korinth |
| | *Abfassung des 1 Thess* |
| 52–55 | Aufenthalt in Ephesus mit Zwischenbesuchen in Korinth |
| | *Abfassung des 1 Kor?* |
| | Ephesinische Gefangenschaft? |
| | (*Phil; Phlm?*) |
| | *Abfassung des 2 Kor (bzw. der Teilbriefe)* |
| 55/56 | Kollektenreise nach Jerusalem über Makedonien |
| 56 | Aufenthalt in Korinth? (Apg 20,2f) |
| | *Abfassung des Gal* |
| | *Abfassung des Röm* |
| 56–58 | Gefangenschaft und Prozess in Jerusalem und Cäsarea |
| 58/59 | Überführung nach Rom |
| 59–60/61 | zwei Jahre leichte Haft |

Die *echten* Paulusbriefe sind am ehesten hellenistischen (*deliberativen*) Freundschaftsbriefen und philosophischen Briefen vergleichbar (vgl. Cicero, Epikur, Seneca), sie besitzen allesamt »Korrespondenzcharakter« und haben vor allem *belehrende* Funktion. Paulus entwickelt in der brieflichen Auseinandersetzung mit den Gemeinden seine theologischen Argumente – die Briefe sind somit in Briefform gegossene »Theologie im Vollzug« und deshalb für die theologische Urteilsbildung besonders wertvoll.

Außer Phlm hat Paulus sämtliche Briefe *diktiert*: In Röm 16,22 meldet sich der Schreiber Tertius zu Wort, in 1 Kor 16,21 und Gal 6,11 trägt Paulus einen eigenhändigen Gruß nach. Auswirkungen des Diktats zeigen sich in »Anakoluthen« (Brüche im Satzbau, z. B. Röm 5,12) oder erkennbaren *Selbstkorrekturen* (1 Kor 1,14–16). Die Schreiben wurden vermutlich durch »Gemeindeapostel« (Timotheus, Titus, Epaphroditus u. a.) überbracht und der jeweiligen Gemeinde vorgelesen (hierzu mahnt Paulus bereits in seinem ältesten erhaltenen Brief [1 Thess 5,27]).

Da sich Form und Inhalt stets wechselseitig entsprechen, bietet das Briefformular stets auch Hinweise auf den Inhalt und Charakter des Schreibens (fehlende Grüße, erweiterte Präskripte, unterschiedliche Proömien usw.).

Drei Besonderheiten des paulinischen Briefformulars sind aus bibelkundlicher Sicht hervorzuheben, da sie auf die christliche Liturgie eingewirkt haben:

1) Als *Salutatio* verwendet Paulus in all seinen Briefen eine Wendung, die in den reformatorischen Kirchen als »Kanzelgruß« fungiert (Röm 1; 1 Kor 1; 2 Kor 1; Gal 1; Phil 1; Phlm 3; 1 Thess 1 [*Kurzform*]):

»Gnade sei mit euch und Friede (von Gott, unserem Vater, und dem Herrn Jesus Christus).«

Diese wird (teils in leicht verändertem Wortlaut) von sämtlichen Deuteropaulinen übernommen (Eph 1; Kol 1; 2 Thess 1; vgl. 1 Tim 1; 2 Tim 1; Tit 1) und findet Nachhall in einigen katholischen Briefen (1 Petr 1; 2 Petr 1; 2 Joh 3).

Der so genannte »Kanzelsegen« ist hingegen ein Zitat aus Phil 4,7: »Und der Friede Gottes, der höher ist als alle unsere Vernunft, bewahre eure Herzen und Sinne in Christus Jesus.«

2) Dieser *Salutatio* korrespondiert das paulinische *Eschatokoll*, das ebenfalls durchgängig als *Gnadenzusage* formuliert ist (»Die Gnade (Jesu Christi) sei mit euch/eurem Geist«); seine ausführlichste Form hat es in 2 Kor 13,13 gefunden – und auch diese wird alternativ als »Kanzelgruß« verwendet:

»Die Gnade unseres Herrn Jesus Christus und die Liebe Gottes und die Gemeinschaft des Heiligen Geistes sei mit euch allen!«

3) In vier Briefen (Röm 16; 1 Kor 16; 2 Kor 13 und 1 Thess 5) ermuntert Paulus die Gemeinde darüber hinaus, einander mit dem »heiligen Kuss« zu grüßen.

# 1. Der Römerbrief

## *A) Einleitungswissen*

In der Forschung ist unstrittig, dass der Römerbrief von dem »echten« (Apostel) **Paulus** stammt, der ihn *dem Schreiber Tertius* diktiert hat (Röm 16,22). Kombiniert man die Ankündigung der Reise nach Jerusalem zur Überbringung der »Kollekte« (Röm 15,25–32) mit Apg 20,3–6, dann legt sich als *Abfassungsort* **Griechenland** (meist wird **Korinth** in der *Achaia* angenommen) nahe, und zwar im Jahre 56/57. Der Römerbrief wäre demnach von den kanonischen Paulusbriefen *einer der letzten* Briefe des Paulus. Für eine relative Spätdatierung spricht auch, dass Paulus das Missionswerk in der Osthälfte des Römischen Reiches als »erfüllt« betrachtet und nun den Weg nach Westen sucht (Röm 15; vgl. auch die »Selbstempfehlung« in Röm 1,13–15). Adressat ist die Gemeinde in Rom, zu der Paulus nach eigener Auskunft erstmals in Kontakt tritt und die er selbst nicht gegründet hat. Sie scheint weitgehend heidenchristlich geprägt, obwohl es in Rom eine starke jüdische Gemeinde gab (vgl. auch Apg 28). Uneinig sind sich die Exegeten, *warum* Paulus die römische Gemeinde kontaktiert. Jeder erwogene Zweck muss zumindest den grundsätzlichen Charakter des Röm erklären: sei es, dass er seine Theologie bekannt machen und die Gemeinde für seine eigene Position gewinnen will, dass er sie »theologisch aufrüsten« oder für künftige Missionsvorhaben »ausstatten« möchte – die eigenartige »Bilanz« seiner Theologie, die Paulus hier geradezu »testamentarisch« festhält, macht diesen Brief zu *dem* bedeutendsten und wirkmächtigsten Paulusbrief überhaupt.

Auf zwei wesentliche *textkritische* Probleme in Kap. 16 ist hinzuweisen: Röm 16,24 fehlt in den ältesten Handschriften, die »Schlussdoxologie« Röm 16,25–27 ist vermutlich ebenfalls sekundär. An diesen Befund schließen sich *literarkritische* Fragen an: Die Ursprünglichkeit der Irrlehrerpolemik in Röm 16,17–20a ist umstritten; einige Exegeten sehen in dem gesamten Abschnitt Röm 16,1–23 eine an *Ephesus* gerichtete Grußliste, und der Satz Röm 7,25b gilt vielen als *nachpaulinische* Glosse. Hinsichtlich der Grußliste ist aber anzunehmen, dass sie ursprünglich dazugehörte – Paulus muss nicht jeden einzelnen, den er grüßt, *persönlich* gekannt haben.

## *B) Inhalt*

Ein grober Überblick zeigt bereits, dass der Brief klar gegliedert und strukturiert ist. Paulus entfaltet in ihm sein Verständnis des »Evangeliums«, dessen Kern im Gedanken der »Gerechtigkeit Gottes aus Glauben« zu finden ist, wie der Satz im Anschluss an Präskript und Proömium in Röm 1,16f verdeutlicht:

»Ich schäme mich nämlich des Evangeliums nicht, denn es ist eine Kraft Gottes zur Rettung für jeden, der (daran) glaubt, den Juden zuerst und den Griechen. Die Gerechtigkeit Gottes wird darin nämlich offenbart aus Glaube zu Glauben, wie geschrieben steht: *Der aus Glauben Gerechte aber wird leben!*«

Dieser Satz enthält wesentliche Schlüsselbegriffe und semantische Oppositionen, die den folgenden Brief prägen: den immer wiederkehrenden Gedanken der »Gerechtigkeit« Gottes (vgl. Röm 3–6; 9–10), die Gegenüberstellung von »Juden« und »Griechen« (vgl. Röm 1–3; aber auch die Frage nach der Rettung Israels in Röm 9–11), die »Rettung des Glaubenden« (vgl. Röm 3–5), das »neue Leben« (vgl. Röm 6–8; 12–14) und das Stichwort »Evangelium« (»Frohbotschaft«), das den Inhalt der paulinischen Verkündigung beschreibt (vgl. Röm 9; 10; 15). Paulus kontrastiert im Folgenden (wie auch in Gal 2) die »Gerechtigkeit *aus Glauben*« einer »Gerechtigkeit aus *Werken des Gesetzes*«.

Es geht also *nicht* um eine Gegenüberstellung von »Glauben« und »Gesetz« oder allgemein von »Glauben« und »Werken«, sondern um die Unmöglichkeit, die Gerechtigkeit durch Befolgung von *Toravorschriften* (dazu zählen u. a. kultische und rituelle Bestimmungen wie Beschneidung, Einhaltung von Speisegeboten etc.) zu erlangen.

Die Argumentationsstruktur lässt sich gut nachzeichnen, die exakte Abgrenzung einzelner Blöcke ist allerdings nicht unumstritten. Die folgende Unterteilung in fünf Blöcke hat sich jedoch weitgehend bewährt:

*1) Heiden und Juden sind in gleicher Weise Sünder (Röm 1,18–3,20)*
Dieser Abschnitt beschreibt zunächst die »Notwendigkeit« der Gerechtigkeit Gottes. Die Welt steht aus Sicht des Paulus unter dem »Zorn Gottes« – das Gericht bricht herein, doch niemand kann vor Gott bestehen: Die Heiden könnten Gott zwar erkennen (sie haben das Gesetz »im Herzen«; vgl. Röm 1,19–23; 2,14–16), versagen aber. Die Juden haben einen »Vorzug«, das Gesetz, übertreten dieses aber permanent (Röm 2,17–23). Selbst die (äußere) Beschneidung gilt nicht mehr. Daraus folgert Paulus: Alle Menschen sind Sünder und stehen unter der Macht der Sünde! (3,9). Die Erkenntnis der Sünde liefert das Gesetz, doch es rettet nicht davor. In dieser Hinsicht gibt es keinen Unterschied zwischen Heiden und Juden.

*2) Die Versöhnung mit Gott aus dem Glauben (Röm 3,21–4,25)*
Wie der Mensch trotzdem gerettet werden kann, schildert Paulus im folgenden Abschnitt: Das Heil kommt allein durch den Glauben an die Gerechtigkeit Gottes, die in Tod und Auferweckung Jesu Christi offenbar wurde (Röm 3,21–31). Dies erläutert Paulus am Beispiel Abrahams (Röm 4), der bereits vor seiner Beschneidung und lange vor der Gabe der Tora am Sinai aus Glauben gerecht wurde (Gen 15,6).

Viele Exegeten rechnen diesen Abschnitt 3,21–4,25 noch zum ersten Teil (1,18–3,20) hinzu, da sie beide die »Voraussetzungen« thematisieren.

*3) Das neue Leben im Geist und frei von der Sünde (Röm 5,1–8,38)*
Durch die Glaubensgerechtigkeit haben die Christen Frieden mit Gott und die Versöhnung empfangen (Röm 5,1–11); dies illustriert abschließend die »Adam-Christus-Typologie« (Röm 5,12–21): Durch *einen* Menschen (Adam) kamen Sünde und Tod – durch *einen* Menschen (Jesus) Gnade und Gerechtmachung (»Rechtfertigung«). Die Christen sind von der Macht des Todes befreit.

In Röm 6 tritt ein neuer Aspekt hinzu; die in Röm 5 dargelegte Sichtweise auf die Gegenwart als eschatologische Neubestimmung des Menschen wird nun auf den Erfahrungsbereich der Christen übertragen. Nicht ohne Grund dominiert daher in Röm 6–7 das in Röm 5 bereits vorweggenommene Stichwort »Sünde«: Die Sünde – obwohl von Christus besiegt – stellt innerweltlich weiterhin eine bedrohliche Machtsphäre dar, welche den Menschen unter sich versklavt. Durch die Taufe »in den Tod Christi« stirbt der Gläubige (zeichenhaft) der Sünde und lebt somit – von dieser befreit – für Gott. Daraus resultiert grundsätzlich ein neues Leben im Dienst Gottes (Röm 6). Der auf Christus Getaufte ist ebenso dem Gesetz gestorben und somit frei (Röm 7,1–6); denn das an sich »gute Gesetz« wird durch die Macht der Sünde pervertiert (Röm 7,7–25). Dabei schildert Paulus den Menschen in Röm 7 als in einem bleibenden »Zwiespalt« befindlich: Der Mensch (das »Ich«) unter der Sünde entwickelt eine eigentümliche Diskrepanz zwischen Wollen und Tun: »Das Gute, das ich will, das tue ich nicht, das Böse, das ich nicht will, das tue ich.« (7,19) In diesem Dilemma bleibt der Mensch gefangen, solange er versucht, »aus dem Gesetz« (oder aus sich selbst) heraus frei zu werden. Erst der Perspektivwechsel in Röm 8,1–3, das »Gesetz des Geistes«, kann den Menschen nachhaltig aus der Macht der Sünde und des Todes befreien. So lebt der Christ durch die Hilfe des Heiligen Geistes die Freiheit der Kinder Gottes, in Zuspruch und Anspruch (Röm 8,1–18); er erwartet zuversichtlich für die Christen und die Schöpfung die Vollendung durch Gott, weiß sich aber in geradezu unüberbietbarer Heilsgewissheit getragen, was Paulus in einen hymnischen Lobgesang münden lässt (Röm 8,31–39).

*4) Das Schicksal der (bisher) nicht christusgläubigen Juden (9–11)*
Angesichts der in Röm 2–3 geschilderten Nutzlosigkeit des »Gesetzes«, das als Heilsweg sein Ende gefunden hat (vgl. Röm 10,4!), und der damit verbundenen Hinfälligkeit des »Vorzugs« der Juden lautet die Röm 9–11 bestimmende Frage: »Hat Gott sein Volk verworfen?« Dies weist Paulus mehrfach zurück, als Geheimnis (gr. *mysterion*) verkündet er abschließend: »Ganz Israel wird gerettet werden.« (11,26) Doch bleibt Gottes Souveränität überlassen, wie das genau geschehen soll.

Paulus verbindet diese Frage jedoch mit der nach dem Verhältnis von Juden und Christen, besonders den Heidenchristen – dies schildert er im Gleichnis vom »Ölbaum« unter dem markanten Diktum: »Nicht du trägst die Wurzel, sondern die Wurzel trägt dich.« (11,18b) Die Christen sollen sich nicht über ihre jüdischen Geschwister erheben.

*5) Christliche Identität unter den Bedingungen der Welt (Röm 12,1–15,13)*

Zur christlichen Identität zählt der vernunftgemäße Gottesdienst (Röm 12,1f). Die Gemeinde versteht Paulus als Glieder eines »Leibes« (Röm 12,4f), ausgestattet mit verschiedenen Gnadengaben (*Charismen*) und Pflichten (Röm 12,3–8). In Röm 13 formuliert er den Gehorsam gegenüber der staatlichen Obrigkeit, das Nächstenliebegebot als Summe des Gesetzes (Röm 13,8–10) sowie die Pflichten der im Glauben Starken und Schwachen (Röm 14,1–15,6).

Das Thema »Starke und Schwache« (Röm 14–15) begegnet u.a. auch in 1 Kor 8–10: Dort geht es um die Frage, ob Christen Götzenopferfleisch essen dürfen. Dies scheint ein zentrales Problem in vielen Gemeinden gewesen zu sein. Auch in Röm 14 behandelt Paulus einzelne Speisevorschriften und hebt die Pflicht zur Rücksichtnahme gegenüber Schwachen hervor, betont aber die Indifferenz dieser Fragen im Blick auf das individuelle Heil.

*6) Briefschluss*

Das Briefcorpus endet mit Reiseplänen des Apostels (15): Paulus will sich offensichtlich der ihm unbekannten römischen Gemeinde vorstellen (1,13–15), da er plant, über Rom nach Spanien zu gelangen (15,22f.28). Damit verbunden ist die »Sammlung« (Kollekte) für Jerusalem (15,25–29; vgl. Gal 2,10; 1 Kor 16; 2 Kor 8–9). Er rechnet darüber hinaus mit Widerstand von Seiten jüdischer Gruppen (15,30–33) – hier war es wiederholt zu Konflikten gekommen (vgl. neben Apg 14,1–7 [Ikonium]; 17,5–13 [Thessalonich]; 18,12–17 [Korinth] v.a. 1 Thess 1–3; 2 Kor 11,24–26; Gal 5; Phil 1,29f). In Röm 16 folgt eine lange Grußliste; wobei Paulus viele Judenchristen grüßen lässt (zu Prisca und Aquila vgl. Apg 18).

Eine Besonderheit stellt die Erwähnung der *Junia* (mit *Andronicus*) in Röm 16,7 dar, die als »angesehen unter den Aposteln« gilt: es ist die einzig bekannte urchristliche »Apostel(in)«. – Die (unspezifische) Warnung vor Irrlehrern (Röm 16,17–20) stammt wohl nicht von Paulus selbst.

## C) Arbeitsfragen

### 1) Zum Röm allgemein

1. Erstellen Sie eine Gliederung. Versuchen Sie dabei, die Argumentationsstruktur des Paulus im Röm nachzuvollziehen.

- 1–3: Juden und Heiden unter Gottes Zorn
- 3–4: Voraussetzungen der Gerechtigkeit Gottes
- 5–8: Wirklichkeit der Gerechtigkeit Gottes
- 9–11: Gerechtigkeit Gottes und Israel
- 12–15: Auswirkungen der Gerechtigkeit Gottes (im Alltag)
- 15: Reisepläne und die Kollekte für Jerusalem
- 16: Grüße, abschl. Hymnus
- Röm 1,16f und 15,13–17 korrespondieren einander und zeigen eine *doppelte Adressatenschaft* an (Juden *und* Heiden)

- *Umstritten ist die Zugehörigkeit von Röm 5,1–11 (gehört der Abschnitt sinngemäß noch zum vorigen [3–4] oder zum folgenden [5–8]?)*

## 2. Was erfahren Sie aus dem Brief über die Adressaten bzw. ihr Verhältnis zu Paulus? Wie werden sie bezeichnet?

- Paulus nennt sie »Geliebte Gottes, berufene Heilige, die in Rom (wohnen)« (1).
- Paulus war noch nie in Rom, hofft aber, im Zuge seiner Reise in den Westen des Reiches (»Spanien«) dorthin zu kommen (15,22–24).

## 3. Welche Aussagen trifft Paulus über die »Heiden« (vgl. mit Apg 17)?

- Sie besitzen zwar Gotteserkenntnis, verfehlen sie aber und stehen somit unter Gottes Zorn (1,18ff).
- In der *Areopagrede* (Apg 17) spricht der lukanische Paulus davon, dass die Griechen »unwissend« den Schöpfergott verehren und zitiert: »In ihm leben, weben und sind wir.« Zu diesem sollen sie sich angesichts des zukünftigen Gerichts, das Jesus Christus bringen wird, hinwenden. Dies widerspricht den Aussagen in Röm 1–3.

## 4. Was erfahren Sie wo über die »Gerechtigkeit Gottes«?

- Die Gerechtigkeit kommt aus Glauben (Röm 1,16f, begründet aus Hab 2,4b).
- Sie gilt unabhängig vom Gesetz und wurde offenbart durch Jesus Christus (Röm 3).
- Gerecht wird ein Mensch durch Glauben, unabhängig von Werken, die das Gesetz fordert (3,28). Aber: Das Gesetz wird nicht aufgehoben, sondern »aufgerichtet«! (3,31)
- *Trotz* seiner Werke wurde Abraham durch Glauben gerecht (Röm 4). Gerechtigkeit kommt nicht nur aus Glauben, sondern auch aus »Gnade«. Christus ist »um unserer Sünden willen dahingegeben, um unserer Gerechtigkeit willen auferweckt« (4,25).

## 5. Wo äußert sich Paulus zu den Juden und zu »Israel«? Welche Frage beschäftigt ihn besonders – und welche »Lösung« schwebt ihm vor?

- Die Ausgangsfrage lautet: »Hat Gott sein Volk verstoßen?«, was Paulus vehement zurückweist. Gott wird sein Volk retten, doch das ist ein Geheimnis (gr. *mysterion*).
- Paulus illustriert das Verhältnis von (Heiden-)Christen und Juden am Bild des »Ölbaums« (Röm 11): Die Heidenchristen sind *aufgepfropfte*, die nicht an Christus glaubenden Juden *ausgerissene Zweige* des Baumes, der »Israel« repräsentiert. Für die Heidenchristen gilt somit: »Nicht du trägst die Wurzel, sondern die Wurzel trägt dich.« Sie dürfen keineswegs »überheblich« sein, denn Gott ist souverän, Zweige auszureißen und aufzupfropfen.
- Israel ist gegenwärtig verstockt, damit die Heiden gerettet werden – aber »ganz Israel wird gerettet werden« (11,26).
- *Die bleibende Frage lautet: Gibt es einen »Sonderweg« für Israel oder muss ganz Israel zuvor zum Glauben an Christus kommen?*

## 2) Zu Paulus und seiner Theologie

### 1. Welche biographischen Angaben über Paulus können dem Röm entnommen werden?

- Er ist Israelit aus dem Stamm Benjamin (11,1).
- Mission und Reisepläne (15–16):
  - Rückblick: Ausbreitung des Evangeliums bis nach Illyrien (heutiges Kroatien); Zeichen, Wunder und Predigt (durch Christus).
  - Reisepläne und die Kollekte für Jerusalem: Als Prinzip formuliert er, er wolle nicht dort verkündigen, wo andere bereits missioniert haben. Nun will er über Rom nach Spanien reisen.
- Paulus hat einen »Sekretär« namens Tertius (16,22).

### 3. Was sagt Paulus wo über die Taufe?

- 6: In der Taufe sind Christen *mit Christus gestorben* (aber noch nicht »auferweckt«) und werden Anteil an der zukünftigen Auferstehung haben.

### 4. Wo und wie ist von der *Sünde* die Rede? Welche Funktion hat das *Gesetz*?

- Alle Menschen, Juden und Heiden, sind unter der Sünde (Ps 14; 53), durch das Gesetz kommt allerdings die »Erkenntnis der Sünde« (Röm 3, vgl. Röm 7).
- Bereits durch Adam kam die Sünde in die Welt (Röm 5). Als das Gesetz kam, wurde jedoch die Sünde mächtiger (5,20f); *ebenso* aber auch die Gnade!
- In der Taufe sind Christen der Sünde gestorben und somit frei (Röm 6).
- Das Gesetz selbst ist *nicht* Sünde! Es ist heilig, die Satzungen heilig, gerecht und gut (Röm 7)!
- Das »Gesetz des Geistes des Lebens« befreit von dem »Gesetz der Sünde (Röm 8)«.
- Der Satz »Mit dem Verstand diene ich dem Gesetz Gottes, mit dem Fleisch aber dem Gesetz der Sünde« (7,25b) stammt evtl. nicht von Paulus selbst.

### 5. Was folgt für Paulus aus der Gabe des Geistes?

- Der Geist (der Jesus von den Toten auferweckt hat) hat uns befreit vom Gesetz der Sünde → alle, die von ihm erfüllt sind, sind Kinder Gottes (Röm 8).
- Da von der Liebe Christi nichts und niemand trennen kann (8,18–39), ergibt sich daraus eine Hoffnungsperspektive für alle Christen, ungeachtet gegenwärtigen Leidens.

### 6. Worin besteht die *Einheit der Gemeinde* nach Paulus? Welches Bild verwendet er?

- Die Gemeinde ist ein Leib in Christus; untereinander ist jeder mit dem anderen als Glied des Leibes verbunden (Röm 12).

### 7. Inwiefern ist Abraham für Paulus ein Beispiel für die *Gerechtigkeit aus Glauben*?

- Die Aussage Gen 15,6 (Gerechtigkeit aus Glauben) erging an Abraham, bevor das »Gesetz« kam und *auch* vor dem Beschneidungsbund (Röm 4).

8. Wo steht das »Liebesgebot« im Röm? Wie ist es formuliert?

- Es steht in Röm 13,8–10 und ist formuliert als Gebot, *einander* zu lieben, und als »Nächstenliebegebot« sowie als »Erfüllung des Gesetzes«.

9. Welche Bedeutung schreibt Paulus der staatlichen Obrigkeit zu?

- Sie trägt das »Schwert«, ihr ist Gehorsam zu leisten, da sie Gottes Dienerin uns zugute ist. Auch Steuer ist zu entrichten (Röm 13; vgl. Mk 12,13–17).

10. Worum geht es beim Konflikt zwischen »Starken« und »Schwachen« in der Gemeinde? Was fordert Paulus?

- Nach Auskunft von Röm 14–15 geht es scheinbar um »gesetzliche« Fragen: ob man (bestimmtes) Fleisch essen darf oder nicht oder ob bestimmte »(Fest-)Tage« einzuhalten sind; hauptsächlich aber um *Speisevorschriften*.
- Paulus fordert in erster Linie, Rücksicht auf die Schwachen zu nehmen (15,1).
- Oberstes Ziel ist die »Erbauung« (gr. *oikodomê*) der Gemeinde, denn es gilt: »Nehmt einander an, wie auch Christus euch angenommen hat« (15,7).

## 3) Themen (Näheres hierzu s. u. Kap. XIV.)

Notieren Sie sich Kapitelangaben und Stichworte zu folgenden Themen (orientieren Sie sich dabei v. a. an den Mk-Parallelen!):

- *Paulus*: Biographie; Kollekte
- *Taufe, Heiliger Geist, Schöpfung, Buße/Sündenvergebung, Gesetz, Rechtfertigung; Liebe/Liebesgebot, Auferstehung/postmortale Existenz*

## 4) Vertiefte Einzelfragen (Pfarramt)

1. Skizzieren sie die Gegenüberstellung von Adam und Christus (Adam-Christus-Typologie).

- Durch *einen* Menschen (Adam) kamen Sünde und Tod in die Welt – durch *einen* Menschen (Jesus Christus) Gerechtigkeit und Leben (5).
- Adam steht dabei als Stammvater exemplarisch für die gesamte Menschheit – doch es handelt sich *nicht* um eine »Erbsündenlehre« (eine solche findet sich erst bei *Augustin*)!

2. Wo (und wie) ist vom Zorn Gottes die Rede?

- Röm 1–2: Sowohl Juden als auch Heiden sind unter dem Zorn.
- Röm 3: Gottes Zorn ist nicht ungerecht, sondern angemessen angesichts der sichtbaren Ungerechtigkeit der Menschen; auch das Gesetz bewirkt Zorn (4). Daher ist Gott das Gericht zu überlassen (vgl. Röm 12: »Die Rache ist mein«).
- Röm 5: Durch das Blut Christi gerecht gemacht, werden Christen vor Gottes Zorn bewahrt.
- *Das Thema »Zorn Gottes« gehört zur frühesten Missionspredigt des Paulus (1 Thess 1), doch der Begriff begegnet ausschließlich in 1 Thess und im Röm.*

2. Warum spricht E. Käsemann im Anschluss an Röm 12 vom »Gottesdienst im Alltag der Welt« (so der Titel eines Aufsatzes)?

- Der »vernünftige Gottesdienst« besteht darin, dass man seinen »Leib« hingibt, und zwar in tätiger Nächstenliebe. Gottesdienst meint hier keine kultische Veranstaltung, sondern Dienst am andern – *im Alltag.*

3. Wo ist von der Kollekte für Jerusalem die Rede?

- Röm 15 zufolge will Paulus diese »Sammlung für die Heiligen«, die er in Makedonien und der Achaia beschlossen hat, nach Jerusalem bringen.

## *D) Die Struktur des Römerbriefs*

| **1,1–15** | **Briefeingang** | |
|---|---|---|
| 1,1–7 | Präskript | |
| 1,8–15 | Proömium | 1, 8–12 Danksagung |
| | | 1,13–15 Briefliche Selbstempfehlung |
| **1,16–17** | **Grundthese des Briefes:** ***Gerechtigkeit aus Glauben, nicht aus Werken des Gesetzes*** | |
| **1,18–3,20** | **Notwendigkeit der Gerechtigkeit Gottes** | |
| 1,18–2,11 | Gottes Zorn über alle Gottlosigkeit und Ungerechtigkeit der Menschen | |
| 2,12–3,20 | Juden und Heiden sind (gleichsam) unter der Sünde | |
| **3,21–4,25** | **Möglichkeit der Gerechtigkeit Gottes** | |
| 3,21–31 | Die in Jesus Christus offenbar gewordene Gerechtigkeit Gottes *(»Rechtfertigungslehre«)* (vgl. Gal 2,15–21) | |
| 4,1–25 | Schriftbeweis (Abrahams Verheißung und sein Glaube) (*Stichwort »Abraham«* [vgl. Gen 15,6]*)* | |
| **5–8** | **Wirklichkeit der Gerechtigkeit Gottes** | |
| **5,1–11** | **Die Versöhnung durch Christus als Grund zukünftigen Heils** | |
| 5,12–21 | »Schriftbeweis«: Adam-Christus-Typologie *(Stichwort: »Adam«)* | |
| 6,1–23 | Die Freiheit von der Sünde verpflichtet zum Tun der Gerechtigkeit (Taufe als Beginn des neuen Lebens) *(Taufe, zukünftige Auferweckung, Sünde)* | |
| 7,1–8,17 | Freiheit von der Sünde *als* Freiheit vom Gesetz *zum* Leben im Geist (*Kap. 7: Gesetz; 8: Geist*) | |
| 8,18–39 | Die Zukunftsdimension christlicher Existenz (»Nichts kann uns trennen von der Liebe Gottes in Christus!«) | |
| **9–11** | **Gerechtigkeit Gottes und Israel** | |
| 9,1–5 | Problemanzeige (»Hat Gott sein Volk verworfen?«) | |
| 9,6–29 | Die Verheißung gilt dem wahren Israel | |
| 9,30–10,21 | Der Ungehorsam des empirischen Israel | |
| 11,1–36 | Das Geheimnis d. Heilsgeschichte und die Rettung Israels (»Ölbaumgleichnis«) | |

| **12,1–15,13** | **Mahnungen zum Gemeindeleben** (*Gerechtigkeit Gottes im Alltag*) |
|---|---|
| 12,1–13,14 | Allgemeine Paränese: Der vernunftgemäße Gottesdienst (12,1)<br>(Kap *12: Gemeinde als* ein *Leib* in Christus*; 13: Stellung zum römischen Staat*)<br>(*13,8–10: Das Liebesgebot als Erfüllung des Gesetzes*) |
| 14,1–15,13 | Spezielles Problem: »Starke« und »Schwache« in der römischen Gemeinde |
| **15,14 - 16,27** | **Briefschluss** (Empfehlungen und Grüße) |
| 15,14–33 | abschließende Mahnungen, Reisepläne, *Kollekte für Jerusalem* |
| 16,1–23(.24) | Postskript (mit Grußliste, u. a. Aquila/Prisca, Junia) ↓ |
| **16,25–27** | **Schlusshymnus (in einigen Hss. nach 15,33)** |

## *E) Texte zum Auswendiglernen*

*Das Evangelium des Paulus* (**Röm 1,16f**): »Ich schäme mich des Evangeliums nicht, denn es ist eine Kraft Gottes zur Rettung für jeden der glaubt, Juden … und Griechen. Gottes Gerechtigkeit wird nämlich darin offenbart aus Glauben zu Glauben, wie geschrieben steht: *Der aus Glauben Gerechte wird leben.*«

*Die Rechtfertigung des Sünders* (**Röm 3,23f**): »Alle haben gesündigt …, gerechtfertigt werden sie ohne Verdienst aus seiner Gnade durch die Erlösung, die in Christus Jesus ist.«

*Der neue Friede* (**Röm 5,1**): »Aus Glauben gerecht geworden haben wir Frieden mit Gott durch unseren Herrn Jesus Christus.«

*Die Liebe Gottes* (**Röm 5,8**): »Gott hat uns seine Liebe gerade dadurch gezeigt, dass Christus für uns gestorben ist, als wir noch Sünder waren.«

*»Adams Fall«* (**Röm 5,12**): »Durch einen Menschen kam die Sünde in die Welt und durch die Sünde der Tod.«

*Das Begrabensein durch die Taufe* (**Röm 6,4**): »Wir sind durch die Taufe begraben in den Tod, damit wie Christus durch die Herrlichkeit des Vaters von den Toten auferweckt wurde, auch wir in der Wirklichkeit eines neuen Lebens wandeln.«

*Der Tod als Sold der Sünde* (**Röm 6,23**): »Der Tod ist der Sünde Sold, die Gabe Gottes aber ist ewiges Leben in Christus Jesus, unserem Herrn.«

*Das Verfallensein an die Sünde (***Röm 7,19**): »Nicht das Gute, das ich will, tue ich, sondern das Böse, das ich nicht will, treibe ich an.«

*Das Gesetz des Geistes* (**Röm 8,1f**): »Die in Christus Jesus befindlichen werden nicht verurteilt, denn das Gesetz des Geistes, der in Jesus Christus Leben spendet, hat dich befreit vom Gesetz des Sünde und des Todes.«

*Der Geist der Kindschaft* (**Röm 8,14f**): »Die der Geist Gottes antreibt, sind Gottes Kinder. […] Ihr habt einen Geist der Kindschaft empfangen, in dem wir rufen: *Abba, Vater*!«

*Die Zuversicht der Christen* (**Röm 8,38f**): »Ich bin mir gewiss, dass weder Tod noch Leben, weder Engel noch Mächte … uns trennen kann von der Liebe Gottes, die in Jesus Christus ist, unserem Herrn.«

*Die Quintessenz des Ölbaumgleichnisses* (**Röm 11,18**): »Nicht du trägst die Wurzel, sondern die Wurzel trägt dich.«

*Der »vernunftgemäße Gottesdienst«* (**Röm 12,1**): »Bringt euren Leib dar als ein lebendiges, heiliges, Gott wohlgefälliges Opfer – dies sei euer vernünftiger Gottesdienst.«

*Von der Vergeltung* (**Röm 12,21**): »Lass dich nicht vom Bösen besiegen, sondern überwinde das Böse durch das Gute.«

*Das Liebesgebot* (**Röm 13,8–10**): »Wer den andern liebt, hat das Gesetz erfüllt.«

*Die Entzogenheit der Existenz* (**Röm 14,7f**): »Keiner von uns lebt sich selbst, und keiner stirbt sich selbst. Leben wir, so leben wir dem Herrn, sterben wir, so sterben wir dem Herrn. Ob wir nun leben oder sterben, wir gehören dem Herrn.«

*Die wechselseitige Annahme* (**Röm 15,7**): »Nehmt einander an, wie auch Christus euch angenommen hat.«

# 2. Die Korintherbriefe

## A) Einleitungswissen

**Paulus** gilt unbestritten als Verfasser der Korintherbriefe, *Mitabsender* des 1 Kor ist der ansonsten unbekannte *Sosthenes* (vgl. Apg 18,17?), des 2 Kor der Paulusmitarbeiter *Timotheus*. Der 1 Kor wurde vermutlich **Ostern 55** in **Ephesus** geschrieben (vgl. 1 Kor 5,7f [«Passalamm«]; 16,5–8). Die Datierung des 2 Kor ist schwierig, da der Brief in der vorliegenden Fassung vermutlich aus mehreren ursprünglich selbständigen Schreiben besteht; sämtliche Einzelbriefe wurden jedoch sicher nach dem 1 Kor verfasst. Folgende Ereignisse müssen dazwischen (laut 2 Kor) stattgefunden haben:

| | |
|---|---|
| Reise des Paulus von Ephesus nach Korinth | 2 Kor 12,14; 13,1 |
| Überstürzte Rückkehr nach Ephesus | 2 Kor 2,3–11 |
| Abfassung des »Tränenbriefes« | 2 Kor 2,4; 7,5–9 |
| Todesgefahr in Asien (= ephesinische Gefangenschaft?) | 2 Kor 1,8 |
| Reise von Troas nach Makedonien *und*<br>Treffen mit Titus in Makedonien | 2,12f; 7,5ff |

Der 2 Kor besteht daher aus *mindestens* zwei, *vermutlich* vier oder fünf ursprünglich selbständigen Briefen:

- 2 Kor 1–9 und 10–13 sind in ihrem *Ton* deutlich unterschieden.
- In 2 Kor 2,4 wird ein »Tränenbrief« erwähnt; dieser könnte in 10–13 zu finden sein
- Der Rückblick in 2 Kor 1–7 wird durch die lange *Verteidigungsrede* in 2,14 – 7,4 unterbrochen, die sekundär eingefügt sein dürfte.
- 2 Kor 8 und 9 wirken wie zwei *selbständige Schreiben*, da sie keinen Bezug zum weiteren Kontext aufweisen.

Ob man den Brief in mehrere Briefe aufteilt oder nicht, die in den Teilungshypothesen zum Vorschein kommende Struktur des 2 Kor ist als Modell zur Gliederung hilfreich.

Hält man den 2 Kor für ein *einheitliches* Schreiben des Paulus, wurde dieser vermutlich ein halbes Jahr später (**Herbst 55**) in **Makedonien** verfasst.

Adressiert sind alle Briefe an die Gemeinde in **Korinth**, eine bedeutende Hafenstadt der Antike und wirtschaftliches Zentrum der Provinz Achaia, die eine Vielzahl von Kulten beherbergte und Austragungsort der Isthmischen Spiele war. Die Gemeinde wurde **um 50 gegründet** (Apg 18) und ist mehrheitlich heidenchristlich geprägt, doch gibt es eine starke judenchristliche Partei (1 Kor 1,22–24 u. ö.; vgl. Apg 18,8). Auch der Judenchrist *Apollos* hat dort missionarisch gewirkt.

Beide Briefe enthalten daneben sekundäre Zusätze. **1 Kor 14,34f** stellt eine *unpaulinische* Polemik gegen das Lehren von Frauen dar (vgl. dagegen 11,2–16). **2 Kor 6,14 - 7,1** ist ein späterer Nachtrag, der wohl bei der Zusammenstellung der Einzelbriefe des 2 Kor hinzugefügt wurde; er enthält eine Reihe bei Paulus sonst nicht belegter Aussagen und ein stark dualistisch geprägtes Weltbild, das eher an Eph oder auch an die johanneische Literatur erinnert.

## 2.1 Der erste Korintherbrief

### *B) Inhalt*

Entscheidend für das Verständnis des 1 Kor ist die Frage nach dem Anlass des Briefes. Paulus lobt gleich zu Beginn die geistliche »Begabung« der Adressaten. Bevor er auf spezielle Einzelfragen eingeht, verhandelt er das Problem, dass es in Korinth zu *Spaltungen*, zur Bildung von Parteien gekommen ist (**1Kor 1–4**). Diese berufen sich offensichtlich auf ihre »Täufer« oder »Lehrer« (Paulus, Apollos, Petrus). Daneben scheint es eine starke Gegnerschaft zu geben, die sich als besonders »geistreich« (geistbegabt) versteht – vielleicht handelt es sich gar um eine der »Parteien« (die Apollos-Partei?). Eine genaue Charakterisierung dieser Gegner (z. B. als frühe Gnostiker) ist schwierig. Sie scheinen beeinflusst zu sein von jüdisch-hellenistischer Weisheitstheologie oder Vorstellungen aus antiken *Mysterienkulten*. Aus dem Text geht hervor, dass sie das »pneumatische« Element im Christentum besonders hoch schätzten (vgl. 12,13), ein ausgeprägtes Vollendungsbewusstsein besaßen (vgl. 2,6; 4,8–10.18–20 u. ö.) und die christliche Freiheit (möglicherweise zu) stark betonten – Paulus zitiert mehrfach den Slogan: »Alles ist mir erlaubt!«

In **1 Kor 5–11** behandelt Paulus vorwiegend Einzelprobleme: »Blutschande«, Unzucht, Prozesse von Christen, Ehe-/Ehelosigkeit, Essen von Götzenopferfleisch, Missstände bei der Herrenmahlfeier und weitere gottesdienstliche Fragen wie die Verschleierung von Frauen beim Gebet. Hier verfügt er offensichtlich über Informationen aus der Gemeinde (evtl. von den in 1,11 genannten »Leuten der Chloe«) und geht auf konkrete Anfragen ein (1 Kor 5,1; 7,1; 8,1; 11,2). In **1 Kor 15** verhandelt er das Thema »Auferstehung« – sie wurde in Korinth offensichtlich bestritten. In diesem Zusammenhang erinnert er an eine urchristliche Bekenntnisformel (**1 Kor 15,3–5**), vermutlich die *älteste christliche Ostertradition*. Anders als in 1 Thess 4,13–17 geht Paulus konkret auf die Realität der Auferstehung ein und wehrt dem Missverständnis einer »fleischlichen« Auferstehung: Vielmehr erhielten die Auferstandenen (und die Lebenden) bei der »letzten Posaune« einen »Geistleib«. Dies formuliert er als »Geheimnis« (gr. *mysterion*): »Wir werden nicht alle entschlafen, wir werden aber alle verwandelt werden.« (15,51) Am Ende der Zeiten werde auch der Tod besiegt – doch angesichts dieser Gewissheit hat er bereits seinen Stachel (die Sünde) verloren (15,26.55f).

Zwischen 1 Kor 11 und 15 äußert sich Paulus in grundsätzlicher Weise über die Bedeutung des »Geistes« für die Gemeinde. In Anknüpfung an den auch in 1 Kor 1–4; 11 dominierenden Gedanken der »Einheit« der Gemeinde entfaltet er in **1 Kor 12** das Bild von der Gemeinde als »Leib« mit einzelnen Gliedern. Die Glieder wiederum sind zwar alle mit einem Geist »durchtränkt« (wobei Paulus evtl. auf die Taufe anspielt), besitzen jedoch unterschiedliche Begabungen. In **1 Kor 12–14** stellt Paulus diese »Gaben des Geistes« (gr. *charismata*, daher auch »Charismen«) ausführlich dar, kommt aber in **1 Kor 13** auf die größte aller »Begabungen« zu sprechen: die »Liebe« (gr. *agapê*), die sogar noch Hoffnung (gr. *elpis*) und Glaube (gr. *pistis*) übersteigt (13,13). Danach setzt er sich intensiv mit der *Glossolalie* (Zungenrede) auseinander; Paulus schätzt zwar alle Begabungen als gleichwertig ein, mahnt aber zur »Ordnung« – das Ziel aller Begabungen sieht er in der »Erbauung« (gr. *oikodomê*) der Gemeinde (14). Der Brief endet mit Anweisungen zur Kollekte für Jerusalem (vgl. Röm 15), Reiseplänen und Grüßen (1Kor 16).

## C) Arbeitsfragen

### 1) Zum 1 Kor allgemein

1. Erstellen Sie eine Grobgliederung. Welche Themen/Fragekreise spricht Paulus an – welche Rückschlüsse lassen sich daraus über die »Probleme« der korinthischen Gemeinde ziehen?

- Der Brief gliedert sich durch die jeweiligen Fragen, die Paulus verhandelt.
- Kap. 1–4 behandeln die »Spaltungen« innerhalb der Gemeinde, das Verständnis des Apostelamtes sowie das Wort vom Kreuz.
- Kap. 5–6 behandeln Einzelprobleme innerhalb der Gemeinde.
- Kap. 7 behandelt Fragen zu Ehe- und Ehescheidung sowie zu den »Ständen« innerhalb der Gemeinde.
- Kap. 8–10 verhandelt Paulus vorrangig die Frage, ob man Götzenopferfleisch essen darf. Er verknüpft dieses Problem mit grundsätzlichen Bemerkungen zu seiner Freiheit als Apostel (Kap. 9) und mit kultischen Fragen (Kap. 10: Götzendienst; Abendmahl); »Taufe«?
- In Kap. 11 verhandelt Paulus gottesdienstliche Fragen: Verschleierung von Frauen im Gottesdienst und Missstände beim Herrenmahl.
- Daran schließen sich Kap. 12–14 allgemeine Aussagen zu den »Geistesgaben« an: Im Zentrum steht die Vorstellung der Gemeinde als »Leib« (12); als höchste Gabe wird – neben Glauben und Hoffnung – die »Liebe« angesehen. In Kap. 14 steht v.a. die prophetische Gabe und die Zungenrede im Zentrum der Debatte – hier findet sich auch das bis heute nachwirkende »Schweigegebot« an die Frauen (14,33–35).
- In Kap. 15 verhandelt Paulus ausführlich die Frage nach der Auferstehung der Toten.
- In Kap. 16 schließt Paulus die Kollekte für Jerusalem und Reisepläne an.

2. Was erfahren Sie aus dem Brief über die Adressaten bzw. ihr Verhältnis zu Paulus? Was ist der vordringliche Anlass des Briefes?

- Paulus hat ein gutes Verhältnis zur Gemeinde, ist durch »Leute der Chloe« über Einzelheiten informiert und hat laut eigener Auskunft einige in der Gemeinde getauft (1).
- Vordringlicher Anlass ist die Gefahr von Gruppenbildungen innerhalb der Gemeinde, der Paulus entschieden wehren möchte (1; vgl. 11).
- Zugleich gibt es eine Gegnerschaft von »Starken« (vgl. 8–10), deren Aussprüche Paulus fortwährend schlagwortartig zitiert und korrigiert.
- Am Ende ruft Paulus die Gemeinde wiederholt zur Ordnung (11; 14).

### 3. Wie viele (und welche) »Parteien« gibt es laut 1 Kor in Korinth? Was dürfte der Ausgangspunkt für diese Spaltungen gewesen sein?

- Drei oder vier Parteien: Paulus, Kephas, Apollos sowie die »Christus«-Partei (1), sofern diese sich nicht polemischer Zuspitzung des Problems durch Paulus verdankt.
- Als Ausgangspunkt ist das Verhältnis zwischen Täufer und Täufling anzusehen – die Getauften sehen sich in einer besonderen Beziehung zu ihrem Täufer stehend (1).
- *Letzteres spricht wohl gegen die Existenz einer Christus-Partei.*

### 4. Welche Aussagen trifft Paulus über die Ehe? Vergleichen Sie auch mit der synoptischen Tradition.

- Kap. 7: Paulus befürwortet Ehelosigkeit, die er selbst praktiziert, wohl als Ausdruck der »Vorläufigkeit« dieser Welt. Um der »Unzucht« zu wehren, lässt er die Einehe zu.
- Ehescheidung ist dagegen nur erlaubt, wenn ein *nichtchristlicher* Partner diese wünscht. [Zur Erinnerung: Mk 10 zufolge verbietet Jesus die Ehescheidung grundsätzlich; Mt 19 zufolge ließ er die Ehescheidung im Fall des Ehebruchs zu.]

### 5. Worum geht es beim Konflikt zwischen »Starken« und »Schwachen« in der Gemeinde? Was fordert Paulus? Zu welcher Fraktion zählt er sich selbst?

- Es geht in Kap. 8–10 um die Frage, ob der Erwerb und Verzehr von (Götzen-) Opferfleisch erlaubt ist oder nicht. Zwar erlaubt Paulus den Verzehr, befürchtet jedoch, dass die »Schwachen«, in denen die Erkenntnis, dass es keine anderen Götter gibt, noch nicht stark genug ist, dadurch angefochten werden könnten, wenn die Starken, zu denen sich auch Paulus zählt, ungehemmt Opferfleisch essen, etwa im Tempelrestaurant (8).
- Darum gilt: »Alles ist erlaubt, aber nicht alles baut auf!« (10,23) sowie »Niemand suche das Seine!« (10,24) und »Gebt niemandem Anstoß!« (10,32). Grundsätzlich gilt das Beispiel des Apostels – in allen Fragen (11,1).

### 6. Erläutern Sie die Probleme bei den in 1 Kor 11 geschilderten Mahlfeiern. Warum ist es nach Aussage des Paulus kein »Herrenmahl«?

- Es ist kein *gemeinsames* Mahl, weil einige später kommen und andere vorher essen bzw. jeder »sein eigenes« Mahl zu sich nimmt. Paulus geht es um *Gemeinschaft*.

### 7. Wo und warum zitiert Paulus die Abendmahlsüberlieferung? Vergleichen Sie die paulinische Tradition mit der synoptischen Darstellung – welcher Version kommt sie am nächsten? Welche Details fehlen bei der paulinischen Darstellung?

- In 1 Kor 11,23–25 zitiert Paulus die Überlieferung, um zu verdeutlichen, dass der erhöhte Herr, Christus, beim Mahl gegenwärtig ist, und dass es beim gemeinsamen Essen und Trinken um *Verkündigung* des Todes Jesu geht (V. 26: vgl. die »Kreuzestheologie« des Paulus in 1 Kor 1–2). Dieser neue, durch das Blut gestiftete Bund und der erwähnte Verkündigungscharakter müssen auch in den Mahlfeiern der Gemeinde Ausdruck finden – sie lassen keine Spaltungen zu.
- Die Version kommt der Darstellung in Lk 22,18–20 am nächsten. Das Brotwort lautet: »Das ist mein Leib – für euch.« Das Kelchwort: »Dieser Kelch ist der neue Bund in meinem Blut.« Auffallend ist der *doppelte* Wiederholungsbefehl (bei Lukas nur beim Brotwort) in Bezug auf die Handlungen (»Solches *tut* zu meinem Gedächtnis«).

- Es fehlen sämtliche Details der Umstände, unter denen diese Worte gesprochen sind: Allein »in der Nacht der Auslieferung« zeigt, dass es sich um das »letzte Mahl« Jesu handelt. Paulus erwähnt weder die Jünger Jesu, die dabei waren, noch nähere Umstände wie z. B. das Passafest. Während der Leib als »für euch« näher bestimmt wird, ist nicht vom »Vergießen des Blutes« für die Vielen oder gar »zur Vergebung der Sünden« die Rede. Damit konzentriert Paulus diesen Akt stärker auf die Brothandlung, wie auch das »Sooft« in V. 25 suggeriert (vgl. erneut Lk 22,19).

## 8. Was sind nach Paulus »Gaben des Geistes«?

- Paulus zählt in Kap. 12 auf: »Weisheitsrede«, »Erkenntnisrede«, »Glaube«, »Heilung«, »Wunderkräfte«, »prophetische Rede«, »Unterscheidung der Geister«, »Zungenrede« und »Auslegung der Zungenrede«.
- Dem zugeordnet sind die drei Ämter: Apostel, Propheten, Lehrer.
- Die Zungenrede betrachtet Paulus in Kap. 14 aber kritisch, da sie keinen »erbaulichen Zweck« hat, sofern sie nicht ausgelegt wird – sie ist ihrer *Auslegung* untergeordnet.
- In Kap. 13 steht die »Liebe« als höchste Gabe im Vordergrund, der »Glaube« und »Hoffnung« (letzteres fast beiläufig!) nachgeordnet werden.

## 9. Welche Themen werden im »Hohenlied der Liebe« (13) verhandelt?

- Als das »Hohelied der Liebe« bezeichnet man das 13. Kapitel: Es geht um die Gaben, die einen »bleibenden Charakter« haben – und Paulus sieht die Liebe als die größte Begabung an, die »niemals aufhört« (oder »zu Fall kommt«). Sie ist der einzige Weg – alles ist ohne die Liebe nutzlos, sogar die Wohltätigkeit (13,3!).

## 10. Was sagt Paulus wo über die Auferstehung der Toten?

- In Kap. 15 geht Paulus ausführlich auf die Frage ein, ob Tote auferstehen. Dies wird von einigen in der Gemeinde bestritten.
- Paulus argumentiert auf zwei Ebenen: Zum einen hängt die Auferstehung Toter *auch* an der Auferstehung Jesu Christi (15,13f) – sonst wäre es ein leerer Glaube! Dann folgt ein »apokalyptischer Fahrplan«, an dessen Ende Gott »alles in allem« (15,28) sein wird.
- Auferstehung selbst ist kein »Wieder-lebendig-Werden«, sondern Lebende wie Tote werden »verwandelt«, sie erhalten einen »Geistleib« bei der »letzten Posaune«.

## 11. Paulus geht auf »Missstände« im gottesdienstlichen Leben ein. Wie regelt er sie?

- Neben Fragen zum Herrenmahl, die er regeln will, »wenn er kommt«, verhandelt Paulus in Kap. 11 die Frage der Verschleierung von Frauen. Hier windet er sich in der Argumentation, um am Ende die Gemeinde zur eigenen Urteilsbildung aufzurufen.

## 12. Was erfahren Sie über die Rolle der Frauen in der Gemeinde? Empfinden Sie einen Widerspruch?

- Die Aussage in 1 Kor 14,33–35, dass die Frauen schweigen sollen, steht im Widerspruch zu der Diskussion, wie Frauen in der Gemeindeversammlung beten sollen (11).
- *Die Rolle der Frau ist nach Gal 3,28 und anderswo bei Paulus sehr viel selbständiger und den Männern gleichgestellt, weswegen diese Verse wohl auf einen Paulusschüler (vgl. die »Haustafeln« in Eph 4f; Kol 3 und 1 Tim 2) zurückgehen dürften.*

## *D) Die Struktur des ersten Korintherbriefs*

| **1,1–9** | **Briefeingang** |
|---|---|
| **1,1–3** | **Präskript** (Abs.: *Paulus und Sosthenes*) |
| **1,4–9** | ***Proömium*** |
| **1,10–4,21** | **Spaltungen in der Gemeinde** |
| 1,10–17 | Parteien in der korinthischen Gemeinde (Paulus, Kephas, Apollos, Christus) |
| **1,18–2,5** | **Das Wort vom Kreuz als Grundlage christlicher Existenz** |
| 2,6–16 | Die Weisheitspredigt des Paulus (→ *Gottes* Weisheit ist *geistlich*) |
| 3 | Theologische Auseinandersetzung mit den Parteiungen<br>(Die Apostel als Gärtner/Baumeister → die Gemeinde als *Tempel Gottes*) |
| 4 | Auseinandersetzung mit dem Anspruch der Korinther auf »absolute« Freiheit;<br>*Besuchsankündigung* (→ »Ahmt mein Beispiel nach!« = Schwachheit) |
| **5–6** | **Sittliche Missstände in der Gemeinde** |
| 5 | Ein Fall von Blutschande (Verhältnis mit der Stiefmutter) |
| 6,1–11 | Prozesse von Christen vor heidnischen Gerichten |
| 6,12–20 | Warnung vor Unzucht (Umgang mit Prostituierten) |
| **7** | **Ehe und Ehescheidung** |
| (7) | Ehe oder Ehelosigkeit? Stände in der Gemeinde: Sklaven, Beschnittene etc. |
| **8–10** | **Das Essen von Götzenopferfleisch** |
| 8 | Strebt nicht nach der Erkenntnis, sondern nach der Liebe! |
| 9 | Der Apostel als Beispiel für *Rechtsverzicht* |
| 10,1–11,1 | Theologische Erörterung des Problems: → Verzicht wegen der Schwachen<br>*Götzendienst Israels* (10,1–4: »Taufe und geistliche Speise« in der Wüste)<br>Fazit: »*Alles, was auf dem Markt verkauft wird, könnt ihr essen!*« (11,25) |
| **11** | **Probleme in der Gemeindeversammlung** |
| 11,2–16 | Verschleierung der Frauen im Gottesdienst |
| 11,17–34 | Missstände bei den Herrenmahlfeiern der Gemeinde<br>(**11,23–25** [vorpaulin.] **Herrenmahlüberlieferung**, *vgl. Lk 22,19f*) |
| **12–14** | **Charismen in der Gemeinde** |
| 12 | Verschiedene Charismen (Gaben), aber *ein Leib Christi*<br>(Charismen = Zungenrede, Auslegung, Heilungen usw.) |
| **13** | **Das Hohelied der Liebe**: Die Liebe als Norm aller Charismen |

| | |
|---|---|
| 14 | Glossolalie und prophetisches Reden<br>**(14,34f: Schweigegebot für Frauen)** |
| **15** | **Die Auferweckung von den Toten** |
| 15,1–11<br>15,12–58 | **Das Zeugnis der Auferweckung** (**15,3b-5**: vorpaulinische Tradition)<br>Auseinandersetzung mit den Leugnern der Auferweckung<br>(**15,28** »apokalyptischer Fahrplan«) |
| **16** | **Briefschluss** |
| 16,1–18<br>16,19–24 | Schlussparänese: (16,1–4: *Kollekte für Jerusalem*)<br>Grußauftrag und *Eschatokoll* |

## 2.2 Der zweite Korintherbrief

### *B) Inhalt*

Im 2 Kor *könnte* es Paulus mit denselben Gegnern wie im 1 Kor zu tun haben, da diese sich durch ein ähnliches »Selbstbewusstsein« auszeichnen. In diesem Fall ist speziell an *urchristliche Wandermissionare* zu denken, die Paulus einen mangelnden Geistbesitz vorwarfen. Paulus verzeichnet sie als »Überapostel« und hält ihrem Selbstbewusstsein seine Auffassung vom Apostolat als *Dienst der Versöhnung in Schwachheit* vor Augen, besonders in der so genannten »Narrenrede« (11,16–12,13).

Die in 1 Kor 16 thematisierte Kollekte für Jerusalem bildet vermutlich den Hintergrund für die ursprünglich selbständigen **»Kollektenbriefe«** (**Brief D** [**2 Kor 8**] und **E** [**2 Kor 9**]). **Brief A** (**2 Kor 2,14–6,13; 7,2–4**) und **Brief B** (**2 Kor 10–13**) sind dagegen zwei aufeinanderfolgende *Kampfbriefe*, in denen Paulus seinen Apostolat verteidigt und begründet, wobei der Ton in Brief B deutlich schärfer wird. **Brief C** (**2 Kor 1,1–2,13; 7,5–16**) scheint hingegen ein abschließendes versöhnliches Schreiben darzustellen, das Paulus nach der Rückkehr des Titus abgefasst hat, der einen der »Kampfbriefe« nach Korinth gebracht und Paulus die Reaktion darauf übermittelt hat.

Ein späterer Redaktor hat diese Schreiben vermutlich zu einem einzigen vereinigt und dabei um den *nichtpaulinischen* Abschnitt 2 Kor 6,14–7,1 ergänzt.

Dementsprechend ist es sinnvoll, diese einzelnen Briefe als »Themenblöcke« gesondert zu betrachten; da sie aber als *einheitliches* Schreiben vorliegen, werden sie auch in der vorliegenden Reihenfolge betrachtet, die chronologisch betrachtet nun die Verhältnisse umkehren: Die beiden »Kampfbriefe« sind jetzt gerahmt von einem durch und durch *versöhnlichen* Schreiben, wobei der Aspekt der »Versöhnung« auch in Brief A mehrfach anklingt.

*1) Der versöhnliche Rückblick auf die vergangenen Ereignisse (1,1–2,13; 7,5–16; 13,11–13)*

Paulus eröffnet den Brief nicht wie sonst mit einem Proömium als »Danksagung«, sondern mit einer *Eulogie* (gr. *eulogia*) einem Lobpreis Gottes, des Vaters Jesu Christi und Gott allen *Trostes*, der Paulus (und Timotheus?) aus einer Todesgefahr in der Provinz Asia gerettet habe.

Dieser Hinweis gilt vielen Exegeten als Beleg dafür, dass Paulus in Ephesus gefangen saß und zum Tode verurteilt werden sollte, d.h. die »ephesinische Gefangenschaft« (vgl. auch den in 1 Kor 15,32 erwähnten »Kampf mit wilden Tieren« in Ephesus).

Paulus wollte auf seiner (Kollekten-?)Reise durch Makedonien über Korinth nach Judäa reisen, doch er verzichtete darauf wegen eines Zwischenfalls, bei dem ihn ein

Gemeindeglied »betrübt« habe (2) – daraufhin habe er seinen »Tränenbrief« verfasst (2,4) – dieser wurde von der Gemeinde bestraft, ihm soll aber nun vergeben werden.

Abschließend berichtet Paulus, wie er nach Troas gelangte, und weil er Titus (den Gemeindeapostel von Korinth) dort nicht angetroffen habe, weiter nach Makedonien gereist sei. Wie aus 2 Kor 7,5–16 hervorgeht, hatte er ihn mit dem »Tränenbrief« (7,8f) nach Korinth geschickt. In 2 Kor 7 erzählt er nun, wie Titus ihn über die Reaktion der Gemeinde auf den Brief informiert. Die bestürzte und reumütige Reaktion der Korinther ist für Paulus nun ein Trost (vgl. 2 Kor 1) – und Titus hat sich zugleich als seiner Aufgabe würdig erwiesen, was Paulus ebenfalls erfreut. An diese Aussage schlösse sich der Aufruf zur Freude, Ermahnung und zum Frieden mit Gruß und Segenswunsch (2 Kor 13,11–13) gut an, die aber auch als Abschluss des zweiten Schreibens vorstellbar ist.

*2) Der Apostolat als leidvoller Dienst der Versöhnung (2,14 – 6,13; 7,2–4)*
Paulus entfaltet in diesem apologetischen Schreiben die Begründung seines Apostolats (und führt damit sachlich das in 1 Kor 1–4 Angesprochene weiter).

Der abrupte Einsatz in 2 Kor 2,14 erinnert unwillkürlich an ein paulinisches Proömium, und 2 Kor 3 führt diesen Eindruck eines »Briefeingangs« weiter, da hier Paulus bewusst auf eine »Selbstempfehlung« *verzichtet.* Anders als »gewisse Leute« benötigt Paulus keine »Empfehlungsbriefe« – die Gemeinde selbst *ist* sein Brief, sein Empfehlungsschreiben. Die anschließende Gegenüberstellung seines eigenen »Dienstes in Herrlichkeit« als »Diener des neuen Bundes« (des *Geistes* und des *Evangeliums*) gegenüber den Dienern des »alten Bundes«, des »Buchstabens«, liest sich als Polemik gegen (leider nicht genannte) andere Personen, ebenso wie die Betonung, die »Amtsträger« (wie Paulus einer ist) würden das Wort Gottes *nicht* verfälschen, sondern es in »wahrhaftiger Offenheit« lehren (4). Dafür ertragen sie allerlei Bedrängnisse und fürchten auch den Tod nicht (4–6), wären sie auch bisweilen viel lieber außerhalb ihres Leibes »beim Herrn« (5,8), der als »Richter« ihren Dienst beurteilen wird (5,10). Wer nämlich in Christus ist, ist ein »neues Geschöpf« (5,17) – und wie Gott die Menschheit in Christus »versöhnt« hat (5), so ist der *Apostelдienst* ein Dienst zur Versöhnung mit Gott (6). Am Ende mündet dieses Schreiben in die Bitte, von der Gemeinde »angenommen« zu werden (7,2–4).

Dieser Abschnitt ist von einem durchgehenden Gedanken bestimmt: Paulus verkündigt nicht *sich selbst,* sondern Christus – sein Apostolat erhält seine Bedeutung daher nicht aus der Person des Paulus, sondern aus seiner apostolischen Existenz, die er christologisch begründet, weil er das »Sterben Jesu« an seinem Leibe trägt (4,10). Seine apostolische Existenz ist dadurch paradigmatisch für jegliche *christliche* Existenz.

*3) Die »Kollektenbriefe« (8–9)*
Die Kapitel 8 und 9 weisen keinerlei direkte Verbindungen zu den vorherigen Schreiben auf; am ehesten könnte noch 2 Kor 8 den »Versöhnungsbrief« fortführen, da in diesem ein ähnlich freudiger Ton vorherrscht.

In Brief D (2 Kor 8) geht es darum, die vor einem Jahr begonnene Kollekte nun zu einem guten Ende zu bringen. Die Erwähnung des Titus legt die Vermutung nahe, dass er diesen Brief überbringen und die Kollekte »überwachen« soll. Brief E (2 Kor 9) blickt bereits auf die Ankunft des Paulus in Korinth voraus – das Kollektenwerk scheint nun Früchte zu tragen.

*4) Der »Vierkapitelbrief« (auch: »Tränenbrief«) (10,1 – 13,10)*

Der Tonfall dieser vier Kapitel und sein Inhalt sprechen stark dafür, dass der Abschnitt tatsächlich »unter Tränen geschrieben« wurde. Paulus begegnet darin den Vorwürfen seiner Gegner und entfaltet seine Position vom Apostolat als Dienst in Schwachheit, die er deren Selbstbewusstsein geradezu spöttisch entgegenstellt. Sie seien als »Überapostel« in Wirklichkeit »falsche Apostel«, die am Ende entlarvt würden. Er sei zwar schwach, aber ein Narr.

In der langen »Narrenrede« (11–12) entfaltet Paulus, der bereits in 1 Kor 1 die Torheit des Kreuzes weltlicher Weisheit kontrastiert, eindrücklich seinen Aposteldienst. In einem langen *Peristasenkatalog* (eine Aufzählung widriger Umstände), der aufschlussreich für die Paulusbiographie ist (11,22–33), zählt er zahlreiche erlittene Bedrängnisse auf (Todesnöte, Züchtigungen, Schiffbrüche, Gefahren und Entbehrungen auf Reisen). In Kap. 12 thematisiert er dann seine religiösen Erlebnisse: Auch er hat Erscheinungen und Entrückungen in den Himmel erlebt, doch diese münden bei ihm in die Zusage Christi, dass sich Gottes Kraft in *Schwachheit* vollende (12,9), denn »wenn ich schwach bin, dann bin ich stark« (12,10).

Im letzten Abschnitt (13,1–10) richtet er sich wieder an die Gemeinde, bereitet sie auf anstehende Bewährungen im Glauben vor und fordert sie auf, ihren eigenen Glauben zu prüfen. Zuletzt betont er, dass sein Dienst grunsätzlich der *Erbauung*, nicht der Zerstörung gelte.

*5) Komposition und Redaktion (1,1 – 13,13 einschließlich 6,14 – 7,1)*

Die kanonisch gewordene Zusammenstellung der Schreiben bewirkt, dass der Gedanke der *Versöhnung* den ersten Teil deutlich dominiert: Die Versöhnung des Paulus mit der Gemeinde entspricht somit dem Aposteldienst als Dienst der Versöhnung mit Gott. Die in 6,14 – 7,1 eingeflochtene Mahnung zur Abgrenzung von Ungläubigen sperrt sich somit gegen den Kontext, könnte aber eine neue Gemeindesituation widerspiegeln. Die Kollektenbriefe fügen sich gut an die erzählerischen Passagen über die Reisen des Paulus in 2 Kor 7 an – das Vorhaben konnte erfolgreich beendet werden. Der zweite Teil ab Kap. 10 grenzt sich damit stärker vom ersten Teil ab und liest sich nun wie eine klassische Schlussparänese (vgl. den zweiteiligen Aufbau des Eph und des Kol).

*6) »Kreuzestheologie« und »Herrenworte«*

Im Folgenden werden zwei wichtige Elemente im 1/2 Kor herausgestellt: Theologisch bedeutsam ist die paulinische »*Kreuzestheologie*« als »Niedrigkeitsgesinnung«, historisch und traditionsgeschichtlich interessant die Erwähnung diverser »*Herrenworte*«.

*a) Die Kreuzestheologie des Paulus*

Bereits im 1 Kor malt Paulus seinen Gegnern »das *Wort vom Kreuz*« vor Augen (1 Kor 1): Die Offenbarung Gottes im Gekreuzigten ist »den Juden ein Anstoß, den Griechen eine Torheit«, m. a. W.: Die Botschaft vom gekreuzigten (und auferstandenen) Christus steht menschlicher Vernunft zunächst entgegen. Von dieser theologischen Grundlage her erschließt sich dem Leser das Selbstverständnis des Apostels in der Leidensnachfolge, die er seiner Gemeinde anempfiehlt (vgl. 1 Kor 4,9–13 u. ö.). Gott offenbart sich gerade in der *Schwachheit* seiner Werkzeuge (vgl. 2 Kor 12). Daraus resultiert auch der *Verzicht auf das »Rühmen«* (1 Kor 1,29–31; vgl. 2 Kor 10,12–17; 12,1–10), was für die in den später verfassten Briefen (Gal und Röm) entfaltete Rechtfertigungslehre zentral ist: Paulus rühmt sich des *Kreuzes Christi* (vgl. Gal 6,14) und der *Versöhnung durch Gott* (vgl. Röm 5) – ein anderer Ruhm ist nicht denkbar, denn durch das *Gesetz des Glaubens* ist das »Rühmen«, der Verweis auf eigene Leistung und Werke, ausgeschlossen (vgl. Röm 3).

*b) Die »Herrenworte« in den Korintherbriefen*

In **1 Kor 7,12** beruft sich Paulus auf ein »Herrenwort«, mit welchem er das Verbot der Ehescheidung begründet; damit könnte in diesem Fall ein Wort aus der *mündlichen Jesusüberlieferung* gemeint sein (vgl. Mk 10,2ff). Unsicher ist die Herkunft des auf den »Herrn« zurückgeführten Wortes in 1 Kor 9,14, man solle sich vom Evangelium »ernähren«. In **2 Kor 12,9** zitiert Paulus ein an ihn persönlich ergangenes »Herrenwort«, das auf den erhöhten Christus zurückgeht (ein ähnlicher Hintergrund wird bisweilen auch für 1 Thess 4,15f vermutet). »Herrenworte« können Worte des irdischen Jesus, des erhöhten Christus (durch den Mund von Propheten) oder auch Ergebnis vollmächtiger Interpretation des Christusereignisses (z. B. aus dem Mund des Paulus) sein.

## *C) Arbeitsfragen*

### 1) Allgemein zum 2 Kor

1. Vergleichen Sie das Proömium mit dem des *1 Kor* – was fällt auf?

- 2 Kor 1 beginnt mit einer *Eulogie*: »Gepriesen sei der Gott und Vater unseres Herrn Jesus Christus«. Paulus preist ausdrücklich Gott, der ihn vor dem Tod gerettet hat und geht nicht (wie in anderen Briefen) zuerst auf den Status der Gemeinde ein.
- In 1 Kor 1 wandelt sich der Dank an die Gemeinde rasch geradezu in eine *captatio benevolentiae*: Sie ist reich an Wort und Erkenntnis aller Art, sie ist vielfältig begabt – und genau *das* ist ihr zum Verhängnis geworden.
- Beide Proömien bringen eine Ambivalenz von Nähe und Distanz zum Ausdruck, die offensichtlich charakteristisch für die Korintherkorrespondenz ist.

### 2. Was erfahren Sie aus dem 2 Kor über Briefwechsel und Besuche? Achten Sie auch auf den Streit mit einem Gemeindeglied.

- Paulus schreibt einen Brief, um Zweifel an seiner Amtsautorität zu beseitigen bzw. sein Amtsverständnis darzulegen (2 Kor 2,14–6,13; 7,2–4).
- Er erfährt Widerstand und reist daher – in Abänderung seiner Reisepläne (vgl. 2 Kor 1) – nach Korinth. Dort kommt es zum Konflikt mit einem Gemeindeglied (2 Kor 2), das ihn »kränkt« und dafür später von der Gemeinde bestraft wird.
- Paulus reist ab und verfasst unter Tränen seinen »Kampfbrief« (2 Kor 10–13), mit dem er die Gemeinde »betrübt« (2 Kor 7), aber auch zur Besinnung bringt.

### 3. Gegen welche Vorwürfe muss sich Paulus (vor allem in Kap. 10–13) zur Wehr setzen? Mit welchem Anspruch treten seine Gegner auf – und wie verteidigt sich Paulus?

- Paulus sei stark in seinen Briefen, aber schwach in seiner Rede (2 Kor 10,10) lautet der Hauptvorwurf, zudem wird sein Apostolat angezweifelt (vgl. Gal 1; 1 Kor 9).
- Sowohl die erste »Apologie« (2,14–7,4) als auch der zweite »Kampfbrief« (10–13) dienen der Verteidigung und Konkretisierung dieses apostolischen Amtes, wobei Paulus jeweils den Aspekt der »Schwachheit« hervorhebt. Der Apostolat selbst ist aber ein »Versöhnungsdienst« (2 Kor 5).
- Die Gegner besitzen »Empfehlungsschreiben« – Paulus verweist hingegen auf die Gemeinde selbst als seinen »Brief« (2 Kor 3).

## 2) Zu Paulus und seiner Theologie in *beiden* Korintherbriefen

### 1. Was erfahren Sie über die Biographie des Paulus aus den beiden Briefen? Wo kommt Paulus auf seine »Leiden« zu sprechen?

- Aus 1 Kor 1 erfährt man von der Tauftätigkeit des Paulus, aus 1 Kor 7, dass er bewusst ehelos lebt. Er hat (wie Barnabas) das Recht, *nicht zu arbeiten* und (wie Petrus und die Apostel und die Brüder des Herrn) eine Ehefrau mit sich zu führen, hat aber auf dieses Recht verzichtet! (Vgl. Apg 18!)
- In 1 Kor 9,1 betont Paulus, dass er Jesus, unseren Herrn, »gesehen hat« (vgl. Gal 1); diese Erscheinung konkretisiert er in 1 Kor 15,8. In 2 Kor 12 erwähnt er »mystische« Erfahrungen, Entrückungen in den »dritten Himmel« und bis ins Paradies.
- In mehreren *Peristasenkatalogen* erwähnt er die Leiden des Apostolats (1 Kor 4; 2 Kor 4; 6; 11; 12); ausführlich die Todesgefahr in Ephesus (2 Kor 1; vgl. 1 Kor 15: Kampf mit wilden Tieren) und die erfahrenen Strafen und Bedrängnisse sowie die auch in Apg 9 nachwirkende Notiz, er sei vor dem Statthalter des König Aretas aus Damaskus in einem Korb geflohen (2 Kor 11,21–33).
- Bezüglich der Vorwürfe seiner Gegner betont Paulus (2 Kor 11), dass er zwar ein Laie in der Redekunst sei, nicht aber in der »Erkenntnis« (gr. *gnôsis*).

### 2. Welche Bedeutung kommt dem »Wort vom Kreuz« zu? Was lässt sich demnach unter den Begriff »Kreuzestheologie« bei Paulus fassen?

- Die *anstößige* Funktion des Kreuzes geht aus 1 Kor 1,18–25 hervor: Das Kreuz ist Juden ein Ärgernis, Griechen eine Torheit – den Christen aber ein Hinweis auf die Diskrepanz weltlicher Weisheit (»Philosophie«) und göttlicher Weisheit. 1 Kor 2 zufolge ist die Botschaft vom Gekreuzigten das Zentrum der paulinischen Verkündigung.

- Aus dieser *neuen Erkenntnis* erwächst die Einsicht, dass alles irdische Leiden eine Gleichgestaltung mit den Leiden Christi darstellt (»Wir tragen das Sterben Jesu an unserem Leib« [2 Kor 4,10]). Das konkrete Leid verliert angesichts des Evangeliums seine bedrohliche Macht und wird zugleich zur Auszeichnung besonderer Nachfolger.
- In 2 Kor 10–13 hebt Paulus das Moment der *Paradoxie christlicher Existenz* hervor, einzigartig in der »Narrenrede« (2 Kor 11–12), prägnant dort, wo er ein Herrenwort (des Auferstandenen) zitiert: »Meine Kraft vollendet sich in Schwachheit« (12,9)

## 3) Themen in 1 Kor und 2 Kor (Näheres hierzu s. u. Kap. XIV.)

Notieren Sie sich Kapitelangaben und Stichworte zu folgenden Themen:

- *Paulus*: Person und Werk, Apostolat; *Apollos; Frauen im NT*
- *Taufe; Abendmahl; Liebe; Ämter; Ehe/Ehescheidung; Versöhnung; Auferstehung*

## 4) Vertiefte Einzelfragen (Pfarramt)

### *1. Wo* erfahren Sie *was* über die Kollekte für Jerusalem?

- In 1 Kor 16 verweist Paulus auf eine Anordnung zur Sammlung für die Heiligen; an jedem Sonntag sollen die Gemeindeglieder etwas beiseite legen, das anschließend in Verbindung mit Briefen nach Jerusalem geschickt werden soll.
- In 2 Kor 8 und 2 Kor 9 liegen möglicherweise zwei »Bittbriefe« bzw. »Kollektenbriefe« vor. 2 Kor 8 erwähnt Titus als Briefüberbringer (und späteren Kollektenüberbringer?), aber auch noch andere Brüder, Gemeindemitglieder aus Makedonien. 2 Kor 9 könnte zu 2 Kor 8 gehören oder ein selbständiges zweites Schreiben darstellen. (Weitere Informationen dazu finden sich in Röm 15; Gal 2.)
- Ziel der Kollekte ist es, den Mangel in Jerusalem auszugleichen und »Gleichheit« zu schaffen (2 Kor 8), sie ist aber auch Ausdruck für den Dank an Gott (2 Kor 9).
- *In 2 Kor 9,7 findet sich das in vielen Gottesdiensten verwendete »Kollektenwort«: »Einen fröhlichen Geber hat Gott lieb.«*

### 2. Skizzieren Sie die Auslegung zu Ex 34,29–35. Mit welchen antithetischen Begriffen stellt Paulus in 2 Kor 3 »alten« und »neuen« Bund einander gegenüber?

- Weil Mose und die Israeliten die Herrlichkeit Gottes nicht sehen durften, sondern sich mit einer Decke verhüllen mussten, liegt bis heute eine Decke »auf ihrem Herzen«. Die Christen hingegen sehen die Herrlichkeit des Herrn – sie sehen Gott von Angesicht zu Angesicht. Denn der Herr ist Geist – und wo der Geist ist, ist Freiheit (3,17).
- *Buchstabe und Geist*: Der Buchstabe tötet, der Geist macht lebendig. Die Christen sind »Diener des neuen Bundes«, des Geistes. Da Paulus hier auf seine Gegner Bezug nimmt, liegt die Annahme nahe, dass es sich um Judenchristen handelt.

## *D) Die Struktur des zweiten Korintherbriefs*

|  |  |  |
|---|---|---|
| *Briefanfang* (zu **Corpus A**) | **1,1–11** | **Briefeingang** |
| | **1,1f** | **Präskript** (Abs.:*Paulus und Timotheus*) |
| | **1,3–11** | ***Proömium*** |
| **Corpus A I** (»**Versöhnungsbrief**«) | **1,12 – 2,13** | **Die Apologie des Apostels** *(als briefliche Selbstempfehlung)* → Fortsetzung bei 7,5–9,15 |
| | 1,12–2,4 | Begründung der Handlungsweise des Apostels |
| | 2,5–11 | Bitte um Vergebung für den bestraften Beleidiger |
| | *2,12 f* | *Beginn des Reiseberichts* |
| **Corpus B** | **2,14–7,4** | **Erste Apologie des paulinischen Apostolats** |
| | 2,14–4,6 | Die apostolische Verkündigung als Siegeszug Christi<br>***darin*: 2 Kor 3:** Alter und Neuer Bund |
| | **4,7–6,10** | **Die apostolische Verkündigung als von Niedrigkeit geprägter Dienst am Versöhnungswerk Gottes**<br>(*Leidensgemeinschaft mit Christus u. Hoffnung des Apostels*) |
| | 6,11–7,4 | Dringliche Bitte an die Korinther, sich den Argumenten des Paulus zu öffnen |
| | 6,14–7,1 | Darin: **nach**paulinische Mahnung zur Abgrenzung von den Ungläubigen (Christus vs. **Beliar**; Licht/Finsternis) |
| **Corpus A II** | **7,5–9,15** | **A: Fortsetzung des Reiseberichtes**<br>**D–E: Appell zur Fortsetzung der Kollekte** |
| | *7,5–16* | *Fortsetzung d. Reiseberichts:*<br>*Der Erfolg der Mission des Titus* |
| **Kollektenbriefe** (**D; E**) | **8** | **Die Kollekte in Korinth**<br>Empfehlung des Titus und seiner Begleiter |
| | **9** | **Der Abschluss der Kollekte in ganz Achaia**<br>Die Frucht der Kollekte |
| **C** (»**Tränenbrief**«) | **10,1–13,10** | **Zweite Apologie des Apostolats** |
| | **10,1–11,15** | **Abwehr von Vorwürfen der Gegner**<br>Die Vorwürfe der Gegner<br>Die Maßstäbe des Apostels<br>Der selbstlose Dienst des Apostels |
| | **11,16–12,13** | **Die »Narrenrede« des Paulus**<br>(»*Lass Dir an meiner Gnade genügen, denn meine Kraft vollendet sich in Schwachheit.*« [*12,9*]) |

| *Briefschluss* (zu *Corpus A*?) | **13,10–13** | **Briefschluss** |
|---|---|---|
| | 13,10 | Schlussmahnung |
| | 13,12f | Postskript |

## *E) Texte zum Auswendiglernen (aus 1 Kor und 2 Kor)*

*Das Wort vom Kreuz* (**1 Kor 1,18**): »Das Wort vom Kreuz ist eine Torheit denen, die verloren gehen; uns, den Geretteten, ist es Gottes Kraft.«

*Die Gemeinde als Tempel Gottes* (**1 Kor 3,16**): »Wisst ihr nicht, dass ihr Gottes Tempel seid und der Geist Gottes in euch wohnt?«

*Christus als unser »Passalamm«* (**1 Kor 5,7**): »Schafft den alten Sauerteig weg. … Denn als unser Passalamm ist Christus geopfert worden.«

*Die Freiheit des Apostels* (**1 Kor 9,19**): »Weil ich allen gegenüber frei bin, habe ich mich zum Sklaven aller gemacht, um möglichst viele zu gewinnen.«

*Die »Abendmahlstheologie« des Apostels* (**1 Kor 10,16f**): »Der Kelch des Segens, über dem wir den Lobpreis sprechen – ist das nicht die Gemeinschaft am Blut Christi? Das Brot, das wir brechen, ist das nicht Gemeinschaft am Leib Christi? *Ein* Brot ist es, so wie wir, die vielen, *ein* Leib sind.«

*Verantwortliche Freiheit* (**1 Kor 10,23**): »Alles ist erlaubt – aber nicht alles dient zum Guten. Alles ist erlaubt, aber nicht alles baut auf.«

Die *Herrenmahlüberlieferung* (**1 Kor 11,23b-25**): »Unser Herr Jesus, in der Nacht, da er ausgeliefert wurde, nahm Brot, dankte und brach es und sprach …«

*Die Gemeindevorstellung des Paulus* (**1 Kor 12,12f**): »Wie der Leib *einer* ist und doch viele Glieder hat, alle Glieder des Leibes aber … den Leib bilden, so auch Christus. Denn wir sind durch einen Geist alle in einen Leib hineingetauft, ob Juden oder Griechen, Sklaven oder Freie, und alle wurden wir getränkt mit einem Geist.«

*Das Hohelied der Liebe* (**1 Kor 13,4–8a**): »Die Liebe ist langmütig und gütig, die Liebe eifert nicht … Die Liebe hört niemals auf.«

*Glaube, Hoffnung, Liebe* (**1 Kor 13,13**): »Nun aber bleiben Glaube, Hoffnung, Liebe, diese drei, aber die Liebe ist die größte unter ihnen.«

Die *Ostertradition* (**1 Kor 15,3b-5**): »Dass Christus gestorben ist gemäß den Schriften …«

*Das Geheimnis der Auferstehung* (**1 Kor 15,51**): »Wir werden nicht alle entschlafen, wir werden aber alle verwandelt werden.«

*Vom Rühmen* (**1 Kor 1,31 u.ö**; *Jer 9,23*): »Wer sich rühmt, der rühme sich des Herrn!«

*Geist und Freiheit* (**2 Kor 3,17**): »Der Herr ist Geist, und wo der Geist des Herrn ist, da ist Freiheit.«

*Der Schatz in irdenen Gefäßen* (**2 Kor 4,7**): »Wir haben diesen Schatz aber in irdenen Gefäßen, damit die Überfülle der Kraft Gott gehört und nicht von uns stammt.«

*Die Verantwortung der Apostel* (**2 Kor 5,10a**): »Wir alle müssen vor dem Richtstuhl Christi erscheinen, damit ein jeder empfange, was seinen Taten entspricht.«

*Die Neuschöpfung* (**2 Kor 5,17**): »Ist jemand in Christus, so ist er eine neue Kreatur ...«

*Botschafter der Versöhnung* (**2 Kor 5,20**): »So treten wir als Gesandte Christi auf ... und bitten an Christi statt: *Lasst euch versöhnen mit Gott*!«

*Die Gegenwart des Heils* (**2 Kor 6,2b**): »*Jetzt* ist der Tag des Heils!«

*Die Kollektenbitte* (**2 Kor 9,7**): »Jeder gebe ... ohne Bedauern und ohne Zwang, denn einen fröhlichen Geber hat Gott lieb.«

*Die Vollendung in Schwachheit* (**2 Kor 12,9**): »Er sagte: ›Lass dir an meiner Gnade genügen, denn meine Kraft vollendet sich in Schwachheit.‹ So rühme ich mich lieber meiner Schwachheit, damit die Kraft Christi in mir wohne.«

## 3. Der Galaterbrief

### A) Einleitungswissen

In der Forschung gilt **Paulus** unbestritten als Autor; in der *Superscriptio* stellt er sich die Autorität namentlich nicht genannter »Brüder« an die Seite. Inhaltlich (*Rechtfertigungslehre, Gesetzesverständnis*), aber auch formal (*Makrostruktur*) ist eine Nähe zum Römerbrief erkennbar, weshalb er von einigen Exegeten als »kleiner Römerbrief« bezeichnet wird. Vermutlich ist das Schreiben in die Zeit zwischen der Korintherkorrespondenz und dem Röm zu datieren (**um 55**), als Abfassungsort legt sich dann **Makedonien** nahe. Gerichtet ist es entweder an Gemeinden der **Provinz Galatia** (*Provinzhypothese*) **oder** der **Landschaft** (Pontus Galaticus, Galatien, Lykaonien, Pisidien und Pamphylien; = *Landschaftshypothese*); generell handelt es sich um ein *Zirkularschreiben* an heidenchristliche Gemeinden (vgl. Gal 1,6; 4,13), die nach Auskunft der Apostelgeschichte zu Beginn der dritten Missionsreise (vgl. Apg 18,23) im Frühjahr 52 gegründet wurden. Paulus warnt diese vor judaisierenden Gegnern, welche die Beschneidung und evtl. die Einhaltung bestimmter jüdischer Vorschriften (Speisegebote) propagieren (vgl. Gal 1,6–8; 5,1–12; 6,11–15). Zugleich scheint die Legitimität seines Apostolats in Frage zu stehen (Gal 1,1; 1,11–24). Formal ist das *Fehlen eines Proömiums* aufschlussreich.

### B) Inhalt

Der Galaterbrief ist ein *Kampfbrief* des Paulus, der seine Verkündigung in Galatien durch das Wirken von (»judaisierenden«) Irrlehrern bedroht sieht. Zugleich scheinen diese Irrlehrer seinen Apostolat in Frage zu stellen.

Bereits im *Präskript* betont Paulus daher die Unabhängigkeit seines Apostolats, die er im ersten Hauptteil, dem autobiographischen Rückblick (Gal 1–2) mit Verweis auf sein Berufungserlebnis durch eine Christusvision und seine unabhängige missionarische Tätigkeit mehrfach unter Beweis stellt: »Ein Apostel, nicht von Menschen, auch nicht durch einen Menschen … » (Gal 1,1) Mit den Jerusalemer Autoritäten Petrus und Jakobus habe er sich erst nach Beginn seiner Verkündigungstätigkeit getroffen.

Den Galatern wirft er vor, sie hätten sich zu einem »anderen Evangelium« hingewandt, weshalb der Brief auch kein klassisches Proömium als Danksagung besitzt – es gibt nichts, wofür er dankbar sein könne, stattdessen muss er sich »wundern«. Der folgende Bericht vom Apostelkonvent und dem anschließenden »antiochenischen Zwischenfall« dient somit der erneuten Betonung seiner Gleichrangigkeit mit den, wenn nicht gar *Überlegenheit* über die »Säulen« in Jerusalem (Kephas [= Petrus], Jakobus und Johannes [Zebedäus]; vgl. 2,9). Daher mündet dieser in die Darlegung der paulinischen »Rechtfertigungslehre« (2,15–21): Die Rechtfertigung kommt allein aus dem Glauben an Christus, nicht aus Werken des Gesetzes (v.a. 2–3) – und daher sind die Beschneidungsforderung und weitere Vorschriften nicht nur unangemessen, sondern kontraproduktiv (vgl. 5,12!).

Die beiden folgenden Abschnitte, *Verheißung und Gesetz* (3,1 – 4,7) und *Freiheit und Gesetz* (4,8 – 5,1), stellen – bezieht man das folgende Zwischenstück 5,2–12 mit ein – zwei parallele Argumentationsstränge dar, in denen Paulus jeweils zu Beginn seine Ratlosigkeit über das Verhalten der Galater zum Ausdruck bringt (3,1–6; 4,8–20) und dann mit Hilfe eines alttestamentlichen Beispiels argumentiert (3,6–22 Abraham und Isaak; 4,21–31 Hagar und Sara), um das Anliegen der Irrlehrer als mit dem Christusereignis unvereinbar herauszustellen.

*Verheißung und Gesetz (3,1 - 4,7)*

Paulus stellt die Frage, ob die Galater den Geist aus dem (*geschriebenen*) *Gesetz* oder dem (*»gehorsamen«, hörenden*) *Glauben* empfangen hätten. Der Gegensatz von »Glaube« und »Gesetz« dominiert den gesamten Abschnitt. Weil Abraham »glaubte« und dadurch gerecht wurde (Gen 15,6), sind alle Glaubenden zunächst Kinder Abrahams und empfangen seinen Segen (Gen 12,3). Auch aus Hab 2,4b folgert Paulus: Der Gerechte lebt »aus Glauben« (vgl. Röm 1,17). Dagegen sind alle unter dem Gesetz auch »unter dem Fluch« – weil Christus aber selbst (als *Gehenkter*; Gal 3,13) für »uns« zum Fluch wurde, hat er Segen gebracht.

Nun bringt Paulus die *Verheißung an den Nachkommen* ins Spiel (Gen 17): Der »Bundesschluss« (gr. *diathêkê*) wird als »Testament« (gr. *diathêkê*) interpretiert – die Verheißung an *den Nachkommen* Abrahams, die Paulus auf Christus deutet, könne demnach nicht durch ein späteres Gesetz wieder aufgehoben werden. Das Gesetz kam als »Zuchtmeister« oder »Aufpasser«, gewissermaßen als Zwischenlösung, bis der »Nachkomme« (Jesus) erschien. Das Gesetz ist dabei weiterhin negativ konnotiert: als »Zuchtmeister« (gr. *paidagôgos*) bewahrt es vor dem Schlimmsten, aber wird *de facto* durch die Sünde korrumpiert – es kann kein Leben schaffen (3,21–24). Der Glaube jedoch befreit von diesem »Aufpasser« und als Getaufte sind alle Christen nun »einer« in Christus (Gal 3,26–28) und können so das Erbe der Verheißung antreten: Weil sie den Geist der Kindschaft empfangen haben, ist Gott nun ihr Vater, sie selbst sind als »Sohn« auch Erben der Verheißung.

---

**Gal 3,26–28** ist (vermutlich) eine alte Taufformel:
»Die ihr auf Christus getauft seid, habt Christus angezogen« –
keine Unterschiede (Jude/Grieche, Sklave/Freier, männlich/weiblich)

---

*Freiheit und Gesetz (4,8–5,1)*

Wollen die ehemals heidnischen Galater sich nun als solche Erben erneut von »Elementarmächten« und »Festzeiten« versklaven lassen? Sich dem Gesetz unterstellen? Nun argumentiert Paulus »aus dem Gesetz« heraus und beweist, dass die Christen zwei unterschiedlichen »Müttern« zugehören, die je einen unterschiedlichen »Bund« repräsentieren: die Sklavin Hagar den Sinaibund und damit das irdische Jerusalem, Sara jedoch das himmlische Jerusalem, die Mutter der Christen, die »Freie«.

*Das Resultat: Freiheit zur Liebe als Frucht des Geistes (5,2 - 6,10)*
Der Glaube ermöglicht ein Leben in Freiheit, frei von Sünde, frei zum verantwortlichen Handeln (vgl. v.a. 5–6). Das Resümee lautet demnach *Freiheit* statt Knechtschaft, *Glaube* und *Geist* statt »Gesetz«: Der Glaube aber erweist sich in der Liebe, die wiederum das Gesetz erfüllt (Gal 5,14) und die eine Frucht des Geistes, nicht des Fleisches ist. So kann Paulus abschließend sogar vom »Gesetz Christi« sprechen, nämlich dort, wo man sich nach dem Geist ausrichtet.

---

*Traditionelle Aussagen im Gal:*
**Gal 5,9**: Wort vom Sauerteig (vgl. Lk 13,20f; 1 Kor 5,6)
**Gal 5,14:** Liebesgebot (vgl. Mk 12 parr; Röm 13,8–10)

---

Die Aussagen des Römerbriefs hinsichtlich des Gesetzes wirken im Einzelnen erheblich differenzierter, was im konkreten Anlass der jeweiligen Schreiben seinen Grund haben dürfte.

## C) Arbeitsfragen

### 1) Allgemein

1. Skizzieren Sie den Aufbau des Briefes. Was fällt dabei besonders auf (Briefformular)?

- Entgegen seiner Gewohnheit verzichtet Paulus auf ein »Proömium« (1) und beginnt mit einem »Ich muss mich wundern …«. Diese formale Beobachtung entspricht dem Inhalt: Paulus dankt nicht, weil es dafür keinen Anlass gibt!

2. Was erfahren Sie aus dem Brief über die Adressaten bzw. ihr Verhältnis zu Paulus? Was ist der Anlass des Briefes?

- Paulus sagt, sie seien »abgefallen vom Evangelium« (1) und warnt vor judaisierenden Irrlehrern. Das Verhältnis ist dementsprechend getrübt. Sein äußerst polemischer Ton spricht für die Dringlichkeit des paulinischen Anliegens.

3. Was lässt sich über die Gegner des Paulus in Galatien in Erfahrung bringen? Welche Positionen vertreten sie?

- Sie fordern die Beschneidung und die Einhaltung bestimmter Tage; demnach spricht man von »judaisierenden Gegnern«.
- Möglicherweise bestreiten sie auch den apostolischen Anspruch des Paulus.

## 4. Welche biographischen Angaben über Paulus sind dem Brief zu entnehmen?

- Paulus berichtet von seinem Berufungserlebnis, bei dem er sein Evangelium erhalten habe (Gal 1).
- Paulus ging anschließend in die Arabia, dann nach Damaskus und reiste drei Jahre später für 14 Tage nach Jerusalem, wo er sich mit Petrus und Jakobus besprach.
- Es folgte eine (erste) Mission von 11 (oder 14?) Jahren in Syrien und Kilikien
- Paulus schildert die Ereignisse des Apostelkonvents (2) und Antiochenischen Zwischenfalls (2) und erwähnt dabei die »Säulen«: Jakobus, Kephas, Johannes.

## 5. Vergleichen Sie die Darstellung des Apostelkonvents mit der in Apg 15. Welche Unterschiede sind sichtbar?

- 1) *Anlass und Personenkonstellation*:
  - Nach Gal 2 reist Paulus mit Barnabas und dem Heidenchristen Titus nach Jerusalem »aufgrund einer Offenbarung« und legt dort vor den »Säulen« (Petrus, Jakobus und Johannes) Zeugnis von seinem »Evangelium« der gesetzesfreien Heidenmission ab.
  - In Apg 15 gibt es eine allgemeine Debatte darüber, ob Heidenchristen beschnitten werden müssten. Paulus und Barnabas reisen als Delegierte aus Antiochia an – in Jerusalem sind Petrus und Jakobus die Wortführer, Johannes wird nicht erwähnt.
- 2) *Verlauf*:
  - Die »Angesehenen« machen laut Gal 2 keine Auflagen: Titus muss nicht beschnitten werden und man beschließt die Aufteilung der Mission (Judenmission: Petrus, aber auch Jakobus und Johannes; Heidenmission: Paulus); nur eine Kollekte für Jerusalem wird verabredet (so ist wohl Gal 2,10 zu verstehen).
  - Nach Apg 15 berichten Paulus und Barnabas lediglich von ihrer Mission. Petrus hält ein nachhaltiges Plädoyer für die gesetzesfreie Heidenmission, Jakobus bringt das »Aposteldekret« mit seinen Vorschriften ein. Auf dieses einigt sich die Gemeinde.
- 3) *Von einem antiochenischen Zwischenfall berichtet Apg 15 nicht, immerhin aber von einem späteren Zerwürfnis zwischen Paulus und Barnabas.*

## 6. Was sagt Paulus über das Gesetz? Vergleichen Sie mit dem Röm.

- Aus Werken des Gesetzes wird niemand gerecht; Paulus ist in der Taufe *dem Gesetz* gestorben. Käme die Gerechtigkeit aus dem Gesetz, wäre **Christus umsonst gestorben**! (alles Gal 2)
- Wer unter dem Gesetz ist, ist unter dem Fluch (Gal 3; vgl. Dtn 21).
- Es ist von Engeln gegeben und kann *nicht* Leben verleihen (Gal 3).
- *Wie im Römerbrief hebt Paulus die Insuffizienz des Gesetzes und das Vorbild Abrahams hervor. Es fehlt aber in Gal eine ausführliche Reflexion über das Phänomen der »Sünde« (wie in Röm 5–7).*

## 7. Wo steht das Liebesgebot im Gal? Wie ist es formuliert?

- Nach **Gal 5,14** ist das Gebot der *Nächstenliebe* die »Erfüllung« des Gesetzes (vgl. Röm 13,8–10).

## 2) Personen und Einzelthemen (vgl. Kap. XIV.)

Notieren Sie sich Kapitelangaben und Stichworte zu folgenden Themen:

- *Zwölf/Jünger/Apostel; Petrus*
- *Paulus:* Biographie; *Mitarbeiter des Paulus*
- *Rechtfertigung; Gesetz; Liebe/Liebesgebot; Bund*

## 3) Vertiefte Einzelfragen (Pfarramt)

### 1. Wie bzw. wodurch begründet Paulus seinen Apostolat?

- Durch die Berufung zum Heidenapostel durch Christus *selbst* in einer Vision: »Ich habe ihn gesehen« (Gal 1; vgl. 1 Kor 9).

### 2. Vergleichen Sie die Darstellung Abrahams mit der in Röm 4.

- In Gal 3 steht der *Testamentsgedanke* (Christus als *der* Erbe) zusammen mit der Gerechtigkeit aus Glauben (Gen 15,6) und der Segensverheißung an die Völker (12,3) im Vordergrund: *der* Nachkomme Abrahams ist Christus – die Christen sind durch ihren *Glauben an Christus* nun Kinder Abrahams und Erben der Verheißung (Gal 3,26–28).
- In Röm 4 entfaltet Paulus den Gedanken, dass Abraham nicht aus Werken des Gesetzes gerecht wurde – er war ja noch nicht beschnitten, als ihm nach Gen 15,6 die Gerechtigkeit aus Glauben zuerkannt wurde. Somit ist er Vater der Beschnittenen *und* der Unbeschnittenen. Dass die Heiden Abrahams Nachkommen sind, wird aus der Namensänderung (Abram → Abraham: »Vater vieler Völker«) in Gen 17,5 hergeleitet, seinen Glauben illustriert die Hoffnung darauf, einen Nachkommen durch Sara zu erhalten. Diese Gerechtigkeit kommt aus der Gnade, nicht aus dem Gesetz.
- *Trotz unterschiedlicher Akzente läuft die Argumentation weitgehend analog.*

### 3. Skizzieren Sie die Aussagen über Hagar und Sara in Gal 4. Zu welchem Ergebnis kommt Paulus, welche Antitypen stellt er einander gegenüber?

- Hagar repräsentiert den Berg Sinai und damit das »Gesetz«; ihre »geistlichen Kinder« sind die Israeliten als »Kinder der Sklavin«.
- Sara repräsentiert das »obere Jerusalem«; ihre »geistlichen Kinder« sind die Christen als »Kinder der Freien«.
- *Dieses Vorgehen bezeichnet man als typologische oder auch allegorische Auslegung.*

### 4. Der Gal wird der »kleine Römerbrief« genannt. Erläutern Sie, weshalb.

- Die Themen, v. a. in Gal 3–6 und Röm 3–15, ähneln einander, und die Argumentation funktioniert stellenweise parallel. Der Römerbrief bietet eine systematisch deutlich entfaltete und stärker reflektierte Darstellung der Rechtfertigungslehre.

### 5. Welche Bedeutung kommt Gal 3,26–28 zu?

- Es handelt sich vermutlich im Kern um eine alte Taufformel. »Christus anziehen« steht hier als Bild für die Taufe.

- Die Unterschiede hinsichtlich ethnischer Herkunft, Stand oder Geschlecht sind aufgehoben, alle sind »Einer« in Christus. Dies gilt zumindest innerhalb der Gemeinde.

### 6. Ist Gal 5–6 als »Paränese« (konkrete ethische Mahnung) zu verstehen? Wie könnte man es auch lesen?

- Die »Ethik« ist als Frucht der Gerechtmachung (vgl. auch Röm 12–14) notwendige *Konsequenz* aus der Rechtfertigung und damit kein »neues Gesetz«.

## *D) Die Struktur des Galaterbriefes*

| **1,1–10** | **Briefeingang** |
|---|---|
| **1,1–5** | **Präskript:** Paulus, Apostel *nicht durch Menschen → durch Christus!* |
| **1,6–10** | ***Thema*** (*anstelle eines Proömiums*)<br>Die Hinwendung der Galater zu einem *anderen Evangelium* |
| **1,11–2,21** | **Autobiographischer Rückblick** |
| **1,11–24** | **Die Berufung des Paulus und seine Unabhängigkeit**<br>Verfolgertätigkeit, Offenbarung (gr. *apokalypsis*) an Paulus<br>→ Verkündiger Christi unter den Heiden |
| **2,1–21**<br>(vgl. Apg 15) | **Der Apostelkonvent und der »antiochenische Zwischenfall«**<br>*2,1–10: Apostelkonvent* → Die »Säulen« besiegeln mit Paulus und Barnabas die Aufteilung der Mission und die Kollekte für Jerusalem<br>*2,11ff: »Antiochenischer Zwischenfall«* = »Heucheln«des Kephas und des Barnabas (keine Tischgemeinschaft mit Heiden) → *daraufhin*: |
| (vgl. Röm 3) | **Darlegung der *Rechtfertigungslehre* (2,15–21)**<br>Aus *Glauben* gerecht – nicht aus *Werken des Gesetzes*: »Käme die Gerechtigkeit aus dem Gesetz, wäre Christus *umsonst* gestorben!« (2,21) |
| **3,1–4,7** | **Verheißung und Gesetz** |
| **3,1–5** | **Erinnerung an die Gabe des Geistes**<br>(»Kommt d. Geist aus Werken des Gesetzes oder aus dem Glauben?«) |
| **3,6–18**<br>(vgl. Röm 4) | **Die Verheißung an Abraham und sein Glaube**<br>Abraham wurde durch *Glauben*, nicht durch *Werke des Gesetzes* gerecht; die Verheißung gilt seinem Samen, das ist **Christus**! |
| **3,19–4,7** | **Die Bedeutung des Gesetzes**<br>Das Gesetz als »Zuchtmeister« auf den Glauben hin.<br>**3,26–28: Taufformel**: »Nicht Jude, nicht Grieche …«<br>Die Christen sind als Kinder Gottes im Geist Erben der Verheißung. |
| **4,8–5,1** | **Freiheit und Gesetz** |
| **4,8–20** | **Warnung der Galater vor einem »Rückfall«in die Gesetzlichkeit** |
| **4,21–5,1** | **Sara und Hagar:** Die Christen als Nachkommen Saras, der »Freien«<br>→ »Zur Freiheit hat uns Christus befreit« (5,1) |

| **5,2–6,10** | **Die Liebe als Frucht des Geistes** |
|---|---|
| 5,2–12 | **Die Hoffnung gründet in Christus, nicht im Gesetz**<br>Irrlehrerpolemik d. Paulus (»Zerschneidung statt Beschneidung!«) |
| 5,13–6,10 | **Die christliche Freiheit (keine Beliebigkeit!)**<br>*→ 5,14: Das Liebesgebot als Erfüllung des Gesetzes* |
| (6,2) | «Tragt einander die Lasten: so werdet ihr das Gesetz Christi erfüllen.« |
| **6,11–18** | **Briefschluss** |
| | Eigenhändiger Briefschluss (»große Buchstaben«!)<br>«Schlussparänese« (*keine Grüße*!) und *Eschatokoll* |

## *E) Texte zum Auswendiglernen*

*Das unwiderrufliche Evangelium* (**Gal 1,8**): »Selbst wenn wir oder ein Engel vom Himmel ein anderes Evangelium verkündeten als das, welches wir euch verkündet haben – verflucht sei, der das tut!«

*Der »Wechsel« in der gerechtfertigen Existenz* (**Gal 2,19f**): »Ich bin mit Christus gekreuzigt. So lebe nun nicht ich, sondern Christus lebt in mir.«

*Der Gekreuzigte als »Fluch«* (**Gal 3,13**): »Christus hat uns freigekauft vom Fluch des Gesetzes, indem er für uns zum Fluch geworden ist.«

*Das Entweder-Oder* (**Gal 3,21**): »Kommt die Gerechtigkeit aus dem Gesetz, ist Christus umsonst gestorben.«

*Die Einheit in Christus* (**Gal 3,28**): »Es gibt nicht mehr Juden noch Griechen, weder Sklaven noch Freie, weder männlich noch weiblich; denn ihr seid alle *einer* in Christus Jesus.«

*Die christliche Freiheit* (**Gal 5,1.13**): »Zur Freiheit hat uns Christus befreit! … Zur Freiheit seid ihr berufen worden, … so dient einander in der Liebe.«

*Leben und Wandel im Geist* (Indikativ und Imperativ) (**Gal 5,25**): »Wenn wir im Geist leben, so wollen wir auch im Geist wandeln.«

*Die wechselseitige Verpflichtung im Glauben* (**6,2**): »Tragt einander die Lasten und ihr werdet das Gesetz Christi erfüllen.«

*Das Kreuz Christi* (**Gal 6,14**): »Mir soll nicht einfallen, auf irgendetwas anderes stolz zu sein als auf das Kreuz unseres Herrn Jesus Christus …«

# 4. Der Philipperbrief

## A) Einleitungswissen

**Paulus** (unbestritten) schreibt den Brief während einer **Gefangenschaft** (in Ephesus, Cäsarea oder Rom). Vermutlich ist das Schreiben in die Nähe der Korintherkorrespondenz zu datieren, d. h. in die *ephesinische Gefangenschaft* (um 55). Andere (u. a. *Schnelle*) datieren den Brief um 60 in die römische Gefangenschaft. Gerichtet ist er an die auf der zweiten Missionsreise (vgl. Apg 16) gegründete **Gemeinde in Philippi**, einer stark römisch geprägten Stadt in Makedonien. Sie besteht mehrheitlich aus Heidenchristen; Paulus besitzt zu ihr ein sehr inniges und freundschaftliches Verhältnis, sie unterstützt ihn zudem auch materiell. Paulus *dankt* der Gemeinde für ihre Unterstützung und empfiehlt seine Mitarbeiter Timotheus und Epaphroditus (die Briefüberbringer?), warnt aber zugleich vor (judaisierenden) *Irrlehrern*, welche die Gemeinde bedrohen (Phil 3). Der Brief trägt deutliche Züge eines antiken **Freundschaftsbriefes**.

Eine Reihe von Exegeten hält Phil 3,1b – 4,1 (die Auseinandersetzung mit den Irrlehrern) für ein selbständiges Schreiben (einschließlich der »Dublette« 4,8f [vgl. 3,1; 4,7]) und unterscheidet diesen *Phil B* (3,1b – 4,1.8f [Briefschluss verloren?]) von *Phil A* (1,1 – 3,1a; 4,2–7.10–23).

## B) Inhalt

Paulus wendet sich zunächst dankbar aus seiner für ihn unsicheren Gefangenschaftssituation heraus an die ihn unterstützenden »Bischöfe und Diakone« in Philippi und entfaltet in diesem Schreiben die »Paradoxie christlicher Existenz« (*Schnelle*), die prägnant in der Formel: »Christus ist mein Leben, Sterben mein Gewinn« (1,21) zum Ausdruck kommt. Er zitiert einen offensichtlich traditionellen Hymnus (Phil 2,6–11) und stellt der Gemeinde in Kap. 2 Christus als Vorbild und Ziel dieser Existenz vor Augen. Die dem Philipperhymnus eignende »Niedrigkeitsgesinnung« (Demut) Jesu erklärt er dabei zum *Leitbild* für die Gemeinde wie für sich selbst und sein Verständnis als Apostel.

In Kap. 3 schlägt der bisher freudige Tonfall in *Polemik* um, Paulus wendet sich gegen verschiedene Irrlehrer. In der Auseinandersetzung mit offensichtlich »judaisierenden« Tendenzen (was an die Gegnerschaft des Gal, vielleicht auch des 2 Kor erinnert) beruft sich Paulus auf seine eigene *Biographie* (3,5f), deren Anfänge er zugleich verwirft (»Ich erachte es für ›Unrat‹!« [3,8]; anders z. B. Gal 1,13f). Anschließend geht es um *Statusgesinnung* – Paulus wendet sich gegen Leute, die er »Feinde des Kreuzes Christi« nennt, deren Gott der Bauch, deren Ehre die Schande sei. Möglicherweise gehören zu solchen auch die in 4,2 ermahnten Frauen Evodia und Syntyche, die gemeinsam »in Christus gesinnt« sein sollen. Paulus scheint hier gegen ein bestimmtes (in der römisch geprägten Kolonie Philippi gut vorstellbares) Statusdenken die (niedrige) Gesinnung »in Christus« ins Feld zu führen. In 4,4 schlägt der Tonfall wieder um: »Freuet euch!« mahnt Paulus die Gemeinde: Eine demütige Gesinnung bedeutet keinen Verzicht auf Freude. Mit der Empfehlung des (Gemeindeapostels?) Epaphroditus endet das Schreiben.

## *C) Arbeitsfragen*

### 1) Allgemein zum Phil

1. Skizzieren Sie den Aufbau und den Charakter des Briefes.

- Der Brief besitzt einen dreiteiligen Aufbau: Kap. 1–2 schildern das Verhältnis zur Gemeinde einschließlich der Mahnung zur Demut, Kap. 3 enthält eine scharfe Polemik gegen Irrlehrer und Kap. 4 abschließende Mahnungen.
- Es ist ein Dankesbrief des Paulus an die Gemeinde in Philippi, geprägt von den semantischen Oppositionen »Leid« – »Freude« sowie »Tod« – »Leben«. In ihm entfaltet Paulus die Forderung einer demütigen Gesinnung anhand des *Christushymnus*.

2. In welcher persönlichen Lage befindet sich Paulus? Was erwartet er? Welchen Wunsch hat er für seine Zukunft?

- Paulus befindet sich in Gefangenschaft (1). Er ist nicht sicher, ob er diese lebend überstehen wird. Obwohl er keine Angst vor dem Tod hat, will er weiterleben, um seine Mission fortführen zu können (1).

3. Was erfahren Sie über die Adressaten und ihre Situation sowie ihr Verhältnis zu Paulus?

- Paulus steht durch seine Mitarbeiter Timotheus und Epaphroditus mit der Gemeinde in engem Kontakt (2). Diese unterstützt ihn logistisch und ideell (4).
- Paulus hat ein inniges Verhältnis zu dieser Gemeinde, die er auf der »Zweiten Missionsreise« (Apg 16) gegründet haben soll.
- In der Gemeinde warnt Paulus vor den Irrlehrern und »Feinden des Kreuzes Christi«, deren Gott der »Bauch« ist (3).

4. Phil 2,6–11 wird meist als selbständiger (vorliterarischer) Hymnus angesehen. Skizzieren Sie die wesentlichen Aussagen dieses Hymnus.

- Der Christushymnus spricht im ersten Teil von der ursprünglichen Gottheit bzw. Gottgleichheit Jesu Christi und von dessen Entäußerung durch die Menschwerdung.
- Der Tod am Kreuz wird wesensmäßig als »Gehorsam« angesehen.
- *Daraufhin* hat Gott ihn »über alles erhöht« und ihm einen »Namen« gegeben. Die Auferstehung wird als Erhöhung gedeutet, deren Ziel die Verehrung Christi als des »Kyrios« durch alle Wesen der Erde ist.

| Der Christushymnus (Phil 2,6–11) | | |
|---|---|---|
| 6 | **Gottgleichheit** | (Präexistenz?) |
| 7–8 | **Erniedrigung** | Menschwerdung<br>Tod am *Kreuz* |
| 9–11 | **Erhöhung** | Erhöhung durch Gott: *Name*<br>Anbetung durch alle Welt |

5. Was lässt sich über die in Philippi eingedrungene(n) Irrlehre(n) in Erfahrung bringen? Wo finden Sie diese Angaben (Kapitel)? Wie argumentiert Paulus dagegen?

- In Phil 3 warnt Paulus vor den »Hunden«, den »schlechten Erntearbeitern« und »Verschnittenen«, offensichtlich also vor judenchristlichen Missionaren.
- Paulus stellt ihnen u. a. die Rechtfertigungslehre und seine eigene Identität entgegen: Das Vertrauen auf die jüdische Identität ist für ihn selbst – und nun auch für alle anderen – wertlos geworden, allein die Erkenntnis Jesu Christi rettet.
- Als »Feinde des Kreuzes Christi«, deren Gott der Bauch ist (3), bezeichnet Paulus möglicherweise eine andere Gruppe *innerhalb* der Gemeinde; Hier geht es um die Abwehr eines unangemessenen, möglicherweise römischen Statusdenkens (»Ehre«/»Schande«).

## 2) Personen und Themen

Notieren Sie sich Kapitelangaben und Stichworte zu folgenden Themen:

- *Paulus*: Biographie
- *Gesetz*; *Ämter/Gemeindestruktur*; *Staatsmacht*; *Auferstehung/postmortale Existenz*

## 3) Vertiefte Einzelfragen (Pfarramt)

1. Wo äußert Paulus eschatologische Erwartungen? Vergleichen Sie diese z. B. mit 1 Kor 15.

- Paulus beschreibt in Phil 1,23 das Sterben als *Hingehen zu Christus* (vgl. 2 Kor 5) – von einer *Auferstehung der Toten* dagegen ist in 3,10f die Rede.
- *Offensichtlich stellt dies für Paulus keinen Widerspruch dar!*

2. Welche Aussage trifft Paulus über die Gemeinde in Phil 3,20f?

- Die »Bürgerschaft« (gr. *politeuma*) der Gemeinde ist im Himmel – damit steht sie im Kontrast zur »römischen Bürgerschaft« (*civitas*) und lässt die Christen als Menschen »zweier Welten« erscheinen. Die Philipper sollen als »Bürger ihrer Stadt« im Einklang mit dem Evangelium (1,27) leben.

### 3. Welche (harte) Aussage trifft Paulus über Gesetzesvorschriften, die er selbst früher befolgt hat?

- Phil 3 zufolge achtet er den »Gewinn« aus dem Befolgen der Gesetzesvorschriften für wertlos, für »Dreck« (»Kot«; gr. *skybala*), für »Schaden« angesichts seiner neuen »Erkenntnis« Jesu Christi.

### 4. Was erscheint Ihnen an Phil 2,6–11 ungewöhnlich? Warum zitiert Paulus diesen Text? Entdecken Sie parallele Aussagen in anderen Schriften des Neuen Testaments?

- Die hier zur Sprache gebrachte Theologie erinnert stark an das JohEv (vgl. die *Gottgleichheit* [Joh 1]; den *Gehorsam* des »Sohnes« [12] und die Deutung der Auferstehung als »Erhöhung« [Joh 3; 12]) Dagegen fehlt die sonst bei Paulus belegte, traditionelle Deutung des Todes Jesu als »Opfer« bzw. die »reinigende« und rettende Kraft seines Blutes (vgl. Röm 3,25 u. ö.) – auch die Vorstellung einer *ursprünglichen* Gottgleichheit Jesu spielt in der Theologie des Paulus eine untergeordnete Rolle (vgl. Röm 1,3f, wonach die Gottessohnschaft allein durch den *Geist* begründet ist, wie auch bei den Christen [Röm 8]).
- Paulus zitiert ihn, um daran die christliche Existenz zu verdeutlichen: Diese ist Nachahmung des Vorbildes Christi – und infolgedessen auch Nachahmung des Apostels.

### 5. Was erfahren Sie über weitere Paulusmitarbeiter?

- *Timotheus*: Paulus will ihn nach Philippi schicken – er ist »gleichgesinnt«, ein »bewährter« Helfer – »wie ein Kind dem Vater hat er dem Evangelium gedient«.
- *Epaphroditus*: Paulus hat ihn bereits nach Philippi gesandt (mit dem Brief). Er ist Bruder, Mitarbeiter und Mitkämpfer. Er ist nach einer schweren Krankheit wieder genesen – möglicherweise stammt er aus Philippi, hat zumindest eine enge Beziehung zu diesem Ort. Über seine Gesundung soll die Gemeinde sich freuen.

## *D) Die Struktur des Philipperbriefes*

| **1,1-11** | **Briefeingang** |
|---|---|
| 1,1-2 | **Präskript:** *Paulus und Timotheus* an die Heiligen in Philippi samt ihren *Bischöfen* (*episkopoi*) und *Diakonen* (*diakonoi*) |
| 1,3-11 | ***Proömium*** |
| **1,12-3,1** | **Der Apostel und die Gemeinde** |
| 1,12-26 | **Die Gefangenschaft des Paulus**<br>*1,21: »Christus ist mein Leben, Sterben mein Gewinn.«* |
| 1,27-2,18 | **Mahnungen** zu Standhaftigkeit und Nachfolge,<br>zu Demut und Eintracht nach dem Vorbild Christi<br>**2,6-11: Der Christushymnus** |
| 2,19-30 | **Die Sendung von Mitarbeitern**<br>Empfehlung des *Timotheus* und des *Epaphroditus*<br>Die Genesung des Epaphroditus von schwerer Krankheit |
| *3,1* | ***Übergang: Ermunterung zur Freude*** |
| **3,2-4,1** | **Auseinandersetzung mit judaisierenden Irrlehrern** |
| 3,2-14 | **Polemik gegen die Beschneidung**<br>als Jude und Christ (3,5f: Pharisäer, Christenverfolger) |
| 3,15-4,1 | **Warnung vor Irrlehrern** (»Feinde des Kreuzes Christi«)<br>und Aufforderung zur Nachahmung des Apostels |
| **4,2-23** | **Briefschluss** |
| 4,2-9 | *Schlussparänese* (→ 4,4: »Freuet euch!«), darin Mahnungen an Evodia und Syntyche, Mitarbeiterinnen des Paulus und des Klemens |
| 4,10-20 | **Abschließender Dank** an die Gemeinde für deren Unterstützung |
| 4,21-23 | **Eschatokoll** |

## E) Texte zum Auswendiglernen

Sinngemäß sollte auf jeden Fall der Christushymnus (Phil 2,6–11) in seinen einzelnen Aussagen bekannt sein. Darüber hinaus:

*Die Paradoxie christlicher Existenz* (**Phil 1,21**): »Christus ist mein Leben, und Sterben ist mein Gewinn.«

*Die himmlische Bürgerschaft* (**Phil 3,20**): »Unsere Bürgerschaft (gr. *politeuma*) ist im Himmel. Von dort erwarten wir den Retter (gr. *sotêr*), den Herrn Jesus Christus.«

*Der Aufruf zur Freude* (**Phil 4,4**): »Freuet euch! Und abermals sage ich: Freuet euch! Der Herr ist nahe.«

*Der so genannte »Kanzelsegen«* (**Phil 4,7**): »Und der Friede Gottes, der alles Verstehen übersteigt, bewahre eure Herzen und Sinne in Christus Jesus.«

# 5. Der Brief an Philemon

## A) Einleitungswissen

**Paulus** (unbestritten) schreibt den Brief während einer Inhaftierung; damit gehört er möglicherweise in die unmittelbare Nähe des Philipperbriefes. Eine Mehrheit geht von einer Haft in **Ephesus** aus (dann: **53–55** verfasst), andere von Cäsarea (56–58) oder gar bereits in Rom (um 61), im letzten Fall wäre es der letzte (überlieferte) echte Paulusbrief. Er ist nicht nur an Philemon gerichtet, sondern auch an die **Hausgemeinde**; Philemon wird als Privatmann, als Vorsteher der Gemeinde und als Mitbruder in die Pflicht genommen. Da die im Brief genannten Personen mehrheitlich auch in der Grußliste Kol 4,10–17 zu finden sind, liegt es nahe, die Hausgemeinde des Philemon in Kolossä zu lokalisieren; die dortigen Gemeinden wurden vermutlich nicht von Paulus, sondern seinem Mitarbeiter Epaphras gegründet (Kol 1,17).

Die Länge des Briefes entspricht (als einziger nachweislich echter Paulusbrief) am ehesten antiken Gepflogenheiten. Zudem ist der Brief stark von antiker Rhetorik geprägt.

## B) Inhalt

Paulus bittet den Christen Philemon, den entflohenen Sklaven Onesimus, der von Paulus in der Haft zum Christentum bekehrt wurde, wieder aufzunehmen und ihn von jetzt an als einen geliebten Bruder anzusehen: »Nimm ihn auf wie mich.« Die abschließenden Grüße (auch der Mitgefangenen) unterstreichen noch einmal, dass der Brief an eine Gemeinde gerichtet ist.

Ein damit angesprochenes Thema ist das geschwisterliche Verhältnis zwischen Paulus und den Gemeindegliedern. Der Einsatz für den Sklaven Onesimus (= »der Nützliche«) verdeutlicht, dass Teilhabe am Glauben im Sinne des Paulus die Gemeinschaftsverhältnisse verändert – soziale und rechtliche Standesunterschiede werden zwar nicht aufgehoben, bestimmen aber nicht die persönlichen Beziehungen. Das häufig genannte Wort »Liebe« ist auffällig.

## C) Arbeitsfragen

1. Wer ist Empfänger des Briefes?

- Wichtig: Er ist nicht nur an Philemon, sondern auch die Hausgemeinde gerichtet – es ist demnach *kein* Privatbrief.

2. Wie argumentiert/appelliert Paulus?

- Deutlich ist, dass Paulus sein Anliegen rhetorisch-strategisch geschickt durch seine *captatio benevolentiae* vorbereitet.

## *D) Die Struktur des Briefes an Philemon*

| **1–7** | **Briefeingang** |
|---|---|
| 1–3 | **Präskript**<br>*Superscriptio*: *Paulus* (Gefangener Jesu Christi) und *Timotheus* als Absender<br>*Adscriptio*: *Philemon*, Apphia, Archippus und die *Hausgemeinde* als Adressaten<br>*Salutatio*: »Gnade sei mit euch und Friede …« |
| 4–7 | **Proömium**<br>»Ich danke meinem Gott allezeit …«<br>Liebe, Glauben, Erkenntnis des Guten bei Philemon bewirken Freude und Trost bei Paulus (V. 7: *captatio benevolentiae*) |
| **8–16** | **Bitte um Wiederaufnahme des Onesimus** |
| 8–11 | Die Bitte des Paulus für den Sklaven *Onesimus* [*vgl. Kol 4,9*] |
| 12–16 | Die Rücksendung des Onesimus und die *Bitte um Wiederaufnahme* als einen »geliebten Bruder« |
| **17–20** | **Epilog** |
| 17–19 | Abschließende Aufforderungen (Schlussparänese?): »Nimm ihn auf wie mich!« |
| 20 | *Überleitung zum Postskript* |
| **21–25** | **Briefschluss** |
| 21–22 | *Captatio benevolentiae*; Bitte um Gebete der Gemeinde (Schlussparänese?; Apostolische Parusie) |
| 23–24 | Grüße (vom Mitgefangenen *Epaphras* und den Mitarbeitern Markus, Aristarch, Demas, Lukas [*vgl. Kol 4,10–17*]) |
| 25 | *Eschatokoll*: »Die Gnade des Herrn Jesus Christus sei mit ***eurem*** Geiste« |

# 6. Der erste Thessalonicherbrief

## A) Einleitungswissen

**Paulus** gilt unbestritten als Verfasser, als Mitabsender nennt er *Silvanus* und *Timotheus*. Es handelt sich hierbei wohl um den *ältesten* (erhaltenen) *Paulusbrief* (vgl. das Fehlen abschließender Grüße sowie die in 1 Thess 1–3 erwähnten Ereignisse; zudem besitzt er von den echten Paulusbriefen das kürzeste Präskript), die Mitabsender (vgl. Apg 18,5) und die erwähnte Reiseroute deuten auf eine Abfassung des Briefes in **Korinth um 50** hin. Gerichtet ist der Brief an die von Paulus gegründete Gemeinde in Thessalonich, eine bedeutende makedonische Hafenstadt, die v. a. heidenchristlich geprägt ist.

Gelegentlich geäußerte Vermutungen, dass die Judenpolemik in 1 Thess 2,15f oder der Abschnitt über den »Zeitpunkt der Parusie« (5,1–11) spätere Korrekturen von fremder Hand seien, werden von der Mehrheit der Exegeten nicht (mehr) vertreten.

## B) Inhalt

Paulus blickt zu Beginn des Briefes (1 Thess 1–3) in einer nicht enden wollenden *Danksagung*, deren Schluss viele Exegeten erst in 3,13 sehen, auf die Mission in Makedonien zurück. Er erinnert die Gemeinde in 1 Thess 1,9f an den Inhalt seiner Missionspredigt, an von Juden erlittene Verfolgungen (2,14–16) und die Sendung des Timotheus. Zugleich stellt er den Glauben der Thessalonicher als besonders vorbildlich heraus.

Im Hintergrund von Kap. 4 stehen vermutlich konkrete Anfragen aus der Gemeinde, das größte Problem stellen dabei offensichtlich die *bereits gestorbenen Mitchristen* dar, welche den *Tag der Parusie* nicht mehr miterleben könnten. Paulus versichert, dass die bereits verstorbenen Christen zum Zeitpunkt der Parusie auferstehen werden und dann die lebenden und die auferstandenen Christen gemeinsam in Wolken zu Christus entrückt werden, um ewig in Gemeinschaft mit ihm zu sein. Nach 4,15 führt er dieses Wissen auf ein »Wort des Herrn« zurück; umstritten ist, welche der Aussagen *genau* jenes »Herrenwort« ist. Paulus offenbart dabei eine aktive *Naherwartung der Parusie*, da er annimmt, er selbst werde zu diesem Zeitpunkt noch am Leben sein.

In 1 Thess 5,1–11 tritt Paulus zuletzt Spekulationen um den *Zeitpunkt* der Parusie entgegen, warnt vor einer falschen »Sicherheit« und mahnt zu Nüchternheit und Wachsamkeit, denn »der Tag des Herrn kommt wie ein Dieb in der Nacht« (5,2). Der Brief schließt mit einer Reihe einzelner, allgemein gehaltener Mahnungen und einer Fürbitte für die Gemeinde.

Im gesamten Schreiben fehlen Hinweise auf die Rechtfertigungslehre (vgl. Röm, Gal) und die Kreuzestheologie (vgl. 1/2 Kor); auffällig sind auch der gänzliche Verzicht auf alttestamentliche Zitate, die Kürze der Briefformalia und das Fehlen *namentlicher* Grußaufträge.

## *C) Arbeitsfragen*

### 1) Allgemeine Fragen zum 1 Thess

1. Erstellen Sie eine knappe Gliederung und versuchen Sie, den Inhalt in groben Zügen wiederzugeben.

- Kap. 1–3: Schilderungen des Apostels im Kontext einer nicht enden wollenden »Danksagung«; Rückblick auf die Mission
- Kap. 4–5: Gemeindefragen zu Lebenswandel, Auferstehung, Parusie
- Schluss: Einzelmahnungen, keine namentlichen Grüße

2. Was erfahren Sie aus dem Brief über die Adressaten bzw. deren Verhältnis zu Paulus (auch biographische Angaben)?

- Paulus hat insgesamt ein sehr freundschaftliches und herzliches Verhältnis zur Gemeinde und hebt ihren Vorbildcharakter hervor (1).
- Erwähnt werden die Aufenthalte in Philippi (2) und Athen (3) sowie die Sendung des Timotheus (3) (vgl. Apg 16–17).

3. Welche Fragen der Gemeinde verhandelt Paulus?

- Fragen, welche die Gemeinde betreffen, spricht Paulus in Kap. 4–5 an.
- Die erste Frage richtet sich allgemein an den Lebenswandel, wobei Paulus einerseits »Zurückhaltung« (auch sexueller Art), andererseits die *Bruderliebe* fordert (4).
- Anschließend behandelt er die Frage nach dem Schicksal der Verstorbenen bei der Parusie (4) und zuletzt nach deren *Zeitpunkt* (5).

4. Wie und wo schildert Paulus die Ereignisse bei der Parusie Christi? Weshalb ist die Forschung der Meinung, dass Paulus sich zu diesem Zeitpunkt noch in akuter Naherwartung der Parusie befindet?

- Paulus liefert in 4,13–18 folgenden »apokalyptischen Fahrplan«:
  - 1. Parusie Christi
  - 2. Auferstehung der bereits verstorbenen Christen
  - 3. Gemeinsame Entrückung der noch lebenden und der auferstandenen Christen in Wolken zum kommenden Christus
  - 4. Ewiges Sein mit Christus
- Paulus sagt, dass »wir, die noch Lebenden« zu Christus entrückt werden

5. Was sagt Paulus über den Termin der Parusie? Kennen Sie Parallelen aus den synoptischen Evangelien oder anderen ntl. Schriften?

- Der Tag kommt »wie ein Dieb in der Nacht« (5,2).
- *Es erinnert an das Q-Logion aus Lk 12,39/Mt 24,43, das »Reich Gottes« komme »wie ein Dieb«; vgl. auch die Ankündigung Christi in Offb 16,15 (»Siehe, – ich komme wie ein Dieb«) – nach der sechsten Schale.*

## 2) Themen (Näheres hierzu s. u. Kap. XIV.)

Notieren Sie sich Kapitelangaben und Stichworte zu folgenden Themen:

- *Paulus*: Missionarische Aktivität; *Mitarbeiter*
- *Gemeindestruktur/Ämter*; *Auferstehung/postmortale Existenz*

## 3) Vertiefte Einzelfragen (Pfarramt)

1. Wo erfahren Sie etwas über den Inhalt der paulinischen Missionspredigt?

- 1 Thess 1,8–10 lässt sich als Zusammenfassung lesen:
    - a) Hinwendung zum *wahren Gott* (dem Schöpfergott) und
    - b) Warten auf die *Wiederkunft des Sohnes*, den er auferweckt hat,
    - c) zur *Rettung vor dem künftigen Zorn*!

2. Was erfahren Sie über die Gemeindeorganisation?

- Es fehlen Hinweise auf *Ämter*, doch ist von »Vorstehern« die Rede (5,12)

## D) Die Struktur des ersten Thessalonicherbriefes

| **1,1–10** | **Briefeingang** |
|---|---|
| 1,1 | **Präskript** (*Absender: Paulus, Silvanus und Timotheus*) |
| 1,2–10 | ***Proömium*** |
| **2,1–3,13** | **Die Verkündigung des Evangeliums in Makedonien** |
| 2,1–12 | **Selbstempfehlung**: Die Verkündigung des Evangeliums |
| 2,13–3,13 | **Rückblick**: Die Bewährung des Evangeliums in Verfolgungen<br>(2,14–16: *Judenpolemik*: Juden= Christusmörder u. Menschenfeinde)<br>Reisevorhaben des Apostels (durch *Satan* gehindert)<br>Die Sendung des Timotheus (*3,11–13: Überleitung*) |
| **4,1–5,22** | **Das Gemeindeleben in der Endzeit** |
| 4,1–12 | **Mahnung zu gottgefälligem Lebenswande**l (»Heiligkeit«)<br>Die *Bruderliebe* als Maßstab |
| 4,13–18 | **Das Schicksal der Verstorbenen**: Die Parusie Christi und die Auferstehung der Toten (»Herrenwort«; *V. 15–16: apokal. Fahrplan*) |
| 5,1–11 | **Mahnung zur Wachsamkeit**<br>Der *Tag des Herrn* kommt wie ein Dieb in der Nacht |
| 5,12–22 | **Einzelmahnungen**<br>(*Grundregel*: »Prüft alles, Gutes behaltet, Böses meidet.«) |
| **5,23–28** | **Briefschluss** |
| | **Grüße** und Aufforderung zum *Verlesen des Briefes* vor der Gemeinde<br>**Eschatokoll** |

## E) Texte zum Auswendiglernen

*Mahnung zur Freude und Dankbarkeit* (**1 Thess 5,16–18**): »Seid allezeit fröhlich, betet ohne Unterlass, seid dankbar in allen Dingen.«

*Das paulinische Prüfkriterium* (**1 Thess 5,21f**): »Prüft alles, Gutes behaltet, Böses meidet in jeder Gestalt.«

## *F) Rückfragen zu den echten Paulusbriefen (Pfarramt)*

### 1. Wo verhandelt Paulus in den »echten Paulusbriefen« folgende Themen (geben Sie jeweils auch stichwortartig Auskunft zum Inhalt)?

Zusammenfassende Antworten auf die meisten Fragen finden Sie im Themenkapitel (XIV.).

- Gesetz
  - s. Thema B 6
- Rechtfertigung
  - s. Thema B 5.; A 5 d
- Abraham (Sara, Hagar, Isaak, Ismael)
  - (vgl. dazu v. a. Röm 4; Gal 3–4)
- Bund
  - s. Thema B 9
- Taufe
  - s. Thema B 1
- Liebesgebot
  - s. Thema B 7
- Das Kreuz bzw. der Gekreuzigte (»Kreuzestheologie«)
  - s. Thema A 5 c (vgl. 1 Kor 1–2; 2 Kor 11–12, aber auch Gal 3)
- Die Kollekte (für Jerusalem)
  - s. Thema A 5 d

### 2. Tragen Sie zusammen, was Sie nun alles über die Biographie des Paulus – ausschließlich von diesen sieben Briefen her – wissen.

Aus Röm 11; 15; (1 Kor 7; 9; 15); 2 Kor 1; 11; Gal 1; Phil 3; 1 Thess 2f lässt sich folgendes Bild entwerfen:

- Paulus war unverheiratet oder verwitwet (vgl. 1 Kor 7), Pharisäer, ein Jude aus dem Stamm Benjamin und Christenverfolger (Phil 3; Röm 11; vgl. Gal 1).
- Er wurde aufgrund einer Offenbarung direkt von Christus berufen, worauf er seinen Apostolat begründet (Gal 1; 1 Kor 9,1), ging für einige Zeit in die Arabia und blieb danach in Damaskus; erst drei Jahre später reiste er nach Jerusalem, wo er sich mit Petrus und Jakobus besprach. Es folgte eine elf- oder vierzehnjährige Mission in Syrien und Kilikien.
- Nach dem Apostelkonvent und dem »Antiochenischen Zwischenfall« (Gal 2) verfolgte er sein Missionswerk weiter. 1 Thess 2f zufolge hat er in Makedonien und Achaia gewirkt, er berichtet von Verfolgungen in Philippi und Thessalonich (v. a. durch die »Juden«) und seinem Aufenthalt in Athen (ohne nähere Details); in 2 Kor 1 (und 1 Kor 15?) erfährt man von einer »Todesgefahr« in der Asia bzw. in Ephesus (daher nimmt man eine »ephesinische Gefangenschaft« an). Auf den Reisen erlitt er vielerlei Verfolgungen, u. a. die Synagogenstrafe (»40 minus 1«), Züchtigungen (durch römische Beamte?) und Steinigungen (2 Kor 11).
- Die Korintherbriefe erwähnen innergemeindliche Konflikte, die Besuche und Briefwechsel zwischen Ephesus und Korinth nach sich zogen.
- In Röm 15 schildert Paulus seine abschließenden Reisepläne: Er will die Kollekte nach Jerusalem bringen und nach Rom reisen, um anschließend sein Missionswerk in Spanien fortzusetzen.

- Welche Haftsituation der Phil und der Phlm voraussetzen, ist leider unbekannt; ebenso ist den Briefen nichts über das »Ende« des Paulus zu entnehmen.

## 3. Welche Bezeichnungen verwendet Paulus für Jesus Christus?

- Neben »Christus« hauptsächlich:
    - »Herr« (gr. *kyrios*) ist die häufigste Bezeichnung Jesu Christi
    - »Sohn Gottes« (seltener, vgl. Röm 1; 8; 2 Kor 1; Gal 1; 4; 1 Thess 1)
    - »Heiland« *nur Phil 3,20;*
    - es fehlen: »Menschensohn«; »Gott« (vgl. aber Phil 2,6).

## 4. Welche Bezeichnungen verwendet Paulus für sich selbst?

- Paulus ist nach eigener Auskunft ein (berufener) »Apostel« Jesu Christi und Diener Christi; er ist ein »Starker«, zugleich aber auch »schwach«. Sein Auftrag besteht in der Verkündigung des Evangeliums an die Heiden (vgl. Gal 1–2; 1 Kor 1–2).

## 5. Wo beruft sich Paulus auf Jesusworte? Stehen diese in den Evangelien?

- 1 Thess 4,15–17: »Ein Wort des Herrn« im Blick auf die Frage nach der Auferstehung der Toten (Abgrenzung und Herkunft unklar) [*1 Thess 5,2 ist kein »Herrenwort«*, aber ein aus der Tradition bekanntes *Logion* (vgl. Lk 12,39f)]
- 1 Kor 7,11: »Ehescheidungsverbot« (vgl. Mk 10 parr)
- 1 Kor 9,14: » Wer das Evangelium verkündet, soll sich vom Evangelium nähren.« (Vgl. Lk 10,7: »Ein Arbeiter ist seines Lohnes wert.«)
- 2 Kor 12,9: Wort des *erhöhten* Christus an Paulus.

# Exkurs III: Das Phänomen der Pseudepigraphie

*Literatur*: *Wolter, M.*: Die anonymen Schriften des Neuen Testaments, ZNW 79 (1988), 1–16; *Schnelle*, Einleitung (s. o.), 321–325; *Klauck*, Briefliteratur (s. o.), 301–306.

Abgesehen von den »echten Paulusbriefen« und der Offb (»Johannes«) ist die Mehrzahl der neutestamentlichen Schriften *anonym* (die Evangelien; Apg; Hebr; Johannesbriefe) oder unter Angabe eines *Pseudonyms* verfasst worden.

Im Blick auf die »Deuteropaulinen« und die »Katholischen Briefe« spricht man vom gemeinantiken Phänomen der *Pseudepigraphie*, d. h. dem Verfassen von Schriften unter dem Namen einer angesehenen Autorität. Die Grenze zur »Fälschung« ist dabei durchaus fließend – als Fälschungen sind sie dann anzusehen, wenn der Gebrauch des Namens unlauteren Absichten dient oder die jeweilige Theologie absichtlich entstellt wird. Zwar betonen viele Exegeten, dass etwa der Kol und der Eph, aber auch die Pastoralbriefe, die angeblich von (möglicherweise selbsternannten) »Paulusschülern« (aus Ephesus?) stammen, die Paulustradition *im Sinne des Apostels fortführen* und daher nicht weniger Ansehen genießen, bloß weil sie *nicht* von Paulus stammen. Dies darf aber für den 2 Thess bezweifelt werden, sollte er sich bewusst gegen die Aussagen des Paulus aus 1 Thess richten, diesen gar ersetzen wollen (viele sehen ihn allerdings lediglich gegen einen »missverstandenen« Paulus kämpfen).

Die »katholischen Briefe« des Petrus, Jakobus und Judas sind umgekehrt Zeugnisse für deren Ansehen im frühen Christentum; bei den Pseudonymen Jakobus und Judas liegt es nahe, dahinter *judenchristliche* Kreise zu vermuten, die vielleicht sogar »antipaulinisch« eingestellt waren. Der 2 Petr etwa kennt bereits eine Paulusbriefsammlung und äußert sich kritisch zu deren Rezeption. Insofern ist das Phänomen der Pseudepigraphie für die Exegese auch deshalb aufschlussreich, weil die Berufung auf eine Autorität wesentliche Aussagen darüber trifft, in *welcher Tradition* der Autor steht bzw. welche Strömung er verteidigt. Eine Wertung hinsichtlich der Authentizität oder auch der Angemessenheit des Pseudonyms gestaltet sich allerdings schwierig, da *echte* (schriftliche) Zeugnisse des Petrus, des Jakobus und des Judas fehlen.

Die »Johannesbriefe« fallen nicht unter diese Kategorie, da sie zunächst nicht pseudonym, sondern *anonym* verfasst und erst später dem »Zebedaiden« zugeschrieben wurden.

Eine generell negative Wertung der Pseudepigraphie verbietet sich deshalb, weil der Wert einer Aussage (auch im Neuen Testament) sich nicht daran bemisst, *von wem* sie stammt. Theologisch sind alle Aussagen an dem zu messen, *wovon* sie sprechen: dem Ereignis der Offenbarung Gottes in Jesus Christus und deren Bedeutung für alle Christen im Kontext der sich über Raum und Zeit erstreckenden weltweiten Christengemeinschaft. Welche Aussagen dieses Ereignis *angemessen* interpretieren, ist somit stets neu in Auseinandersetzung mit und in Anknüpfung an die frühesten Reflexionen und Zeugnisse zu ergründen.

# X. Die »Deuteropaulinen« (*Corpus Paulinum II*)

Eine detaillierte Kenntnis der »Deuteropaulinen«, der »Katholischen Briefe« und der Offb gehört nicht mehr zum »Grundwissen«-Kanon für die Lehramtsstudiengänge; trotzdem ist es auch für Studierende der BA-Studiengänge sinnvoll, sich zumindest die wesentlichen Inhalte und zentralen Kernaussagen zu erarbeiten. *Alle Studierenden* sollten bei den Deuteropaulinen über die wichtigen Fragen Auskunft geben können: *Wer* schreibt den Brief *an wen* mit welcher Absicht – und was ist der *Kerngedanke* des Schreibens? Es wäre fatal, wenn Sie nicht wenigstens zu jeder der 27 Schriften des Neuen Testaments prinzipiell *auskunftsfähig* wären.

## 1. Der zweite Thessalonicherbrief

### A) Einleitungswissen

Die überwiegende Mehrheit der Exegeten hält den 2 Thess für **deuteropaulinisch.** Ein längerer Zeitraum zwischen beiden Schreiben ist daher anzunehmen, eine sichere Datierung aber nicht möglich (**um 62** oder erst **Ende des 1. Jh.**?). Der Abfassungsort wird in Makedonien oder Kleinasien vermutet, möglicherweise wurde er auch am »Empfangsort« selbst verfasst. Als Empfänger nennt der Brief die Gemeinde in Thessalonich. Es ist denkbar, dass 2 Thess eine Dublette zum 1 Thess darstellt, mit der Intention, den ersten Brief zu ersetzen – darauf deutet v. a. der parallele Aufbau der Briefe, die identische Absenderangabe Paulus, Timotheus und Silas (die sich nach 1 Thess nicht noch einmal findet!) bis hin zu identischen Formulierungen und schließlich der in 2 Thess 2,2 so genannte »falsche Paulusbrief« (der *1 Thess*?). Bemerkenswert ist auch der Nachdruck, mit dem die Echtheit des Briefes erwiesen werden soll (2,2; 3,17: »Das ist mein Zeichen in allen Briefen – so schreibe ich!«). Anlass des Briefes ist somit die *Revidierung eschatologischer »Fehlansichten«*.

### B) Inhalt

Angesichts der zuvor genannten Zweifel an der Authentizität stellt der Eingang mit dem *Rückblick auf vergangene Verfolgungen* (2 Thess 1) somit lediglich eine literarische Fiktion dar. In 2 Thess 2 korrigiert der Vf. anschließend eine enthusiatische Naherwartung der Parusie (»als sei der Tag des Herrn schon da«; 2 Thess 2,2), die durch die Aussagen aus 1 Thess 4 begünstigt worden sein könnten (auch wenn 1 Thess 5 »Berechnungen« des Tages zurückwies). Gegen 1 Thess 4 stellt 2 Thess 2,1–12 einen *neuen* »apokalyptischen Fahrplan« auf. In 2 Thess 3 werden die Adressaten abschließend ermahnt, in der »Tradition« zu bleiben; Irrlehrer und (deren?) asketische Tendenzen werden zurückgedrängt und es wird vor »Müßiggang« gewarnt.

## *C) Arbeitsfragen*

1. Erstellen Sie eine Gliederung. Vergleichen Sie dabei Aufbau und Inhalt mit dem 1 Thess. Was fällt auf?

- Absender (Paulus, Timotheus und Silas) und Adressaten sind identisch.
- Der Aufbau ist bis hin zu einzelnen Formulierungen frappierend ähnlich:
    - Auf das Proömium folgt ein Rückblick auf frühere Verfolgungen.
    - Kap. 3 enthält analog zu 1 Thess 5 abschließende Mahnungen.
- Es fehlen wie in 1 Thess 5 namentliche Grüße am Ende.

2. Was ist der Anlass des Briefes?

- Der Autor hat zwei Anliegen:
    - Kap. 2: Die Korrektur »falscher« eschatologischer Erwartungen, die durch »angebliche Paulusbriefe« verbreitet werden.
    - Kap. 3: Den Rückzug von Brüdern, die einen falschen (»müßigen«) Lebenswandel pflegen und eine »falsche Lehre« vertreten. Man soll einerseits den Umgang mit ihnen meiden, sie andererseits zurechtweisen (3,14f).

3. Was erfahren Sie aus dem Brief über die Adressaten bzw. ihr Verhältnis zum Absender?

- »Paulus« erinnert an seinen Aufenthalt in Thessalonich und dass er selbst für seinen Broterwerb gearbeitet habe (3). Dies deckt sich mit Aussagen in 1 Thess 2 (vgl. 1 Kor 9), aus denen nun die allgemeine Regel abgeleitet wird: »Wer nicht arbeitet, soll auch nicht essen.«
- *Vieles spricht für eine Fiktion: Der Anlass liegt wohl darin, dass eine Gruppe innerhalb der Gemeinde – evtl. aufgrund der Aussagen des 1 Thess – auf die baldige Wiederkunft Christi wartet; eine andere, sich auf Paulus berufende Gruppe, will der Gefahr wehren, dass sie zu »Müßiggängern« werden.*

4. Wie werden die »Endereignisse« beschrieben? Vergleichen Sie diese mit denen des 1 Thess, aber auch mit weiteren Ausführungen des Paulus.

- Der Autor vertritt eine »apokalyptische« Vorstellung:
    - Der Aufhalter (»Katechon«) des Bösen muss zuerst weggenommen werden.
    - Das Böse tritt in der Macht des Satans auf (2,9), um jene Menschen, die die Liebe zur Wahrheit nicht angenommen haben (2,10), zum Abfall von Gott zu bewegen (2,3).
    - Jesus wird das Böse bei seiner Wiederkunft (Parusie) mit dem Hauch seines Mundes vernichten (2,8).
- In 1 Kor 15 geht Paulus zwar über 1 Thess 4 hinaus, spricht aber weder von einem »Katechon« noch von einem »Endkampf« Christi gegen den »Bösen« (allerdings vom Sieg über den Tod), auch nicht von einer endzeitlichen *Verführung*, sondern von der endzeitlichen

Herrschaft und Übergabe der Herrschaft an den Vater, »damit Gott alles in allem sei« (1 Kor 15,28).

- Die Vorstellungen aus 2 Thess stehen den Aussagen der *synoptischen Apokalypse* (Mk 13) nahe; einen Kampf mit einem endzeitlichen Widersacher kündet Offb 19–20 an; den erst im frühen Christentum für diese Gestalt gebräuchlichen Ausdruck »Antichrist« bezeugen hingegen nur die JohBriefe (1 Joh 2,18; 2 Joh 7), die ihn zudem anders konnotieren.

## D) Die Struktur des zweiten Thessalonicherbriefs

| **1** | **Briefeingang** |
|---|---|
| 1,1–2 | **Präskript** (*Absender: Paulus, Silvanus und Timotheus*) |
| 1,3–12 | **Rückblick auf Verfolgungen** (»Proömium«) |
| **2,1–12** | **Die Wiederkunft (Parusie) Christi** |
| | **Warnung vor einem (falschen) Brief**: Der Tag des Herrn steht *nicht* kurz bevor! Der *Sohn der Gesetzlosigkeit* (»Antichrist«?) wird sich offenbaren, *etwas hält ihn noch auf* (das »Katechon«). Christus wird ihn am Ende besiegen. |
| **2,13–3,15** | **Mahnungen und Wünsche** |
| 2,13–16 | *Mahnungen* zu Standhaftigkeit und Festhalten an der Tradition |
| 3,1–5 | *Bitte* um Rettung vor Irrlehrern und vor dem Bösen |
| 3,6–15 | *Mahnungen* zur Zurechtweisung, wer nicht dem Beispiel des Apostels folgt (v. a. kein Müßiggang: »Wer nicht arbeitet, soll auch nicht essen.«) |
| **3,16–18** | **Briefschluss** |
| | Keine Grüße, aber *»eigenhändige«* Unterschrift (vgl. Gal 6) |

## 2. Der Kolosserbrief

### A) Einleitungswissen

Eine Mehrheit hält den Kolosserbrief (der als stilisierter »Gefangenschaftsbrief« die Absender *Paulus und Timotheus* trägt [vgl. Phil; Phlm]) für **deuteropaulinisch**, gelegentlich wird einer der engeren Paulusmitarbeiter (z. B. Timotheus oder Epaphras) als Autor vermutet. Im Gegensatz zum Eph ist im Kol ein deutlicher Korrespondenzcharakter ersichtlich: Der Briefautor *bekämpft* eine scheinbar in Kolossä ansässige *Irrlehre*. Abgefasst wurde der Brief demnach im westlichen **Kleinasien**, vermutlich **um 80** in der Nähe von Kolossä (in *Ephesus*?). Zwar ist das Schreiben an die Stadt **Kolossä** gerichtet, Laodikea und Hierapolis werden aber in 4,13 als weitere Adressaten genannt und es wird zum Verlesen des Briefes in *Laodikea* aufgefordert. Demnach handelte sich um ein Rundschreiben an kleinasiatische, wohl überwiegend heidenchristliche Gemeinden. Gegen die Existenz einer Gemeinde in Kolossä spricht, dass die Stadt vermutlich um 60 n. Chr. durch ein Erdbeben zerstört und erst Ende des 1. Jh. wieder aufgebaut wurde – vielleicht trägt der Brief bewusst diese Adresse, um als fiktiver Paulusbrief Anerkennung zu finden und richtet sich in Wirklichkeit an eine der anderen Gemeinden (Laodikea? Ephesus?).

Viele Berührungen mit dem Eph weisen auf eine literarische Beziehung zwischen beiden Schreiben. Der Eph hat den Kol gekannt und Teile daraus für die Komposition des eigenen Schreibens verwendet. Die zahlreichen Übereinstimmungen in den Grußlisten Kol 4,10–14 und Phlm 23f sprechen umgekehrt dafür, dass der Autor des Kol den Phlm als *Prätext* benutzt hat.

### B) Inhalt

Der Kol gliedert sich deutlich in einen argumentativen (1–2) und einen »paränetischen« (mahnenden) Abschnitt (3–4). Unklar ist, wo das eigentliche *Briefkorpus* einsetzt: Gehören der Christushymnus (1,15–20) mit seiner Anwendung auf die Adressaten und die »Selbstempfehlung« des Paulus (1,24–2,5) noch zu dem in 3,1 beginnenden »Proömium« oder setzt dort bereits die Argumentation ein?

Anlass und zentrales Anliegen des Briefes ist (ab 2,6) die *Bekämpfung* einer (möglicherweise *synkretistischen*) *Irrlehre*, die sich durch judaisierende (Beschneidung, Einhalten bestimmten Speisevorschriften), vielleicht auch philosophische (2,8: »Philosophie«) oder »heidnisch-religiöse« Tendenzen auszeichnet (2,8 wirft der Vf. den Gegnern vor, »Naturmächte« [gr. *stoicheia tou kosmou*] zu verehren). Eine eindeutige Charakterisierung der Gegner (hellenistische Judenchristen?) ist diesen Angaben nicht zu entnehmen.

Der zu Beginn zitierte *Christushymnus* (1,15–20) schärft den Adressaten die Herrschaft Christi über die Schöpfung ein und stellt bereits *vor* der Auseinandersetzung mit der Irrlehre die entscheidende Alternative vor Augen: *Weltelemente/Weltweisheit oder Christus.* In der Argumentation dominiert der Gedanke einer *präsentischen Eschatologie*: Durch den Tod hat Christus alle Mächte entmachtet und daher sind in der Taufe die Glaubenden mit Christus bereits gestorben *und bereits auferweckt*! (Kol 2,12f; vgl. dagegen Röm 6!) *Ekklesiologisch* findet dieser (präsentische) Aspekt darin seinen Ausdruck, dass Christus das *Haupt des Leibes* (der Kirche) ist (Kol 1,18; 2,19; anders: Röm 12; 1 Kor 12). Diese beiden Aspekte stellen zudem die wichtigsten theologischen Unterschiede des Kol zu den »echten« Paulusbriefen dar.

Die anschließende Paränese, gespickt mit Laster- (3,5–9) und Tugendkatalogen (3,12–15), gründet in der Aussage der bereits geschehenen Auferstehung (3,1–4): Weil die Christen in einem »neuen Leben« wandeln, sollen sie nach dem, was »oben« ist, trachten. Sie mündet in eine »Haustafel« (Kol 3), die stark auf wechselseitige Achtung hin ausgerichtet ist. Diese enthält sozialethische Weisungen im Blick auf die antike *familia*, die Stände innerhalb eines »Hauses« (Eltern, Kinder, Sklaven). Das Schreiben endet mit einer langen Grußliste, in der viele Personen aus dem Phlm begegnen.

Der Autor greift an mehreren Stellen paulinische Theologie auf und führt sie eigenständig weiter: Der Gedanke des Sterbens in der Taufe (2) wird zur Gegenwart der Auferstehung, die Aussage aus Gal 3,26–28 begegnet in abgewandelter und erweiterter Form in Kol 3,11, und das Bild von der Gemeinde als Leib wird um den Gedanken, dass Christus dessen Haupt ist, ergänzt.

## C) Arbeitsfragen

1. Erstellen Sie eine Gliederung und versuchen Sie, den Inhalt in groben Zügen wiederzugeben.

- *S. dazu unten die Strukturübersicht.*

2. Was erfahren Sie aus dem Brief über die Gemeinde bzw. ihr Verhältnis zu »Paulus«?

- Die Gemeinde kennt Paulus nicht persönlich (Kap. 2), nur über den (Gemeinde-)Missionar *Epaphras*; als Überbringer des Briefes fungieren Tychikus und Onesimus (4).
- Epaphras scheint der Missionar der Gemeinde zu sein.

### 3. Geben Sie die Aussagen des Christushymnus (Kol 1,15–20) wieder. Fallen Ihnen Spannungen auf?

| 1,15–20: Christushymnus | |
|---|---|
| **15** | Ebenbild Gottes<br>Erstgeborener der Schöpfung |
| **16–17** | Schöpfungsmittler (vgl. Joh 1,3) |
| **18** | Erstgeborener aus den Toten<br>Haupt des Leibes (der *Kirche*) |
| **19** | In ihm wohnt die Fülle |
| **20** | Versöhnung durch das *Kreuzesblut* |

- Die Aussage V. 18: Haupt des Leibes = der Kirche passt schlecht in den Kontext (dort repräsentiert der »Leib« eher das »Weltall« bzw. den »Kosmos«); ähnlich schwierig fügt sich die Erwähnung des Kreuzesblutes in den Kontext von V. 20.

### 4. Welche »Irrlehre« bekämpft der Autor mit welchen Argumenten? Vergleichen Sie mit weiteren Irrlehren, die Paulus bisher bekämpft hat.

- Kap. 2: Es geht um eine »Philosophie«, die Askese (Enthaltung von bestimmten Speisen und Getränken; evtl. auch sexuelle Enthaltsamkeit [«nicht berühren«]) und Verehrung von Weltelementen sowie von Engeln fordert.
- Die Gemeinde soll festhalten am »überlieferten Glauben«. Christus hat die Weltelemente und Mächte besiegt (vgl. Kol 1,15–20!), in der Taufe ist die Gemeinde diesen Mächten »gestorben«, d.h. »entzogen« – darum gelten auch keine »Tabuvorschriften«. Die Dinge sind dazu da, gebraucht zu werden, der Leib muss befriedigt werden.
- In Gal 4 ist ebenfalls von »Weltmächten« die Rede, doch es fehlt der Begriff »Gesetz«; hier wird den bekämpften Lehren unterstellt, sie kämen »weise« daher.
- Zu Fragen Essen und Trinken betreffend äußert sich Paulus in Röm 14 und 1 Kor 8–10; dort ist eine stärkere Betonung der »Freiheit« zu finden (vgl. auch Gal 2).

### 5. Welche Aussagen trifft der Autor über die Taufe? Vergleichen Sie mit anderen Paulusbriefen.

- Die Taufe ist eine nicht mit Händen vollzogene »Beschneidung« (2).
- Der Getaufte ist »mit Christus auferweckt«.
- In Röm 6 setzt Paulus zwar die Taufe analog zu Tod und Auferweckung Christi; die Auferweckung des Getauften wird jedoch als »noch kommend« betrachtet, nicht als schon geschehen (»eschatologischer Vorbehalt«).

### 6. Welche Aussagen trifft der Autor über das apostolische Amt?

- Der Apostel ist Diener des Evangeliums bzw. der Kirche (1).
- Paulus leidet *stellvertretend* für die Gemeinde (1).
- Beide Aussagen finden sich so nicht in den echten Paulusbriefen und entsprechen auch nicht der von Paulus propagierten »Demut«.

## *D) Die Struktur des Kolosserbriefes*

| 1,1-8 | **Briefeingang** |
|---|---|
| 1,1-2 | **Präskript** (*Paulus und Timotheus* an die Brüder in *Kolossä*) |
| 1,3-8 | ***Proömium*** (1,4f: Trias: Glaube – Liebe – Hoffnung )<br>Erwähnung des *Epaphras* (Missionar der Gemeinde?) |
| **1,9–2,23** | **1. TEIL: Die Herrschaft Christi über die Welt (Auseinandersetzung mit der »Philosophie«)** |
| 1,9–23 | **Fürbitte und Erinnerung an Gottes Rettungstat**<br>Bitte um Erkenntnis und Weisheit; Dank an den Vater und den Sohn<br>*Christus als Haupt des Leibes (der Kirche)* (vgl. 1,24; 2,19),<br>**1,15–20: Christushymnus**<br>Anwendung des Hymnus auf die Gemeinde |
| 1,24–2,5 | **Der Apostel als Diener des Evangeliums**<br>Der leidvolle Dienst. Das Mysterium: Christus in/bei euch (den Heiden)<br>Im Fleische abwesend – aber im Geiste anwesend |
| 2,6–23 | **Die Auseinandersetzung mit den Irrlehrern**<br>Mahnung zur Standhaftigkeit<br>Die Exklusivität der Herrschaft Christi (vgl. 1,12–20)<br>(Beschneidung des Herzens; Sterben + Auferweckt*sein* durch Taufe)<br>Kein Auferlegen von »menschlichen Satzungen«! |
| **3,1–4,6** | **2. TEIL: Mahnungen (Paränese)** |
| 3,1–17 | **Begründung der Paränese:** »Ihr seid gestorben und mit Christus auferweckt – blickt also nicht mehr auf irdische Angelegenheiten!«<br>**Allgemeine Mahnungen** (»Tugend- und Lasterkataloge«)<br>V. 9–11: Anziehen des neuen Menschen → Einheit in Christus |
| 3,18–4,1 | **Haustafel:** Frauen – Männer; Kinder – Eltern; Sklaven – Herren |
| 4,2–6 | ***Abschließende Mahnungen*** |
| **4,7–18** | **Briefschluss** |
| | Persönliche Mitteilungen (»Apostolische Parusie«)<br>*Tychikus* und *Onesimus* als Überbringer des Briefes;<br>Grüße und Aufträge<br>*Eschatokoll* (»*eigenhändiger*« Gruß; Hinweis auf Gefangenschaft) |

# 3. Der Epheserbrief

## A) Einleitungswissen

Der Eph ist **deuteropaulinisch** und wie der Kol ein fiktiver Gefangenschaftsbrief des Paulus. Die Theologie des Verfassers weist eine große Nähe zur hellenistisch-jüdischen Tradition auf. Verfasst wurde er vermutlich in **Kleinasien** (Ephesus gilt als möglicher Sitz der »Paulusschule«). Die offensichtliche formale und inhaltliche Nähe zum Kol weist in die Zeit **80–90**. Vielleicht handelt es sich um ein *Zirkularschreiben* (die Ortsangabe fehlt in wichtigen Handschriften), da persönliche Bezüge fehlen. Das Fehlen echter brieflicher Merkmale macht das Schreiben eher zu einer breit ausgestalteten Meditation oder »Predigt«. Die angesprochene »Gemeinde« ist zwar (vorwiegend?) heidenchristlich (2,11 u. ö.), dem Vf. ist aber an einer Versöhnung von Heiden- und Judenchristen gelegen, vielleicht ist er selbst Judenchrist.

Nicht nur angesichts dessen ist eine Nähe zum Kol sichtbar – er berührt sich mit diesem auch vielfach in Aufbau und Inhalt, stellt also in einigen Teilen eine »Überarbeitung« des Kol dar.

## B) Inhalt

Die Nähe zum Kol wird bereits im Aufbau des Schreibens deutlich sichtbar. Auch der Eph ist deutlich in einen »lehrhaften« (1–3) und einen »paränetischen« (4–6) Abschnitt aufgeteilt, wobei letzterer ebenfalls in eine, Kol 3 sehr nahe (Tit 2 weniger nahe) stehende »Haustafel« mündet (Eph 5–6). Beide Briefe thematisieren auch in ähnlicher Weise die Bedeutung des Apostels (Kol 1–2; Eph 3). Es dominiert der Gedanke der *Einheit* (vgl. Eph 4), vor allem im Bereich der *Ekklesiologie*, wobei der Autor konkret die Einheit der Gemeinde aus Christusgläubigen jüdischer und heidnischer Herkunft betont.

Das Schreiben beginnt mit einem nicht enden wollenden Lobpreis (1), in welchem der Autor die Adressaten an die Heilstat Christi erinnert: die Erlösung durch sein Blut, die Vermittlung von Gnade, Weisheit und Erkenntnis, die Erwählung zum Eigentum, die Verkündigung des Evangeliums und die »Versiegelung« der Glaubenden (in der Taufe?). Die Gemeinde ist der von Gott auferweckte und erhöhte Leib Christi, Christus ist ihr Haupt (eine Weiterentwicklung der Vorstellungen aus 1 Kor 12; Röm 12; vgl. Kol 1).

Diese Vorordnung der Ekklesiologie führt zur Betonung einer *präsentischen Eschatologie*, dem Gedanken der bereits wirksamen Auferstehung und Erhöhung (vgl. 2,8). Daran erinnert der Autor, bevor er auf die »Kirche« selbst zu sprechen kommt. Weil der »Zaun« weggenommen wurde, das Gesetz beseitigt ist, stellt sie eine Einheit dar; die *Apostel und Propheten* als Gestalten der Vergangenheit bilden den »Baugrund« mit *Christus als Schlussstein* (Eph 2,20f; vgl. 1 Kor 3). Die Kirche selbst wird als Mittlerin zwischen göttlicher Weisheit und kosmischen Mächten angesehen, die einem Wachstums- und Reifeprozess unterworfen ist. Paulus, der Diener der Geheimnisse, erscheint nun als »der letzte unter allen Heiligen«, der maßgebliche Offenbarungsträger, und ist nun selbst bereits »Tradition«. Eph 3 mündet in eine Doxologie, die mit dem abschließenden »Amen« eine deutliche Zäsur setzt.

Eph 1–3 stellt damit die Argumentationsbasis für den folgenden, paränetischen bzw. »ethischen« Teil dar (Eph 4–6). Ausgehend von der in Kap. 4 noch einmal mehrfach beschworenen »Einheit« wird die Gemeinde als Leib mit Hilfe der von Christus eingesetzten Amtsträger erbaut – darin soll die Gemeinde wachsen und an Erkenntnis zunehmen, dass sie sich zum Haupt (Christus) hin ausrichtet. Anschließend wird in der Gegenüberstellung von »altem« und »neuem« Menschen (vgl. Kol 3) auf die erneuerte Existenz der Christen hingewiesen. Ihren Kern besitzt diese Ethik in Eph 5,1f, das eine Art »Liebesgebot« darstellt: Man soll dem Beispiel Gottes als »geliebte Kinder« folgen und ein Leben in der Liebe führen, »wie auch Christus uns geliebt und sich für uns hingegeben hat.« Im Anschluss an Einzelmahnungen mündet auch diese Paränese in eine »Haustafel« (5,22 - 6,9), die eine besondere Nähe zu Kol 3, eine entfernte zu Tit 2 aufzeigt. Der Brief schließt in Eph 6 mit den traditionellen Elementen.

## *C) Arbeitsfragen*

### 1) Fragen zum Epheserbrief

1. Erstellen Sie eine Gliederung. Was fällt (formal) auf?

- Der Brief ist eindeutig zweigeteilt (1–3.4–6), wie der Schluss von Kap. 3 verdeutlicht. Zu Beginn fällt das Fehlen eines »Proömiums« auf, stattdessen bietet der Vf. eine lange »Eulogie« (bzw. ein »zweigeteiltes Proömium«).
- Generell enthält das Schreiben kaum briefliche Elemente, weshalb der »Brief« oft als »Epistel«, d. h. als Lehrschreiben klassifiziert wird.
- Die Empfängerangabe ist unsicher, es fehlen persönliche Bezüge; als einzige Person wird »Tychikus« (6; vgl. Kol 4) genannt, der Überbringer des Kol.

2. Was erfahren Sie aus dem Brief über die Adressaten und ihr Verhältnis zu »Paulus«?

- Auffallend ist die mehrfache Anrede der Adressaten als »Geliebte«.
- Das Fehlen von Mitabsendern sowie spezifischen Grüßen bei einem »Gemeindebrief« erstaunt, immerhin hat sich Paulus nach eigener Auskunft (1 Kor 15; 2 Kor 1 u. ö.; vgl. auch Apg 18–20) längere Zeit in Ephesus aufgehalten.
- Aus 2,11; 4,17ff u. ö. geht hervor, dass es sich um *Heidenchristen* handelt.

### 3. Ist ein »Anlass« zu erkennen? Was vermuten Sie?

- Der Brief ist ein durchgehender »Aufruf zur Einheit« (v.a. Kap. 2 und 4), wobei an die Einheit aus Juden- und Heidenchristen zu denken ist
- Diese Einheit geht der ethischen Verpflichtung voraus. Die »Haustafel« am Schluss (5–6) verdeutlicht, wie diese Einheit konkret ausgestaltet werden soll.

### 4. Welche Auffassung hat der Briefschreiber vom »Leib Christi«? Vergleichen Sie mit den Aussagen anderer Texte des Corpus Paulinum.

- Die Gemeinde bildet den Leib Christi, Christus ist das Haupt (Kap. 1; 4)
- So auch Kol 1, anders: 1 Kor 12; Röm 12 (s.u.)

### 5. Was erfahren Sie über christliche Ämter?

- Der Brief nennt fünf Ämter: Apostel, Propheten [Vergangenheit!], Evangelisten, Hirten, Lehrer (4).
- Es sind besondere Gaben mit dem Ziel der *Erbauung* (*oikodomê*) des Leibes Christi.
- Apostel und Propheten sind das »Fundament« der Kirche (2; vgl. Offb 21!; anders Paulus in 1 Kor 3: Christus)

### 6. Welches Bild des Apostels Paulus zeichnet der Brief?

- Die wesentlichen Aussagen finden sich in Eph 3:
  - Paulus leidet stellvertretend für die Gemeinde
  - Paulus ist besonderer Offenbarungsempfänger und »Diener der Geheimnisse«
  - sein »Amt« dient der Durchführung des »Heilsplanes« (*oikonomia*)
  - er befindet sich in Gefangenschaft

### 7. Was für ein Weltbild (Kosmologie) schimmert beim Epheserbrief durch?

- Das Weltbild des Eph teilt sich auf in *himmlische Welt* und *Menschenwelt* (nicht wie im Alten Testament: Himmel/Erde/Unterwelt), die Dämonen sind zwischen Erde und Himmel angesiedelt (2,2). Dies erinnert an stoische Vorstellungen vom Kosmos.

## 2) Fragen zu Kol und Eph gemeinsam

### 1. Am Ende beider Briefe stehen Verhaltensanweisungen für christliche Gemeindeglieder. Vergleichen Sie diese »Haustafeln« miteinander, nennen Sie zentrale Aussagen und stellen Sie Unterschiede fest.

- Die Aussagen in Kol 3 fallen deutlich knapper aus.
- In Eph 5–6 wird:
  - die Ehemahnung »verchristlicht«
  - das vierte Gebot eingeschärft.
- Grundsätzlich gilt für beide Haustafeln: Der »untergeordnete Teil« wird als erster angesprochen und zur Unterordnung ermahnt; der übergeordnete Teil wird hingegen an seine Verantwortung erinnert. Begründet wird dies meist ohne nähere Erläuterung (»dem Herrn wohlgefällig«).

| Kol 3,18 – 4,1 | Eph 5,21 – 6,9 |
|---|---|
| ---- | *5,21 Unterordnung (allgemein)* |
| 3,18 Frauen < Männer | 5,22–24 Frauen < Männer |
| 3,19 Männer sollen Frauen lieben | 5,25–33 Männer sollen Frauen lieben<br>*und: Es ist ein Mysterium* |
| 3,20 Kinder gehorsam gegenüber Eltern | 6,1–3 Kinder gehorsam gegenüber Eltern<br>*Begründung: 4. Gebot!* |
| 3,21 Väter sollen nicht erbittern | 6,4 Väter nicht zum Zorn reizen; Erziehung |
| 3,22–4,1: Gehorsam der Sklaven | 6,5–8 Gehorsam der Sklaven |
| --- | *6,9 Herren sollen Sklaven angemessen behandeln* |

2. Nennen Sie weitere Parallelen zwischen beiden Briefen.

- Beide thematisieren den *Apostolat* des Paulus und schreiben ihm eine hohe Dignität zu (Kol 1–2; Eph 3).
- Beide erwähnen am Schluss einen gewissen *Tychikus* (Kol 4,7; Eph 6,21).
- Beide definieren die Gemeinde (gr. ekklêsía) als Leib *mit Christus als Haupt* (Kol 1; Eph 1; 4: universale Kirche!) [anders: 1 Kor 12; Röm 12].

## 3) Themen zu Kol und Eph (Näheres hierzu s. u. Kap. XIV.)

Notieren Sie sich Kapitelangaben und Stichworte zu folgenden Themen:

- *Zwölf/Jünger/Apostel*
- *Taufe; Ämter; Gesetz; Liebe/Liebesgebot; Ehe*

## *D) Die Struktur des Epheserbriefes*

| **1** | **Briefeingang** |
|---|---|
| 1,1–2 | **Präskript** (*Paulus* an die Heiligen *in Ephesus* {textkritisch umstritten}) |
| 1,3–23<br><br><br>(vgl. Kol 1) | ***Proömium***<br>a) Lobpreis (*Eulogie*) Gottes für das Segenshandeln in Christus<br>b) Fürbitte um Gabe des Geistes d. Weisheit u. Offenbarung<br>1,22: Christus als *Haupt der Kirche*, die sein Leib ist (→ 4,15f; *5,23*) |
| **2–3** | **1. TEIL: Die Einheit der Kirche** |
| 2,1–10 | **Das Einst und Jetzt der Glaubenden**<br>Ihr wart tot (wg. der Sünde) → Gott hat uns aus Gnade lebendig gemacht (durch den *Glauben*, nicht aus Werken)<br>→ *erschaffen zu guten Werken, zu denen uns Gott bereitet hat!* |
| 2,11–22<br><br><br>(vgl. 1 Kor 3) | **Die eine Kirche aus Juden und Heiden**<br>Einheit in Christus durch Abschaffung des »Zaunes«, versöhnt durch das Kreuz<br>→ ihr seid *Mitbürger der Heiligen; erbaut auf dem Grund der Apostel und Propheten (zu einem heiligen Tempel)* |
| 3,1–13 | **Der Apostel als Diener des göttlichen Mysteriums**<br>Paulus als »Gefangener Jesu Christi« – der Heidenapostel |
| 3,14–21 | **Fürbitte und *Doxologie***<br>[«…ihm (Gott) sei Ehre (*doxa*) … von Ewigkeit zu Ewigkeit. Amen.«] |
| **4,1–6,20** | **2. TEIL: Der neue Lebenswandel gemäß der Berufung** |
| 4,1–16 | **Die EINHEIT als Basis und Norm des Wandels**<br>Aufruf zur Einheit (*ein* Leib, Geist, Herr, Glaube, *eine* Taufe, *ein* Gott, Vater)<br>unterschiedliche Gaben (Ämter: Apostel, Propheten, Evangel., Hirten, Lehrer)<br>→ Ziel: Erbauung des Leibes Christi (Christus als Haupt d. Gemeinde) |
| 4,17–32 | **Der alte und der neue Mensch**<br>Warnung vor dem früheren Lebenswandel<br>→ der neue Lebenswandel in Güte, Barmherzigkeit und Vergebung |
| 5,1–20 | **Wandelt in der Liebe Christi und als Kinder des Lichts** |
| 5,21–6,9<br><br>(vgl. Kol 3,18–4,1) | **Haustafel:** Ordnet euch einander unter (in *wechselseitiger Verpflichtung*!)<br>**Frauen – Männer** (= Gemeinde – Christus) [Ehe als Abbild]<br>Kinder – Eltern<br>Sklaven – Herren |
| 6,10–20 | **Die göttliche Waffenrüstung** (»*Schlussparänese*«) |
| **6,21–24** | **Briefschluss** |
|  | Sendung/Empfehlung des *Tychikus* – *Eschatokoll* |

## *E) Texte zum Auswendiglernen (Eph und Kol)*

Neben dem Kolosserhymnus (**Kol 1,15–20**) sind folgende Aussagen zentral:

*Das stellvertretende Leiden des Apostels* (**Kol 1,24**): »Ich freue mich, wenn ich für euch leiden muss, denn damit bringe ich stellvertretend an meinem Fleisch zur Vollendung, was der Bedrängnis Christi noch fehlt – seinem Leib, der Kirche, zugute.«

*Die Auferstehung der Christen* (**Kol 2,12**): »Mit ihm seid ihr begraben worden in der Taufe – mit ihm auch auferweckt worden durch den Glauben an die Kraft Gottes.«

*Das neue Leben in Christus* (**Kol 3,12–14**): »So zieht nun an als von Gott auserwählte Heilige und Geliebte herzliches Erbarmen, Güte, Demut, Sanftmut und Geduld. Ertragt euch gegenseitig und vergebt einander … wie der Herr euch vergeben hat. Über alles aber zieht an die Liebe: Das ist das Band der Vollkommenheit.«

*Die Gegenwart der Auferstehung* (**Eph 2,6**): »Gott hat uns mit Christus zusammen auferweckt und uns einen Platz in den Himmeln gegeben.«

*Die Gnadentheologie* (**Eph 2,8**): »Aus Gnade seid ihr gerettet aufgrund des Glaubens, und das nicht aus euch selbst: Gottes Gabe ist es.«

*Die Einheit aus Juden und Christen* (**Eph 2,19**): »Ihr seid nicht mehr Fremde ohne Bürgerrecht, vielmehr Mitbürger der Heiligen und Hausgenossen Gottes.«

*Christus als Haupt der Kirche* (**Eph 4,15**): »Lasst uns wahrhaftig sein in der Liebe und wachsen in allen Stücken zu dem hin, der das Haupt ist, Christus.«

*Die Ethik als Nachahmung Gottes* (**Eph 5,1f**): »Folgt dem Beispiel Gottes als geliebte Kinder und lebt in der Liebe, wie auch Christus uns geliebt hat.«

*Die Christen als »Kinder des Lichts«* (**Eph 5,8b-9**): »Lebt als Kinder des Lichts! Das Licht bringt nichts als Güte, Gerechtigkeit und Wahrheit hervor.«

# 4. Die »Pastoralbriefe«

## A) Einleitendes

Dass die drei seit dem 18. Jh. als »Pastoralbriefe« bezeichneten Schreiben 1/2 Tim und Tit **deuteropaulinisch** sind, gilt als Konsens. Die inhaltliche und formale Nähe der Briefe (als *Corpus Pastorale*) untereinander stützt die Annahme eines gemeinsamen Verfassers oder Verfasserkreises. Gegen die paulinische Verfasserschaft sprechen die veränderte Gemeindesituation und ein neues Verständnis der Autorität des Apostels, das sich bereits in Kol/Eph abzeichnet. In der Reihenfolge 1 Tim – Tit – 2 Tim zu lesen, sind sie vermutlich zu Beginn des 2. Jh. (**zwischen 100–140**) in **Ephesus**, dem möglichen Sitz der »Paulusschule«, entstanden.

Diese Reihenfolge ergibt sich aus der Ankündigung der »apostolischen Parusie« in 1 Tim 3,14; 4,13, die bereits im Titusbrief fehlt (dort soll Titus seinerseits zu Paulus kommen: Tit 3,12). Der 2 Tim bildet als *Testament des Paulus* einen sinnvollen Abschluss. Der parallele Aufbau von 1 Tim und Tit lässt zudem auf eine literarische Beziehung schließen.

Die Briefe sind formal an Einzelpersonen gerichtet, richten sich aber inhaltlich an einen weiteren Adressatenkreis – die beiden engen Paulusmitarbeiter Timotheus und Titus erscheinen als **exemplarische Gemeindeleiter**.

***Timotheus*** ist einer der *wichtigsten Paulusmitarbeiter* (Mitabsender von 1 Thess; 2 Kor; Phil; Phlm; erwähnt zudem in den Grußlisten Röm 16,10; 1 Kor 16,10; fiktiv in: Kol; 2 Thess), laut Apg Begleiter auf der 2. und 3. Missionsreise (vgl. v. a. Apg 16,1; 20,4). Apg 16,1–8 zufolge war er Sohn einer Jüdin (laut 2 Tim 1 ist ihr Name *Eunike*, Tochter der *Lois*) und eines Griechen aus Lystra; Paulus bekehrte ihn und ließ ihn beschneiden »wegen der Juden«.

***Titus*** ist einer der *frühesten Paulusmitarbeiter*, wird aber in der Apg nicht erwähnt. Er begleitete Paulus zum Apostelkonvent und sollte beschnitten werden, wurde es aber nicht (Gal 2); der 2. Korintherbrief (2; 7f; 12) belegt eine enge Verbindung des Titus zur Gemeinde in Korinth.

Verbindende Elemente der Briefe sind die konsequente *Übernahme paulinischer Theologie*, etwa der Rechtfertigungslehre (vgl. 2 Tim 1), sowie die *Vorbildfunktion des Apostels* in der Leidensnachfolge (vgl. 1/2 Kor; Phil) und der Kampf gegen *Irrlehren* (1 Tim 4; Tit 1; 2 Tim 3). Ihr gemeinsames Ziel ist die *Abgrenzung von Irrlehrern* und die *Bewahrung der Tradition*.

1 Tim und Tit bieten darüber hinaus Einblick in urchristliche *Amtsstrukuren* (1 Tim: Bischof, Diakone, Presbyter, Witwen; Tit: Bischof und Presbyter); sie fordern die *Unterordnung der Frauen* sowie die Wahrung der »Stände« in den Gemeinden (1 Tim 2; 4–6; Tit 2). 1 Tim und Tit sind demnach auch als paradigmatische Schreiben zur *Gemeindeordnung* in einer bestimmten Phase des Christentums gedacht. Der 1 Tim weist an, wie bereits *bestehende* Gemeinden zu ordnen sind, der Tit hin-

gegen, wie junge, gerade *entstehende* Gemeinden in die richtige Ordnung geführt werden sollen. Der 2 Tim schließlich ist als »letzter Brief« und »Testament des Paulus« stilisiert und wahrt so das Andenken.

## 4.1 Der erste Brief an Timotheus

### *B) Inhalt*

Zentrales Thema des 1 Tim ist die *Frömmigkeit* (gr. *eusebeia*) (3,14–16), der Autor mahnt über weite Strecken zur Besonnenheit und Mäßigung, zur Demut und zu »guten Werken«, warnt vor Reichtum, aber auch vor Askese. Wäre er nicht (fiktiv) an eine Einzelperson gerichtet, könnte man den Brief treffender als »Gemeindeordnung« bezeichnen.

Im ersten »Pastoralabschnitt« (1 Tim 1) wird Timotheus beauftragt, die Gemeinde in Ephesus vor »häretischen Lehren« zu schützen. Die Gemeinde soll am Evangelium des Paulus festhalten – hier flicht »Paulus« einen Rückblick auf seine eigene Verfolgertätigkeit ein: Ihm als Sünder ist Erbarmung widerfahren. Es folgt ein längerer »Ordnungsabschnitt« (1 Tim 2f). Neben der Fürbitte für alle Menschen und für die Regierung (den Kaiser; vgl. Tit 3; Röm 13; 1 Petr 2) widmet sich der Autor dem Gebet der Männer und der Frauen. Letztere werden zur Ordnung in der Gemeinde gerufen: Sie sollen sich schweigend unterordnen, nicht lehren und »durch Kindergebären selig werden« (1 Tim 2; vgl. 1 Kor 14,33–36). In 1 Tim 3 folgen ein »Bischofsspiegel« und ein »Diakonenspiegel«, in denen aber lediglich die Voraussetzungen für das Amt, nicht die Amtspflichten behandelt werden. Der Abschnitt schließt mit dem »Geheimnis« (gr. *mystêrion*) der Frömmigkeit, das im Christushymnus 3,16 zum Ausdruck kommt.

| **1 Tim 3,16: Christushymnus** | | |
|---|---|---|
| I | *geoffenbart im Fleisch* | (Menschwerdung) |
| | gerechtfertigt im Geist | |
| II | erschienen den Engeln | |
| | *gepredigt den Heiden* | (Mission) |
| III | *geglaubt in der Welt* | (glaubende Anerkennung) |
| | aufgenommen in die Herrlichkeit | |
| | *irdischer Bereich*/himmlischer Bereich | |

Im dritten Abschnitt (1 Tim 4–5) folgen weitere Gemeindeordnungen und Mahnungen; zunächst warnt der Autor vor »endzeitlichen« Irrlehrern, die u. a. zu einer asketischen Lebensweise (Ehelosigkeit, Speisevorschriften) aufrufen werden. Ihnen soll Timotheus entgegentreten, ihre Ansichten werden als »Fabeln« abqualifiziert. Im weiteren Verlauf wird Timotheus zur »Lehre« beauftragt und an seine »Handauflegung« (Ordination) zurückerinnert. Es folgen in 1 Tim 5 weitere Anweisungen an Witwen und Presbyter – zuletzt werden auch die Sklaven ermahnt.

Der Brief schließt mit allgemeinen Warnungen an Timotheus vor Häresie und Geldgier und mündet in die Aufforderung, sich vor der »fälschlich so genannten Gnosis« in Acht zu nehmen (6,20); auch in diesem Schlussteil verarbeitet der Autor möglicherweise eine alte Bekenntnistradition (6,13–16).

| **1 Tim 6,13–16: (Ordinations-)bekenntnis** | | |
|---|---|---|
| 13 | Gott der Schöpfer | *Jesus Christus, Zeuge des Bekenntnisses vor Pilatus* |
| 14 | | *Wiederkunft Christi* |
| 15 | Gott, der König und Herr | |
| 16 | unsterblich, unsichtbar | |

## *C) Arbeitsfragen*

1. Skizzieren Sie den Aufbau. Welche Themen dominieren den Brief?

- Bekämpfung von Irrlehren (in Ephesus): Hymenäus und Alexander (1; vgl. 2 Tim 2: Hymenäus und Philetus!); Asketen (4)

2. Welche historische Situation scheint der Brief vorauszusetzen? Vergleichen Sie mit den Angaben der Apostelgeschichte.

- Paulus ist möglicherweise in Gefangenschaft; dagegen spricht seine Ankündigung, bald zu kommen (3,14f; 4,13). Deutlich ist aber, dass er Timotheus bereits zu seinem Nachfolger einsetzen will. (Der Text spielt evtl. auf Apg 19–20 an, als Paulus Timotheus nach Makedonien vorausschickt, bevor er Ephesus verlässt.)

3. Was für Irrlehren bekämpft der Autor? Wie funktioniert die Auseinandersetzung?

- In Kap. 1 ist von »Geschlechterreihen« und »Mythen« die Rede, die als »leeres Geschwätz« diffamiert werden.
- Aus Kap. 4 geht hervor, dass asketische Lehren propagiert werden: Ehelosigkeit und die Enthaltung von bestimmten Speisen.
- »Timotheus« soll diese »Fabeln« zurückweisen; als Vorbild an Frömmigkeit komme ihm die notwendige Autorität zu. Ansonsten gilt aber eher die »Abwendung« von solchen Lehren – ihre Vertreter sind »Verlorene« (6), d. h. es wird auf eine differenziertere Auseinandersetzung verzichtet.

## 4. Welche kirchlichen Ämter werden genannt und beschrieben?

- *Bischofsamt*: scheinbar »Monepiskopat«, verheiratet, kein Wiederverheirateter (1 Tim 3)
- *Diakonat*: geprüfte »Diener der Geheimnisse«, verheiratet (1 Tim 3)
- *Witwen*: mindestens 60 Jahre alt, Mutter, sonst: Wiederverheiratung! (1 Tim 5)
- *Presbyter* (»Älteste«): Gemeindemitarbeiter in Wort und Lehre (1 Tim 5)

## 5. Welche Bedeutung kommt Paulus zu/welches Paulusbild dominiert?

- In Kap. 1 wird auf seine Vergangenheit als Christenverfolger angespielt – er ist der von Christus errettete »erste Sünder«, somit ein Beispiel für alle nach ihm Kommenden.
- Insgesamt dominiert das Bild des weisen »Lehrers« Paulus, der seine Autorität einsetzt, um Timotheus zu beauftragen; der Aposteldienst wird zweimal als »guter Kampf« tituliert (1 Tim 1,18; 6,12; vgl. dazu 2 Tim 4).

## 6. Was erfahren Sie über die Stellung von Frauen in der Gemeinde?

- Sie sollen sich nicht äußerlich »schmücken«, in Unterordnung lernen, nicht lehren, sondern durch das Gebären von Kindern selig werden (1 Tim 2).
- Begründet wird dies »schöpfungstheologisch« (durch die Reihenfolge der Erschaffung; vgl. Gen 2) sowie durch den »Sündenfall« (Eva als »Verführte«; vgl. Gen 3).

## 7. Wo und wie wird das Verhältnis zum Reichtum thematisiert?

- Die Verantwortung der Reichen wird mit Blick auf das Gemeinwohl betont, aber: Die Wurzel allen Übels ist die Liebe zum Geld (6).

## *D) Die Struktur des ersten Timotheusbriefes*

| **1,1–23** | **Briefeingang** |
|---|---|
| 1,1–2 | **Präskript** (*Paulus, Apostel Jesu Christi*) |
| 1,3–20 | ***Die Beauftragung des Timotheus***<br>Erinnerung an die Abreise aus Ephesus (vgl. Apg 20,1)<br>Wider die »Gesetzeslehrer« (der rechte Gebrauch des Gesetzes) |
| **2,1–3,16** | **1. TEIL: Die Gemeindeordnung** |
| 2 | **Das Gebet für alle Menschen und für die Obrigkeit** |
| | **Das Beten von Männern und Frauen**<br>*Frauen*: Bescheidenheit, Unterordnung und Lehrverbot<br>→ Rettung durch Kindergebären (»Adam wurde *nicht* verführt …«) |
| 3,1–13 | **Voraussetzungen für das Bischofs- und Diakonenamt**<br>(Mann *einer* Frau; ehrbarer Lebenswandel; Bischof: kein Neubekehrter) |
| 3,14–16 | **Abschließende Worte an Timotheus**<br>**3,16:** »Hymnischer Abschluss« **(Christushymnus)** |
| **4,1–6,2** | **2. TEIL: Die Bekämpfung der Irrlehre und weitere Gemeindeanordnungen** |
| 4,1–11 | **Die Bekämpfung der Irrlehre**<br>Irrlehre: asketische Forderungen; »Fabeln«; *Zeichen der Endzeit* |
| 4,12–5,2<br>5,3–25<br>6,1–2 | **Die rechte Amtsführung des Gemeindeleiters**<br>**Über die Witwen und die Presbyter**<br>**Über die Sklaven** |
| **6,3–21** | **Briefschluss** |
| | Allgemeine Schlussmahnungen<br>Schlussmahnungen an Timotheus<br>6,13–16: Bekenntnis<br>Warnung vor der »fälschlich so genannten ›Gnosis‹ (*Erkenntnis*)« (6,20)<br>*Eschatokoll* |

## 4.2 Der Brief an Titus

### *B) Inhalt*

Aufbau und Inhalt zeigen starke Gemeinsamkeiten zwischen 1 Tim und Tit. Steht im 1 Tim die Frömmigkeit im Zentrum, so im Tit die *gesunde Lehre* (Tit 2,1), und wie Timotheus in Ephesus, so soll Titus auf Kreta für Ordnung sorgen, Presbyter beauftragen, predigen und gegen Irrlehrer vorgehen, die ebenfalls (wie in 1 Tim 4) »Fabeln« verkünden.

Tit 2 schließt an die Mahnung zur »gesunden Lehre« eine Art »Haustafel« an, in der nacheinander die »alten Frauen und Männer« als »priesterliche« Vorbilder, die jungen Frauen und Männer sowie die Sklaven angesprochen werden. Die zur Rettung erschienene *heilsame Gnade Gottes* sei die Voraussetzung, der Gottlosigkeit und den Begierden zu entsagen und ein gutes und ehrbares Leben zu führen.

Im letzten Abschnitt ruft der Autor noch einmal zu einem rechten Lebenswandel auf, fordert die Akzeptanz staatlicher Obrigkeit und erinnert an die Neuheit der christlichen Existenz durch das Bad der »Wiedergeburt« (Tit 3,5). Zuletzt gibt er Anweisungen zum Umgang mit Irrlehrern.

### *C) Arbeitsfragen*

1. Geben Sie den Inhalt grob wieder.
   - Es geht um Mahnungen zur Amtsführung eines Bischofs (1), die Bekämpfung von Irrlehren und die Unterweisung der Gemeinde.

2. Welche (fiktiven) biographischen Angaben macht der Briefautor?
   - Paulus hat Titus auf Kreta zurückgelassen, u. a. um »Älteste« einzusetzen (1).
   - Paulus befindet sich in »Nikopolis« (gr. = »Siegesstadt«; eine Stadt im Nordwesten Griechenlands), wo er den Winter verbringen möchte (3).

3. Was erfahren Sie über die im Brief genannte Irrlehre und ihre Bekämpfung?
   - Auf Kreta sind Irrlehrer unterwegs. Wie im 1 Tim (1; 4) ist von Fabeln die Rede, jüdischen Mythen und (Reinheits-)Vorschriften, v. a. von Juden(christen?), Geschlechtsregistern usw. (Tit 1; 3).
   - Titus soll die Leute »sofort widerlegen« (1). Am Ende wird folgendes Verfahren empfohlen: zweimalige Zurechtweisung, dann Gemeindeausschluss (3).

4. An welcher Stelle scheint der Autor über die Taufe zu sprechen? Als was bezeichnet er sie?

- Er spricht vom Bad der Wiedergeburt und Erneuerung im Heiligen Geist (3,5)

5. Skizzieren Sie die »Haustafel« (in Tit 2)

- Ältere Männer und ältere Frauen sollen sich ziemlich verhalten.
- Jüngere Frauen sollen sich häuslich unterordnen, und ihre Männer und Kinder lieben.
- Jüngere Männer sollen sich vorbildlich verhalten.
- Sklaven sollen sich den Herren unterordnen.

## *D) Die Struktur des Titusbriefes*

| **1,1–4** | **Briefeingang** |
|---|---|
| | **Präskript** (*Paulus, Knecht Gottes/Apostel Jesu Christi* [vgl. *Röm 1]*) |
| **1,5–16** | **Beauftragung des Titus zur Amtsführung auf Kreta** |
| 1,5–9 | **Die Presbyter und der Bischof** (vgl. *1 Tim 3*) |
| 1,10–16 | **Polemik gegen die (kretischen) Irrlehrer**<br>*Zitat des Epimenides: »Alle Kreter sind Lügner« (1,12)* |
| **2,1–3,11** | **Weitere Gemeindeanordnungen** |
| 2 | **Ständeordnung** (*»Haustafel«*)<br>*Begründung der Ordnung im Heilsgeschehen* (des Todes Jesu) |
| 3,1–2<br>(vgl. *Röm 13*)<br>*3,3–7*<br>(vgl. *Joh 3*) | **Mahnung zu anständigem (bürgerlichem) Leben**<br>Gehorsam gegenüber der Obrigkeit<br>*Begründung der Mahnung im Heilsgeschehen* (der Taufe:«Bad der Wiedergeburt und Erneuerung«) |
| 3,8–11 | **Bekämpfung der Irrlehre**<br>Nach zweifacher Zurechtweisung → Abwendung vom Irrlehrer |
| **3,12–15** | **Briefschluss** |
| | **Abschließende Anweisungen**<br>*Artemas* oder *Tychikus* als Briefüberbringer; Paulus in *Nikopolis* |

## 4.3. Der zweite Brief an Timotheus

### *B) Inhalt*

In diesem »Testament des Paulus« redet dieser zu Timotheus als einem engen Vertrauten und setzt ihn zu seinem *Nachfolger* ein: Er soll nun nach dem Vorbild des Paulus den leidvollen Dienst als Zeuge Christi fortführen (2 Tim 1–2). Erneut wird er dazu ermahnt, Irrlehrer zu bekämpfen, besonders die Lehre von einer bereits »geschehenen Auferstehung«. Nach dem Vorbild des Apostels und auf der Grundlage der Heiligen Schriften (3) soll er das Werk weiterführen. Mit dem eigentlichen *Testament* (4) endet der Brief.

Der Brief ist durchzogen von diversen persönlichen Mitteilungen, die wohl durchweg fiktiv sind, aber eine Reihe von urchristlichen Gestalten und wichtigen Stationen der Mission des Paulus beinhalten (v. a. im Briefschluss). Die Aussage in 2 Tim 3,16 wird traditionell zur Begründung der Schriftinspiration herangezogen.

### *C) Arbeitsfragen*

#### 1) Zu 2 Tim

1. Skizzieren Sie den Aufbau. Welche Themen dominieren den Brief?

- Abschied des gefangenen Apostels und Beauftragung des Timotheus zur furchtlosen Nachfolge in der »gesunden Lehre«, *auch im Leiden* (1–2; 4)
- Polemik gegen Irrlehrer, die eine »präsentische Eschatologie« propagieren (2–3)

2. Wie lässt sich das Schreiben am ehesten klassifizieren?

- Als »Testament des Paulus« (v. a. wegen Kap. 4)

3. Welche Situation setzt der Brief voraus?

- Die Gefangenschaft in Rom (1; 2)

4. Was erfahren Sie über die bekämpfte Irrlehre?

- Sie ist »leeres Geschwätz«, Hymenäus und Philetus behaupten, die »Auferstehung ist schon geschehen« (2).
- Paulus deutet die Irrlehrer als Zeichen der Endzeit und vergleicht sie mit »Jannes und Jambres« (den Zauberern des Pharao aus Ex 7) (3).
- In Kap. 3 werden den Irrlehrern allerlei unlautere Absichten unterstellt.

5. Welche Aussagen trifft der Briefautor über das Leiden des Apostels und der Christen? Vergleichen Sie mit anderen Briefen des Corpus Paulinum.

- Mühsal und Plage gehören zum Dienst eines »Soldaten Christi« (2; 4).
- Das Leiden ist Zeichen der »Frommen«, den Bösen geht es immer gut (Zeichen der Endzeit?) (3). Doch der endgültige Sieg gehört den Christen.
- Paulus ist auch hier »Vorbild«, es geht nicht (wie in Eph 3) um ein »stellvertretendes Leiden« des Apostels.

## 2) Themen der Pastoralbriefe (Näheres hierzu s. u. Kap. XIV.)

Notieren Sie sich Kapitelangaben und Stichworte zu folgenden Themen:

- *Paulus:* Apostolat; *Frauen im NT*
- *Gesetz*; *Ämter/Gemeindestruktur*; *Staatsmacht*; *Besitz*

## *D) Die Struktur des zweiten Timotheusbriefes*

| **1** | **Briefeingang** |
|---|---|
| 1,1–2 | **Präskript** (*Paulus, Apostel Jesu Christi* an Timotheus) |
| 1,3–14 | ***Proömium***<br>Aufforderung zu furchtlosem Bekenntnis (der Apostel als Vorbild) |
| 1,15–18 | ***Mitteilungen über die Situation des Paulus*** (Haft in Rom) |
| **2,1–4,8** | **Mahnungen an Timotheus** |
| 2,1–13 | **Der Dienst für Christus nach dem Vorbild des Apostels**<br>Kampf und Leiden für das Wort Gottes |
| 2,14–26<br><br><br>(vgl. Tit 3) | **Der Umgang mit den Irrlehrern**<br>Austeilung des Wortes der Wahrheit<br>*Irrlehrer* (Hymenäus, Philetus): Auferstehung **ist** geschehen (vgl. *Kol 2*)<br>→ Absonderung von den Irrlehrern, Vermeidung von Diskussionen |
| 3,1–9 | **Die Irrlehre als Zeichen der Endzeit**<br>»Lasterkatalog«; Irrlehrer = Jannes & Jambres (Zauberer aus Ex 7) |
| 3,10–17 | **Die apostolische Nachfolge des Timotheus**<br>*Glaube, Liebe, Geduld, Leiden in Verfolgung*<br>Mahnung zum Festhalten an der Tradition<br>**3,16f**: klass. Begründung der **Inspirationslehre** |
| **4,1–8** | **Das »Testament« des Paulus: Aufruf zur Predigt der *gesunden Lehre***<br>»Ich habe den guten Kampf gekämpft,<br>den Lauf vollendet, Glauben bewahrt.« (4,7) |
| **4,9–22** | **Briefschluss** |
| 4,9–18<br>(vgl. Kol 4) | *Persönliche Mitteilungen*<br>Namen und Aufträge (*Alexander d. Schmied; Mantel i. Troas*)<br>(→ Paulus ist *verlassen*, nur Lukas ist noch bei ihm) |
| 4,19–21<br>(vgl. Röm 16) | *Grüße*<br>Grüße an *Prisca* und *Aquila* sowie von *offensichtlich römischen Christen* |
| 4,22 | *Eschatokoll* |

## *E) Texte zum Auswendiglernen (aus den Pastoralbriefen)*

Bekannt sein sollten die Traditionen in **1 Tim 3,16** und **6,13–16**; daneben:

*Der Geist Gottes* (**2 Tim 1,7**): »Gott hat uns keinen Geist der Verzagtheit gegeben, sondern den Geist der Kraft und der Liebe und der Besonnenheit.«

*Die Inspiration der Schrift* (**2 Tim 3,16**): »Alle Schrift, von Gott eingegeben, ist nützlich zur Lehre, zur Zurechtweisung, zur Besserung, zur Erziehung in der Gerechtigkeit, damit der Mensch Gottes vollkommen sei, zu jedem guten Werk bereitet.«

*Das Ende des Paulus* (**2 Tim 4,7**): »Ich habe den guten Kampf gekämpft, den Lauf vollendet, Glauben bewahrt.«

*Die Taufe* als »Bad der Wiedergeburt und Erneuerung im Heiligen Geist« (**Tit 3,5**).

# XI. Der Hebräerbrief

## A) Einleitendes

Der Verfasser des Hebr ist **anonym**. Es handelt sich jedoch um eine sprachlich und theologisch geschulte Persönlichkeit, deren Gedanken eine inhaltliche Nähe zur jüdisch-alexandrinischen Theologie aufweisen (weshalb seit Tertullian *Barnabas*, seit Luther auch *Apollos* als Autoren erwogen werden). Der Briefschluss und einzelne Topoi (»Milch und feste Speise« [5,11f; vgl. 1 Kor 3,1–3]) sollen möglicherweise paulinische Verfasserschaft suggerieren. Die Erwähnung **Italiens** in 13,24 könnte auf **Rom** als Abfassungsort deuten (1 Clem 36,2–5 greift evtl. Hebr 1,3f auf), aber auch bewusste Fiktion sein. Meist wird das Schreiben (auch aufgrund der sichtbaren Nähe zu 1 Clem) **zwischen 80 und 90** datiert, deutliche Textsignale für eine Datierung fehlen; allerdings scheint der Vf. Jesustradition vorauszusetzen, wie sie in den synoptischen Evangelien belegt ist. Da die Überschrift »an die Hebräer« (gr. *pros Hebraious*) sekundär ist und ein Präskript fehlt, scheint es sich um ein von hellenistisch-jüdischer Theologie geprägtes *Lehr- und Mahnschreiben* zu handeln, das *keine konkrete Gemeinde* im Blick hat, sondern einer drohenden »Glaubensschwäche« in christlichen Gemeinden entgegenwirken möchte (vgl. den Ausdruck »Wort der Ermutigung«, gr. *logos paraklêseôs* [Hebr 13,22]). Der Aufbau orientiert sich in frei gestaltender Weise an Schemata der klassischen Rhetorik (s. u. Abschnitt D). Die später hinzugefügte Adresse ist möglicherweise aus den Themen des Briefes gewonnen, der Ausdruck »Hebräer« vermutlich als *Ehrenbezeichnung* zu verstehen. Typisch »judenchristliche« Positionen sind nicht erkennbar, insofern sind die Adressaten wohl mehrheitlich heidenchristlich oder »gemischt« vorzustellen, doch dies ist weiterhin umstritten.

Vereinzelte Versuche, den Hebr als Kompilation aus Brieffragmenten unterschiedlicher Provenienz oder Kap. 13 bzw. Teile dessen als literarisch sekundär einzustufen, konnten sich nicht durchsetzen. Neuerdings wird auch überlegt, Kap. 13 als Begleitschreiben zu einer in 1–12 vorliegenden Homilie (Predigt) anzusehen. – Erwähnenswert ist aus der Kanongeschichte, dass in einem Papyrusfragment ($\mathfrak{P}^{46}$) der Hebr auf den Röm folgt – manche vermuten, die Abschreiber hätten angenommen, der Hebr richte sich an die Judenchristen von Rom.

## B) Inhalt

Im Zentrum der Ausführungen des Hebr steht die *Christologie*; diese Beobachtung verdeckt jedoch das Anliegen des Autor, von dieser ausgehend wesentliche *ekklesiologische* Fragen zu erörtern. Das erste narrative Zwischenstück Hebr 5,11–6,12 (auch gr. als *prosochê* bezeichnet) erläutert die dreigliedrige Gesamtstruktur des Hebr: Der erste Teil (1–5) entfaltet die Grundlagen unter dem Leitthema einer »Theologie des Wortes Gottes«, der zweite Teil (6–10) den Gedanken, inwiefern Christus der *wahre Hohepriester* ist. Ein zweites Zwischenstück in 10,19–39 leitet in den dritten Teil (11–13) über, einen vorwiegend paränetischen Abschnitt, der zur Standhaftigkeit ermahnt und dessen zentrales Thema der Glaube ist. Spätestens ab 13,18 münden die Ausführungen in einen Briefschluss, der deutlich paulinische Elemente enthält; am stärksten wirkt die Erwähnung des wichtigen Paulusmitarbeiters Timotheus. In Stil und Inhalt unterscheidet sich der Hebr aber sichtbar von den Schriften des (übrigen) Corpus Paulinum. Allerdings ist eine Beobachtung bemerkenswert: Ähnlich wie Paulus in seinen Briefen darlegt, dass mit Christus die *Tora* als Heilsweg zu ihrem Ende gekommen ist (vgl. Röm 10,4), so behauptet der Verfasser des Hebr dasselbe für den alttestamentlichen Kult bzw. Gottesdienst.

Argumentiert wird überwiegend auf der Grundlage schriftgelehrter Auslegung des Alten Testaments (in Form von Allegorese und typologischer Interpretation) – der Hebr enthält die meisten und v. a. längsten Schriftzitate des Alten Testaments im Neuen Testament. Es handelt sich dabei überwiegend um »Gottesrede«, wie auch Hebr 1,1–4 programmatisch formuliert. Exemplarisch sei hierfür auf Ps 110 verwiesen: Er prägt den ersten Teil (1–4) hinsichtlich der Aussage, Christus sei »der Sohn« (vgl. Ps 110,1); die für die Argumentation bedeutsame Gegenüberstellung von Christus und *Melchisedek* (dem in Gen 14 erwähnten Priesterkönig aus Salem) in Hebr 7, wo Letzterer in jeder Form die Bedeutung Christi präfiguriert, wird u. a. mit Ps 110,4 begründet.

Werden im ersten Teil besonders die Erhabenheit des »Sohnes« (Jesus) und die Relevanz der Menschwerdung Jesu für die Erlösung erläutert, so mündet diese in die bereits erwähnte »Hohepriesterchristologie« (4–10): Der menschliche Hohepriester Jesus Christus, der zudem ohne Sünde ist (4,14–16) und wie Melchisedek kein Priester aus der alttestamentlichen »Priesterfolge« (Aaron/Leviten), bringt sich selbst »ein für allemal« als Opfer dar (7) und wird dadurch zum Mittler eines neuen und besseren Bundes (8) nach Jer 31,31–34. Letzteres wird in Kap. 8–10 ausführlich erörtert und bildet somit das Herzstück des Schreibens. Die abschließenden Mahnungen warnen vor allem vor einem »Abfall« vom Glauben, rufen zur Einheit, erinnern zu diesem Zweck noch einmal an alttestamentliche *Glaubenszeugen* (Hebr 11; v. a. Propheten und Märtyrer!) und fordern zur Standhaftigkeit auf (10–13).

Umstritten ist die Frage, was für eine *Eschatologie* der Hebr vertritt. Die Ablehnung einer zweiten Buße (6,4ff), verbunden mit der Aussage, dass »der Tag sich nahe« (10,25ff), sowie der Mahnung zur Standhaftigkeit (12,16f), könnte auf eine akute Naherwartung hinweisen, die jedoch zugleich vom Bewusstsein der Vollendung (durch Christus) getragen ist.

Klassisch ist die Charakterisierung E. Käsemanns geworden, der im Hebr die Vorstellung der Christen als eines »wandernden Gottesvolkes« sieht (vgl. Hebr 13,14: »Denn wir haben hier keine bleibende Stadt, sondern die zukünftige suchen wir«).

## C) Arbeitsfragen

### 1) Allgemeine Fragen

1. Welche Briefmerkmale enthält das Schreiben – und welche nicht?

- Der Hebr enthält Briefschluss und Grüße (13,18–25), aber kein Präskript oder Proömium, stattdessen eine Art »Prolog« (1,1–4).

2. Was erfahren Sie über den Verfasser und die Adressaten?

- Der Abfassungsort wie der Ort der Adressaten liegt im Dunkeln. Der Hinweis auf »Italien« (13,23) dürfte fiktiv sein.
- Der Autor spricht klassische Probleme der Gemeinden im 2. Jh. an: Abfall vom Glauben; Nachlassen der Glaubensstärke; Verfolgungen.
- Der Autor verwendet für seine Lehre das Bild von »Milch/feste Nahrung« (Hebr 5–6; vgl. 1 Kor 3) – demnach ist die Gemeinde bereits über die Glaubensinhalte unterrichtet, aber noch nicht in die (tieferen) »Geheimnisse« eingeweiht.
- Dreimal werden in Hebr 13 die »Gemeindeleiter« (gr. *hêgoumenoi*) angesprochen, über die Ausgestaltung dieser Ämter erfährt man sonst nichts Genaues.

3. Welche christologischen Titel werden verwendet? Welcher dominiert eindeutig?

- Sohn (1,2) – Schöpfungsmittler/Abbild
- **Hoherpriester** (4–10!)
  - ohne *Genealogie*; ewiges Priestertum (mit Verweis auf Melchisedek, Gen 14)
  - *ein für allemal* (gr. *ephapax*) geopfert (7; 9)
  - Dienst am himmlischen Heiligtum (vgl. Ex 25)
- Herr/Kyrios (1,10 = Ps 102,36; auch 2,3; 7,14)
- »Christus« meint hier oft den Messiastitel (3,14; 9,14), kaum belegt ist »Jesus Christus«.

4. Wo und wie kommt der Vf. auf den irdischen Jesus zu sprechen?

- Der Hebr betont Jesu Heilswerk: Jesus hat für uns gelitten (Hebr 2); in 4,14–5,10 ist von Schwachheit und Versuchungen die Rede, in 12,2f werden Ablehnung und Kreuzigung erwähnt; nach 13,12 litt er außerhalb des Tores (in Golgota?).
- Hebr 7,14 zufolge kommt Jesus aus dem Stamm Juda.
- *Offensichtlich kennt der Vf. einzelne Jesustraditionen.*

5. Welche Aussagen trifft der Vf. über die Buße/Umkehr?

- Hebr 6,1ff lehnt die Möglichkeit einer zweiten Buße ab, da das Heilsereignis Christi auch nicht wiederholt werden könne – man würde Jesus damit ein zweites Mal kreuzigen.

6. Was ist »Glaube« nach Hebr (charakteristische Aussagen)?

- Glaube ist *vertrauendes Festhalten* an der Zusage des Heils (3,12–4,13) und
- *Gewissheit* der Hoffnung (am Beispiel Abrahams gezeigt; 6,11f).
- Hebr 11,1 ist wohl so zu verstehen: »Eine Grundlegung dessen, was man erhofft, der Beweis

für Dinge, die man nicht sieht.« (NZB) Der Glaube ist also ein Wissen um *objektive* Heilswahrheiten! Kap. 11 nennt anschließend Beispiele mit eindeutiger »Vorbildfunktion« (vgl. bereits Hebr 6: Abraham).

- In Hebr 3,1; 4,14; 10,19ff begegnet ein kollektives Glaubensverständnis: Er ist ein Festhalten am Bekenntnis der Gemeinde. *Objekt* des Glaubens ist in erster Linie Gott (gr. *theos*; vgl. 6,1; 11,6)
- *Im Unterschied zu Paulus, aber in Nähe zu den Deuteropaulinen und den Pastoralbriefen wird »Glaube« mehr und mehr zu einer »objektiven Wahrheit«.*

### 7. Wo ist vom »neuen Bund« die Rede? Vergleichen Sie mit Aussagen des Paulus (v. a. aus 2 Kor; Gal) – was fällt auf?

- In Hebr 8–10 (Verheißung Jer 31,31–34): Jesus ist der Mittler eines besseren Bundes.
- Wie in 2 Kor 3 und Gal 4 werden »alter« und »neuer« Bund antithetisch einander gegenüber gestellt.

### 8. Was ist die »Wolke der Zeugen«?

- Es sind atl. Zeugen des (wahren) Glaubens, die aber die Verheißung nicht erlangten (Hebr 11).

### 9. Welche Aussagen trifft der Hebr über das »Gesetz«?

- In Hebr 7–10 ist vom Gesetz ausschließlich als »Kultgesetz« die Rede, das nur einen »Schatten« der verheißenen Güter bedeutet (10). Vor dem Hintergrund der rituellen Bestimmungen aber hilft das Gesetz dabei, das Christusereignis zu verstehen: Durch sein Blut reinigt er von Sünden (Hebr 9).
- Auch das durch die Engel gesprochene Wort (2,2) könnte sich auf das »Gesetz« beziehen (vgl. Apg 7; Gal 3!).

## 2) Themen (Näheres hierzu s. u. Kap. XIV.)

Notieren Sie sich Kapitelangaben und Stichworte zu folgenden Themen:

- *Bund; Gesetz; Sündenvergebung/Buße, Ämter; Ehe/Ehescheidung*

## *D) Die Struktur des Hebräerbriefes*

| | | |
|---|---|---|
| | **1,1–4** | **Einleitung** *(propositio)* |
| | Gott redete *zuletzt* durch den Sohn. *Christus* ist Erbe, Ebenbild (des Wesens) Gottes, sitzt zur Rechten Gottes, ist erhabener als die Engel und hat einen Namen | |
| Narratio | **1,5–4,13** | **Gottes endgültige Rede in seinem Sohn** |
| | 1,5–14 | **Die Erhabenheit des Sohnes über die Engel** |
| | 2 | **Die Menschwerdung des Sohnes zur Erlösung** |
| | 3,1–6 | **Die Erhabenheit Jesu über Mose**<br>Christus als Sohn regiert über das Haus (das Haus sind »wir«) |
| | 3,7–4,13 | **Mahnung zum Hören auf Gottes Wort**<br>»*Heute*, wenn ihr seine Stimme hört, verhärtet eure Herzen nicht!«<br>Verheißung der (Sabbat-)Ruhe Gottes |
| Argumentatio | **4,14–10,18** | **Christus als der Hohepriester nach der Ordnung Melchisedeks (Ps 110,4)** |
| | 4,14–16 | ***Überleitung zur Thematik: Christus der sündlose Hohepriester*** |
| | 5,1–10 | Der Hohepriester muss *Mensch* sein, um das endgültige Sünd-(Selbst-)Opfer darzubringen |
| | ***5,11–6,12*** | ***Zwischenstück I: Die Rede von »vollkommenen Dingen«***<br>*Anrede*: Feste Speise statt »Milch« (Lehre für Gereifte)<br>Ablehnung einer »zweiten Buße« (= erneute Kreuzigung Jesu) |
| | ***6,13–10,18*** | ***Die Entfaltung der Hohepriester-Christologie*** |
| | 6,13–20 | Die *Beständigkeit* der Verheißungen an Abraham |
| | 7 | Melchisedek (Gen 14; Ps 110) *als Vorbild für den Hohenpriester* Christus. Es ist ein ewiges Priestertum; das Sühnopfer ist nun »ein für allemal« (gr. *ephapax*) vollzogen |
| | 8 | Christus als Mittler eines *neuen und besseren Bundes* (Jer 31) |
| | 9,1–10,18 | Die einzige Opfergabe löst alle Opfer ab (die ohnehin unwirksam sind) → *neuer Bund* »in die Herzen geschrieben« (Jer 31,31–34) |

| | | |
|---|---|---|
| Peroratio | **10,19 - 13,17** | **Mahnung zur Bewährung im Glauben** |
| | ***10,19–39*** | ***Zwischenstück II: Schlussfolgerungen***<br>Festhalten am Bekenntnis, Anspornen zu Liebe und guten Werken, Mahnung zur Einheit.<br>Der Abfall vom Glauben zieht Gottes Zorn nach sich |
| | **11** | **Die Wolke der Zeugen des Glaubens**<br>Abel … Propheten, Märtyrer → erlangten die Verheißung *nicht*! |
| | 12,1 - 13,17 | **Einzelne (abschließende) Mahnungen**<br>→ Standhaftigkeit in *Leidensnachfolge* |
| | **13,18–25** | **Briefschluss** |
| | | *Timotheus*, Grüße aus *Italien* – (paulinisches) *Eschatokoll* |

## *E) Texte zum Auswendiglernen*

*Die Offenbarung Gottes im Wort* (**Hebr 1,1f**): »Nachdem Gott vor Zeiten vielfach und auf vielerlei Weise zu den Vätern geredet hatte durch die Propheten, hat er am Ende dieser Tage zu uns geredet durch seinen Sohn.«

*Die Erfüllung der Prophezeiung* (**Hebr 3,15** [= Ps 95,7f]): »Heute, da ihr seine Stimme hört, verhärtet euer Herz nicht!«

*Die Lebendigkeit des Wortes Gottes* (**Hebr 4,12a**): »Das Wort Gottes ist lebendig, kräftig und schärfer als jedes zweischneidige Schwert.«

*Der sündlose Hohepriester Jesus* (**Hebr 4,15**): »Wir haben keinen Hohenpriester, der nicht mit uns zu leiden vermöchte in unserer Schwachheit, sondern einen, der in allem auf gleiche Weise versucht worden ist, aber ohne Sünde.«

*Das »Ein-für-allemal«-Opfer Jesu* (**Hebr 7,27**): »Er hat es nicht nötig, … täglich zuerst für die eigenen Sünden Opfer darzubringen und dann für die des Volkes; denn das hat er ein für allemal (gr. *ephapax*) getan, als er sich selbst darbrachte.«

*Alter und neuer Bund* (**Hebr 8,13**): »Indem [Gott] von einem neuen [Bund] spricht, hat er den ersten für veraltet erklärt.«

Der *objektive Glaube* (**Hebr 11,1**): »Der Glaube ist die Grundlegung dessen, was man erhofft, der Beweis für Dinge, die man nicht sieht.«

*Vorbereitung auf das Martyrium* (**Hebr 12,4**): »Noch habt ihr nicht bis aufs Blut widerstanden im Kampf gegen die Sünde.«

*Das wandernde Gottesvolk* (**Hebr 13,14**): »Denn wir haben hier keine bleibende Stadt, sondern die zukünftige suchen wir.«

# XII. Die »katholischen Briefe«

## 1. Der Jakobusbrief

### *A) Einleitungswissen*

Der Verfasser ist ein **unbekannter**, hellenistisch-jüdisch gebildeter **(Juden-?) Christ**. Der Name Jakob(us) spielt vermutlich auf den »Herrenbruder« (auch »Jakobus Minor« oder »Jakobus Justus« [= der Gerechte; z. B. EvThom 12] genannt) an, der 62 n. Chr. in Jerusalem das Martyrium erlitt und im Judenchristentum hohes Ansehen genoss (vgl. Gal 2,9; 1 Kor 15,3–5; Apg 15; 21). Auffallend ist das flüssige, stilsichere Griechisch, das kaum für einen galiläischen Juden spricht. Als Entstehungsort wird gerne – auch aus diesem Grund – das ägyptische **Alexandria** vorgeschlagen (das eine starke jüdische Gemeinde und mit dem jüdischen Philosophen Philo einen exponierten Vertreter weisheitlicher Theologie besaß), oder eine andere *antike Hafenstadt* (vgl. 1,6; 3,4); manche plädieren aufgrund der bestehenden Nähe zur Jesustradition (Q bzw. Mt) für **Syrien**. Abgefasst wurde das Schreiben vermutlich **zwischen 70 und 100** – es setzt eine Auseinandersetzung mit der paulinischen Rechtfertigungslehre (vgl. Jak 2,20–26) sowie vermutlich eine Sammlung von Jesusworten voraus. Das Fehlen von Grüßen deutet darauf hin, dass es sich an keine spezielle Gemeinde, sondern an die **gesamte Christenheit** (»12 Stämme« [1,1] = »wahres Israel«?) richtet. Der »Brief« ist daher eher als weisheitliches **Lehr- und Mahnschreiben** zu charakterisieren.

Da der Name »Jesus Christus« nur zweimal Erwähnung findet (1,1; 2,1) und der Autor nirgendwo »christologisch« argumentiert, wurde er zuweilen als Dokument *jüdisch-hellenistischer Theologie* angesehen bzw. vermutet, es handle sich um ein ursprünglich jüdisches, später christlich überarbeitetes Schreiben. Doch sind hierfür die Anhaltspunkte zu vage. Die Kanonizität des Jak war in der Alten Kirche lange Zeit umstritten, was sicher auch mit der umstrittenen Anerkennung des Herrenbruders als »Apostel« zusammenhing.

### *B) Inhalt*

Der Jak hat ein vorwiegend paränetisches Anliegen, was die zahlreichen im Schreiben verwendeten *Imperative* unterstreichen; er mahnt zu einem *Lebenswandel nach dem Vorbild jüdischer Weisheitslehre* (vgl. im Alten Testament und in der LXX die Schriften Spr; Sir; Tob; SapSal sowie die Werke des Philo von Alexandria). Diese Ethik erscheint in pädagogischer Absicht, wie die vom Vf. hervorgehobenen Mahnungen illustrieren: Er propagiert *himmlische* statt irdischer *Weisheit* (programmatisch 1,5 und 3,13–17), den Verzicht auf das »Rühmen« (4,16) und fordert praktische *Nächstenliebe* (z. B. 2,15f), die Zurückhaltung bei sprachlichen Äußerungen (»Zunge im Zaum halten«) (3,1–12) sowie die *Duldsamkeit* im Leiden und in der Hoffnung (5,7–12). Dabei lassen sich zwei Hauptthemen ausmachen: die Antithese zu einem falsch zugespitzten Paulus (2,14–26) und die Mahnung zur Demut angesichts Auseinandersetzungen um sozial höher und niedriger Gestellte in der Gemeinde (4,1–5,6).

Bis in die Gegenwart ist eine klare Disposition des Jak bestritten worden, doch lässt er sich – abgesehen von dem als *Prolog* zu bezeichnenden, grundlegenden ersten Kapitel – in zwei Hauptteile mit jeweils drei Unterabschnitten (I: 2,1–3,12; II: 3,13–5,6) sowie einen resümierenden, von Einzelmahnungen durchzogenen *Epilog* (5,7–20) gliedern. Durch den fehlenden Briefschluss erhält die Aufforderung in 5,19f analog zum Anfang programmatische Züge: Es geht dem Autor darum, von der »Wahrheit« abirrende Brüder von deren Irrweg zu bekehren. So tritt noch deutlicher der programmatische Charakter von Jak 1 hervor: Auf das knappe *griechische* Präskript (»Jakobus, Sklave Gottes und des Herrn Jesus Christus / an die zwölf Stämme in der *Diaspora* / Gruß zuvor!«) folgt die Zielsetzung: Angesichts drohender Anfechtungen soll sich der Glaube bewähren, damit die angesprochenen Christen *vollkommen* sind (1,2–4.12). Die Vollkommenheit findet aber ihren Grund in der Neugeburt nach dem Willen des »Vaters der Gestirne« durch das »Wort der Wahrheit« (1,17–18). Um *diese* Wahrheit geht es im Jak.

Ohne zu zweifeln soll der Glaubende Gott um *Weisheit* bitten, sich aber demütigen, besonders als *Reicher* (1,5–11) – damit klingen bereits zwei den zweiten Hauptteil (3,13–5,6) des Schreibens dominierende Themen an: die himmlische und irdische Weisheit (3,13–17) und die Warnungen an die Reichen und die Kaufleute (2,1–13; 4,13–17; 5,1–6). Die sich anschließende Mahnung, »Täter des Wortes« zu sein (1,19–25), bereitet hingegen den zentralen Abschnitt über Glaube und Werke (2,14–26) vor; die rahmenden Hinweise, man solle sich in verbalen Äußerungen zurückhalten (1,19.26), werden in den Ausführungen über die »Macht der Zunge« (3,1–12) expliziert. All dies steht unter dem Stichwort des »reinen« Gottesdienstes, der in Demut, Fürsorge und Weltdistanz besteht (1,26f). Dies lässt sich auch als Überschrift für die folgenden Ausführungen verstehen.

Der erste Hauptteil (2,1–3,12) thematisiert zunächst die Frage von Armut und Reichtum unter dem Gesichtspunkt des Ansehens der Person und schärft dabei das Liebesgebot als »königliches Gebot« ein, das dem »freiheitlichen Gesetz« entspricht, welches in erster Linie *Barmherzigkeit* fordert (2,1–13). Dies mündet in eine *prinzipielle Verhältnisbestimmung von »Glaube« und »Werke«*, wobei der Jak – anders als Paulus in Gal und Röm – nicht an rituelle Vorschriften der Tora, sondern an »gute Werke« denkt. Somit sieht er die Werke als Resultat des Glaubens an – und einen Glauben *ohne* Werke als »tot« (2,12). Die von ihm gewählten Beispiele Abraham (der seinen Sohn Isaak auf einen Altar legte; vgl. Gen 22) und Rahab (vgl. Jos 2; 6), besonders aber das Zitat aus Gen 15,6 als Beweis für die »Gerechtigkeit aufgrund der Werke«, welches Paulus in Röm 4,3 zum Erweis des *Gegenteils* anführt, machen es wahrscheinlich, dass der Jak hier gegen Paulus, zumindest einen radikal (falsch?) verstandenen Paulus polemisiert (2,14–26). Neben die Werke treten in 3,1–12 unter dem Stichwort »die Macht der Zunge« auch die *Worte*. Die Zunge ist ein zwiespältiges Organ, »aus demselben Munde kommen Lobpreis und Fluch« (3,10).

Damit bereitet der Autor bereits den zweiten Hauptteil vor, der unter die Stichworte »*Weisheit und Demut*« gestellt werden kann (3,13–5,6): Es kommt auf die *himmlische Weisheit* an, auf die der Autor zu Beginn des Schreibens verwiesen hatte (3,13–18) – dies passt auch zur vorab formulierten Mahnung, Distanz zur Welt zu halten. Wo diese Weisheit fehlt, herrschen Neid und Streit, wovor der Autor anschließend warnt – er mahnt zur Demut (4,1–10). Auch Verleumdung und Verurteilung eines Bruders schicken sich nicht (4,11f), ebenso wie die Selbstsicherheit, besonders die der Händler und Kaufleute (4,13–17) – in diesem Abschnitt findet sich auch die berühmte *Conditio Jacobaea* (lat.: Bedingung des Jakobus): »So der Herr will, werden wir leben und dies und das tun« (4,15). An diese Warnungen schließt sich noch ein letzter Wehruf gegen die *Reichen* an (5,1–6).

Im *Epilog* (5,7–20) mahnt der Jak zunächst zur *Geduld* und zum Ausharren im Leiden bis zur »Wiederkunft des Herrn«. Die erinnert an die anfänglichen Ausführungen zur Bewährung in der »Anfechtung«, weshalb auch die Erwähnung des Ijob (5,11) nicht überrascht. In weiteren Mahnungen wird auf das Schwurverbot hingewiesen, zum Singen, zum Gebet und zur Krankensalbung (5,14), zum Sündenbekenntnis und zur Fürbitte aufgefordert, bevor im Hauptanliegen – der Rettung des Sünders von seinem Irrweg (5,19f) – der Brief sein Ende findet.

An einigen Stellen tritt das besondere (weisheitliche) »Bildungsideal« des Jak hervor: Das Handeln des Menschen ruht in seiner Disposition, zu der er zwar bereits wiedergeboren ist, die er aber angesichts seines notwendigen Weltbezugs sich bewahren muss. Er bedarf der »himmlischen Weisheit«, die praktische Lebensweisheit ist. *Deshalb* gibt es auch keinen Glauben ohne Werke – ein guter Baum bringt gute Früchte hervor. Ein »Sünder« ist dabei lediglich ein »Irrender«, den man auf den rechten Weg zurückbringen muss.

## *C) Arbeitsfragen*

### 1) Allgemeine Fragen

1. Skizzieren Sie den Inhalt des Jak: Welche Themen dominieren das Schreiben? Ist ein Gliederungsprinzip sichtbar?

- Folgende Themen stehen im Vordergrund: Ausharren im Leiden (1,2–4,12; 5,7ff); Reichtum und Status (1,9; 2; 4–5); Glaube und Werke (1,18ff; 2); »Zungensünden« (v. a. 3); Ermahnung zur Sanftmut (1,21; 3,13ff).

- Im ersten Kapitel finden sich häufig Stichwortanschlüsse (1,1 → 1,2 (Freude); 1,4 → 1,5 (Fehlen); 1,6 (Zweifel); 1,12 → 1,13 (Versuchung).
- In Kap. 2–5 folgen aufeinander jeweils zwei Redegänge in drei Abschnitten.

## 2. Was erfahren Sie über den Verfasser und sein Verhältnis zu den Adressaten?

- Trotz der mehrfachen Anrede der Adressaten als »Brüder« erfährt man wenig über das konkrete Verhältnis des Autors zu den Adressaten. Die sehr allgemein gehaltenen Mahnungen nähren, aller expliziten Polemik zum Trotz, den Verdacht, dass der Autor *keine konkrete* Gemeinde vor Augen hat.

## 3. An wen ist der Brief adressiert? Wie verstehen Sie das?

- An die Zwölf Stämme in der »Zerstreuung« (gr. *diaspora*) (1).
- Dies könnte eine Anspielung auf den Namen des Autors sein: Jakob als Stammvater der zwölf Stämme Israels. In diesem Fall ist wohl nicht an jüdische, sondern speziell christliche Gemeinden als Adressaten gedacht; vermutlich fungiert aber der Ausdruck als Ehrentitel für die Christen als Gottesvolk.

## 4. Welche Aussagen trifft der Vf. über Arm und Reich? An welche Texte des NT denken Sie bei dieser Thematik zurück?

- Der Autor weist auf die Vergänglichkeit des Reichtums hin (1,9–11), macht denen Vorwürfe, die dem »Status« der Person besondere Würde zukommen lassen (2) und äußert zuletzt an den Händlern (4) und den Reichen massive Sozialkritik (5).
- Das Thema »Arm und Reich« behandelt besonders der Vf. des lk Doppelwerkes – zudem erinnern manche Aussagen an Worte aus der Jesustradition, die sich in Q, aber auch im MtEv wiederfinden.

## 5. Was lehrt der Brief über das Verhältnis von Glauben und Werken? Wie argumentiert der Autor – welche Bedeutung kommt Abraham dabei zu? Wie verhält sich das zur paulinischen Auffassung?

- Glaube ohne Werke ist tot (2); Abraham wurde gerecht aus »Werken« (durch die sog. »Bindung Isaaks«; vgl. Gen 22) – ebenso die Hure Rahab, die den hebräischen Kundschaftern in Jericho half (Jos 2).
- Es handelt sich damit insgesamt um die Antithese zu (einem falsch zugespitzten) Paulus. Bemerkenswert ist, dass auch Jak 2 das Wort aus Gen 15,6 zitiert, daraus jedoch andere Schlüsse als Paulus zieht.

## 7. Wie sieht die eschatologische Erwartung des Jak aus? Vergleichen Sie mit anderen Texten im Neuen Testament.

- Jak 5 mahnt, die Parusie des Herrn geduldig zu erwarten, was deutlich als Gerichtserwartung formuliert ist (5,7–9), wie ein Bauer auf die Frucht der Ernte wartet.
- Die Gerichtserwartung, verbunden mit der Betonung der Barmherzigkeit Gottes, erinnert ein wenig an die Darstellung in Mt oder Lk, die Mahnung zur Geduld.

## 8. Wo wird die »Krankensalbung« erwähnt?

- Sie ist Gegenstand der Ausführungen in Jak 5,14f: Wer krank ist, soll die »Ältesten« rufen, damit sie Gebete sprechen und ihn »im Namen des Herrn« salben – das *Gebet* bewirkt Heilung und Sündenvergebung.
- Aus dieser Forderung hat sich in der Kirchengeschichte das Sakrament der »Letzten Ölung« herausgebildet, das seit dem Zweiten Vatikanischen Konzil in der römisch-katholischen Kirche wieder als Sakrament der Krankensalbung praktiziert wird.

## 9. Was versteht man unter der *Conditio Jacobaea* (»Bedingung des Jakobus«)?

- Die *Conditio Jacobaea*: »Wenn der Herr will, werden wir leben und dies und das tun« (Jak 4,15) warnt davor, unbekümmert über den Tag hinaus zu planen. Wer auf diesen Satz verweist, tut dies meist mit der Formel »*sub conditione Jacobaea*«.

## 10. *Zur Vertiefung und Wiederholung*: Der Jak bietet viele Aussagen, die sich in den synoptischen Evangelien wiederfinden. Zu welchem Textabschnitt der synoptischen Evangelien finden sich die meisten Parallelen?

Eine ganze Reihe von Aussagen des Jak finden sich in der Bergpredigt, manche jedoch besonders in der Feldrede des Lk. Möglicherweise kannte der Autor frühe Jesustradition, vielleicht sogar Passagen aus der Logienquelle Q.

| Bitten – Geben | 1,5 | Mt 7,7 |
|---|---|---|
| Täter des Wortes | 1,22f | Mt 7,24.26 |
| Gericht über Unbarmherzige | 2,13 | Mt 5,7 |
| Die Frucht des Feigenbaums | 3,12 | Mt 7,16 |
| Wehklagen, Trauern, Weinen | 4,9 | Lk 6,25b |
| Erniedrigung – Erhöhung | 4,10 | Mt 23,12; Lk 14,11; 18,14 |
| Wehe gegen Reiche | 5,1 | Lk 6,24 |
| Richten der Brüder | 5,9 | Mt 5,22 |
| Vom Schwören | 5,12 | Mt 5,33–37 |

## 2) Themen (Näheres hierzu s. u. Kap. XIV.)

Notieren Sie sich Kapitelangaben und Stichworte zu folgenden Themen:

- *Rechtfertigung; Liebe/Liebesgebot; Gesetz; Besitz*

## D) Die Struktur des Jakobusbriefs

| **1,1** | **Briefeingang** |
|---|---|
| 1,1 | **(Griechisches) Präskript:** *Jakobus* an die 12 Stämme in der *Diaspora* |
| **1,2–12** | **Prolog: Die Bewährung des Glaubens** |
| 1,2–4 | **Das Programm: Bewährung des Glaubens in der Versuchung**<br>Die Vollkommenheit als Ziel christlichen Lebenswandels |
| 1,5–12 | Bitte um *Weisheit* – Ruhm der *Niedrigkeit* – Preis der *Anfechtung* |
| **1,13–27** | **Die Grundlagen** |
| 1,13–18 | **Anfechtung**: Gott versucht niemanden, jeder wird von seiner eigenen Begierde (*epithymia*) in Versuchung gebracht. |
| 1,19–25 | **Hören und Tun:** »Seid Täter des Wortes und nicht bloß Hörer!« |
| 1,26–27 | **Der reine und unbefleckte Gottesdienst:** a) Mäßigung der Zunge; b) Sorge für Witwen und Waisen; c) Unbefleckt von der Welt Sein |
| **2,1–3,12** | **Der reine Gottesdienst I: Glaube und Werke** |
| 2,1–13 | **Unparteilichkeit gegenüber Armen und Reichen in der Gemeinde**<br>Das Liebesgebot als *Erfüllung des »königlichen Gesetzes«* (2,8),<br>Mahnung zur Barmherzigkeit |
| 2,14–26 | **Glaube und Werke**<br>*Antithese zu Paulus*: ***Glaube ohne Werke ist tot!***<br>Abraham und Rahab als *aus den Werken* Gerechtfertigte (vgl. Gen 22; Jos 2) |
| 3,1–12 | **Die Macht der Zunge:** Das kleinste Glied ist ein ruheloses Übel voll tödlichen Gifts – aus derselben Quelle entspringt Gutes und Böses. |
| **3,13–5,6** | **Der reine Gottesdienst II: Weisheit und Demut** |
| 3,13–18 | **Irdische und himmlische Weisheit**<br>*Himmlische Weisheit zeigt sich in der Frucht des Handelns* |
| 4,1–17 | **Warnung vor Streitsucht, Verleumdung und Selbstsicherheit**<br>**Mahnung zur Demut**<br>*Zur Streitsucht*: Freundschaft mit der Welt ist Feindschaft mit Gott; *»Gott widersteht den Hochmütigen, den Demütigen gibt er Gnade.«*<br>*Zur Verleumdung*: »Richtet nicht«! (vgl. Mt 7) – Gott allein ist Richter<br>*Zur Selbstsicherheit*: Kein Rühmen, sondern Bescheidenheit. |
| 5,1–6 | **Das Gericht über die Reichen**<br>*Wer im Überfluss lebt, wird am Tage des Gerichts wehklagen.* |

| 5,7–20 | Epilog |
| --- | --- |
| 5,7–11 | **Mahnung zum geduldigen Warten auf die Parusie**<br>»So seid nun geduldig im Leiden – bis zur Wiederkunft des Herrn« |
| 5,12–20 | **Anweisungen zum Verhalten in der Gemeinde**<br>5,12: Verbot zu schwören; **5,14f: Krankensalbung**<br>Sündenbekenntnis und Fürbitten<br>*5,19f: Die Verantwortung für den irrenden Bruder (statt eines Briefschlusses)* |

## *E) Texte zum Auswendiglernen*

*Das Verhältnis von Glauben und Werken* (**Jak 2,17**): »So ist der Glaube, wenn er keine Werke hat, für sich alleine tot.«

*Die Macht der Zunge* (**Jak 3,8f**): »Die Zunge kann kein Mensch zähmen, dieses ruhelose Übel, voll von tödlichem Gift. Mit ihr preisen wir den Herrn und Vater, mit ihr verfluchen wir die Menschen ...«

*Die Conditio Jacobaea* (**Jak 4,15**): »Ihr solltet sagen: Wenn der Herr will, werden wir leben und dies oder jenes tun.«

*Die Erwartung der Parusie* (**Jak 5,7**): »Wartet nun geduldig, Brüder, bis zur Ankunft des Herrn! Siehe, der Bauer erwartet die köstliche Frucht der Erde, indem er geduldig auf sie wartet, bis er frühe und späte Frucht empfängt.«

*Die Krankensalbung* (**Jak 5,14f**): »Ist einer von euch krank, rufe er die Ältesten der Gemeinde zu sich; sie sollen Gebete über ihn sprechen und ihn im Namen des Herrn mit Öl salben.«

## 2. Der erste Petrusbrief

### *A) Einleitungswissen*

Der Verfasser bezeichnet sich in der *Superscriptio* als »Simon Petrus, Apostel Jesu Christi«, was an *paulinische* Redeweise erinnert; mit Sicherheit handelt es sich um ein Pseudonym und damit um ein **pseudepigraphes** Schreiben. Nach eigenen Angaben schreibt der Autor aus **Rom** (er benutzt den nach der Tempelzerstörung 70 n.Chr. prominenten Decknamen »Babylon« [5,13]; vgl. Offb 17f), dem traditionellen Ort des Petrusmartyriums, hält sich aber vermutlich zusammen mit den Adressaten in **Kleinasien** auf. Zur Petrusfiktion gehört auch die Erwähnung des »Markus« (5,13), während die Erwähnung des Paulusmitarbeiters »Silvanus« ihn vermutlich zugleich in die Nähe des Heidenapostels und Missionars von Kleinasien rücken soll. Empfänger dieses brieflichen Rundschreibens sind *Gemeinden Kleinasiens* (genannt werden die Provinzen *Pontus*, Galatien, Kappadokien, Asia, *Bithynien*). Möglicherweise nimmt bereits 2 Petr 3,1 auf 1 Petr Bezug; die vorausgesetzte Situation, Bedrängnisse durch die heidnische Umwelt und dass »Christsein« (*nomen ipsum*) als Anklagegrund gilt (vgl. 4,14–16), weist in die Zeit zu **Beginn des 2. Jh.**

Ein Briefwechsel zwischen dem Statthalter Plinius und dem Kaiser Trajan um 112 n.Chr. ist der erste Beleg dafür, dass Christen aufgrund ihres Christseins *(nomen ipsum)* in *Pontus Bithynien* unter Verdacht gerieten, Staatsfeinde zu sein. Meist wird aus diesem Schreiben erschlossen, dass die Verfolgungen bereits 20 Jahre zuvor (unter Kaiser Domitian) begonnen hätten, doch fehlen für eine Christenverfolgung unter Domitian in Kleinasien sichere Hinweise, und eine seit längerem bestehende Prozesspraxis kann ebenfalls bezweifelt werden.

### *B) Inhalt*

Der 1 Petr lässt sich charakterisieren als eine urchristliche *praeparatio ad martyrium*, d.h. eine Vorbereitung auf das Martyrium, wobei hier der Begriff noch nicht unbedingt eine *blutige* Verfolgung von Christen voraussetzt. Im gesamten Brief werden den Adressaten **Standhaftigkeit** und **Leiden** als Bestandteil christlicher Existenz eingeprägt, wobei die Leiden Christi nun nicht nur Erlösung bewirken, sondern von Christen am *eigenen* Leib nachvollzogen werden sollen. Der Ausdruck »Zeuge« (gr. *martys*) für Petrus in 1 Petr 5,1 könnte allerdings auf dessen Martyrium (und somit »Blutzeugnis«) in Rom anspielen. Hauptthema des Briefs ist die »Bewährung«.

Das gesamte Schreiben besitzt zwar insofern Briefcharakter, als es in eine bestimmte historische Situation hinein verfasst ist, doch ähnlich wie bei Jak handelt es sich um einen Traktat, der besonders im zweiten Teil (1 Petr 2–5) sehr allgemeine Anweisungen enthält, die ihn zu einer Art katholischem Pastoralbrief werden lassen.

Zielt im Jakobusbrief die Mahnung zur Standhaftigkeit auf die ethische Bewährung *innerhalb* der Gemeinde, so geht die im 1 Petr formulierte Bedrohung der Christen deutlich von der heidnischen Umwelt aus.

Das Schreiben gliedert sich in zwei Hauptteile (1–2; 2–5): Im ersten Teil (1–2) wird im Anschluss an das Präskript und eine kurze *Eulogie* der *Heilsindikativ* formuliert: die Erwählung der Christen durch das Christusereignis zu einer »heiligen Priesterschaft« (aus diesen Aussagen heraus hat Luther den Gedanken des »Priestertums aller Gläubigen« entwickelt). Dabei beruft sich der Autor mehrfach auf Aussagen des levitischen Heiligkeitsgesetzes (Lev 19): »Ihr sollt heilig sein, weil ich heilig bin(, spricht Gott).«

Der zweite Teil (2–5) ist mit einer Art »Präambel« überschrieben (2,11f), worin die Adressaten ausdrücklich zu einem »rechtschaffenen« Leben unter den Heiden aufgefordert werden. Der erste Abschnitt (2,13–4,11) ist trotz der deutlichen Bezugnahme auf eine konkrete Situation (in 3,13–4,6) sehr allgemein gehalten; er beginnt mit einer »Haustafel« (2,13–3,7), welche bezeichnenderweise mit der *Loyalität zum Staat* beginnt (2,13–17) sowie Sklaven und Frauen zur Unterordnung ruft (2,18–25; 3,1–6), die Männer hingegen nur knapp ermahnt, das »schwache Geschlecht« zu ehren und gemeinsam zu beten (3,7). Weitere allgemeine Mahnungen schließen sich an (3,8–12).

Die Situation der Gemeinde gerät in 3,13–4,6 deutlicher in den Blick, doch dominieren noch einmal die tröstenden Worte: Der Autor erinnert erneut an die Heilstatsachen: die Taufe, die Leiden Christi – all dies soll die Christen ermutigen, »um der Gerechtigkeit willen« zu leiden (3,14) und die »neue Lebensweise« beizubehalten; dabei verweist er abschließend auf das nahende Ende (4,7). Der Abschnitt mündet in eine Doxologie (4,11).

Im letzten Abschnitt vor dem Briefschluss (4,12–5,11) wird deutlich, dass Christen *aufgrund* ihrer christlichen Existenz bedroht sind – insofern werden die zuvor ausgeführten Mahnungen nun konkretisiert. So erklärt sich auch die im Präskript und in der Grundlegung bereits anklingende Darstellung der Christen als »Fremdlinge« in der Welt. In 5,1–11 schließlich geht der Autor auf die Gemeinde selbst ein, bezeichnet sich als »Mitältester«, fordert die »Ältesten« (gr. *presbyteroi*, hier ist wohl an Amtsträger [»Presbyter«] zu denken) zum Hirtendienst und die »Jüngeren« (neubekehrte Christen?) zur Unterordnung auf und schließt mit Mahnungen zur Wachsamkeit, auch vor dem Teufel.

Im gesamten Schreiben dominieren traditionelle *sühnetheologische* Vorstellungen; wiederholt wird auf die erlösende Kraft des »Blutes Christi« (vgl. 1,2 u. ö.) hingewiesen. Überhaupt greift der Brief häufig auf traditionelle Wendungen und längere alttestamentliche Zitate zurück, die bereits christologisch eingefärbt sind (vgl. v. a. die Anspielungen auf Passagen aus dem vierten Gottesknechtslied [Jes 52,13–53,12] in 2 Petr 2,21–25). Eine traditionelle Formel wird in 1 Petr 3,18 vermutet.

## C) *Arbeitsfragen*

### 1. Benennen Sie die Briefteile und wesentlichen Themen des 1 Petr.

- Das Präskript 1,1f erinnert an (deutero-)paulinische Eingangswendungen, das Proömium (1,3–12) ist als *Eulogie* gestaltet (vgl. 2 Kor 1; Eph 1).
- Die wesentlichen Themen sind
  - Die Betonung der Erwählung und Heiligkeit der Gemeinde(n) (2)
  - Die Ermutigung zur Standhaftigkeit angesichts der Bedrohung (2–4)
  - Konkrete Anweisungen zum Leben im Kontext einer »feindlichen« Umwelt (v. a. 3–4) sowie zur Gemeindeleitung (5).

### 2. Was erfahren Sie über den Autor?

- Auf seine eigene Person kommt der Autor, der sich fiktiv als Petrus zu erkennen geben will, in 1 Petr 5 zu sprechen – dort bezeichnet er sich als »Mitältesten«, als Zeugen der Leiden Christi und Teilhaber an der »Herrlichkeit«. Die Selbstbezeichnung als »Apostel Jesu Christi« (1,1) erinnert an das Selbstverständnis des Paulus.

### 3. Was erfahren Sie über die Adressaten und ihre Situation?

- Gerichtet ist das Schreiben laut Präskript (1,1) an die »auserwählten Fremdlinge«, die »zerstreut« in den Provinzen Kleinasiens leben. Auffällig gerahmt wird die Reihe durch die (gemeinsam verwalteten) nördlichen Provinzen »Pontus« und »Bithynien« – will der Autor damit auf seine eigene Herkunft hinweisen?
- Im Eschatokoll richtet sich der Autor an alle, »die in Christus sind«, eine paulinische Bezeichnung für Christen (vgl. 2 Kor 12,2 u. ö.).
- Aus Kap. 3–4 geht eindeutig eine Verfolgungssituation hervor.

### 4. Welche Aussagen trifft der Autor über das »Leiden« der Christen?

- Man soll nicht »gerechterweise« (d. h.: als »Verbrecher«) leiden, sondern allein als Christ (um des Namens willen).

### 5. Welche christologischen Aussagen trifft der Autor?

- Es dominieren v. a. sühnetheologische Aussagen: Die Erlösung durch Christi Blut erscheint hier als Vorbild für das Leiden der Christen selbst. Andere Aspekte des Christusbildes treten deutlich zurück.

### 6. 1 Petr 2,13 – 3,7 wird oft als »Haustafel« bezeichnet – vergleichen Sie mit anderen Haustafeln im Neuen Testament.

- Im Unterschied zu den dtr-pln. »Haustafeln« (Kol 3; Eph 5–6; Tit 2) wird hier zunächst das Verhältnis zum Staat vorgeordnet (vgl. 1 Tim 2; Tit 2). Im Blick auf die Ehe und das Verhältnis von Sklaven zu Herren werden noch deutlicher Unterschiede und Rangordnung betont; die Frauen gelten dabei als das »schwache Geschlecht«.

7. Welche Aussagen über das Verhältnis zum »Staat« trifft der Autor? An welchen Paulustext erinnern Sie diese?

- Der 1 Petr fordert die Unterordnung unter die Staatsgewalt: »Fürchtet Gott – ehrt den Kaiser!« (1 Petr 2,17b)
- In Röm 13 fordert Paulus die Unterordnung unter die staatliche Gewalt und Strafgerichtsbarkeit, vgl. Tit 3 und 1 Tim 2 (die Fürbitte für den Kaiser und die Obrigkeit).

8. Was können Sie über das Gemeindeverständnis des 1 Petr sagen?

- In 1 Petr 2 ist von der Erwählung der Christen zu einem »Volk von Priestern« die Rede, ein kirchliches »Priesteramt« existiert noch nicht.
- Der Ausdruck »Mit-Presbyter« und die Ermahnung der »Ältesten« (1 Petr 5) legt nahe, dass keine bischöfliche Verfassung, sondern möglicherweise ein gemeindeleitendes Presbyteriums-Kollegium vorauszusetzen ist.

9. Welche atl. Aussagen dominieren den Brief?

- »Heiligkeitsaussagen« (1–2): → »Seid heilig, denn ich bin heilig!« (vgl. Lev 19); »Heilige Priesterschaft« (vgl. Ex 19); begründet wird dies auch mit Zitaten aus Jesaja und den Psalmen.
- Das Volk, das »kein Volk« war, ist nun Gottes Volk (vgl. Hos 1–2).
- Daneben beinhalten die christologischen Aussagen in 1 Petr 1–2 zahlreiche Anspielungen an das vierte Gottesknechtslied (Jes 52,13–53,12) und die Mahnungen an die Gemeinde in 1 Petr 3 werden mit einem Zitat aus Ps 34,13–17 eingeleitet.

10. Welche (*textinterne*) Funktion erfüllen Markus und Silvanus?

- Der Paulusmitarbeiter Silvanus (vgl. 1 Thess 1) wird als *Überbringer* des Briefes stilisiert, Markus (gemeint ist möglicherweise der in Apg 12–15 erwähnte judenchristliche Missionar) als *Vertrauter* und Begleiter des Petrus.
- Dies erinnert an die Fiktionen in den Deuteropaulinen (vgl. die Funktion des Tychikus in Eph 6; Kol 4 oder des Lukas in 2 Tim 4).

## 2) Themen (Näheres hierzu s. u. Kap. XIV.)

Notieren Sie sich Kapitelangaben und Stichworte zu folgenden Themen:

- *Petrus*
- *Taufe, Buße/Sündenvergebung, Verhältnis zur Staatsmacht*

## D) Die Struktur des ersten Petrusbriefes

| **1,1–12** | **Briefeingang** |
|---|---|
| 1,1–2 | **Präskript:** *Petrus, Apostel Jesu Christi* an Gemeinden in Kleinasien (= »auserwählte Fremdlinge«) |
| 1,3–12 | ***Proömium (als Eulogie): »Die neue Perspektive« (»Wiedergeburt«)***<br>Die jetzigen Versuchungen gelten nur eine kleine Zeit, damit die Bewährung des Glaubens und die Rettung der Seelen umso »köstlicher« sein werden. |
| **1,13–2,10** | **Die neue Existenz: Erwählung und Heiligung** |
| 1,13–25 | **Das neue Leben** (Wandel in Heiligkeit) |
| 2,1–10 | **Die von Gott gestiftete Gemeinschaft als »Heilige Priesterschaft«** |
| **2,11–5,11** | **Hauptteil: Die Bewährung im Wandel** |
| 2,11–12 | **Der Wandel als Fremdlinge**<br>*»Führt ein rechtschaffenes Leben unter den Heiden, damit sie […] einst, aufgrund eurer guten Werke Gott preisen werden.«* |
| **2,13–4,6** | **1. Die Bewährung in der Gesellschaft** |
| ***2,13–3,12*** | «<u>**Haustafel**</u>«: <u>Christen in den Ordnungen d. Welt</u><br>**staatliche Obrigkeit**: *»Fürchtet Gott, ehrt den Kaiser!« (2,17)*<br>**Sklaven/Herren** (auch *ungerechten* Herren untertan!)<br>**Frauen/Männer** (Unterordnung, Bescheidenheit d. Frauen)<br>**allgemeine Mahnungen** |
| 3,13–4,6 | <u>*Bedrängnis* durch die Umwelt als Herausforderung</u><br>Erinnerung an die Taufe (*Arche Noah als Sinnbild*)<br>Erinnerung an den früheren Lebenswandel<br>Verkündigung des Evangeliums an die Toten (*Hadesfahrt Christi*; Christus als *Richter der Lebenden und der Toten*) |
| 4,7–11 | **Abschließende Mahnung zur Liebe untereinander – Doxologie** |
| **4,12–5,11** | **2. Die Bewährung im Leiden** |
| 4,12–19 | **Das Leiden als Gemeinschaft mit Christus**<br>4,14–16: Leiden um des Namens Christi willen (*nomen ipsum*) |
| 5,1–11 | **Konsequenzen: Herrschaft und Dienst innerhalb der Gemeinde**<br>*Ältere* (»Presbyter«): Weidet die Schafe! *Jüngere*: Ordnet euch unter!<br>*Fazit: »Gott widersteht den Hochmütigen, den Demütigen gibt er Gnade.«* |
| **5,12–14** | **Briefschluss** |
| 5,12–13 | **Briefüberbringer und Grüße**<br>Erwähnung des *Silvanus* als Schreiber bzw. Überbringer des Briefes<br>Abfassungsort: »Babylon« (= Rom); Erwähnung des Markus |
| 5,14 | **Eschatokoll** |

## *E) Texte zum Auswendiglernen*

*Von der Neugeburt und Hoffnung der Christen* (**1 Petr 1,3f**): »Gepriesen sei der Gott und Vater unseres Herrn Jesus Christus, der uns durch seine große Barmherzigkeit neu geboren hat, so dass wir nun durch die Auferstehung von den Toten eine lebendige Hoffnung und Aussicht auf ein unzerstörbares … Erbe im Himmel … haben.«

*Die Christen als auserwähltes Volk* (**1 Petr 2,9**): »Ihr seid ein auserwähltes Geschlecht, eine königliche Priesterschaft, ein heiliges Volk …«

*Das Leben der Christen in der Bedrängnis* (**1 Petr 2,12**): »Führt ein wohlgefälliges Lebens unter den Völkern, damit sie, während sie euch als Übeltäter verleumden, durch eure guten Taten zur Erkenntnis kommen und Gott am Tage der Heimsuchung preisen werden.«

*Die staatliche Obrigkeit* (**1 Petr 2,17b**): »Fürchtet Gott, ehrt den Kaiser!«

Das *Leiden um des Namens willen* (**1 Petr 4,14–16**): »Selig seid ihr, wenn sie euch um des Namens Christi willen beschimpfen … Wer als Christ leiden muss, schäme sich dessen nicht, sondern preise Gott mit diesem Namen.«

*Das Lob der Demut* (**1 Petr 5,5b = Spr 3,34 [= Jak 4,6!]**): »Gott widersteht den Hochmütigen, den Demütigen aber gibt er Gnade.«

*Von der Zuversicht* (**1 Petr 5,7**): »Alle eure Sorge werft auf ihn, denn er sorgt für euch.«

*Die Zuversicht* (**1 Petr 5, 10**): »Der Gott aller Gnade, der euch berufen hat zu seiner ewigen Herrlichkeit in Jesus Christus, er wird euch nach einer kurzen Zeit des Leidens zurechtbringen, stärken, kräftigen und auf festen Grund stellen.«

# 3. Der zweite Petrusbrief und der Judasbrief

Beide Briefe werden bibelkundlich stets gemeinsam behandelt, da nachweislich eine literarische Abhängigkeit (2 Petr verwendet den Jud als Quelle) besteht.

## 3.1 Der Judasbrief

### *A) Einleitungswissen*

Der Autor ist unbekannt, er nennt sich Judas, Bruder des Jakobus, und führt sich damit möglicherweise auf einen der Brüder Jesu zurück (vgl. Mk 6,3; immerhin kennt Lk 6 auch einen Apostel Judas »des Jakobus«; Joh 14 einen »Judas, nicht der Iskariot« aus dem Kreis der Jünger Jesu). Ort und Zeit der Abfassung sind unbekannt, die spätere Rezeption durch den 2 Petr lässt geographisch am ehesten an **Kleinasien** denken, der Ausdruck »die Apostel Jesu Christi« (Jud 17) deutet in die Zeit des lk Doppelwerks (**Anfang 2. Jh.**?). Gerichtet ist das Schreiben an eine **unbekannte Gemeinde**, der Autor polemisiert gegen Irrlehrer, die allerdings sehr stereotyp gezeichnet und moralisch disqualifiziert werden. Der »Brief« lässt sich eher als ein *antihäretisches Flugblatt* klassifizieren.

Auffällig ist die Verwendung (apokrypher) apokalyptischer Schriften: Der Autor zitiert aus 1 Hen 1,9 in Jud 14 und der Schrift »Assumptio Mosis« (»Himmelfahrt des Mose«) in Jud 9.

### *B) Inhalt*

Der Judasbrief ist eine flammende Gerichtsrede gegen Irrlehrer, in welcher der Autor sich einerseits auf die apostolische Tradition (»die Apostel«), andererseits auf apokalyptisches Gedankengut beruft. Die Irrlehrer werden dabei moralisch disqualifiziert, ihnen wird u. a. Libertinismus vorgeworfen, ihr Auftreten aber auch als Zeichen der Endzeit gedeutet, ein in der Spätzeit des frühen Christentums geläufiger Topos (vgl. neben 2 Petr 3 auch 1 Tim 4; 2 Tim 3; 1 Joh 2). Die wesentlichen Aussagen sind u. a. aus der Struktur klar ersichtlich. Über die Position der Irrlehrer erfährt man demnach nichts Genaues, die Art und Weise ihrer Bekämpfung erinnert an die Pastoral- und die Johannesbriefe (s. u.). In der kirchlichen Rezeption hat der Brief daher wohl zu Recht ein Schattendasein geführt – und auch das Urteil Martin Luthers fiel eher negativ aus.

## *C) Die Struktur des Judasbriefes*

| **1–4** | **Briefeingang** |
|---|---|
| 1–2 | **Präskript**: Judas, »Bruder des Jakobus« (= Bruder Jesu) an die »Berufenen« |
| 3–4 | **Briefanlass**: »Geliebte! Gottlose *Irrlehrer* haben sich eingeschlichen, die unseren Herrn Jesus Christus verleugnen!« |
| **5–16** | **Polemik gegen Irrlehrer** |
| 5–13 | **Gottloser Lebenswandel**<br>»Sie beflecken das Fleisch nach Art von Sodom und Gomorrha und leben ihren Trieb aus wie die Tiere.« – »Sie lästern alles, was sie nicht kennen.« – »Sie weiden sich selbst bei den *Liebesmahlen* (›Agapen‹).« (9: Zitat aus *Assumptio Mosis*) |
| 14–16 | **Die Weissagung des Henoch**:<br>Ankündigung des *Gerichts über die Gottlosen* (1 Hen 1,9) |
| **17–23** | **Erinnerung und Mahnung der Adressaten** |
| 17–19 | **Erinnerung**: Am Ende der Zeit werden Spötter kommen, die die Gemeinde spalten werden, *wie die Apostel vorhergesagt* haben |
| 20–23 | **Mahnung zu Standhaftigkeit in Glauben und Gebet**<br>Ziel ist die Widerlegung Zweifelnder, um sie vor dem Feuer zu retten |
| **24–25** | **Briefschluss** |
| | **Lobpreis Gottes** (*Schlussdoxologie*) |

## 3.2 Der zweite Petrusbrief

### *A) Einleitungswissen*

Der Absender ist **pseudonym**. Die Angabe 3,1 weist evtl. auf den 1 Petr zurück, doch bereits die unterschiedliche Schreibweise des Namens (»Symeon«) und die Bezeichnung als Knecht *und* Apostel sowie die Rezeption des Jud sprechen sehr dafür, dass hier ein anderer Autor dem 1 Petr eine Fortsetzung an die Seite stellen wolle; Stil und Inhalt weisen auf einen hellenistischen Judenchristen. Auch der 2 Petr scheint in **Kleinasien** verfasst worden zu sein; der Rückgriff auf Jud und die Existenz einer Paulusbriefsammlung als autoritativer Größe (vgl. 3,15f) spricht für eine Datierung um 100–135; viele sehen in ihm das jüngste Schreiben des Neuen Testaments. Es handelt sich wie beim 1 Petr um ein **Rundschreiben** an die **Gemeinden Kleinasiens**, zugleich besitzt er Testamentscharakter.

Der 2 Petr verwendet den Jud als Vorlage (Jud 4ff → 2 Petr 2,1ff), modifiziert jedoch dessen Gerichtsankündigung dahingehend, dass er die Erinnerung an die apostolische Tradition zum Maßstab erklärt und zugleich davor warnt, die offensichtliche Verzögerung der Parusie als Hinweis darauf zu deuten, dass das Gericht ausbleibe.

### *B) Inhalt*

Wesentlicher Inhalt des Schreibens ist zunächst die Bekräftigung der christlichen Hoffnung (1,12–21), dann die Warnung vor Irrlehrern (2,1–22) und die Verteidigung der Parusieerwartung (3,1–13). In gewisser Weise verbindet der 2 Petr als »Testament des Petrus« somit die Anliegen des 1 Petr mit denen des Jud: Neben die Mahnung zum Festhalten an Erwählung (hier: an der Tradition und der durch göttliche Kraft verliehenen Erkenntnis) tritt die Bekämpfung von Irrlehrern und die Ankündigung des künftigen Gerichts.

Mit Nachdruck weist der Verfasser zunächst auf die »apostolische Tradition« und sein eigenes Zeugnis von der Verklärung Jesu hin (1 Petr 1; vgl. Mk 9) und verwirft dabei Weissagungen aufgrund »eigenständiger« Schriftauslegung (2 Petr 1). Anschließend richtet er sich gegen Irrlehrer, »falsche Propheten«, denen er allerlei moralische Vergehen nachsagt – wie in den Pastoralbriefen tritt die inhaltliche Auseinandersetzung mit Irrlehrern in den Hintergrund. Der Autor verweist darauf, dass Gott stets sein Gericht durchführt (2 Petr 2). Hier kombiniert er Aussagen aus Jud mit einigen aus 1 Petr 3. Immerhin könnte es sich bei den Gegnern um frühe »Gnostiker« handeln; offensichtlich leugnen sie die Vorstellung der Parusie Christi. Christus kommt aber gewiss, den Spöttern zum Trotz, denn »ein Tag ist bei Gott wie 1000 Jahre« und der Tag des Herrn kommt »wie ein Dieb« (2 Petr 3; vgl. Ps 90,4; 1 Thess

5,2). Der Verfasser weist zusätzlich darauf hin, dass Gott auf diese Weise den Menschen die Möglichkeit zur Buße bzw. Umkehr eröffne.

Die abschließende Erwähnung des »geliebten Bruders Paulus, der viele Briefe geschrieben hat« (2 Petr 3,15f), offenbart die Kenntnis einer *Paulusbriefsammlung*. Der Verfasser gesteht zu, darin finde sich einiges schwer Verständliche, und sagt, *wie* es zu verstehen ist, was der zu Beginn erwähnten Ablehnung »eigenständiger« Schriftauslegung widerspricht.

Die spezifische soteriologische Aussage 2 Petr 1,4, dass Christen »Anteil an der göttlichen Natur« erlangt haben (gr. *koinônoi theias physeôs*), ist später Grundlage für die orthodoxe *Theosis-Lehre* geworden, die soteriologische Lehre von der »Vergottung« (gr. *theosis*) des Menschen, womit der Prozess der Befreiung des Christen von der Sünde hin zu einer Einheit mit Gott bezeichnet wird.

## *C) Arbeitsfragen zu Jud und 2 Petr*

Aufgrund Ihrer Länge und der marginalen bibelkundlichen Relevanz der Briefe erübrigt sich ein spezieller Fragenkatalog. Auf der Basis der bereits gegebenen Zusammenfassungen sollten folgende Fragen problemlos beantwortet werden können:

1. Geben Sie den Inhalt mit wenigen Worten wieder.
2. Was erfahren Sie über den Verfasser und die Adressaten?
3. Was erfahren Sie über die bekämpfte Irrlehre?
4. Mit welchen Argumenten bekämpft der Autor die Irrlehre?

Themen: *Engel/Engellehre*

## *D) Die Struktur des zweiten Petrusbriefes*

| **1,1–11** | **Briefeingang** |
|---|---|
| 1,1–2 | **Präskript:** »*Symeon*« *Petrus* → Rundschreiben an Christen |
| 1,3–11 | **Proömium:** Mahnung zur Bewährung der Verheißung in der Praxis |
| **1,12–21** | **Der scheidende Apostel und die Kraft des Erinnerns** |
| (*Mk 9,2–13*) | **Erinnerungen des Augenzeugen** (an die Verklärung Jesu)<br>Weissagungen der Schrift werden durch den Hlg. Geist hervorgebracht |
| **2** | **Die »falschen Propheten«** |
| (*Jud 4–16*) | **Die Irrlehrer leugnen den Herrn:** → Gott errettet Fromme aus der Versuchung, Ungerechte verwahrt er für den Tag des Gerichts<br>**Die Sittenlosigkeit der Irrlehrer** (*ehemalige Glaubende*)<br>Völlerei, Wollust, Habsucht: sie wandeln auf dem »Wege Bileams« |
| **3,1–13** | **Die Wiederkunft des Herrn** |
| | [3,1: *Dies ist der zweite Brief des Petrus* (→ 1 Petr ?)] |
| (*Jud 17–18*) | **Auftreten der Spötter als Zeichen der Endzeit**<br>»Alles bleibt wie von Anfang an!« → die Welt wird im Feuer vergehen<br>*Ein Tag ist bei Gott wie 1000 Jahre* (3,8f; vgl. Ps 90,4) |
| (*1 Thess 5,2*) | Der Tag des Herrn kommt *wie ein Dieb* |
| (*Offb 21,1*) | Ankündigung eines *neuen Himmels und einer neuen Erde* (vgl. Jes 65f) |
| **3,14–18** | **Briefschluss** |
| | **Schlussparänese**<br>Einiges in den *Paulusbriefen* ist schwer verständlich und wird von Unwissenden verdreht: *Hütet euch vor den Irrlehrern, wachset in der Gnade!* |
| *3,18b* | *Doxologie* |

## E) Texte zum Auswendiglernen

*Die Ankündigung des Henoch* (**Jud 14f**): »Siehe, der Herr ist gekommen mit seinen heiligen Heerscharen, Gericht zu halten über alle Menschen und jede Seele zu überführen aller gottlosen Taten, die sie begangen hat. »

*Die »Theosis«* (= »Vergottung«) (**2 Petr 1,4**): [Christus hat uns durch die Erkenntnis Gottes] auch die kostbaren und überaus großen Verheißungen geschenkt, durch die ihr Anteil an der göttlichen Natur bekommen sollt …«

*Über das Schriftverständnis* (**2 Petr 1,20f**): »Keine Weissagung der Schrift verdankt sich menschlicher Anschauung, … vielmehr haben Menschen im Auftrag Gottes gesprochen.«

*Die Erinnerung an das apostolische Zeugnis* (**2 Petr 3,2**): »Ihr sollt euch erinnern an die Worte, die die heiligen Propheten vor langer Zeit gesprochen haben, und an das von euren Aposteln überlieferte Gebot des Herrn und Retters.«

*Der neue Himmel und die neue Erde* (**2 Petr 3,13**): »Der Verheißung gemäß erwarten wir einen neuen Himmel und eine neue Erde, worin Gerechtigkeit wohnt.«

# 4. Die Johannesbriefe (*Corpus Johanneum II*)

Die inhaltliche Nähe der drei Briefe zueinander rechtfertigt ihre gemeinsame Betrachtung, wenngleich sie wohl nicht von demselben Autor stammen. Angesichts der Nähe zum JohEv empfiehlt es sich, vor der Lektüre der Briefe dieses noch einmal gründlich zu studieren.

## 4.1 Der erste Johannesbrief

### *A) Einleitendes*

Eine konkrete Absenderangabe fehlt im 1 Joh. Die Nähe zur Sprache und Gedankenwelt des JohEv sind Indizien, dass auch er der johanneischen Schultradition bzw. dem »johanneischen Kreis« entstammt (vgl. das »Wir« in 1,1 mit dem in Joh 21,24). Entstanden ist er vermutlich in **Kleinasien**, dem Ort der Rezeption des JohEv, zu **Beginn des 2. Jh.** Da einige Gedanken theologisch weiterentwickelt scheinen (Parakletvorstellung; Liebesgebot; Eschatologie), nimmt man an, dass der 1 Joh etwas später als das JohEv verfasst wurde. Zudem bietet er teilweise fast wörtliche Zitate aus dem Evangelium. Andere halten den 2 und 3 Joh für die ältesten Dokumente und favorisieren die Reihenfolge 2/3 Joh → 1 Joh → JohEv. Eindeutig ist die Reihenfolge nicht zu klären – vieles spricht zumindest für eine zeitliche Nähe von 1 Joh und JohEv, unabhängig von der relativen Chronologie. Gerichtet ist der 1 Joh offensichtlich an eine johanneische Gemeinde (vgl. 1 Joh 2,12–17). Anlass sind von einzelnen (ehemaligen) Gemeindegliedern vertretene *Irrlehren*, die der Vf. bekämpft.

Der Abschnitt 1 Joh 5,14–21 folgt auf einen ersten Briefschluss und enthält mit der Idee einer »Todsünde« (vermutlich: der Apostasie) sowie dem Gedanken einer wirksamen Fürbitte durch Gemeindeglieder über 1 Joh 1,8ff; 3,9 hinausgehende Vorstellungen. Er ist daher möglicherweise sekundär. 1 Joh 5,21 stellt zudem ein eigenes Problem dar, da die Forderung, sich vor »Götzen« zu hüten, schwer in den Gesamtkontext passt.

### *B) Inhalt*

Das Hauptanliegen des 1 Joh kommt in seinen Rahmenteilen deutlich zum Ausdruck: Im Prolog (1,1–4) nennen der Autor und die mit ihm verbundene Gruppe (»Wir«) die »Gemeinschaft« (gr. *koinônia*) mit den Adressaten als ihr Anliegen, »damit unsere Freude vollkommen sei«. Dieses Anliegen entspricht dem Inhalt insofern, als der

1 Joh deutlich eine Debatte um die »richtige Glaubenslehre« (»Orthodoxie«) führt und diese wiederum mit der Forderung der »Bruderliebe« in Einklang bringt.

Es fällt schwer, das Briefcorpus eindeutig zu gliedern. Inhaltlich geht es immer wieder um zweierlei: Einerseits darum, beim rechten Glauben zu bleiben, sich nicht durch falsche Propheten (4,1; Antichristen [2,18]) verführen zu lassen; andererseits darum, die »Brüder«, d.h. die johanneischen Mitchristen, zu lieben (v.a. 3,11ff). Rechtgläubigkeit und Ethik sind also die zentralen Themen, wobei für den Autor beides unauflöslich zusammengehört: Die Erkenntnis Gottes und die Liebe sind zwei Seiten der einen Medaille, denn »Gott ist Liebe« (4,16). Die Mahnung zum *Bleiben* in der *Wahrheit* und in der *Liebe* ist (analog zu Joh 13–17) der *cantus firmus* des 1 Joh. Umstritten ist, ob die »Bruderliebe« als allgemeine »Nächstenliebe« zu verstehen ist. Das Liebesgebot aus Joh 13,34f (dort: »neues Gebot«) erscheint hier als »altes Gebot« (1 Joh 2) bzw. in 2 Joh 5f als das »Gebot von Anfang an«.

Meist wird übersehen, dass der Autor in 1 Joh 2,12–17 – entgegen seinen Beteuerungen – zusätzlich ein »neues Gebot« schreibt (2,8 → 2,15): »Liebt nicht die Welt, noch was in der Welt ist.« Dieses »neue Gebot« ist demnach die Aufforderung zur Weltdistanz.

Das Schreiben warnt vor Irrlehrern, die im johanneischen Kreis aufgetreten sind, und ihnen gegenüber werden die johanneischen Christen an ihr traditionelles Glaubenswissen erinnert (z.B. 2,21ff). Diese Irrlehrer scheinen die Menschwerdung Christi zu bestreiten: Es ist die Rede von *Jesus* als dem *im Fleisch* kommenden bzw. gekommenen *Christus* (1 Joh 2,22; 4,2; vgl. 2 Joh 7). Diese Irrlehrer sind aus der johanneischen Gemeinde selbst hervorgegangen (2,19); es handelt sich also um einen innerjohanneischen Konflikt.

Nachdem der Autor vor allem in der zweiten Briefhälfte (Kap. 3–4) das Thema Liebe mehrfach variiert, kommt er in Kap. 5 abschließend auf den Zweck seines Schreibens zurück: »Dies ist geschrieben, damit ihr wisst, dass ihr ewiges Leben habt, die ihr an den Namen des Sohnes Gottes glaubt« (5,13), eine Aussage, die stark an Joh 20,30f erinnert und zugleich den Bogen zum anfänglichen Wunsch nach Gemeinschaft (1,4) schließt. Der folgende Anhang thematisiert noch einmal das Verhältnis zur »Sünde«. Hier finden sich auffallende Spannungen, die aber auch im Brief selbst vorhanden sind: Dort wurde mehrfach betont, dass die Christen sündlos seien (Kap. 3 u.ö.), zugleich den Irrlehrern aber vorgeworfen, die Behauptung der eigenen Sündlosigkeit sei verwerflich (Kap. 1) und das Bekenntnis der Sünden notwendig. In 1 Joh 5,13–21 thematisiert der Autor zwei weitere Fragen: Einerseits spricht er von der wirksamen Fürbitte (vgl. u.a. Jak 5!), andererseits von einer »Sünde zum Tode«, die nicht vergeben werden könne.

Da er am Schluss vor »Götzen« (5,21) warnt, könnte es sich um die Sünde der Apostasie oder der Hinwendung zu fremden Kulten handeln.

## *C) Die Struktur des ersten Johannesbriefes*

| **1,1–4** | **Prolog** |
|---|---|
| | Sinnliche Offenbarung des *Logos des Lebens*; Traditionskette<br>**Ziel: Koinônia** (Gemeinschaft) und *vollkommene »Freude«* (1,4) |
| **1,5–2,17** | **Gemeinschaft mit Gott und Gotteserkenntnis** |
| 1,5–27 | **Das Leben im Licht** (denn: »Gott ist Licht«) |
| 2,1–17 | **Vergebung der Sünden**<br>*Jesus ist der Paraklet und Sühnopfer für die Sünden der Welt* |
| | **Die Gebote Gottes** halten (*Bruder*liebe = »altes Gebot«) |
| | **Glaubensgewissheit und Verhalten in der Welt**<br>Das »neue Gebot« lautet: *Weltdistanz* |
| **2,18–3,24** | **Die Bewährung des Glaubens** |
| 2,18–27 | **Das Bekenntnis zu Jesus als dem Sohn Gottes**<br>Warnung vor *Antichrist*[en] – es ist »letzte Stunde«!<br>**Heilserwartung und Sündlosigkeit** der Gotteskinder |
| 3 | **Bruderliebe** (3,18!) und **Gebot Gottes**<br>Die Geschichte von *Kain und Abel* als Illustration des Bruderhasses |
| **4,1–5,12** | **Gottesliebe und Bruderliebe** |
| 4 | **Der Geist der Wahrheit und Geist des Irrtums**<br>*Irrtum* (d. Antichrists) = Jesus *nicht* ›im Fleisch‹ gekommen |
| | **Gott ist Liebe** (4,16b)<br>Wer liebt, ist »aus Gott geboren«; Liebe = Sendung des Sohnes |
| 5 | **Der Glaube als Sieg über die Welt** |
| **5,13** | **Briefschluss** |
| **5,14–21** | **Epilog: Die Macht des Gebets** |
| | Gebetserhörung; Fürbitten für Sünder (*außer* für »*Sünde zum Tode*«) |
| **5,21** | Glaubenswissen (3x »Wir wissen«) → Jesus ist *wahrer Gott* |
| | **Schlussmahnung: »Hütet euch vor den Götzen!«** |

## 4.2 Der zweite und dritte Johannesbrief

### A) Einleitendes

Der Verfasser bleibt anonym und nennt sich *Presbyteros*, d. h. »Ältester« (vermutlich ein ihm oder sich selbst beigelegter Ehrentitel). Seine Identität ist unklar, die Nähe zum johanneischen Kreis aber sichtbar. Eine Reihe von Exegeten vermutet in ihm den von Papias bezeugten »Presbyter Johannes«, sicher ist das nicht. Die Briefe werden bereits früh in **Kleinasien** rezipiert, wo sie kurz vor oder nach dem 1 Joh verfasst wurden (um **110–120 n. Chr.**), und bezeugen (weitere) Konflikte innerhalb der joh Gemeinde. Die Darstellung des Liebesgebotes in 2 Joh spricht für eine spätere Datierung als 1 Joh (s. u.). Der **2 Joh** richtet sich an eine konkrete *Gemeinde* (»Herrin«), der **3 Joh** an ein bestimmtes *Gemeindeglied* (Gaius). Der »Presbyter« sendet vermutlich Wanderprediger aus, diesbezüglich kommt es laut dem 3 Joh mit einem gewissen »Diotrephes« zum Konflikt und der Vf. bittet Gaius um Unterstützung. Die Ursache des Konflikts bleibt weitgehend im Dunkeln. Eine Reihe philologischer Einzelbeobachtungen macht es aber wahrscheinlich, dass 1 Joh und 2/3 Joh nicht nur von unterschiedlichen Autoren stammen, sondern auch unterschiedliche Positionen innerhalb des joh Kreises repräsentieren.

### B) Inhalt(e)

Der 2 Joh hebt Gemeinsamkeiten zwischen Autor und Gemeinde hervor, weswegen gemutmaßt werden kann, dass ein Konflikt vorliegt. Die Versicherung des Autors, im Rückgriff auf das Liebesgebot, *kein* neues Gebot schreiben zu wollen, mutet wie eine Korrektur zu 1 Joh 2 an, wo dessen Autor ausdrücklich *doch* ein neues Gebot schreibt (s. o.). Auch die Relativierung des Schreibvorgangs im Briefschluss (die in 3 Joh wiederholt wird) steht in deutlichem Kontrast zum 1 Joh, wo das Verb »Schreiben« geradezu inflationär gebraucht wird. Die Ablehnung der Irrlehre in 2 Joh 7, dass Jesus »nicht im Fleisch kommt«, entspricht formal dem in 1 Joh 2; 4 Gesagten, auffällig ist lediglich der Singular »Antichrist«, dem in 1 Joh 2 viele »Antichriste« an die Seite gestellt werden. Der Presbyter warnt die Gemeinde vor Irrlehrern und verhängt eine strikte Kontaktsperre (7-11); es wird also nicht theologisch argumentiert und gerungen wie im 1 Joh.

Im 3 Joh bittet der Presbyter seinen Vertrauten *Gaius*, ihm die Treue zu halten und die von ihm ausgesandten Missionare weiterhin zu unterstützen, obwohl ein gewisser Diotrephes gegen ihn agitiert und damit in der Gemeinde bislang Erfolg hat (3-9). Daneben empfiehlt er einen gewissen *Demetrius*, wohl den Überbringer des Schreibens. Der genaue Hintergrund dieser Kontroverse ist schwer zu rekonstruieren; möglicherweise geht es um unterschiedliche Auffassungen über Fragen der Gemeindeleitung und (Amts-?) Autorität. Die beiden unscheinbaren Briefe sind vermutlich nur deshalb erhalten geblieben und kanonisch geworden, weil der Presbyter sich am Ende durchgesetzt hat.

## *C) Arbeitsfragen*

### 1) Fragen zu 1–3 Joh

1. Fassen Sie jeweils den Inhalt der einzelnen Briefe zusammen; versuchen Sie in einem Satz zu sagen, was das Ziel des/der Absender(s) ist.

- 1 Joh: Als Ziele sind erkennbar: »Gemeinschaft« herstellen bzw. bewahren sowie die Ermahnung zum rechten Glauben in rechtem Verhalten. Der Brief wirkt sehr frei assoziierend und ist daher schwer zu gliedern; eine Abhandlung zu bestimmten Themen (v.a. Glaube, Liebe, Sünde, Bekenntnis, Irrlehrer; Licht/Finsternis; Gemeinschaft) → Ziel: »ewiges Leben« (damit ihr *wisst*, dass ihr *ewiges Leben* habt, wenn ihr an den *Namen des Sohnes* glaubt!).
- 2 Joh: Eine Warnung vor Irrlehren und Mahnung zum Festhalten am gemeinsamen Glauben (der »Wahrheit«).
- 3 Joh: Ein Bittbrief an Gaius zur Unterstützung der Wandermissionare.

2. Benennen Sie jeweils die Briefteile.

- *S. u. die Strukturübersichten*
- Im 1 Joh fehlen die klassischen Briefelemente.
- 2 Joh ist vermutlich ein Gemeindebrief, 3 Joh mit Sicherheit ein »Privatbrief«.

3. Was erfahren Sie über Verfasser und Adressat(en) und evtl. über weitere Personen?

- 1 Joh: »Wir«/»Ich« → joh Schultradition; Adressaten unbekannt.
- 2 Joh: Presbyter (und seine »Kinder«): schreibt an die »Herrin«, d.h. eine »Gemeinde«.
- 3 Joh: Presbyter schreibt an Gaius. Probleme mit Diotrephes wegen der Wanderlehrer; Empfehlung des Demetrius (evtl. der Briefüberbringer).

### 2) Speziell zu 1 Joh

1. Versuchen Sie den Brief zu gliedern; wo finden Sie eindeutige Gliederungsmerkmale?

- Die Anreden scheinen das einzig sichere »Gliederungsmerkmal« zu sein: 2,1: Meine Kinder; 2,18: Kinder; 2,28: Kinder; 3,13: Brüder; 4,1.11: »Geliebte«.
- Daneben werden, durch Stichwortassoziation verbunden, drei Themenkreise verhandelt: Bekenntnis/Wahrheit, Sünde und Liebe.

## 2. Wie werden die »Irrlehrer« vom Briefautor gekennzeichnet? Was ist über diese in Erfahrung zu bringen?

- Die Irrlehrer sind »Antichriste« (2,18), denn die Irrlehre selbst ist eine Lehre »des Antichrists« (vgl. auch 2 Joh 7!).
- Sie sind ehemalige Mitglieder der Gemeinde (2).

## 3. Nennen Sie (potentielle) Aussagen der »Irrlehrer«, die der Autor ablehnt.

- Behauptung der eigenen Sündlosigkeit (1)
- Verneinung, dass Christus »im Fleisch« gekommen ist = »Bekenntnis zu Jesus« (2; 4 [Unterscheidung der Geister])
- Verneinung der »Gottessohnschaft« (4), und des Christusbekenntnisses (5)
- *Manche vermuten dahinter ein besonderes »pneumatisches Bewusstsein« der Gegner*: Sie meinen, Gemeinschaft mit Gott zu haben (1,6), sündlos zu sein (1,10), Jesus Christus zu kennen und in ihm zu bleiben (2,4–6) sowie »im Licht« zu sein (2,9)

## 4. Welche Aussagen macht der Autor wo über die Liebe?

- 1 Joh 3: Liebe als praktische Ethik (und als *Bruderliebe*)
- 1 Joh 4(-5):
  - Liebe als Erfüllung des Gebotes
  - Liebe stammt aus Gott, denn Gott ist Liebe (4,16)
  - Liebe bewirkt Freimut am Tag des Gerichts
  - Die Gottesliebe entspricht der Bruderliebe

## 5. Was sagt der Autor über die Sünde?

- Die Behauptung der eigenen Sündlosigkeit ist Sünde (1 Joh 1).
- Das Blut Jesu reinigt von den Sünden; Jesus Christus ist *Paraklet* (= Beistand) und ein Sühnopfer für unsere Sünden (1–2).
- Die Sünde ist die Gesetzlosigkeit (Beispiel Kain) (3).
- Die Fürbitte für die Sünden ist wirksam; am Ende wird zwischen Sünden und einer »Sünde zum Tode« unterschieden (vgl. 1 Joh 5. Damit sind *nicht* die mittelalterlichen »Todsünden« gemeint!)

## 6. Was sagt der Autor über Jesus (Christus)?

- Er ist
  - Paraklet/Beistand (2)
  - Sühnopfer (2) – sein Blut reinigt von den Sünden (1)
  - im Fleisch gekommen (2; 4)
  - Gott (5,20; vgl. Joh 20,28!)

## 7. Wo und wie ist vom »Geist« die Rede?

- 1 Joh 4 fordert die Unterscheidung der Geister: den »Geist der Wahrheit«, der das rechte Bekenntnis eingibt, und den »Geist des Antichrists«.
- In 1 Joh 5 tritt der Geist als »Zeuge« für den Glauben (neben Wasser und Blut) auf.
- Möglicherweise bezeichnet die Metapher des »Salböls« in 1 Joh 2 die Gabe des Geistes (bei der Taufe?); vgl. 3,24.

8. Welche Analogien bestehen zum JohEv? Wo gibt es Aussagen, die sich nahezu wörtlich im JohEv wiederfinden?

- Analogien:
  - Der Prolog mit der Thematik des »Logos« (1 Joh 1,1–4; vgl. Joh 1,1–18)
  - Der Schluss mit der Zielsetzung des (ewigen) Lebens (1Joh 5,13; vgl. Joh 20,31)
- Gemeinsame Themen:
  - Die Vollendung der Freude als (eschatologisches) Ziel (1 Joh 1,4; vgl. Joh 17,13)
  - Jesus als »Paraklet« (1 Joh 2; vgl. Joh 14)
  - Die Rede vom »Neuen Gebot« (1 Joh 2; vgl. Joh 13)
  - Der Glaube als »Sieg« über die Welt (1 Joh 2; vgl. Joh 16,33)
  - Das Gezeugtsein aus Gott (1 Joh 4,7 u.ö.; vgl. Joh 1,13; 3,3ff)
  - Die *Immanenzaussagen* (in Gott sein) (1 Joh 3,24 u.ö.; vgl. Joh 6; 15)
  - Wasser und Blut als »Zeugen« (1 Joh 5,6; vgl. Joh 19,34)
  - Jesus Christus als »wahrhaftiger Gott« (1 Joh 5,20; vgl. Joh 20,28)
- »Zitate«:
  - 1 Joh 3,14 = Joh 5,24
  - 1 Joh 4,12a = Joh 1,18a

## 3) Speziell zu 2/3 Joh

1. Welche (thematischen) Berührungspunkte bestehen zum 1 Joh? Gibt es auch Berührungspunkte mit dem JohEv?

- Das Liebesgebot (2 Joh) als altes bzw. neues Gebot (vgl. 1 Joh 2; Joh 13)
- Jesus kommt »im Fleisch« (2 Joh 7; vgl. 1 Joh 2; 4: im Fleisch *gekommen*)
- Der Antichrist als Leugner des wahren Bekenntnisses (2 Joh 7; vgl. 1 Joh 2)
- Liebe, Zeugnis und *Wahrheit* (3 Joh) – sind auch Themen des JohEv

2. Welche wesentlichen formalen und inhaltlichen Unterschiede sind sichtbar?

- Beide Briefe besitzen – anders als der 1 Joh – eindeutige Briefmerkmale; diese Merkmale wiederum enthalten Elemente, die sich in den Pastoralbriefen wiederfinden, in ihrer Semantik aber wenig »johanneisch« anmuten.
- Der bedeutendste Unterschied besteht in der Formulierung des »alten Gebotes« und der Ablehnung eines neuen Gebotes (2 Joh 4) – damit widerspricht der Autor eindeutig der Formulierung eines »neuen Gebotes« in 1 Joh 2,8–17.
- Die Forderung nach »Weltdistanz«, die der 1 Joh impliziert, wird in den beiden »kleinen« Briefen verschärft – vielleicht ist dies aber auch die Reaktion auf eine im 1 Joh sich anbahnende Entwicklung, welcher der »Presbyter« durch seine Betonung der »Lehre Christi« entgegenwirken will. Dann wären die beiden Briefe Zeugen eines sich zuspitzenden Konfliktes innerhalb der Gemeinde – und somit Zeugnisse beider Kontrahenten.

3. Wie wird hier mit »Irrlehrern« umgegangen?

- Keine Diskussion – Abbruch der Beziehungen (Grußverbot!).
- Dies unterscheidet 2/3 Joh vom 1 Joh: dort wurde versucht, das gemeinsame Bekenntnis durch theologische Argumente zu untermauern.

### 4) Themen (Näheres hierzu s. u. Kap. XIV.)

Notieren Sie sich Kapitelangaben und Stichworte zu folgenden Themen:

- *Heiliger Geist; Buße/Sündenvergebung; Liebesgebot*

### Für Spezialisten

Der Text von 1 Joh 5,7f bietet in einigen mittelalterlichen Handschriften das so genannte »Comma Johanneum«. Stellen Sie mit Hilfe einer kritischen Ausgabe fest, worum es sich dabei handelt.

- Das *Comma Johanneum* ist eine textkritisch eindeutig *spätere* »trinitarische« Formel, in der das Bekenntnis von Nizäa-Konstantinopel anklingt: »Drei sind es, die im Himmel zeugen: **Vater, Logos und Heiliger Geist, und die drei sind eins**. Und drei sind es, die auf der Erde zeugen …«

## *D) Die Struktur des zweiten und dritten Johannesbriefes*

Die folgende Darstellung demonstriert den weitgehend parallelen Aufbau der Schreiben:

<table>
<tr><th colspan="2">2 Joh</th><th colspan="2">3 Joh</th></tr>
<tr><td>1–3</td><td>Präskript (»Presbyter an Herrin«)</td><td>1</td><td>Präskript (»Presbyter an Gaius«)</td></tr>
<tr><td rowspan="2">4</td><td rowspan="2">Proömium</td><td>2</td><td>Proömium</td></tr>
<tr><td>3f</td><td>Danksagungen</td></tr>
<tr><td>5f</td><td>Gebot der (Bruder-)Liebe<br>(= »das Gebot von Anfang an«)</td><td>5–8</td><td>Bitte um weitere Unterstützung der Missionare durch Gaius</td></tr>
<tr><td>7–11</td><td>Der Konflikt mit Irrlehrern<br>(Antichrist behauptet: »Jesus kommt nicht im Fleisch«)</td><td>9f</td><td>Der Konflikt mit Diotrephes<br>(Er will der »erste« sein und nimmt »uns« nicht auf)</td></tr>
<tr><td></td><td>Irrlehrer dürfen nicht »gegrüßt« werden; wer das tut, hat »Teil« an deren Werken.</td><td>11f</td><td>Mahnung an Gaius und Empfehlung des Demetrius</td></tr>
<tr><td rowspan="2">12f</td><td rowspan="2">Briefschluss mit Grüßen</td><td>13f</td><td>Wunsch nach baldigem Wiedersehen</td></tr>
<tr><td>15</td><td>Friedenswunsch und Grüße</td></tr>
</table>

## *E) Texte zum Auswendiglernen (aus 1 Joh)*

Es lohnt nicht, Aussagen des 2/3 Joh auswendig lernen zu wollen. Der 1 Joh enthält dagegen eine Reihe bekannter und markanter Zitate, die traditionell gerne aus ihrem ursprünglichen Zusammenhang gerissen werden.

*Gott als das Licht* (**1 Joh 1,5**): »Gott ist Licht – und Finsternis ist in ihm nicht.«

*Der Mensch als Sünder* (**1 Joh 1,8**): »Wenn wir sagen: Wir haben keine Sünde, führen wir uns selbst in die Irre …«

*Die eschatologische Gegenwart* (**1 Joh 2,8**): »Die Finsternis vergeht und das wahre Licht scheint bereits.«

*Die Distanz zur Welt* (**1 Joh 2,15**): »Liebt nicht die Welt, auch nicht, was in der Welt ist!«

*Der Sieg über den Teufel* (**1 Joh 3,8b**): »Dazu ist der Sohn Gottes erschienen, dass er die Werke des Teufels zerstöre.«

*Die Sündlosigkeit der Gotteskinder* (**1 Joh 3,9** [= 5,18a]): »Jeder, der aus Gott gezeugt ist, sündigt nicht.«

*Die Konkretion der Liebe* (**1 Joh 3,18**): »Lasst uns nicht lieben mit Worten noch mit der Zunge, sondern in Tat und Wahrheit!«

*Gott ist Liebe* (**1 Joh 4,16b**): »Gott ist die Liebe – und wer in der Liebe bleibt, der bleibt in Gott und Gott in ihm.«

*Das Gebot der Bruderliebe* (**1 Joh 4,21**): »Dieses Gebot haben wir von ihm: dass wer Gott liebt, auch seinen Bruder liebe.«

*Der Sieg über die Welt* (**1 Joh 5,4c**): »Unser Glaube hat die Welt besiegt.«

*Das ewige Leben* (**1 Joh 5,13**): »Das habe ich euch geschrieben, damit ihr wisst, dass ihr ewiges Leben habt, die ihr an den Namen des Sohnes Gottes glaubt.«

# Teil 4:

# Die Schriften des Neuen Testaments III:

# Die »Apokalypse« (Offb)

# XIII. Die Offenbarung des Johannes (»Apokalypse«)

## *A) Einleitendes*

Der Verfasser nennt sich **Johannes** (1,9); doch handelt es sich mit Sicherheit *nicht* um einen Jünger Jesu (den Zebedaiden), wie die altkirchliche Tradition seit Irenäus von Lyon annimmt. Seine Identität ist unbekannt; einige Forscher lokalisieren ihn sogar im Umfeld des »johanneischen Kreises«. Die Ortsangabe **Patmos** (1,9) bezieht sich auf den Ort der Visionen, von denen der Vf. berichtet. Die Adressaten (*sieben Gemeinden*) weisen auf das westliche Kleinasien, die Insel Patmos liegt nicht allzu weit davon entfernt. Der Grund des Aufenthalts wird nur angedeutet: »wegen des Wortes Gottes und des Zeugnisses Jesu« (1,9). Verfasst wurde die Schrift zwischen **90–135 n. Chr.** Die weithin *übliche* Datierung unter Domitian (um 90) basiert jedoch überwiegend auf unzuverlässigen altkirchlichen Nachrichten. Andere datieren sie in die Zeit Kaiser Trajans (um 115) oder Hadrians (um 135). Die Empfänger sind (heidenchristliche) Gemeinden in der Provinz **Asia**, d. h. im ehemaligen paulinischen Missionsgebiet (vgl. Apg 18–20).

Früher meinte man, hinter dem Visionsteil (Offb 4–22) eine ursprünglich jüdische Apokalypse zu finden, die redaktionell »verchristlicht« wurde. Die Einleitung (1,1–3) könnte redaktionell sein. Es ist anzunehmen, dass der Vf. geprägtes, vielleicht auch schriftlich vorliegendes Material aufgriff und bearbeitete. Hymnische Stücke (u. a. 4,8.11; 5,9.12.13; 7,10.12; 11,15.17; 12,10–12; 15,3f; 16,5f; 19,1.6–8) durchziehen das Werk und gliedern es zugleich. Manche Exegeten sehen daher in 1,10 und 22,20 Hinweise auf eine *liturgische* Verwendung der Offb.

Es existieren im frühjüdischen und frühchristlichen Schrifttum zahlreiche »Apokalypsen«, die bekanntesten sind das atl. Danielbuch, das 4. Esra-Buch (4 Esr) und der »äthiopische Henoch« (oder 1 Hen; vgl. Jud 14), die ebenfalls Endzeitereignisse ankündigen. Für die Gattung »Apokalypse« (gr. *apokalypsis*), die ihren Namen (seit dem 18. Jh.) aus der Offb bezieht, gelten allgemein folgende Kriterien:

1. *Pseudonymität* und *Versiegelung* des Werkes [hier ausdrücklich nicht: vgl. Kap. 22!]

2. *Visions-/Auditionsberichte* (1.4–22)

3. *Bilder- und Symbolsprache*

Die Tatsache, dass die Offenbarung des Johannes weder eindeutig pseudonym verfasst wurde noch am Ende versiegelt wird, da die Ereignisse als kurz bevorstehend, ja »drängend« beschrieben werden, hat sogar die Frage aufgeworfen, ob die Offenbarung überhaupt eine *echte* Apokalypse ist.

## *B) Inhalt*

Eine inhaltliche Zusammenfassung der Johannesoffenbarung stellt sich schwierig dar, da der umfangreiche Visionszyklus eher einem Panoptikum als einem Schriftstück gleicht.

Eindeutig lässt sich der Rahmen abgrenzen (1–3.22): Der überschriftartige Eingangsteil, (auch *Incipit* [lat.: »hier beginnt …«] genannt) bietet eine Zusammenfassung des Werkes: Es ist eine »Offenbarung Jesu Christi«, die dieser von Gott empfing, um seinen »Knechten« die nahe Zukunft anzukünden; diese wurde *dem* »Knecht Johannes« durch einen Engel mitgeteilt, welcher wiederum Zeuge für das Wort Gottes und das Zeugnis von Jesus Christus ist (1,1–3). Dieses *Incipit* schließt mit der einzigartigen Seligpreisung *dessen*, der das in diesen »Worten der Prophetie« Niedergeschriebene *liest*, *hört* und *befolgt*. Dies korrespondiert mit den Schlussmahnungen (22,18–20), einschließlich der »Kanonisierungsformel«, dass niemand diesem Buch etwas hinzufügen oder daraus entfernen dürfe, und der abschließenden Ankündigung der baldigen Parusie Jesu.

Ab Offb 1,4 ergreift der Autor selbst das Wort (»Johannes an die sieben Gemeinden in der [Provinz] Asia«). Anfang und Ende des Werkes orientieren sich an paulinischen Briefkonventionen: Der Eingang enthält *Superscriptio*, *Adscriptio* (1,4a), eine stark erweiterte *Salutatio* (1,4b.5a) und eine *Doxologie* (1,5b-6), das abschließende *Eschatokoll* in 22,21 erinnert an 1 Kor 16,23 und 2 Thess 3,18. Anstelle eines Proömiums folgt jedoch die Schilderung einer *Berufungsvision* auf Patmos: Jesus Christus erscheint dem Seher als »Menschensohn«, der von sieben Leuchtern umgeben ist, der sieben Sterne in der Hand hält, aus dessen Mund ein zweischneidiges Schwert fährt. Er deutet Johannes die sieben Leuchter als sieben Gemeinden und die Sterne als die »Engel« der Gemeinden, an die er im Folgenden jeweils eine Botschaft richtet. Diese *Sendschreiben* (**Offb 2–3**) folgen einem klaren Schema:

| | | |
|---|---|---|
| **1.** | **Schreibbefehl** | «Schreibe dem Engel der Gemeinde …« |
| **2.** | **Botenformel** | *Christus* als eigentlicher [!] Absender |
| **3.** | **Hauptteil/Situationsschilderung** | Schilderung der Gemeindesituation mit Lob und Tadel |
| **4/5.** | **Weckruf (»Wer Ohren hat, …«)** | Aufruf zur Buße; Mahnung zum Bewahren; Heils- und Unheilsankündigungen |
| **5/4.** | **Überwinderspruch (»Wer siegt, …«)** | Ankündigung der Belohnung für Treue |

(Mit den Sendschreiben knüpft der Autor möglicherweise an die Gattung des Prophetenbriefes an [vgl. Jer 29,4.31; 2 Chr 21,12].)

Gerichtet sind sie an sieben Gemeinden in der Provinz Asia, die geographisch von Ephesus aus im Uhrzeigersinn einen Halbkreis (bzw. einen nach Süden geöffneten spitzen Winkel mit Pergamon als nördlichstem Punkt) bilden:

**Ephesus – Smyrna – Pergamon – Thyatira – Sardes – Philadelphia – Laodikea**

Um Namen und Reihenfolge zu erinnern, kann man versuchen, einen Merkspruch aus E.Sm.P. T.Sa.Ph.L. [«Ein smarter Pastor/Prediger träumt sagenhafte Phantasien laut« o.ä.] zu bilden.

Ähnlich wie bereits bei einigen deuteropaulinischen oder katholischen Briefen sichtbar (vgl. Eph, Hebr, 1 Petr oder Jak), ist also auch dieses Schreiben als Rundschreiben bzw. Zirkularschreiben gedacht. Es kritisiert v.a. eine Haltung, die sich »christlich« gebärdet, aber zu viele Konzessionen an die Umwelt macht (Essen von Götzenopferfleisch [Pergamon/Thyatira]; »Lauheit« [Laodizea]). Nicht zuletzt die »Siegessprüche« am Ende rufen die Gemeinden zum Widerstand gegen eine zu starke Anpassung an die »Gesellschaft« auf.

Im Anschluss an die Sendschreiben beginnt der eigentliche *Visionszyklus* (**Offb 4–22**): Es öffnet sich eine Tür im Himmel, eine Trompete erschallt und der Seher bekommt den *himmlischen Thronsaal* (**Offb 4–5**) gezeigt. Auf dem Thron sitzt eine in Edelsteinfarben geschilderte Gestalt, die Gott repräsentiert, umgeben von 24 Ältesten in weißen Kleidern mit goldenen Kronen und um den Thron herum die vier Gestalten aus der *Thronwagenvision* des Propheten Ezechiel (vgl. Ez 1), die in der Rezeptions- und Kunstgeschichte seit Irenäus von Lyon die vier Evangelisten symbolisieren: Der Löwe, der Stier, der Mensch und der Adler, geflügelte Wesen (vgl. Jes 6), außen und innen voller Augen, die das *Trishagion* »Heilig, heilig, heilig« (aus Jes 6) rufen. Gott hält ein Buch mit sieben Siegeln in der Hand (Offb 5), welches nur das »wie geschlachtete« *Lamm* (gr. *arnion*) mit den sieben Hörnern und den sieben Augen öffnen kann. Hatten die Ältesten zuvor dem Schöpfer ein Lied gesungen (Offb 4), so singen sie nun dem Lamm ein »neues Lied« (Offb 5), das mit seinem Blut Menschen für Gott erkauft und sie zu Königen und Priestern gemacht habe. Das Lamm repräsentiert somit eindeutig Christus.

Mit der Öffnung der ersten *sechs Siegel* (**Offb 6**) beginnt das, was gemeinhin als »apokalyptisch« gilt: Die ersten vier beinhalten die so genannten *Apokalyptischen Reiter*, die (abgesehen vom ersten Reiter auf dem weißen Pferd) unterschiedliche Bedrohungen (Krieg, Teuerung, Pest/Tod) herbeiführen. Beim fünften Siegel werden erstmals Märtyrer »für das Wort Gottes« (vgl. Offb 1) erwähnt, die ein weißes Gewand erhalten. Die Öffnung des *sechsten Siegels* bringt diverse kosmische Katastrophen (Erdbeben, Verfinsterung der Sonne usw.) mit sich. In einem kurzen *Zwischenstück* (**Offb 7**) werden 144.000 Menschen aus den zwölf Stämmen Israels versiegelt, dann eine große Schar aus allen Völkern, die Gott und das Lamm anbeten.

Mit der Öffnung des *siebten Siegels* (Offb 8,1) beginnt ein neuer Visionszyklus – denn auf eine große Stille folgen Engel mit *sieben Posaunen* (**Offb 8–9.11**), deren Ertönen ebenfalls kosmische Katastrophen herbeiführt (ähnlich dem sechsten Siegel), die fünfte Posaune bringt die furchterregende »Heuschreckenarmee« des Unterweltfürsten Abbadon/Apollyon (Offb 9), die sechste entfesselt vier (Todes-)Engel vom Euphrat. Diese quälen und vernichten alle nicht Versiegelten, einen dritten Teil der Menschheit, aber die Menschen bekehren sich nicht von ihrem Götzendienst und ihren Untaten, heißt es am Ende.

Vor die siebte Posaune ist erneut ein kurzes *Zwischenstück* (**Offb 10–11**) eingeflochten: Zunächst erscheint ein riesiger Engel mit einer Buchrolle, der mit einem Fuß auf dem Meer, mit dem anderen auf dem Land steht – er schwört, dass mit der siebenten Posaune die Endzeit anbricht. Das geöffnete Buch erhält der Seher, der es verschlingt – es ist bitter im Magen und süß wie Honig im Mund (vgl. Ez 3). In Offb 11 wird der Tempel Gottes vermessen – gemeint ist hier vermutlich der irdische Tempel (in Jerusalem); die Zerstörung der Stadt, 42 Monate lang, wird angesagt. Dabei ist von zwei Zeugen mit prophetischer Vollmacht die Rede, welche vom Tier aus dem Abgrund (das erst in Kap. 13 vorgestellt wird) getötet werden, nach dreieinhalb Tagen wieder aufstehen und in den Himmel aufsteigen. Der Abschnitt schließt mit einem verheerenden Erdbeben in jener Stadt (Jerusalem). Inwieweit der Autor hier auf zeitgeschichtliche Ereignisse anspielt, kann bisher nicht restlos geklärt werden. Mit dem Schall der siebten Posaune wird die Regentschaft Christi proklamiert; der Tempel im Himmel öffnet sich und macht die Bundeslade sichtbar.

Damit beginnt der zweite Teil dieses »kosmischen Dramas«. Der folgende Abschnitt wird mit einem »großen Zeichen« am Himmel eingeleitet: Es erscheint die *Sonnenfrau*, mit dem Mond zu den Füßen und den Sternen auf dem Haupt, die unter Schmerzen ein Kind gebiert – viele Ausleger sehen sie als Repräsentantin der »Kirche« (**Offb 12**), viele römisch-katholische Ausleger als Bild für Maria. Als ihr Gegner erscheint der Drache, der mit Satan und dem Teufel identifiziert wird. Während das (messianische) Kind der Frau zu Gott entrückt wird, flieht sie in die Wüste, und der Erzengel Michael besiegt im Himmel den Drachen, der mit seinen Engeln auf die Erde stürzt und dort die Frau verfolgt. Verärgert beschließt der Drache nun, alle »Christen« zu verfolgen. Die satanische Macht verdreifacht sich in **Offb 13** zu einer »teuflischen Trias«: Der *Drache* bevollmächtigt zunächst das *Tier aus dem Meer* mit zehn Hörnern und Kronen und sieben Häuptern sowie einer »tödlichen Wunde«, es lästert Gott und lässt sich von der Menschheit anbeten. Es besitzt einen Namen mit der Zahl 666. Zu diesem gesellt sich ein weiteres *Tier vom Lande*, mit zwei Hörnern »wie ein Lamm«, das wie ein Drache redet und die Verehrung des Bildes des ersten Tieres propagiert. Damit bildet diese teuflische Trias Drache (Satan) – Tier aus dem Meer – Tier vom Land (das später auch als der »Pseudoprophet« betitelt wird) das Spiegelbild zu der Konstellation Gott – Christus (Lamm) – Prophet (Johannes). Während sich nun auf dem Berg Zion das Lamm mit 144.000 jungfräulichen Erwählten versammelt (**Offb 14**; vgl. Offb 7), künden drei Engel die künftigen (End-)Ereignisse an: Der erste proklamiert die Stunde des Gerichts (vgl. Offb 14.20), der zweite den Fall der Stadt Babylon (vgl. Offb 17–19), der dritte warnt vor der Anbetung des Tieres (vgl. Offb 13.16) und mahnt zur Standhaftigkeit. Doch obwohl nun erneut das Gericht – im Bild der Ernte und Weinlese durch den Menschensohn – beschrieben wird (Offb 14), geht das Schauspiel weiter mit einem erneuten Siebenerzyklus: die *sieben Schalen des Zorns* (**Offb 15–16**). Die nun die Erde bedrückenden Plagen stehen allerdings im Kontext der Anbetung des Tieres. Bereits in Offb 16 werden die Könige der Welt an den Ort *Harmagedon* versetzt, zum Tag des großen Gerichts. Doch zuvor kommt es noch zur Endabrechnung mit der »Hure Babylon«, hinter der sich eindeutig (vgl. Offb 17–19) die Weltstadt Rom verbirgt. Sie sitzt auf einem Tier mit sieben Häuptern und zehn Hörnern und ist »betrunken« vom Blut der Heiligen und der Zeugen Jesu. Der Seher erfährt, dass die Hörner zehn Könige repräsentieren – leider ist umstritten, wie man dabei zählen muss, weshalb unklar bleibt, auf welchen Kaiser (Nero, Domitian, Trajan, Hadrian?) angespielt wird. Schließlich geht Babylon unter (18–19), das Tier und der Falschprophet werden vom »Logos Gottes«, der auf dem weißen Pferd reitet, besiegt und in den »Feuerpfuhl« geworfen (**Offb 19**). Es folgt das *Tausendjährige Reich* der auferstandenen Märtyrer (»Erste Auferstehung«), weil der Drache für tausend Jahre gefesselt wird; dieser führt nach Ablauf der Zeit Gog und Magog zum Endkampf herauf, wird besiegt und kommt ebenfalls in den Feuerpfuhl, wo alle drei auf ewig gequält werden. Erst jetzt kann das Endgericht – nach der »Zweiten Auferstehung« – stattfinden, und nur, wer im »Buch des Lebens« verzeichnet ist, *bleibt* (**Offb 20**).

Die große Trostvision vom *neuen Himmel und der neuen Erde* (vgl. Jes 65f) mit dem neuen, vom Himmel herabkommenden Jerusalem beginnt mit der zentralen Heilsaussage: Gott wird für immer bei den Menschen wohnen, Tränen, Leid, Schmerz und Geschrei werden für immer aufhören. Im neuen Jerusalem, das aus Edelsteinen gebaut ist, stehen die Namen der zwölf Apostel auf den Grundsteinen und die Namen der zwölf Stämme Israels auf den Toren geschrieben. Die Stadt besitzt keinen Tempel, weil Gott und das Lamm darin wohnen, aber vom Thron Gottes geht ein Strom lebendigen Wassers aus – und es wird nie mehr finster darin, weil Gott die Bewohner erleuchten und sie ewig regieren wird (**Offb 21–22**). Damit endet die Vision des Sehers, der zuletzt von Jesus (oder einem Engel?) beauftragt wird, das Buch *nicht* zu versiegeln, weil das darin Beschriebene schon bald bevorstehe.

Hinsichtlich der Visionen empfiehlt es sich, die bildende Kunst zu Rate zu ziehen: Besonders empfehlenswert sind wegen ihrer Schlichtheit die Darstellungen der »Bamberger Apokalypse« (10./11. Jh.), die nahezu sämtliche Szenen des Visionszyklus in Bilder umgesetzt hat; aufgrund ihrer jeweiligen Detailfülle sind auch die Drucke von Albrecht Dürer (1471–1528) und die Darstellungen von Hans Memling (1433–1494), »Johannes auf Patmos« sowie das »Jüngste Gericht«, hervorzuheben. Anhand dieser Bilder lässt sich die Offenbarung bibelkundlich hervorragend Vision für Vision zusammensetzen und repetieren.

Die »Apokalypse« ist offensichtlich das Werk eines christlichen Autors, dem vorrangig an der *Entlarvung der (römischen) Staatsmacht* – vor allem in Form des Staats- bzw. Herrscherkultes – als »dämonisch« (v. a. Kap. 13; 17–19) gelegen ist, daher lässt sich die »Offenbarung« gut als »Streitschrift« oder »Aufklärungsschrift« charakterisieren. Er verwendet dafür gehäuft Motive und Bilder aus dem *Alten Testament* (v.a. Jes; Ez; Dan) sowie Zitatanspielungen (wenige »echte« Zitate), was den Eindruck erweckt, dass der Verfasser sich in die Riege alttestamentlicher Propheten einreiht.

Umstritten ist, inwieweit auch »johanneische« Motive in weiterentwickelter Form vorliegen (vgl. die »Siegesthematik« [2–3; 15]; das »Lebenswasser« [14; 21]; den »Logos Gottes« [19], aber auch diverse »Ich-bin-Worte« [1; 21–22], in denen er sich u.a. als »Erster und Letzter«, als »Wurzel« und »Morgenstern« zu erkennen gibt); inhaltlich bestehen jedoch sichtbare Differenzen zur johanneischen Theologie, die auf »apokalyptische« Bilder bekanntlich verzichtet.

## *C) Arbeitsfragen*

### 1) Zur Offb/Apk allgemein

1. Erstellen Sie eine Grobgliederung.

- 1 Prolog, Briefeingang und Berufungsbericht des Johannes
- 2–3 Sendschreiben
- 4–22 Visionen
  - 4–5 Thronsaalvision
  - 6–7 Sieben Siegel
  - 8–11 Sieben Posaunen
  - 12–13 Gegner Gottes und die Gemeinde
  - 14 Das Lamm und die Geretteten
  - 15–16 Sieben Schalen
  - 17–19 Die Hure Babylon
  - 19–22 Endereignisse (21–22: Himmlisches Jerusalem]
  - 22 Engelvision; Buchschluss

2. Was erfahren Sie über den Verfasser des Buches? Um wessen »Offenbarung« handelt es sich? Welchen Zweck verfolgt der »Autor« mit diesem Buch?

- Der Verfasser heißt »Johannes«, ist Christ und bezeichnet sich als »Knecht« (bzw. einen »Sklaven«), das Schreiben wird als »Worte der Prophetie« betitelt (Offb 1,1–3).
- Es ist eine Offenbarung *Jesu Christi* an Johannes.
- Textintern soll der Autor schreiben, »was *bald* geschehen wird«. Das eigentliche Ziel besteht jedoch in der Entlarvung der römischen Staatsmacht als »satanisch« (es ist demnach eine »Streitschrift« bzw. »Aufklärungsschrift«).

3. Schildern Sie die »Berufung« in Kap. 1.

- Johannes schildert eine Vision auf Patmos. Ihm begegnet Christus als »Menschensohn« – aus seinem Mund geht ein Schwert hervor, um ihn herum stehen sieben Leuchter und in seiner Hand hält er sieben Sterne, die Leuchter werden auf die sieben Gemeinden, die Sterne als die »Engel« der sieben Gemeinden gedeutet. Dann erhält er einen Schreibauftrag.

## 4. Benennen Sie die sieben Städte aus Offb 2–3 und bestimmen Sie deren geographische Lage. Welche gemeinsamen Elemente enthalten die sieben Sendschreiben? Welche Gemeindeprobleme werden sichtbar?

- Ephesus – Smyrna – Pergamon – Thyatira – Sardes – Philadelphia – Laodikea.
  - Sie alle liegen in der westkleinasiatischen Provinz Asia.
- Schreibbefehl – Botenformel – Situationsschilderung – Weckruf – Überwinderspruch
- Die wichtigsten Gemeindeprobleme sind:
  - Falschapostel in Ephesus
  - Essen von Götzenopferfleisch (Thyatira)
  - Prophetin Isebel (Thyatira)
  - Streitigkeiten mit Juden? (»Synagoge des Satans« in Philadelphia)

## 5. Beschreiben Sie die Visionen in Offb 4–5. Versuchen Sie, die darin enthaltenen theologischen und christologischen Aussagen wiederzugeben.

- Gott und das Lamm auf dem Thron: Identität von Gott und Christus?
- Der »Löwe aus dem Stamm Juda« und Spross Davids (5)
- Lamm mit 7 Hörnern und Augen (= 7 Geistwesen [4: = 7 Fackeln]), wie geschlachtet
  - Mit Blut hat es Menschen aus jeder Nation »erkauft«

## 6. Beschreiben Sie den »Ablauf der Endereignisse« in groben Zügen. Mit welcher Vision endet die Offb?

- Auf den Untergang der Hure Babylon (Offb 17–19) folgt der Auszug des »Reiters auf dem weißen Pferd«, der christologische Züge trägt (»Logos Gottes«). Dieser führt einen Endkampf mit dem Tier und den Königen der Erde. Das Tier und der Pseudoprophet werden besiegt (Offb 19). Es folgt die *erste Auferstehung* der Märtyrer mit dem Anbruch des Tausendjährigen Reiches, anschließend der Endkampf Satans gegen die Heiligen an den Enden der Erde, der durch Feuer vom Himmel vernichtet wird. Den vorläufigen Abschluss bilden die zweite Auferstehung und das Weltgericht nach den Werken (20).
- Den krönenden Abschluss bildet die Vision vom neuen Himmel, der neuen Erde und dem neuen Jerusalem (21–22; vgl. Jes 65–66; Ez 40–48).

## 7. Wie wird Christus in der Offb vorrangig betitelt?

- Auffallend ist das Fehlen üblicher christologischer Titel; hauptsächlich wird Christus als das **»Lamm«** (Offb 5; 14 u. ö.; griech. *arnion*, nicht *amnos* wie in Joh 1,29.36) bezeichnet.
- Daneben erscheint er auch als Menschensohn (1, 14?) und als »Logos Gottes« (19; der Reiter auf dem weißen Pferd).

## 8. Wo finden sich »Ich-bin-Worte« (Jesu) in der Offb?

- Offb 1,8; 21,6: »Ich bin A und O, Anfang und Ende.« (Gott)
- Offb 1,17f (vgl. 22,13): »Ich bin der Erste und der Letzte und der Lebendige« (Jesus)
- Offb 22,16: »Wurzel, Spross Davids und Morgenstern«
- Offb 2,23: »Ich bin es, der Herz und Nieren erforscht.«

9. Wo finden sich längere Hymnen (Lieder) in der Offb? Wie werden sie eingesetzt?

- Kap. 4–5 und 15: es handelt sich um Dank- und Siegeslieder.
- In ihnen werden »himmlische Wahrheiten« verkündet, v.a. positive Wahrheiten (vgl. mit den Hymen bei Lukas!)

10. Wo ist vom »Tausendjährigen Reich« die Rede? Wie kommt es zu diesem Reich? Wer regiert darin?

- In Offb 20 ist von der »ersten Auferstehung« der Märtyrer die Rede, die von da ab mit Christus zusammen herrschen. Für 1000 Jahre wird der Teufel gefesselt, danach aber losgelassen, um anschließend besiegt zu werden.

11. Wo kommen folgende Einzelgestalten/Namen vor: Die »apokalyptischen Reiter« das Erste Tier, das Zweite Tier, der Erzengel Michael, Harmagedon, der »Reiter auf dem weißen Pferd«, Gog und Magog, die »144.000 Erwählten«?

- Die vier »apokalyptischen Reiter« entsprechen den ersten vier Siegeln (6).
- Das Erste Tier vom Meer mit sieben Häuptern und zehn Hörnern trägt die Zahl 666; das Zweite Tier vom Land hat zwei Hörner wie ein Lamm (erstmals: 13).
- Der Erzengel Michael kämpft mit dem Drachen (12).
- Der »Reiter auf dem weißen Pferd« ist zugleich der »Logos« (das Wort) Gottes (19)
- Harmagedon (16); Gog und Magog (20); die »144.000 Erwählten« (7; 14)

## 2) Themen (Näheres hierzu s. u. Kap. XIV.)

Notieren Sie sich Kapitelangaben und Stichworte zu folgenden Themen:

- *Zwölf/Jünger/Apostel, Frauen im NT*
- *Jesus*: Titel Jesu
- *Geist; Buße/Sündenvergebung; Engel(lehre); Auferstehung/postmortale Existenz*

## 3) Spezialfragen zu den Visionszyklen

1. Was beinhalten die sieben Siegel?

- Vier Reiter; Ruf der Märtyrer; kosmische Katastrophen → große Stille → sieben Posaunen

2. Welche Ereignisse folgen jeweils auf die sieben Posaunen?

- 1.-4. Posaune: kosmische Katastrophen (10)
- 5.-6. Posaune: Krieg und Tötung der Menschheit
- 7. Posaune: Anbruch der Herrschaft Christi (11)

3. Was ist der Inhalt der sieben Schalen? Vergleichen Sie mit den Ereignissen der sieben Posaunen – welcher Schluss liegt hinsichtlich der Gesamtstruktur des Buches nahe?

- 1. Schale: Geschwüre (15)
- 2.-4. und 6. Schale enthalten kosmische Katastrophen und besitzen auffallende Motivparallelen zu den Posaunen. Die fünfte Schale bezieht das »Tier« mit ein (16).
- Die Schalen wirken wie eine »Verdoppelung« der Posaunen.

4. Beschreiben Sie die Vision in Offb 13. Welche Aussagen werden über die beiden Tiere gemacht?

- Das erste Tier kommt aus dem Meer, hat sieben Häupter und 10 Hörner, das andere vom Land mit zwei Hörnern »wie ein Lamm«.
- Das erste Tier ist eine »Antichrist«-Gestalt (vgl. die »geheilte Wunde«), das zweite Tier übt die Macht des »ersten Tieres« aus.
- Das erste Tier »hat« die Zahl 666 *(Nach dem Prinzip antiker Gematrie bildet man aus den Zahlenwerten der einzelnen Buchstaben eines Namens die Summe und erhält die Zahl eines Namens. Welcher römische Kaiser sich hinter der 666 verbirgt, ist allerdings nicht mehr eindeutig zu klären.)*

5. Was erfahren Sie über die »Hure Babylon«? Welche Großmacht ist damit gemeint?

- Sie sitzt auf sieben Hügeln; an allen Wassern; Könige; Finanzmacht: Der Seher kündet somit die Vernichtung der Welthauptstadt *Rom* (Offb 17–19) an.

6. Welche Funktion erfüllt »der Geist« in der Offenbarung?

- Es handelt sich um einen *prophetischen Geist*: Er spricht zu den Gemeinden (2–3) [Verkündigung] und entrückt den Seher (1; 4).

## 4) Spezialfragen mit Blick auf das Alte Testament

1. Versuchen Sie herauszufinden, welche atl. Texte den Autor inspiriert haben – v. a. im Blick auf die Visionen.

- Bei der Berufungsvision (1) hat v. a. Dan 7 Pate gestanden; bei der Thronsaalvision (4–5) ist an Ez 1 und Jes 6 zu denken. Das Essen einer Buchrolle in Offb 10 erinnert an Ez 3.
- Gog und Magog (19) werden in Ez 39 erwähnt.
- Die Vision eines »neuen Himmels und einer neuen Erde« (21–22) kündet Jes 65–66 an; ein »neues Jerusalem« kennt der Entwurf Ez 40–48; die Vernichtung des Todes verheißt die »Jesajaapokalypse« (Jes 24–27).

2. In Offb 7 werden 12 Stämme Israels erwähnt: Was fällt dabei auf?

- Es fehlt der Stamm Dan; stattdessen sind Manasse und Josef vertreten.

## *D) Die Struktur der Johannesoffenbarung*

|  |  |
|---|---|
| **1,1–20** | **Bucheinleitung** |
| 1,1–3 | **Incipit** (Vorwort): Offenbarung *Jesu Christi* (!) |
| 1,4–8 | **Briefliche Einleitung** (Gruß an die sieben Gemeinden) |
| 1,9–20 | **Der Auftrag an Johannes (Beauftragungsvision auf Patmos)**<br>Schwert aus dem Mund; 7 Sterne (= Engel); 7 Leuchter (= Gemeinden) |
| **2–3** | **Die sieben Sendschreiben** |
| 2,1–7 | **Ephesus** (*Pseudapostel*) |
| 2,8–11 | **Smyrna** (»*Juden*« als Gegner; Gefängnisstrafen) |
| 2,12–17 | **Pergamon** (*Thron des Satans)* |
| 2,18–29 | **Thyatira** (*Isebel: Unzucht, Götzenopferfleisch; »Tiefen des Satans«*) |
| 3,1–6 | **Sardes** (*Tot, obwohl lebendig*) |
| 3,7–13 | **Philadelphia** (*Synagoge des Satans*) |
| 3,14–22 | **Laodizea** (Vorwurf der *Lauheit*) |
| **4,1–22,5** | **Die Visionen** |
| **4–5** | **Thronsaalvision** |
| | **Vor dem Thron Gottes**<br>24 Throne/Älteste; »4 Gestalten« – *Lied der 24 Ältesten* (»Herr, Du bist würdig …«) |
| | **Das Buch mit den sieben Siegeln**<br>(Das »geschlachtete« Lamm mit sieben Augen und sieben Hörnern) –<br>*Das Lied der Thronbegleiter* (»Das Lamm … ist würdig …«) – AMEN |
| **6,1–8,1** | **Die sieben Siegel** |
| | **I-IV: Die vier »apokalyptischen Reiter«**<br>(**weiß**: Krieg [Bogen]; **rot**: Aufruhr [Schwert]; **schwarz**: Teuerung [Waage]; **fahl**: Tod)<br>**V: Der Ruf der Märtyrer**<br>**VI: Kosmische Katastrophen** |
| | **Die Versiegelten** (**144.000** = 12 x 12.000) und die große **Schar aus allen Völkern**<br>**VII:** ***Die Öffnung des siebenten Siegels*** (eine *halbe Stunde* Stille) |
| **8,2–11,19** | **Die sieben Posaunen** |
| | **I: Hagel, Feuer, Blut** → fallen auf die Erde<br>**II: brennender Berg** → fällt ins Meer<br>**III: brennender Stern** (»Wermut«) → fällt auf ein Drittel der Flüsse<br>**IV: Ein Drittel von Sonne, Mond und Sterne** verfinstern sich |
| | **V: Öffnen des »Abgrundes«**: Der Engel der Unterwelt mit seinem Heuschrecken-Heer<br>**VI: Entfesselung der vier Engel vom Euphrat**:<br>Tötung eines Drittels der Menschheit; Pferde mit Feuer, Rauch und Schwefel |
| | **Der Engel mit dem Büchlein** → der Seher verschlingt das Buch (*vgl. Ez 3!*) |
| | Die beiden **Zeugen** (Propheten, vom Tier getötet, nach 3 ½ Tagen lebendig)<br>**VII**: ***Das Ertönen der siebenten Posaune***<br>Verkündigung des Anbruchs der Herrschaft Christi; *Das Gebet der 24 Ältesten*<br>Die Öffnung des himmlischen Tempels (mit der *Bundeslade*) |

**12–13 Die Gegner Gottes und der Gemeinde**

**Die Frau (mit dem Kind) und der rote Drache**
Drache verfolgt Frau und Kind, *Flucht in die Wüste* für 1260 Tage [3 ½ Zeiten];
**Michaels Kampf** mit dem Drachen → Sturz aus dem Himmel; Drache tritt an den Strand

**Die beiden Tiere** (vom Meer/vom Land)
→ das **erste Tier** [vgl. Dan 7]: 7 Häupter und 10 Kronen; Die Anbetung des ersten Tieres
→ das **zweite Tier:** 2 Hörner wie ein Lamm; übt Macht des ersten Tieres aus; Zeichen
»Die **Zahl des** (ersten) **Tieres**« ist **666**

**14 Das Lamm und die Geretteten**

**Das Lamm und die Seinen (144.000** jungfräuliche, untadelige Männer)
Die **drei Engel** und ihre Botschaften
1) Ein »ewiges Evangelium« (Gericht; vgl. *Offb 14–16*)
2) Der Fall Babylons (d. h. Roms, vgl. *Offb 17–19*)
3) Warnung vor der Anbetung des Tieres (vgl. *Offb 13; 16*)
**Ernte und Weinlese** (*Menschensohnvision*): Ankündigung des Gerichts

**15–16 Die sieben Schalen**

**Die sieben Engel mit den sieben Plagen** (aus dem Tempel [11]) – *Das Lied der Sieger*

**Die Ausgießung der sieben Schalen des Zorns**
**I-III:** Geschwüre (bei den »Tieranbetern«), Meer zu Blut, Flüsse zu Blut
**IV:** Vergrößerung der Sonne
**V:** *Der Thron des Tieres*
**VI:** Austrocknen des Euphrat → Versammlung in *Harmagedon*
**VII:** Erdbeben in »Babylon« und Hagel

**17,1–19,10 Das Strafgericht über die Hure Babylon**

**Die große Hure Babylon** (= *Rom*): Das Geheimnis der Frau und der »10 Hörner« = Könige
**Der Untergang Babylons**
Die Klage der Kaufleute und Seefahrer; der *Engel mit dem Mühlstein*
Der Jubel über den Untergang Babylons
*Das Jubellied zum Hochzeitsmahl des Lammes und seiner Braut*

**19,11–22,5 Die Endereignisse**

**Der Reiter auf dem weißen Pferd** (»*Logos Gottes*«)
Kampf mit dem »Tier und den Königen der Erde« (»Mahl Gottes« – Fleisch der Toten)
**Ende des Tieres** und **des falschen Propheten** (= 2. Tier) im »Pfuhl«

**Das »Tausendjährige Reich« (20):** Die *erste Auferstehung* (der Märtyrer)
**Der letzte Kampf** Satans gegen die Heiligen (Endschlacht mit den Völkern an den Enden der Erde: *Gog und Magog*) → Feuer vom Himmel vernichtet den Teufel
**Das Weltgericht** (*Zweite Auferstehung;* Gericht nach den Werken; Buch des Lebens)

**Der neue Himmel und die neue Erde und das neue Jerusalem (21,1–22,5)**
12 Grundsteine mit den Namen der Apostel; 12 Tore mit den Namen der 12 Stämme; *kein* Tempel (*Gott und das Lamm*); Lebenswasserquelle

**22,6–21 »Buchschluss«**

**Johannes und der Engel** (Abschlussvision)
Keine Versiegelung, *Kanonisierungsformel* (22,11.18f) und Parusieankündigung

22,21 Schluss: »*Die Gnade des Herrn Jesus Christus sei mit allen!*«

## *E) Texte zum Auswendiglernen*

*Die Seligpreisung über das Buch* (**Offb 1,3**): Selig ist, wer diese Worte der Prophetie vorliest und die sie hören und bewahren, was darin geschrieben steht.«

*Gott als Pantokrator* (**Offb 1,8**): »Ich bin das A und das O, spricht Gott, der Herr, der da ist und der da war und der da kommt, der Herrscher über das All.«

*Der lebendige Christus* (**Offb 1,18**): »[Christus spricht:] »Ich war tot und siehe: ich lebe in alle Ewigkeit und habe die Schlüssel des Todes und der Hölle.«

*Die Zahl des (ersten) Tieres* (**Offb 13,18**): »Wer Verstand hat, berechne die Zahl des Tieres, denn es ist die Zahl eines Menschen, und seine Zahl ist: 666.«

*Die Neuschöpfung Gottes* (**Offb 21,5b**): »Siehe, ich mache alles neu.«

*Das Lebenswasser* (**Offb 21,6**): »Ich bin das A und O, der Anfang und das Ende. Ich will dem Dürstenden von der Quelle des Lebenswassers zu trinken geben, umsonst.«

*Die Kanonisierungsformel* (**Offb 22,18f**): »Wer etwas hinzufügt [zu diesen Worten], dem wird Gott die Plagen zufügen, die in diesem Buch aufgeschrieben sind. Und wer etwas wegnimmt … dessen Anteil wird Gott wegnehmen vom Baum des Lebens und von der heiligen Stadt …«

# Teil 5:

# Überblicke zum Neuen Testament

# XIV. Personen, Einzelthemen und Traditionsstücke

Die im Kontext der einzelnen Schriften angesprochenen Themen werden im Folgenden gebündelt. Dabei ist zu betonen, dass dieses Lehrbuch den Schwerpunkt bibelkundlichen Wissens in der *thematischen Verknüpfung* der biblischen Aussagen und in der Darstellung einzelner *wichtiger Gestalten* des Urchristentums sieht. Umgekehrt ist jedoch die gründliche Kenntnis *des Aufbaus der Schriften* unabdingbare Voraussetzung für die Einordnung dieses thematischen Wissens in den jeweiligen Textzusammenhang. Daher wird mit Nachdruck auf die den Themen jeweils voranstehende Zusammenstellung biblischer Kapitel hingewiesen. An zweiter Stelle ist bei der Lektüre zu beachten, dass – oft zwangsläufig sich einstellende – »Harmonisierungen« biblischer Texte *möglichst* zu vermeiden sind: Neben den Gemeinsamkeiten, die bisweilen auf literarischer Abhängigkeit (Mt und Lk *kennen* und *benutzen* das MkEv!) beruhen, ist also besonders auf die *Unterschiede in der Darstellung* einzelner Personen oder bei der Behandlung einzelner theologischer Themen zu achten; das gilt für die Evangelien untereinander ebenso wie für die Apg und die echten Paulusbriefe. Nur so kann Bibelkunde ihre notwendige *propädeutische* Funktion angemessen erfüllen.

Die Darstellung folgt üblicherweise jeweils in folgender Reihenfolge: Bei »synoptischen« Themen wird zuerst der Befund des MkEv dargestellt, gefolgt von abweichenden Darstellungen der Seitenreferenten (wobei die Apg wegen ihrer Zugehörigkeit zum LkEv oft direkt auf dieses folgt) und schließlich das JohEv. Es folgen die Apg (sofern sie nicht zuvor genannt war), dann die »echten« Paulusbriefe (in der kanonischen Reihenfolge), die Deuteropaulinen, der Hebr, die Katholischen Briefe und die Offb.

Hinsichtlich des Pensums für Lehramts- und Pfarramtsstudierende ist zu betonen, dass die **fett** gedruckten Bibeltexte *allen* vertraut sein sollten. Sie bilden das Gerüst für die wichtigsten Aussagen über einzelne Personen und Themen.

## *A) Personen*

Die Erzählungen und die Briefe des Neuen Testaments nennen eine Reihe historischer Persönlichkeiten, welche die Geschichte des Urchristentums nachhaltig geprägt haben. Nicht alle diese Personen können hier ausführlich behandelt werden, zudem ist die folgende Auswahl beschränkt auf Gestalten *innerhalb* des Christentums (unter Einschluss Johannes des Täufers).

Dabei fallen viele interessante Gestalten heraus, wie etwa die jüdischen Hohenpriester Hannas und Kajaphas, der Rabbi Gamaliel, die jüdischen (Klientel-)Könige Herodes der Große, Herodes Antipas sowie Herodes Agrippa I. und II., die römischen Prokuratoren Pilatus, Felix und Festus in Jerusalem sowie Gallio in Korinth, die römischen Militärs Cornelius und Claudius Lysias, schließlich auch der Prophet Agabus, der »Magier« Simon aus Samaria und zahlreiche weitere teils anonyme, teils namentlich bekannte Einzelgestalten. Die Tabelle unter A 9. soll dabei helfen, diese hier nicht näher charakterisierten, doch nicht unbedeutenden Gestalten zumindest einzelnen Schriften bzw. Corpora zuzuordnen.

## 1. Johannes der Täufer

Texte: **Mk 1; 6; Mt 3; 11; 14; Lk 1; 3; 7; Joh 1; 3**; Apg 13; 18–19

Johannes der Täufer, den auch der jüdische Schriftsteller Flavius Josephus positiv erwähnt, ist die herausragende Gestalt der *Vorgeschichte* Jesu von Nazaret. **Mk 1** zufolge verkündet er eine »Buß- bzw. *Umkehr*taufe« *zur Vergebung der Sünden* (so auch Lk 3; dieser Aspekt fehlt in Mt 3, stattdessen wird die »Sündenvergebung« mit dem Abendmahl verbunden [vgl. Mt 26,28]). Nur **Lk 1** berichtet (legendarische) Details über seine Herkunft: Demnach ist er Sohn des Jerusalemer Priesters *Zacharias* und dessen Frau *Elisabet*, die wiederum eine Verwandte der Mutter Jesu, Maria, gewesen sein soll. **Mt 3** und **Lk 3** überliefern darüber hinaus eine wohl aus der Logienquelle Q stammende »Bußpredigt« des Täufers, Lk 3 zusätzlich die so genannte »Standespredigt«, in der unterschiedliche Gruppen (Soldaten, Zöllner) von Johannes konkrete ethische Weisungen erbitten und erhalten. In **Mk 6** (par Mt 14) wird überliefert, dass der König Herodes Antipas ihn gefangen nehmen und auf Bestreben seiner Ehefrau schließlich enthaupten ließ – im LkEv fehlt dieser Bericht und wird in Lk 3 in Form einer kurzen Notiz lediglich angedeutet. Ebenfalls aus Q stammt die so genannte »Täuferanfrage« (Mt 11; Lk 7) an Jesus (durch die Jünger des Johannes), ob er der »Kommende« sei – Jesus antwortet in Form von Anspielungen auf sich nun erfüllende Verheißungen des Propheten Jesaja. Der Jesus der Evangelien identifiziert Johannes mit dem traditionell erwarteten (wiederkommenden) Elija (vgl. Mal 3); vorsichtig angedeutet in Mk 9,11–13, deutlicher in Mt 11/Lk 7. Dass Johannes der Täufer auch in jüdischen Kreisen Wertschätzung erfuhr, deutet Jesus in der Perikope von der Vollmachtsfrage an (Mk 11 parr); dass er eigene Jünger hatte, geht aus der »Fastenfrage« (Mk 2) hervor: Demnach handelte es sich bei den Johannesjüngern offensichtlich um Asketen – im Unterschied zu den Anhängern Jesu.

Die Ausführungen des **JohEv** betonen vor allem den – bereits in Mk 1 überlieferten – Gegensatz von »Wassertaufe« (des Johannes) und »Geisttaufe« (Jesu), in **Joh 1** spricht Johannes der Täufer: »Ich bin gesandt zu taufen *mit Wasser.*« Wohl deshalb tauft Johannes in »Ainon« (hebr. *ajin* = »Quelle«) bei »Salim« (= Jerusalem?), »wo viel Wasser war« (**Joh 3**). Daneben wird die *Zeugen*funktion des Johannes hervorgehoben, die in dem Satz des Täufers gipfelt: »Er (Jesus) muss wachsen, ich aber muss abnehmen.« (Joh 3)

In der Forschung hat man bisweilen angenommen, einige Quellen des JohEv seien im Umkreis einer »Täufergemeinde« entstanden, weswegen der Unterschied zwischen Jesus und dem Täufer so sehr betont werde, besonders in den Aussagen des Prologs (**Joh 1**), dass er *nicht* das Licht gewesen sei, sondern lediglich *Zeuge des Lichts*.

Außerhalb der Evangelienüberlieferung ist von ihm nur indirekt in der Apostelgeschichte die Rede (Apg 1: »Johannes taufte mit Wasser«); in Apg 13 erinnert Paulus an die Bußpredigt des Täufers, der auf Jesus verwiesen habe. Der judenchristliche Missionar Apollos (Apg 18; vgl. 1 Kor 1) und eine Jüngergemeinde in Ephesus kennen noch in den 40er Jahren nur die »Taufe des Johannes«, weswegen letztere von Paulus noch einmal auf den Namen Jesu getauft werden, damit sie den *Heiligen Geist* empfangen (**Apg 19**).

Dass er in sämtlichen Briefen des Neuen Testaments *keine* Erwähnung findet, ist angesichts seiner Bedeutung – besonders für die spätere *christliche* Taufe – bedenkenswert.

## 2. Jesus von Nazaret

Im Folgenden geht es nicht um die Frage des »historischen Jesus«, also was Jesus »tatsächlich« gesagt und getan hat. Ungeachtet dessen sind die wohl zuverlässigsten Quellen hierfür die Evangelienberichte des Neuen Testaments, da sie die *ältesten Zeugnisse* darstellen. Die so genannte »apokryphe« Literatur des 2. Jh., v. a. das »Thomasevangelium«, eine Sammlung von Aussprüchen Jesu, aber auch die nur bei den Kirchenvätern indirekt bezeugten »judenchristlichen Evangelien« (Nazaräerevangelium, Hebräerevangelium, Ebjonäerevangelium) *könnten* älteres Material bewahrt haben, sie bieten jedoch wohl überwiegend Weiterentwicklungen synoptischer Tradition oder setzen die Kenntnis synoptischer bzw. johanneischer Tradition voraus. Somit stellt das bibelkundliche Wissen nach wie vor die *beste Grundlage für jede kritische Rekonstruktion* des Lebens, des Wirkens und der Botschaft des jüdischen Wanderpredigers *Jesus von Nazaret* dar.

Um den Stoff sinnvoll zu strukturieren, ist es ratsam, die Hypothese der »Zwei-Quellen-Theorie« vorauszusetzen und somit von den vermutlich ältesten Quellen Mk und Q ausgehend die Informationen zu sammeln. Da aber jede Rekonstruktion der »Quelle Q« Schwachstellen aufweist, sind Mt und Lk samt ihren Sondertraditionen (»Sondergut«) getrennt zu sichten. Das JohEv bietet eine Darstellung, welche der synoptischen an wesentlichen Punkten widerspricht, möglicherweise diese aber kennt – daher empfiehlt es sich, besonders die *Abweichungen* von der synoptischen Tradition genauer zu betrachten. Auf die Probleme kann hier im Einzelnen nicht eingegangen werden; zur vertiefenden Lektüre hierfür seien empfohlen: *Theißen, G./Merz, A.*: Jesus von Nazaret. Ein Lehrbuch, Göttingen [3]2001 sowie die kompakten Darstellungen von *Ebner, M.*: Jesus von Nazaret. Was wir von ihm wissen können, Stuttgart 2007; *Roloff, J.*: Jesus, München [4]2007; *Schröter, J.*: Jesus von Nazaret. Jude aus Galiläa – Retter der Welt, Leipzig [2]2009.

### *a) Stammbäume und Vorgeschichten*

Texte: **Mt 1–2**; **Lk 1–2**; **3**; (Joh 1); Gal 4

Während das MkEv über die *Vorgeschichte* Jesu schweigt und lediglich allgemeine Informationen zur Herkunft Jesu bietet (s. u. 2.b), nimmt dieses Thema einen gewichtigen Teil in den Darstellungen der »Seitenreferenten« (Mt und Lk) ein. Das JohEv zeigt ebenso wie das MkEv wenig Interesse an der Geburts- und Kindheitsgeschichte Jesu, führt seine Herkunft allerdings im »Prolog« auf eine vorweltliche Gottgleichheit zurück. Jesus ist im MkEv zwar »Sohn Gottes« und dementsprechend *vaterlos* (ein Vater wird nicht erwähnt!), doch erst **Lk 1** und **Mt 1** berichten von einer jungfräulichen Geburt, die Mt 1 als Erfüllung der Verheißung aus Jes 7,14 deutet. Dagegen erwähnt Paulus in **Gal 4,4f** lediglich, dass Jesus von einer Frau geboren wurde und als Jude gelebt hat (»unter das Gesetz getan«); Röm 1,3f zufolge ist er »Sohn Davids« nach dem Fleisch, was aber lediglich als *messianischer Titel (s. u.)*, nicht als »biographische Angabe« gemeint sein dürfte – seine Gottessohnschaft wird hingegen auf die Auferstehung zurückgeführt.

Die Stammbäume Jesu (bzw. *Josefs*) **Mt 1** und **Lk 3** unterscheiden sich in wesentlichen Punkten: Mt 1 bietet eine Abstammungslinie *von Abraham bis Josef* in einer Abfolge von 3 x 14 Generationen: Abraham – David; David – Babylonische Gefangenschaft; Babylonische Gefangenschaft – Josef; zudem finden darin vier ursprünglich *heidnische Frauen* namentliche Erwähnung: Tamar, Rahab, Rut und Batseba. Lk 3 bietet einen rückwärtigen Stammbaum *von Josef bis Adam*. Beide Stammbäume nennen zwar identische »Knotenpunkte« (Abraham, David), weichen aber im Detail erheblich voneinander ab.

Der Johannesprolog (Joh 1,1–18), aber auch die Christushymnen Phil 2,6–11 und Kol 1,15–20 schildern dagegen Jesus Christus als eine (präexistente) gottgleiche Figur, die »Fleisch wurde« (Joh 1,14) bzw. »menschliche Gestalt annahm« (Phil 2,7).

### *b) Herkunft und Familie*

Texte: **Mk 3**; **Mk 6**; Mt 13; Lk 4; **Joh 1**; 2; 6; 7; 8; (19); **Gal** 1–2; **4**; 1 Kor 9

Jesus stammt nach *Auskunft aller Evangelien* aus dem galiläischen **Nazaret** (so bereits Mk 1, ausführlich in **Mk 6**; Mt 13; **Lk 4**), wie auch das JohEv betont (**Joh 1**; vgl. Joh 8: »Aus Galiläa steht kein Prophet auf!«). LkEv und MtEv bieten aber unterschiedliche Traditionen, *inwiefern* Jesus aus Nazaret kommt: **Lk 2** zufolge lebt die Familie in Nazaret, zieht aber wegen der Volkszählung unter Quirinius kurzfristig nach Betlehem hinab, sodass es zur Geburt in der Krippe kommt (ein Stall wird übrigens nicht erwähnt; vgl. dazu Jes 1,4). Anschließend reist die Familie nach Nazaret zurück. Laut dem Bericht in **Mt 2** hingegen flieht die *ursprünglich aus Betlehem* stammende Familie nach Ägypten vor dem »Kindermord des Herodes«. Aus Angst vor dessen Nachfolger Archelaos kehren sie nicht dorthin zurück, sondern siedeln sich in Nazaret an.

Nach Auskunft von **Mk 6** hatte Jesus, der »**Sohn der Maria**« (!), **vier Brüder** (**Simon, Jakobus, Judas** und **Joses** [Mt 13: Josef]) und mehrere Schwestern. Seine Mutter Maria wird darüber hinaus am Ende des MkEv zweimal »verschlüsselt« erwähnt: Mk 15 als »Mutter des Joses und Judas«, Mk 16 als »Mutter des Jakobus«. Sie gehörte demnach zu den Jesus nachfolgenden Frauen und den Frauen am leeren Grab. Ein Vater Jesu wird in den *frühesten* Quellen nicht erwähnt, er taucht erst in den Kindheitslegenden des MtEv und des LkEv auf, wo er einhellig den Namen »Josef« besitzt (Mt 1–2; Lk 1–2; 4).

Dass Jesu Verwandtschaft ihn für verrückt hält, berichtet allein **Mk 3**; in demselben Kontext äußert Jesus sein Verständnis *wahrer Verwandtschaft*: »Wer den Willen Gottes tut, der ist mir Bruder, Schwester und Mutter!«

Im JohEv erwähnt werden der leibliche Vater Jesu, *Josef* (**Joh 1**; 6), wenn auch nur mit Namen (er tritt nicht in Erscheinung), Jesu *Mutter* (die umgekehrt nie namentlich genannt wird) (2; [6]; 19), und seine – ebenfalls anonymen – *Brüder* (Joh 2; 7). Letztere werden als »Ungläubige« beurteilt (Joh 7). Eine eigentümliche Szene stellt die Zuordnung des »Geliebten Jüngers« zur Mutter Jesu unter dem Kreuz dar (Joh 19; s. u. 2. h: »Letzte Worte Jesu am Kreuz«): Auf diese Weise setzt er den Geliebten Jünger als *Sohn seiner Mutter* ein, erklärt ihn also indirekt zu seinem *Bruder*. In seinem Sendungswort an Maria Magdalena (Joh 20) bezeichnet der auferstandene Jesus erstmalig *die Jünger* als seine »Brüder« (in Joh 21 zudem als »Kinderchen«).

Laut **Apg 1** blieben die Zwölf (Apostel) zunächst bei Maria (Lk 1 zufolge eine Verwandte der Elisabet, der Mutter Johannes des Täufers), der Mutter Jesu, in Jerusalem, deren Spur sich schließlich verliert, und bei Jesu Geschwistern. In Apg 15; 21 wird die bedeutende Rolle des »Herrenbruders« Jakobus sichtbar, der auch Gal 1–2 zufolge zu dem Leitungsgremium der Jerusalemer Urgemeinde (neben Petrus und [dem Zebedaiden] Johannes) zählte und dem immerhin ein neutestamentlicher Brief zugeschrieben wird (Jak). Auf dem Apostelkonvent (Apg 15) erscheint er v. a. als Vertreter der Gruppe, die das so genannte »Aposteldekret« (Apg 15,29.35) durchsetzt.

Paulus erwähnt einmal die Herkunft Jesu von einer jüdischen Mutter (**Gal 4**) sowie die (messianische?) Bezeichnung Jesu als »Sohn Davids« (Röm 1,3). Er kennt zumindest den »Herrenbruder« Jakobus (vgl. Gal 1–2) persönlich, zählt ihn gar zu den »Säulen« der Urgemeinde, und er weiß auch, dass die »Brüder des Herrn« Mission in Begleitung ihrer Ehefrauen betreiben (1 Kor 9).

Die den Brüdern Jesu zugeschriebenen, vermutlich pseudepigraphen Briefe des *Jakobus* (Jak 1) und des *Judas* (vgl. Jud 1: »Bruder des Jakobus«) verdeutlichen deren hohes Ansehen v. a. in jüdischen Kreisen des frühen Christentums, dem so genannten »Judenchristentum«.

### c) Taufe Jesu

Texte: **Mk 1; Mt 3; Lk 3; Joh 1**

Zwar scheinen alle vier Evangelien die Taufe Jesu durch Johannes zu berichten; ein genauerer Blick auf die Erzählungen nötigt allerdings zu differenzierteren Aussagen. Dem (wohl ältesten) Bericht **Mk 1** zufolge gelangt Jesus zu Johannes dem Täufer und wird im Jordan getauft: Der Geist kommt dabei auf Jesus herab »wie eine Taube« und eine Stimme vom Himmel ergeht an Jesus: »Du bist mein geliebter Sohn …«.

Der Bericht **Mt 3** zeigt deutliche Spuren theologischer Bearbeitung – im Hintergrund steht die Frage: Warum sollte sich Jesus Christus einer »Bußtaufe zur Vergebung der Sünden« unterzogen haben? Mt streicht daher den Zusatz (»zur Sündenvergebung«) und berichtet von einer *Weigerung* des Täufers, Jesus zu taufen. Dagegen erschallt die Stimme vom Himmel als *öffentliche Proklamation Jesu*: »*Dies ist* mein geliebter Sohn …«.

**Lk 3** berichtet direkt vor der Taufe Jesu von der *Gefangennahme des Täufers*, sodass *unklar* ist, *wer Jesus getauft hat*. Im Unterschied zu den übrigen Evangelien betet

Jesus, bevor sich der Himmel auftut (ein klassisches Beispiel für die besondere Bedeutung des *Gebets* im **LkEv**) und der Geist kommt »in (leiblicher) Gestalt einer Taube« herab. Wie bei Mk wendet sich die Himmelsstimme exklusiv an Jesus.

In **Joh 1** schließlich tritt der Täufer lediglich als Zeuge auf: Er bezeugt die Herabkunft und das *Bleiben* des Geistes *auf* Jesus. Johannes der Täufer, also *keine* Himmelsstimme, bezeugt, dass Jesus der Sohn Gottes (nach einer anderen Lesart: der »[Aus-]Erwählte Gottes«) ist – dieser ist es, der »mit heiligem Geist tauft« (eine Ankündigung, die auch synoptisch begegnet – nur Lk 3 und Mt 3 bieten aus Q die Lesart, Jesus werde »mit Heiligem Geist und Feuer« taufen). Allein in Joh 3–4 wird eine Taufe durch Jesus selbst bzw. seine Jünger erwähnt.

Auffallend ist zumindest, dass die Taufe Jesu außerhalb der Evangelien im Neuen Testament nirgendwo erwähnt wird – dort gibt es ausschließlich die Taufe »auf Christus« bzw. »im/auf den Namen Christi« (s. u. B.1.).

### *d) Versuchung Jesu*

Texte: **Mk 1; Mt 4; Lk 4;** (Hebr 2; 4)

Während das MkEv eine Versuchung Jesu durch den Teufel während eines 40-tägigen Aufenthalts in der (judäischen) Wüste in 2 Versen notiert (**Mk 1**,12f), bieten Mt 4 und Lk 4 eine ausführliche Schilderung dieser Versuchungen: Demnach fordert der Teufel Jesus auf, **Steine in Brot** zu verwandeln, sich von der **Zinne des Tempels** zu stürzen und ihn anzubeten, um die **Weltherrschaft** zu erlangen (so **Mt 4**; **Lk 4** stellt die 2. und die 3. Versuchung um [vielleicht ist dies die in Q überlieferte Reihenfolge]). Mit diesen Taten, die der Teufel fordert, soll Jesus demonstrieren, dass er der Sohn Gottes ist. Die besondere Pointe dieser Versuchungserzählung liegt darin, dass der Teufel und Jesus selbst jeweils mit Hilfe eines Bibelzitats argumentieren – anders formuliert: Auch der Teufel kann im »rechtgläubigen« Gewand daherkommen.

Der Hebräerbrief erwähnt als einzige neutestamentliche Schrift außerhalb des Evangeliencorpus, dass Jesus zu Lebzeiten »Versuchungen« ausgesetzt war (vgl. Hebr 2).

### *e) Wirksamkeit Jesu (Lehre, Heilungen, Exorzismen, [weitere] Wundertaten)*

Texte: **Mk; Mt; Lk; Joh;** Apg 2; 10; 13

Es kann nicht darum gehen, das Wirken Jesu hier vollständig zur Darstellung zu bringen, sondern lediglich einige spezifische Besonderheiten hervorzuheben. Besonders ist dabei natürlich auf die jeweils unterschiedlichen Akzente in der Darstellung abzuheben.

Jesus war nach Mk 6 »Bauhandwerker« (Zimmermann) von Beruf; diese Tradition geht in der Parallele Mt 13 auf seinen Vater über; Lk und Joh schweigen generell über eine Berufstätigkeit Jesu. Die Evangelien schildern ihn übereinstimmend als einen Wanderprediger und Wunderheiler, der des Öfteren als »Rabbi« bzw. als »Lehrer« oder «Meister« (gr. *didaskalos*) bezeichnet wird.

*1. Die Lehre Jesu*

**Mk 1,14f** bietet zunächst eine prägnante Zusammenfassung der Lehre Jesu – sie wird als das »Evangelium Gottes« bezeichnet: »Die Zeit ist erfüllt und das Gottesreich nahe herbeigekommen: Kehrt um und glaubt an das Evangelium!« Dabei schildert das MkEv Jesu Lehre vorrangig in zwei Formen: Einerseits in *Gleichnissen* vom Reich Gottes (Mk 4), andererseits in Form von *kurzen Bildworten* oder *Sentenzen* (Logien), meist im Kontext von Schul- und Streitgesprächen, welche inhaltlich die *Frage der Geltung oder Reichweite kultischer Gebote* (Sabbatgebot; Reinheit/Unreinheit von Speisen; Mk 2,1 – 3,6; 7) oder praktische Verhaltensregeln für die Gemeinde (Ehe oder Ehescheidung; Umgang mit Kindern; Fragen der Autorität bzw. Rangordnung; Nachfolge usw.; Mk 10, vgl. die Steuerfrage [Mk 12]) thematisieren. In den Jerusalemer Streit- und Schulgesprächen tritt Jesus darüber hinaus auch als theologischer Lehrer auf (Vollmacht Jesu; Höchstes Gebot; Auferstehung, Davidssohnschaft des Messias; Mk 11–12). Die Allegorie von den »bösen Weingärtnern« (Mk 12) deutet das Geschick Jesu vor dem Hintergrund der alttestamentlichen Prophetenverfolgungen durch das Volk Israel. Schließlich bietet Jesus eine »esoterische« Belehrung (als Zuhörer sind allein Petrus und Andreas sowie die Zebedaiden Jakobus und Johannes zugegen) über die *letzten Dinge* in der so genannten »synoptischen Apokalypse« (Mk 13). Kurz gesagt erscheint Jesus als Wanderprediger, der das Evangelium Gottes als Botschaft vom nahegekommenen Gottesreich verkündet und zugleich in die Nachfolge ruft, aber durch seinen »Vollmachtsanspruch« (z. B. »Sünden zu vergeben«; Mk 2,1–12!) und sein propagiertes »liberales« Gesetzesverständnis in Konflikt mit jüdischen Autoritäten gerät, die ihn schließlich umbringen lassen (3,6; 14,1).

Dieses Bild verschiebt sich deutlich bei den »Seitenreferenten« (Mt und Lk): Die von **Mt** gestalteten *großen Reden* stehen für ein klares Programm: Die »Bergpredigt« stellt Jesus gleich zu Beginn als **Lehrer einer »besseren Gerechtigkeit«** dar (**Mt 5–7**), die Aussendungs- und die Gleichnisrede (**Mt 10**; **13**) unterstreichen diesen lehrhaften Aspekt, wobei Mt hier das Material aus dem MkEv und der Logienquelle Q sinnvoll verknüpft. Die Gemeinderede (**Mt 18**) verdeutlicht die Relevanz der Lehre Jesu für die nachösterliche Gemeinde und die abschließende Doppelrede betont einerseits die Feindschaft zu den Pharisäern (**Mt 23**), andererseits wird die Endzeitrede um die Thematik des »Endgerichts« (**Mt 24–25**) wesentlich erweitert – der Eingang in das Reich Gottes wird hier stärker als bei Mk an ethische, aber auch »Erwählungskriterien« geknüpft (»Viele sind berufen, aber nur wenige sind auserwählt!« [Mt 22 u. ö.]; vgl. das Fehlen des Gleichnisses vom Wachsen der Saat [Mk 4,26–29]!). Dementsprechend enthält der Missionsbefehl in **Mt 28,18–20** gleich zwei wesentliche Aspekte: **Alle Völker** sollen zu **»Jüngern«** (= »Schülern« Jesu; s. u. 3.a) werden, indem sie die (christliche) Taufe erhalten und in **die »Gebote Jesu«** eingewiesen werden. Das aus dem MkEv übernommene Bild Jesu wird durch das Material aus Q und das mt Sondergut erweitert zum Bild des vollmächtigen Lehrers und Übermittlers eines neuen und besseren Gesetzes, dessen Botschaft sich nun an die gesamte Welt (»Ökumene«) richtet.

Im **LkEv** ist Jesus v.a. der leidende »Knecht Gottes«, dessen Botschaft sich vorrangig an die **Armen und »Verlorenen«** richtet. Dies wird programmatisch bei der Antrittspredigt in Nazaret deutlich, in der Jesus ein Wort aus Jes 61 zitiert: »Der Geist des Herrn ist auf mir … zu verkünden ein Gnadenjahr des Herrn.« (Lk 4) Diese »Zuwendung Jesu zum Verlorenen« entnimmt Lk zwar bereits der mk Darstellung (vgl. die Berufung des Levi Lk 5 mit Mk 2) sowie mit dem Gleichnis vom verlorenen Schaf auch aus Q, erweitert und präzisiert sie aber deutlich: Die notwendige Voraussetzung des Sünders ist die »Umkehr« (*metanoia*), die bereits Johannes der Täufer predigt (vgl. Lk 3: v.a. die so genannte »Standespredigt«); Jesus aber *fordert* nicht nur Buße, sondern wendet sich dezidiert den *Verlorenen* zu, die ihm vorrangig in Gestalt von »Zöllnern« und (anderen) »Sündern« begegnen (vgl. Lk 5: der Zöllner Levi; Lk 7: die »Sünderin«; Lk 19: Zachäus; vgl. Lk 18: »Pharisäer und Zöllner«). Im Zentrum des LkEv (bzw. des so genannten »Reiseberichts« [9,51 – 19,26]) stehen programmatisch die *drei Gleichnisse vom Verlorenen* (**Lk 15**), die an »Zöllner und Sünder« gerichtet sind (das Gleichnis vom »Verlorenen Schaf« aus Q wird dabei von Lk deutlich bearbeitet; vgl. Mt 18). Diese Zuwendung Jesu geschieht darüber hinaus wiederholt im Kontext von »Gastmahlszenen«, besonders in den Häusern von Pharisäern (Lk 5; Lk 7; Lk 10: Maria und Martha; Lk 14–15: Haus des Simon [inkl. Gleichnis vom »großen Gastmahl«]; 19) – insofern kann man die lk Darstellung tatsächlich vor dem Hintergrund des Logions aus **Q 7,34** verstehen, das einen möglicherweise frühen Vorwurf an Jesus (oder an seine Jünger) darstellt: »[Er ist] ein *Prasser und Zecher, Freund von Zöllnern und Sündern*« (vgl. zur Tragweite dieses Vorwurfs Dtn 21,20!). Diese Aussage wird im LkEv zum Programm der Darstellung Jesu. Dass Jesu eschatologische Botschaft besonders in die Gegenwart der Rezipienten hineinreicht, unterstreicht der Satz Jesu in **Lk 17,21**: »Wenn ich mit dem Finger Gottes die Dämonen austreibe, […] dann ist das Reich Gottes bereits unter euch (gegenwärtig).« Lk erstellt, dabei auf Mk und Q basierend, ein Jesusbild, in welchem Jesus als der leidende Gerechte den Willen Gottes als eine Botschaft an die Armen und Ausgestoßenen, die »Verlorenen« der Gesellschaft richtet (hierzu werden auch die »Samaritaner« gezählt): An diese ergeht besonders der Ruf zur Umkehr, der bereits in der Botschaft des Täufers erschallt, ihnen verkündet er die Nähe des Gottesreiches.

Im **JohEv verkündet Jesus** *nicht* das »Reich Gottes« (nur im Kontext der Tauftheologie [Joh 3,5] taucht der Begriff ein einziges Mal auf!), sondern **sich selbst**. Das von ihm verheißene Heilsgut wird vorrangig mit dem Begriff **»(ewiges) Leben«** beschrieben (v.a. Joh 5; 6; 11), das wiederum bei den Synoptikern lediglich an einer Stelle prominent hervortritt: in der Frage des »Reichen (Jünglings)« (Mk 10; Mt 19; Lk 10): »Was muss ich *tun*, um das *ewige Leben* zu erlangen?« Wer Jesus für den Glaubenden ist, wird in den *Ich-bin-Worten* bildlich-symbolisch vermittelt. Jesus ist dabei einerseits *identisch* mit dem, was er spendet: Er ist und verheißt Brot des Lebens (6), Licht der Welt (8), Auferstehung und Leben (11), Weg, Wahrheit und Leben (14) – aber zugleich der »gute Hirte« (10), die »Tür« der Schafe, die zum Vater führt

(10), und zuletzt der »Weinstock« des Vaters und als solcher aufs engste mit seinen Jüngern, den »Reben«, verbunden (15). Diese Ich-bin-Worte werden durch zahlreiche lange *Reden Jesu* ergänzt, in denen die Botschaft des »Offenbarers« entfaltet wird; mit Nikodemus (3) verhandelt er u. a. das Thema der (notwendigen) Neugeburt aus Wasser und Geist (Taufe?), der Samaritanerin am Brunnen offenbart er sich als der »lebendiges Wasser« spendende *Messias* (4), den Juden in Jerusalem verdeutlicht er seine besondere *Gerichtsbotschaft* als der »Menschensohn« (5). Die »Lebensbrotrede« behandelt neben den Anspielungen auf das *christliche Kultmahl* vorrangig den *Glauben an Jesus* (6). In den folgenden Auseinandersetzungen mit »den Juden« (Kap. 7–10) steigert sich der Konflikt, der sich u. a. um Fragen der Geltung des Gesetzes, v. a. des Sabbatgebotes rankt; er mündet schließlich in die Botschaft von der *Einheit Jesu mit dem Vater* (»Ich und der Vater sind eins«; 10,30), die in den Ohren der Juden als Blasphemie erscheinen muss. In den an die Jünger gerichteten »Abschiedsreden« (**14–16**) im Kontext des »Abschiedsmahls« tritt die Frage nach der *Gegenwart Jesu* in der Zeit *nach* Ostern in besonderer Weise in den Blick, verbunden mit Themen der Nachfolge, Ankündigung von Verfolgungen und der Betonung der *brüderlichen Liebe*, die Jesus zu Beginn der Abschiedsreden als »**Neues Gebot**« proklamiert (**13**). Jesus belehrt seine Jünger darüber, wie er trotz seiner Abwesenheit anwesend ist: durch sein *Gebot* (das Liebesgebot) und die Gabe des *Parakleten*, den Jesus als »Stellvertreter« seiner selbst ankündigt. Im Bild vom Weinstock veranschaulicht er zuletzt das Verhältnis der Jünger zu ihm und zu Gott.

Das abschließende Gespräch mit Pilatus im Kontext der Passion hebt zuletzt Jesu »königliche« Funktion hervor – doch sein Reich »ist nicht von dieser Welt« (18). Am Ende der öffentlichen Verkündigung Jesu steht die berühmte Rückfrage des Pilatus: »Was ist Wahrheit?«. Der *Glaubende* kennt die Antwort auf diese Frage: *Jesus selbst* ist die Wahrheit (14,6). Jesus selbst tritt somit auch an die Stelle der »Gottesherrschaft«, und das von den frühen Christen erwartete *Gericht* vollzieht sich im irdischen Wirken Jesu als des »Menschensohns«, sodass der Gedanke einer Parusie entfällt (Joh 5; 14; 21). Den Schlüssel bieten neben dem »Prolog« die »Ich-bin-Worte«, in denen Jesus sich vielfältig als Lebensspender zu erkennen gibt. In der Auseinandersetzung mit »den Juden« erweist er den Charakter der »Schrift« als Zeugnis für sich selbst, da er der Fleisch gewordene »Logos«, das »Wort Gottes« ist. Seine Botschaft ist der »Wille Gottes«, seines Vaters, dessen Gebot er mit seinem Tod erfüllt.

Auf den Jesus des JohEv scheint der 1 Joh an einigen Stellen (vgl. 1 Joh 1,1–4) zurückzuverweisen, besonders wenn von dem »alten Gebot« die Rede ist (s. u. → »Liebe/Liebesgebot«). Der 2 Joh schärft die »Lehre Jesu« ein, ohne diese jedoch zu konkretisieren.

In den Rückblicken auf das Wirken Jesu in den »Missionsreden« der **Apostelgeschichte** (Apg 2,22–36; 10,36–43; 13,17–41) tritt der Inhalt der Verkündigung Jesu deutlich zurück; nach Apg 10,36 verkündete Gott »durch Jesus« seine »Botschaft des Friedens«. Im Vordergrund steht die Botschaft von der Auferweckung Jesu und seine

Funktion als endzeitlicher Richter (Apg 10; 17 u.ö.). Der Paulus der Apg zitiert in seiner Abschiedsrede ein *apokryphes* »Herrenwort: »Geben ist seliger als nehmen.« (Apg 20,35)

Auch in den **Paulusbriefen** begegnet Jesus selten als »Lehrer«. Paulus' Interesse an dem »Christus nach dem Fleisch« (vgl. 2 Kor 5,16) ist ohnehin gering (ungeachtet der Frage, was Paulus mit dieser Aussage *konkret* meint). In **1 Kor 7** zitiert er ein »Herrenwort« zum **Verbot der Ehescheidung** (vgl. Mk 10); unklar ist die Herkunft eines »Herrenwortes« über die Endereignisse (1 Thess 4,15–16). Einzelne Sätze und Anweisungen des Paulus besitzen zwar Parallelen in der Jesusüberlieferung, doch ist ihre Herkunft unklar; dies gilt besonders für die Zentralstellung des *Liebesgebotes* (s.u.). Für Paulus selbst ist die Botschaft des »Irdischen« deutlich weniger relevant als die des »Auferstandenen«, der ihn selbst berufen hat (Gal 1) und der als *Kyrios* (Herr) regiert; von ihm empfing er ein Wort, das er in 2 Kor 12,9 zitiert: »Lass dir an meiner Gnade genügen, denn meine Kraft vollendet sich in Schwachheit.«

Weder die Deuteropaulinen noch die »Katholischen Briefe« zeigen großes Interesse an der Lehre Jesu. Eine Besonderheit stellt 2 Petr 1 dar, wo der Autor suggeriert, er sei bei der »Verklärung« Jesu (Mk 9 parr) selbst dabei gewesen – diese Passage ist vermutlich von der synoptischen Darstellung abhängig –, doch auch diesem Autor geht es nicht um Jesu Lehre, sondern um dessen göttliche Legitimation. Ähnliches gilt für die Darstellung Jesu im Hebräerbrief (Hebr 2 u.ö.).

### *2. Heilungen und Exorzismen*

Die **synoptischen Evangelien** schildern Jesus vorrangig als **Exorzisten und Wunderheiler**.

Besonders im **MkEv** ist der *Kampf mit den »bösen Geistern«* ein zentrales Element der Wirksamkeit (Mk 1 [Kafarnaum]; 3; 5 [Gerasa]), das in der so genannten »Beelzebul-Perikope« (**Mk 3**) diskutiert wird, zu der wohl eine Parallele in der *Logienquelle Q* existierte (vgl. Mt 12/Lk 11). Das Verhältnis von *Wunderheilungen* und *Exorzismen* ist grundsätzlich schwer zu bestimmen, da z.B. in Mk 9 der »mondsüchtige Knabe« auch als »Kranker« angesehen werden kann. Jesu Exorzismen sind jedoch nicht »einzigartig«: Nicht nur die Jünger erhalten Vollmacht, böse Geister auszutreiben (Mk 6 parr), auch *fremde Wundertäter* tun dies »im Namen Jesu«, was Jesus ausdrücklich billigt (Mk 9; Lk 9; dies *fehlt* bei Mt!). Thematisiert werden das Verhältnis von Heilung und Sündenvergebung (Mk 2,1–12) sowie die Rolle des Glaubens (vgl. Mk 9–10): Glaube erscheint mehrfach als implizite Voraussetzung der Gesundung.

Die **Seitenreferenten** Lk und Mt übernehmen diese Züge des Jesusbildes. Die Logienquelle bietet einen weiteren Exorzismus, die Heilung eines »stummen Besessenen« (Mt 9; Lk 11), sowie eine Fernheilung: die des »Hauptmanns von Kafarnaum« (**Mt 8; Lk** 7). Das MtEv berichtet aber von keinen weiteren Heilungen oder Exorzismen (die Heilung des Bartimäus *ersetzt* er durch die Heilung *zweier* Blinder). Lk 8 hingegen erwähnt, dass Jesus aus Maria Magdalena *sieben Geister* ausgetrieben habe; ansonsten kann das LkEv von einer weiteren Totenerweckung (Jüngling zu Nain: **Lk** 7) und im Rahmen seines *Reiseberichts* (9,51 – 19,27) von weiteren *Heilungen*: der *verkrümmten Frau* am Sabbat (Lk 13), eines *Wassersüchtigen* (Lk 14) und *zehn Aussätziger* (Lk 17) berichten. Selbst im Garten Getsemani heilt Jesus noch das *Ohr des »Knechts des Hohenpriesters«* (Lk 22).

Das **JohEv** erwähnt **keinen einzigen *Exorzismus***, in Joh 8 wird allerdings (ähnlich wie in Mk 3) der Verdacht geäußert, Jesus selbst sei von einem »bösen Geist« befallen. Die beiden *Sabbatheilungen* eines *Kranken* (offenbar *Gelähmten*) am Teich Bethzata (Bethesda) und eines *Blindgeborenen* in Jerusalem (Joh 5; 9) erscheinen neben der *Fernheilung* des »Sohnes eines Königlichen« (Joh 4) und der *Auferweckung* des toten Lazarus (Joh 11) eher als paradigmatische Erzählungen. Anders als bei Mk und Lk heilt Jesus im JohEv auch während seiner Wirksamkeit in Jerusalem.

*3. (Weitere) Wunderhandlungen*

Neben den Heilungen, Exorzismen und Totenauferweckungen berichten die Evangelien von erstaunlich wenig »Wundern«. Mk und Mt kennen nur **vier »Naturwunder« Jesu**, die *Sturmstillung* (**Mk 4**; vgl. Mt 8), den *Seewandel* (**Mk 6**; Mt 14) sowie die beiden *Speisungen* der 4000 und 5000 (**Mk 6** und **8**; vgl. Mt 14–15). **Lk 5** ergänzt diese Zahl um einen wundersamen Fischzug. Das JohEv enthält insgesamt acht Wunderhandlungen Jesu, von denen *vier* als »Naturwunder« bezeichnet werden können: neben der Speisung der 5000 und dem Seewandel (**Joh 6**) berichtet es wie **Lk 5** von einem wundersamen Fischzug (**Joh 21**) und ganz zu Beginn von einer Verwandlung von Wasser in Wein (**Joh 2**).

Die »Verklärung« Jesu (**Mk 9**; Mt 17; Lk 9; vgl. **2 Petr 1**) ist zwar kein *Wunder*, aber doch ein Zeichen der *Vollmacht* und *Beglaubigung Jesu* durch Gott. Als Zeichen der Vollmacht Jesu lässt sich evtl. auch die Verfluchung des Feigenbaums (**Mk 11**; Mt 21) deuten. Allerdings wird dadurch eines noch verdeutlicht: Anders als im JohEv vollbringt Jesus nach Mk *keine* Wunder in Jerusalem, sieht man von der Auferstehung Jesu *selbst* einmal ab; nach Mt 21,14 heilt er hingegen Blinde und Lahme im Tempel, in Lk 22 allein das Ohr des Hohenpriesterknechts.

*4. Berichte vom Wirken Jesu außerhalb der Evangelien*

Wie bereits mehrfach betont, findet sich wenig Verwertbares über das Wirken Jesu in den übrigen Schriften des Neuen Testaments.

Die **Apostelgeschichte** bietet in den Missionsreden der Apostel Petrus und Paulus (2; 10; 13) Rückverweise auf das Handeln und das Geschick Jesu sowie seine Bedeutung für die Christen. Hier wird das Wirken Jesu unter »Zeichen und Wunder« subsumiert (Apg 2), womit dieses als »prophetisches« Wirken verdeutlicht wird (im Alten Testament ist es ausschließlich *Mose*, der »Zeichen und Wunder« tat; vgl. Dtn 34); in Apg 10 berichtet Petrus explizit von Exorzismen Jesu.

*Paulus* erwähnt keine Wunderhandlungen Jesu und führt als einzige Erzählung den Bericht vom »letzten Mahl« Jesu an (1 Kor 11,23–25), ohne jedoch Einzelheiten preiszugeben (s. u.). Allein *2 Petr 1* greift auf den Bericht von der Verklärung Jesu (Mk 9) zurück (s. o.), der aber ebenfalls keine Inhalte auf das konkrete Wirken Jesu bietet.

### *f) Die »synoptische Apokalypse« – die Endzeitrede Jesu*

Texte: **Mk 13**; **Mt 24–25**; **Lk** 17; **21**; (Joh 13–16)

Nach Auskunft des MkEv hält Jesus in Jerusalem zum Abschluss seines dortigen Wirkens vor der Passion (Mk 11–13) eine Rede vor den beiden Brüderpaaren Petrus und Andreas sowie den Zebedaiden. Diese »Endzeitrede« enthält ursprünglich *vier* zentrale Ankündigungen bzw. Prophezeiungen:

- die *Zerstörung des Jerusalemer Tempels,*
- *Verfolgungen der Gemeinde,*
- einen Reigen *apokalyptischer Ereignisse* (Verfinsterung von Sonne und Mond usw.),
- zuletzt: die *Ankunft des »Menschensohns«* auf den Wolken des Himmels.

Während **Mt 24–25** diese Rede um Material aus Q und einige Sonderguttraditionen (v. a. die berühmten Gleichnisse von den »klugen und törichten Jungfrauen« sowie vom »Weltgericht« [Mt 25]) erweitert, behält **Lk 21** weitgehend den Aufriss von Mk 13 bei, während er weiteres Material in Lk (12–13 und) 17 bietet – möglicherweise Teile einer »Endzeitrede« aus Q. Charakteristisch für die lk Darstellung ist dabei der Satz aus Lk 17,21: »Das Reich Gottes ist allezeit bei euch.«

Im JohEv *fehlt* gänzlich eine solche Prophetie über die Endzeit. Allerdings enthalten die »Abschiedsreden« (Joh 13–17) Ankündigungen von *Verfolgungen der Gemeinde* (besonders in **Joh 16**), und Jesus verspricht, dass er wiederkommen und den Jüngern im Hause seines Vaters »Wohnungen« (wörtl.: »Bleiben«) bereiten werde (**Joh 14**). Insgesamt ranken sich diese Dialoge um die Frage der *bleibenden Gegenwart Jesu* in der Gemeinde *nach* seiner Rückkehr zum Vater. Hier erhält der »Heilige Geist«, der »Paraklet« eine entscheidende Funktion (vgl. dazu u. B.3 *Heiliger Geist*).

### *g) Letztes Mahl Jesu, Passion und Auferstehung*

Texte: **Mk 14–16**; **Mt 26–28**; **Lk 22–24 (+ Apg 1)**; **Joh 13–17.18–20**(.21); 1 Kor 11,23–25; 15(,3–5); (Phil 2,6–11; Kol 1,15–20); 1 Tim 6,13–16

Die wohl ältesten im Neuen Testament vorliegenden Zeugnisse über Jesus, die Paulus im 1 Kor anführt, beziehen sich auf seinen Tod und seine Auferstehung (**1 Kor 15,3–5**; vgl. 1 Kor 1; Phil 2,6–11 schließt auch die Menschwerdung, d. h. die Geburt ein) sowie auf die Handlungen und Worte beim letzten Mahl vor seiner Auslieferung (**1 Kor 11,23–25**). Das Faktum der Kreuzigung spielt zwar in der Theologie des Paulus eine wesentliche Rolle (vgl. 1 Kor 1), doch auf die »historischen« Ereignisse geht er in seinen Briefen sonst nicht ein.

In den Evangelien ist das herausragende Interesse an diesem Abschluss des Wirkens Jesu deutlich, die Passionserzählungen bilden v. a. im MkEv und im JohEv die theologischen Zielpunkte; dabei gehen die meisten Exegeten davon aus, dass **Mk 14–16** die älteste Fassung darstellt, welcher ein noch älterer Passionsbericht (PB) zugrunde liegt. Da **Lk 22–24** und **Mt 26–28** zahlreiche Sondertraditionen enthalten und das JohEv die gesamte Passionserzählung an vielen Punkten abweichend darstellt, ist eine genaue Kenntnis der Einzeltraditionen wichtig. Folgende Tabelle bietet zunächst einen Querschnitt der wesentlichen Gemeinsamkeiten und Abweichungen hinsichtlich einzelner Perikopen; allerdings sind nur die fett gedruckten Perikopen tatsächlich in *allen* vier Passionserzählungen vorhanden. Einzeltraditionen (»Sondergut«) sind kursiv gedruckt.

| Perikope | Mt | Mk | Lk | Joh |
|---|---|---|---|---|
| **Tötungsplan der Hohenpriester** | 26 | 14 | 22 | Passim |
| Salbung in Betanien | 26 | 14 | (7) | 12 |
| Vorbereitung des Passa | 26 | 14 | 22 | - |
| **Verrat des Judas** | 26 | 14 | 22 | 13 |
| ***«Abendmahl«*** | 26 | 14 | 22 | 13–17; (6) |
| (differierende) Einsetzungsworte | 26 | 14 | 22 | - |
| ***«Abschiedsreden«*** | 26 | 14 | **22!** | **13–17** |
| Gebet Jesu in Getsemani | 26 | 14 | 22 | - |
| **Gefangennahme** | 26 | 14 | 22 | 18 |
| **Jesus vor dem Hohen Rat** | 26 | 14 | 22 | 18 |
| *Hohepriester »Hannas«* | - | - | - | *18* |
| **Verleugnung des Petrus (3x)** | 26 | 14 | 22 | 18 |
| **Jesus vor Pilatus** | 27 | 15 | 23 | 18 |
| *Tod des Judas* | 27 | - | *(Apg 1)* | - |
| *Jesus vor Herodes* | - | - | *23* | - |
| **Freilassung des Barabbas** | 27 | 15 | 23 | 18 |
| Verspottung und Geißelung durch römische Soldaten | 27 | 15 | - | 19 |
| *»Ecce Homo«* | - | - | - | *19* |
| Simon von Kyrene | 27 | 15 | 23 | - |
| *Die weinenden Frauen* | - | - | *23* | - |
| **Kreuzigung** | 27 | 15 | 23 | 19 |
| **Titulus am Kreuz (INRI)** | 27 | 15 | 23 | 19 |
| *Gespräche der Gekreuzigten* | - | - | *23* | - |
| ***Tod*** | 27 | 15 | 23 | 19 |
| *Lanzenstich (Blut und Wasser)* | - | - | - | *19* |
| **Grablegung** | 27 | 15 | 23 | 19 |
| *Bewachung des Grabes* | *27* | - | - | - |
| **Leeres Grab** | 28 | 16 | 24 | 20 |
| *Bestechung der Wache* | *28* | - | - | - |
| Maria Magdalena | - | (16) | 24 | (19); 20 |
| *Emmaus-Jünger* | - | (16) | *24* | - |
| Erscheinungen Jesu in Jerusalem | - | (16?) | 24 | 20 |
| *Der zweifelnde Thomas* | - | - | - | 20 |
| Erscheinungen Jesu in Galiläa | 28 | (16?) | - | 21 |
| Himmelfahrt Jesu | - | (16) | 24/Apg 1 | - |

Die Übersicht verdeutlicht zunächst das im Wesentlichen *identische* Gerüst des Passionsberichtes. »Neuerungen« bieten das LkEv und das MtEv – neben wesentlichen Abweichungen bei der Darstellung des »letzten Mahls« (s. dazu u.: Thema B 2.: »Abendmahl«) – an drei Punkten. 1. Mt 27 (und Apg 1) schildern jeweils unterschiedliche Legenden zum Tod des Judas Iskariot: während er in Mt 27 als reuiger Sünder die 30 Silbertaler zurückgibt und sich erhängt, kauft er Apg 1 zufolge einen Acker und stürzt auf diesem zu Tode. 2. In Mt 27–28 wird die Tradition von der »Bewachung des Grabes« eingefügt: Pilatus erteilt hierzu den Auftrag, die Wächter werden später von den Hohenpriestern bestochen. 3. Lk 23 fügt eine Begegnung Jesu mit Herodes (*Antipas*) ein, verlängert dadurch also den Prozess Jesu um eine nicht unwesentliche Spanne.

Zahlreiche Abweichungen bieten die Ostergeschichten, was angesichts der Tatsache, dass die zumindest Mt und Lk vorliegende Darstellung des MkEv ursprünglich auf Erscheinungserzählungen Jesu verzichtete, nicht verwundert. Während Mt 28 von einem Missionsbefehl in Galiläa berichtet, ergänzt Lk 24 die Erscheinungen Jesu vor den Emmausjüngern und vor den Elfen um eine Himmelfahrt Jesu. Der so genannte »sekundäre Markusschluss« (Mk 16,9–20) harmonisiert die Aussagen und bietet neben einer Erscheinung vor den Jüngern und einem Taufbefehl ebenfalls einen Himmelfahrtbericht.

Die Passionserzählung im JohEv ist geprägt von zahlreichen *Sondertraditionen*: Die Salbung in Betanien (hier: durch Maria) wird vorgezogen (Joh 12), das Abendmahl um die Fußwaschungsszene ergänzt, eine »Einsetzung« des Mahls entfällt (Joh 13). Es folgen lange Dialoge mit den Jüngern über das Thema der Abwesenheit Jesu, verknüpft mit der Gabe des Liebesgebotes (13) und der Ankündigung des Parakleten (14–16); diese Gespräche münden in das Abschlussgebet Jesu (17). Es entfällt das Gebet in Getsemani vor der Gefangennahme, zusätzlich nennt Joh 18 einen zweiten Hohenpriester namens »Hannas« (vgl. aber Lk 3). Das Verhör vor Pilatus weicht deutlich von dem bei den Synoptikern ab, es wird abschließend ergänzt um das »Ecce Homo« (»Seht, welch ein Mensch!«). Jesus trägt sein Kreuz allein nach Golgota (*Simon von Kyrene* fehlt) und auch die Umstände bei der Kreuzigung (das Nicht-Zerreißen des Gewandes Jesu, der Geliebte Jünger unter dem Kreuz, das Nicht-Zerbrechen seiner Knochen, der Lanzenstich am Kreuz, das Zeugnis darüber) sind ebenso singulär in der neutestamentlichen Literatur wie die Tatsache, dass Jesus u. a. von Nikodemus bereits bei der Grablegung gesalbt wird (Joh 19). Auch die Ostererzählungen differieren deutlich gegenüber Mt und Lk (Geistgabe an die Jünger, der zweifelnde Thomas).

Auf die Ereignisse der Passionserzählungen rekurrieren u. a. Hebr 2, der möglicherweise auf die Getsemani-Szene anspielt, und der Bekenntnistext 1 Tim 6,13–16, der als einziger Text außerhalb der Geschichtswerke des Neuen Testaments den Namen Pontius Pilatus nennt. Umstritten ist, ob die Aussage des Paulus in 1 Kor 5,7 (»Als unser Passa ist Christus geopfert worden«) einen Hinweis auf den Todeszeitpunkt Jesu beinhaltet.

### *h) Letzte Worte Jesu am Kreuz*

Texte: **Mk 15,34; Mt 27,46; Lk 23,**34.43.**46; Joh 19,**26f.28.**30**

In der Liturgiegeschichte – vor allem der Kirchenmusik – sind die »Sieben letzten Worte Jesu« zu einer traditionellen Größe geworden – besonderen Nachhall haben die Vertonungen von H. Schütz und J. Haydn erfahren. Diese stellen eine Kombination und Harmonisierung der in den vier Passionsberichten genannten »Letzten Worte« dar.

**Mk 15,34** und **Mt 27,46** zufolge stirbt Jesus mit den **Worten aus Ps 22,2**: »**Gott, mein Gott, warum hast Du mich verlassen?**« (bzw. aram. »Eloi, Eloi, lama sabachthani?«) Dem widersprechen die Berichte des LkEv und des JohEv. **Lk 23** erwähnt drei »letzte Worte« Jesu, wobei das erste davon textkritisch umstritten, möglicherweise also *nicht* ursprünglich lukanisch ist: »*Vater, vergib ihnen, denn sie wissen nicht, was sie tun!*« (Lk 23,34). Nur das LkEv erwähnt zudem einen Dialog Jesu mit dem »Schächer am Kreuz«, der noch in der Stunde seines Todes seine Sünden bereut und daher von Jesus die Verheißung erhält: »*Heute noch wirst Du mit mir im Paradies sein.*« (Lk 23,43) Jesus stirbt **Lk 23,46** zufolge mit dem Ausruf auf den Lippen: »**Vater, in deine Hände befehle ich meinen Geist!**«

Das JohEv schildert Jesus in der Stunde seines Todes als souveräne und das Geschehen aktiv gestaltende Person – es überliefert daher drei von den Synoptikern abweichende »letzte Worte«. Zunächst bringt Jesus seine Mutter mit dem »Geliebten Jünger« (GJ) zusammen: »*Mutter, das ist dein Sohn – Sohn, das ist deine Mutter.*« (Joh 19,26) Damit setzt er den GJ symbolträchtig an seine eigene Stelle. Anschließend ruft er (»damit die Schrift erfüllt werde«): »*Mich dürstet*!« (19,28) Nachdem er einen Ysop (ein schwammartiges Kraut) voll Essig angereicht bekommt, stirbt er mit den Worten: **»Es ist vollbracht.« (19,30)** Das JohEv ergänzt (doppelsinnig), Jesus habe »den Geist aufgegeben« (vgl. Lk 23,46; bei Mk heißt es: »Er hauchte [den Geist] aus«).

Die *textpragmatische* Funktion der »letzten Worte« Jesu ist zwar umstritten, doch gilt in der antiken Geschichtsschreibung, dass die letzten Worte eines Menschen wesentliche Aussagen über dessen Identität bzw. seinen Charakter treffen.

### *i) (Christologische) Titel Jesu*

Im Folgenden geht es darum, die wesentlichen für Jesus verwendeten Titel zu benennen und allgemeine Tendenzen in den jeweiligen Schriften wiederzugeben. Eine erschöpfende Behandlung dieser Titel und Bezeichnungen (etwa im Blick auf die religionsgeschichtliche Herleitung oder spätere Deutungen) kann hier nicht geleistet werden.

1) **Christus**: Bereits der *Name* »Jesus Christus« beinhaltet einen – den scheinbar wichtigsten – Titel: **»Christus«**, *christos*, ist die griech. Übersetzung des hebr. *maschiach*, d. h. »Gesalbter« – oder eben **»Messias«**. Dass es sich um einen Titel handelt, zeigen v. a. das synoptische »**Christusbekenntnis**« (Mk 8,29 [vgl. Mt 16; Lk 9]) und die *Anklage des Hohenpriesters* (Mk 14,61 [vgl. Mt 26; Lk 22: dort identifiziert sich

Jesus mit dem »Sohn Gottes«]). Trotz – oder gerade wegen! – seiner Bedeutung wird dieser Titel im MkEv nur selten benutzt. In den neutestamentlichen Schriften ist »Christus« bereits vielerorts zu einem **Eigennamen** mutiert (so besonders im **MtEv** und bei **Paulus**) und hat damit seine Titelfunktion nach und nach verloren – lediglich im johanneischen Schrifttum (Joh 20,30; 1 Joh 2: »Jesus ist der Christus«), in Offb 11 und an wenigen Stellen bei Paulus sowie in den Missionspredigten der Apg (v. a. in Thessalonich [Apg 17]) ist dies noch erkennbar.

**II) SOHN (GOTTES)**: Der Titel »**Sohn Gottes**« spielt besonders im **MkEv** eine prominente Rolle, da er v. a. in Proklamationen an Jesus – z. T. indirekt – begegnet (1,1.11; 9,7; 15,39; vgl. 14,61). Den Vorgeschichten bei Mt und Lk zufolge ist Jesus bereits *von Geburt an* Gottes Sohn (Mt 2; Lk 1). Auch der Teufel (Q 4) und die Dämonen wissen um diesen Titel (Mk 3,11; 5,7). **Paulus** verwendet ihn bereits in alten Formeln (Röm 1,3f) und sinngemäß in Verbindung mit der Vorstellung Gottes als des »Vaters« Jesu Christi (1 Thess 1,10 u. ö.), aber nur selten als Syntagma (»Sohn Gottes«; z. B. Gal 2,20). In den Deuteropaulinen tritt diese Wendung in den Hintergrund, gehäuft findet sie sich wieder im **Hebräerbrief** (Hebr 1; 4,14 u. ö.).

An nur wenigen synoptischen Stellen (z. B. Mk 10,32 par; 28,19) bezeichnet sich Jesus selbst als »der **Sohn** (des Vaters)«, was im joh Schrifttum die wichtigste (Selbst-) Bezeichnung Jesu darstellt (vgl. Joh 1,18; 3,16–18; 20,31; 1 Joh 2); aus diesem Grund wird das synoptische Logion »Alles ist mir übergeben vom Vater, und niemand weiß, wer der Sohn ist, außer der Vater, und niemand weiß, wer der Vater ist, außer der Sohn …« (Mt 11,27/Lk 10,22) gerne als »johanneisch« bezeichnet.

**III) SOHN DAVIDS**: »Sohn Davids« ist, anders als »Sohn Gottes«, ein ursprünglich *messianischer* Titel, der aus der Königstradition des Alten Testaments stammt: Er steht also in enger Verbindung mit dem *Christustitel* und dem *Königstitel*. Dass Jesus »leiblich« bzw. »rechtlich« ein Davidide gewesen sei, behaupten die Kindheitslegenden (Lk 1–2; Mt 1–2) bzw. die Stammbäume Jesu (Mt 1; Lk 3). Bartimäus redet Jesus mit diesem Titel an (Mk 10), der auch im Munde der Jerusalemer beim »Einzug in Jerusalem« erschallt (Mk 11 parr), die Debatte um die *Davidssohnschaft* des Messias (Mk 12 parr) könnte aber auch als Kritik an dieser Vorstellung verstanden werden. Auffallend häufig kommt der Titel im **MtEv** vor.

Paulus verwendet diesen Titel nur indirekt in der Formel: »aus dem Samen Davids« (Röm 1,3f); er fehlt (als einziger Titel!) im JohEv.

**IV) MENSCHENSOHN**: Der Titel »Menschensohn« fungiert (ausschließlich) in den Evangelien (u. a. in den »Leidensankündigungen«; Mk 8,31–33 u. ö.) und der Offb (1; 14) als (Selbst-)Bezeichnung Jesu, wobei in den jeweiligen Kontexten deutlich wird, dass damit ursprünglich eine endzeitliche Richtergestalt gemeint ist (vgl. Dan 7; 10; Ez 1).

Dass Jesus damit in alttestamentlicher Weise von sich als »Mensch« bzw. »Menschenkind« spreche, wie auch der Prophet Ezechiel von Gott angeredet wird (vgl. Ez 2–3), wird in der neutestamentlichen Exegese zwar gelegentlich behauptet, ist aber angesichts des Textbefundes fraglich.

**v) Herr (»Kyrios«)**: Als »Herr« (gr. *kyrios*) wird Jesus besonders in **Mt** und **Lk** (seltener in Mk) von seinen Jüngern angeredet. Für **Paulus** ist dies die wichtigste Bezeichnung für den (zu Gott erhöhten) Christus, der seiner Auffassung nach als »Herr(scher)« die Welt regiert. Auch im **JohEv** begegnet diese Bezeichnung als Titel an exponierten Stellen (besonders in Joh 13; 21 und in einigen Erzählerkommentaren [Joh 6,23; 11,2]), ebenso in der Offb.

Da *kyrios* auch als griechische Übersetzung des Gottesnamens in der LXX fungiert, ist darin bereits die spätere Sicht angelegt, Jesus als »Gott« anzusehen.

**vi) Prophet**: Im **LkEv** und in der **Apg** findet sich gehäuft die Bezeichnung Jesu als eines **Propheten**, der auch als »leidender Gerechter« im Fokus steht. Im **JohEv** wird Jesus mehrfach als *ein* oder *der Prophet* identifiziert (Joh 4; 6; 7; vgl. Dtn 18).

**vii) König**: Im Zentrum der synoptischen Verkündigung Jesu steht die Königsherrschaft *Gottes* – Jesus selbst bezeichnet sich dort nie als König. Der Kreuzesinschrift (lat. *titulus*) zufolge wurde Jesus als »König Israels« bzw. »der Juden«, d. h. als *Messiasprätendent* hingerichtet (vgl. Mk 15 parr), was bereits der »Einzug in Jerusalem« suggeriert (Mk 11 parr). Allein das **JohEv** thematisiert in besonderer Weise die Vorstellung, dass Jesus König von Israel (Joh 1; vgl. Joh 6), sein »Reich« jedoch nicht von dieser Welt ist (Joh 18–19).

In Offb 19 erscheint der »Reiter auf dem weißen Pferd«, der »Logos Gottes« (s. u.) auch als »König der Könige und Herr der Herren«.

**viii) Der Hohepriester**: Als »Hohenpriester« (nach der Ordnung Melchisedeks, vgl. Gen 14) bezeichnet der **Hebräerbrief** Jesus (v. a. Hebr 2; 8–10). In Überbietung der alttestamentlichen Priester (besonders des »Hohenpriesters«) hat dieser sündlose Hohepriester sich selbst (als Opfer für alle Sünden) dargebracht, und zwar ein für allemal (gr. *ephapax*; Hebr 7; 9).

**ix) Lamm Gottes (*amnos theou*) bzw. Lamm (*arnion*)**: Im Neuen Testament singulär ist die in der christlichen Abendmahlsliturgie fest verankerte Bezeichnung Jesu durch den Täufer als »Lamm Gottes, das die Sünde der Welt hinweg trägt«, die sich so nur im **JohEv** findet (Joh 1). In der **Apokalypse** ist »Lamm« (dort: *arnion*) die wichtigste Bezeichnung für Christus: Als *geschlachtetes* Lamm ist es Träger göttlicher Macht und teilt sich daher mit Gott den Thron (Offb 22).

**x) Logos (Wort [Gottes])**: Ausschließlich im Johannesprolog (Joh 1,1–18) wird Jesus als göttlicher (und präexistenter) Logos bezeichnet. In Offb 19 trägt auch der

Reiter auf dem weißen Pferd die Bezeichnung »Logos (Wort) Gottes«, weshalb er von den Auslegern meist mit Christus identifiziert wird.

**XI) GOTT**: Nur im JohEv wird Jesus eindeutig als Gott tituliert (im Thomasbekenntnis: **Joh 20**), was durch die Aussage, dass der *Logos* Gott war (1,1) sowie den Gedanken der Einheit Jesu mit dem Vater (10,30) vorbereitet wird.

**XII) LEHRER/MEISTER** (= Rabbi): In den synoptischen Evangelien wie auch bei Joh wird Jesus gelegentlich als »Lehrer« bzw. »Rabbi« angeredet. Dies ist zwar kaum ein *christologischer* Titel, er verdeutlicht aber einen weiteren Aspekt im Jesusbild der Evangelien, der maßgeblich für die Darstellung der Anhänger als »Jünger« (= Schüler) ist.

## 3. Jünger Jesu, die »Zwölf« und die »Apostel«

Die Überschrift verrät ein grundlegendes Problem: Diese ursprünglich zu unterscheidenden drei Gruppen werden nicht nur in der Rezeption, sondern teilweise auch *im* Neuen Testament selbst miteinander *identifiziert*. Der Ausdruck »Jünger Jesu« ist zunächst als »Oberbegriff« zu verstehen, während die »Zwölf« und die »Apostel« jeweils spezifische Gruppierungen bezeichnen.

### *a) »Jünger Jesu« (mathêtês)*

Der Ausdruck »Jünger« (gr. *mathêtês*) bezeichnet wörtlich eine »Schülerin« oder einen »Schüler« Jesu, d.h. jemanden, der ihm nachfolgt und von ihm lernt bzw. seinen Weisungen gemäß lebt. Im Neuen Testament werden hauptsächlich die *Jesus Nachfolgenden* bzw. ihn begleitenden Personen »Jünger« genannt; dabei erscheinen gelegentlich auch »Jünger der Pharisäer« (Mk 2) oder »Jünger des (Täufers) Johannes« (Mk 2; vgl. Joh 1; 3; Apg 19). Zu den »Jüngern Jesu« zählen demnach alle, die Jesus *nachfolgen* oder ihm anhängen.

Im MkEv sind außer den »Zwölfen« (s.u.) sogar noch weitere Jüngergestalten *namentlich* bekannt: der Zöllner Levi (Mk 2) und der blinde Bartimäus aus Jericho (Mk 10). In Mk 4 bei der *Parabeltheorie* wie in Mk 14 beim Passamahl wird klar zwischen den »Jüngern« und den »Zwölfen« differenziert. Die in Mk 15 genannten Frauen, die Jesus nachfolgen, sind demnach als *Jüngerinnen* anzusehen (s. dazu ausführlich u. A.7).

Bei den Seitenreferenten wird besonders hervorgehoben, dass »Jüngerschaft« auch die Zeit nach Ostern betrifft. Prägnant wird dies im Missionsbefehl (**Mt 28**) formuliert: *Alle Völker* sollen zu »Jüngern« gemacht werden, indem sie »auf den Namen des Vaters, des Sohnes und des Heiligen Geistes« getauft und in der Lehre Jesu unterwiesen werden.

**Lk 10** schildert eine Aussendung von 70 bzw. 72, die aber *nicht* als »Jünger« bezeichnet werden (dies wird in den Bibelübersetzungen oft nicht deutlich!). In **Lk 14,** zwischen dem Gleichnis vom »Großen Gastmahl« und den Gleichnissen vom Verlorenen, werden hingegen über Mk und Mt hinausgehende *Bedingungen für das »Jünger-Sein«* formuliert: 1) Distanzierung von der eigenen Familie bis hin zur Verachtung *des eigenen Lebens*, 2) Tragen des Kreuzes und Nachfolge Jesu, 3) Lossagen von allem Besitz. *Wer dies nicht tut, »der kann nicht mein Jünger sein«* (14,26.27.33). In der **Apg** geht der Begriff »Jünger« auf alle Christen über (**Apg 11,26**) und bezeichnet sowohl die Gemeindeglieder in Jerusalem (Apg 6) als auch die von Paulus Missionierten (Apg 18; 20 u. ö.). Die einzige explizit als »Jüngerin« (*mathêtria*) bezeichnete Frau ist die von Petrus auferweckte Tabitha (Apg 9). Letztmalig ist im Rahmen der Missionsreisen von *Jüngern* in Cäsarea die Rede (Apg 21). König Agrippa II. hält es für denkbar, dass ihn Paulus zum »Christen« machen könnte (Apg 26).

Im **JohEv** sind die ersten Jünger, die Jesus nachfolgen, ehemalige »Johannesjünger« – einer davon ist Andreas, der Bruder des Simon Petrus (**Joh 1**). **Joh 4** zufolge »macht« Jesus mehr Jünger als Johannes, ein Ausdruck, der mit der *Taufe* parallel läuft. Auch das JohEv differenziert zwischen den »Zwölfen« und den Jüngern (**Joh 6**; **20**), *Josef von Arimathäa* ist gar ein »heimlicher Jünger Jesu« (Joh 19). Im Anschluss an die »Lebensbrotrede« in Kafarnaum kommt es zu einer Spaltung in der Jüngerschaft (**Joh 6**). **Joh 13**,35 zufolge ist das Kennzeichen der Jüngerschaft die wechselseitige Liebe. Eine spätere Aussendung der Jünger wird nicht geschildert, doch zumindest findet sich ein »Sendungslogion« (17,18), und die Jünger empfangen in Joh 20 den Heiligen Geist, verbunden mit der Vollmacht, Sünden zu vergeben oder zu behalten.

Es ist darüber hinaus zu betonen, dass in der gesamten Briefliteratur der Begriff »Jünger« bzw. Schüler keine Verwendung findet!

### *b) Die »Zwölf«*

Texte: **Mk 3**; **6**; **Mt 10**; Lk 6; 9; (Apg 1); **Joh 6**; 20; **1 Kor 15,5**

Eine spezielle Gruppierung innerhalb der Jüngerschaft ist der Kreis der »Zwölf«, den Jesus nach Darstellung der Synoptiker einsetzt und *aussendet* (Mk 3; 6; Mt 10; Lk 6; 9); das JohEv kennt diese Gruppe zwar auch (Joh 6; 20), doch bietet es keine Auflistung der Jüngernamen; außerdem kennt es einen Jünger Natanael aus Kana (Joh 1; 21), der in sämtlichen synoptischen Jüngerlisten fehlt; unklar ist zudem die Identität des »Geliebten Jüngers« (Joh 13; 18–21). Da auch dort die Angaben der Namen geringfügig differieren, soll folgende Tabelle einen Überblick geben:

| **Mt 10,2–4** | **Mk 3,16–19** | **Lk 6,14–16 (Apg 1,26)** | **Joh 1; 6; 11–16; 20–21** |
|---|---|---|---|
| Simon Petrus | (Simon) Petrus | Simon Petrus | Simon Petrus (1) |
| Andreas, Simons Bruder | Andreas | Andreas, sein Bruder | Andreas (1; 6; 12) |
| Jakobus Zebedäus | Jakobus Zebedäus | Jakobus (Zebedäus) | (Die [Söhne] des Zebedäus) (21) [GJ?] |
| Johannes (Zebedäus) | Johannes (Zebedäus) | Johannes (Zebedäus) | |

| Philippus | Philippus | Philippus | Philippus (1;6;12;14) |
|---|---|---|---|
| Bartholomäus | Bartholomäus | Bartholomäus | [Natanael?] |
| Matthäus (Zöllner) | Matthäus | Matthäus | [*Natanael?*] |
| Thomas | Thomas | Thomas | Thomas (11; 20) |
| Jakobus des Alphäus | Jakobus des Alphäus | Jakobus des Alphäus | ----- |
| Thaddäus | Thaddäus | *Judas, der des Jakobus* | *Judas »nicht Iskariot«* (14) |
| Simon Kananäus | Simon Kananäus | Simon *der Zelot* | ----- |
| Judas Iskariot | Judas Iskariot | Judas Iskariot (→ Matthias) | Judas Iskariot (6; 13) |
| | | | Natanael (1; 21) |
| | | | «Geliebter Jünger« (13) |

Nicht berücksichtigt ist hier die teilweise abweichende *Reihenfolge* der Namen in den jeweiligen Aufzählungen. In der späteren christlichen Kunst wird Judas Iskariot meist durch Paulus ersetzt, der zudem an die zweite Stelle hinter Petrus rückt. »Judas, der des Jakobus« (der Bruder Jesu?), wird mit Thaddäus gleichgesetzt (zu »Judas Thaddäus«), Bartholomäus mit »Natanael« (manche nehmen dagegen an, hinter Natanael verberge sich der Jünger Matthäus [hebr. Mattanja]). Die Tradition identifiziert zudem den »Geliebten Jünger« bereits im 2. Jh. mit dem Zebedaiden Johannes, dem somit die Autorschaft des JohEv (vgl. Joh 21) zugeschrieben wird.

Zumindest die beiden erstberufenen Brüderpaare (Mk 1; Mt 4; Lk 5) stehen bei den Synoptikern in sämtlichen Listen an der Spitze. Petrus und die Zebedaiden (zuletzt auch Andreas) spielen im MkEv eine besondere Rolle, da sie Jesus bei besonderen Anlässen als einzige begleiten: bei der Auferweckung der Tochter des Jairus (Mk 5), bei der Verklärung Jesu (Mk 9) und bei seinem Gebet in Getsemani (Mk 14). Allein bei der Endzeitrede (Mk 13) tritt auch Andreas zu diesem »*Inner Circle*« hinzu.

**Mt 10** spricht bereits programmatisch von den »zwölf Jüngern«, als hätte Jesus sonst keine weiteren Jünger gehabt. Diese Ausschließlichkeit der »Zwölf« und das Problem des fehlenden Judas reflektiert auch der Missionsbefehl in Mt 28: Dort ist dementsprechend von den »elf Jüngern« die Rede. Das **LkEv** und die **Apg** sprechen bereits konsequent von den »zwölf Aposteln« (s. u.).

Den Kreis der »Zwölf« erwähnt auch eine von Paulus zitierte alte Tradition in **1 Kor 15,5**: daraus geht hervor, dass Petrus der erste Auferstehungszeuge war, dann »die Zwölf«. Dass später noch »Jakobus« und »alle Apostel« erwähnt werden, verdeutlicht, dass der Begriff »Apostel« mit dem der »Zwölf« ursprünglich *nicht* identisch war. Es bleibt der einzige Beleg in der Briefliteratur für die »Zwölf« (zu Offb 21,14 s. u. 3.c).

### c) Die »Apostel«

Texte: (s. o.); **Apg 1**; **14**; **Gal 1**; **1 Kor 9**; **12**; **15**; **2 Kor 11**; Eph 2; Offb 21

Die kirchliche Tradition hat den v. a. lukanischen Begriff der »zwölf Apostel« als Institution rasch übernommen, doch dies entspricht weder dem Sprachgebrauch des Urchristentums noch dem des gesamten Neuen Testaments. Paulus versteht unter Aposteln alle mit der Mission, d. h. der Verkündigung des Evangeliums beauftragten Christen. Dazu zählen nach seiner Auskunft auch Barnabas und Jakobus; allerdings scheint er zumindest eine Beauftragung durch Jesus (den auferstandenen, erhöhten *Herrn*) vorauszusetzen.

Die Bezeichnung der »Zwölf« als »Apostel« dürfte bereits früh durch Mk 6,30 inspiriert worden sein: Bei der Rückkehr der von Jesus »ausgesandten« (gr. *apostellô*) Jünger werden diese als »Gesandte« (gr. *apostolos* = Gesandter, »Apostel«) bezeichnet; ähnlich wirkt die Bezeichnung der »zwölf Jünger« als »zwölf Apostel« zu Beginn der »Aussendungsrede« Mt 10 (vgl. auch Joh 13: »Ein ›Apostel‹ ist nicht größer als der, der ihn gesandt hat«).

Dagegen verwendet der dritte Evangelist bereits den Begriff der »Zwölf Apostel« als (spätere) Amtsbezeichnung, was er in **Lk 6**; 9; 17; 22 und 24 vorbereitet, wo er bereits von »den Aposteln« im Blick auf die (zwölf) Jünger spricht. Erst in **Apg 1** wird der Begriff definiert: Weil Judas tot ist, müssen die »elf Apostel« einen zwölften (durch Losentscheid) nachwählen, der von der Taufe bis zur Himmelfahrt ein Zeuge der Ereignisse gewesen sei. Das Los fällt auf *Matthias*. In Apg 14,4.14 werden auch Paulus und Barnabas »Apostel« genannt, was demnach dem Sprachgebrauch des Autors widerspricht (und hier vielleicht den Sinn von »Abgesandten« [der antiochenischen Gemeinde] haben soll). Das fällt besonders deshalb auf, weil *nach* dem »Apostelkonzil« (Apg 15) von »Aposteln« gar keine Rede mehr ist: Der letzte Beleg in Apg 16,4 bezieht sich auf die »Beschlüsse« der Apostel vom »Apostelkonzil«. Beginnt also mit der Paulusmission eine »apostellose Zeit«?

**Paulus** selbst hingegen bezeichnet sich durchweg als (berufener) Apostel, so besonders programmatisch in den Präskripten seiner Briefe (Röm 1,1; 1 Kor 1,1; 2 Kor 1,1; Gal 1,1), ja er ist »Apostel der Völker« (Röm 11). Da sein Apostolat offenbar in Frage steht, betont er dies mehrfach und stellt seinen Gegnern und Gemeinden ein eigenes Verständnis des Apostolats dar (s. dazu ausführlich u. Thema A 5.d): Apostel sind demnach *von Christus selbst berufene Missionare* (**Gal 1**), auch *Epaphroditus* (Phil 2; s. u.) sowie *Andronicus* und *Junia* (Röm 16) sind Apostel; sie stellen eine eigene Gruppe von Amtsinhabern dar (**1 Kor 12**). Aus **1 Kor 9** geht hervor, dass die »anderen Apostel« von ihren Ehefrauen begleitet wurden – ihnen stellt Paulus die »Brüder des Herrn« und »Kephas« (Petrus) an die Seite, von denen er in Gal 1 sagt, sie seien »vor ihm« Apostel gewesen (dort: *Petrus* und der Herrenbruder *Jakobus*). In **2 Kor 11** setzt er sich gegen »falsche Apostel« (Pseudapostel) zur Wehr, bei denen es sich offensichtlich um judenchristliche Missionare handelt (sie bezeichnen sich als Hebräer, Israeliten, Kinder Abrahams und Diener Christi). Als Zeichen eines Apostels nennt Paulus u. a. sogar »Zeichen und Wunder« (2 Kor 12).

Die Pastoralbriefe und Kol übernehmen diesen Apostelbegriff des Paulus, wobei der Apostolat nun eine Zuspitzung erfährt: Das stellvertretende Leiden des Apostels wird hervorgehoben, seine Aufgabe nicht mehr in der Gemeindegründung, sondern stärker in der Ermahnung und Verkündigung gesehen (**Kol 1**; vgl. 2 Tim). Im Epheserbrief begegnen die »Apostel« zusammen mit den »Propheten« als Größen der Vergangenheit (**Eph 2**). Sie sind als »heilige Apostel« mit den

Propheten Verkünder der Geheimnisse Gottes (vgl. Eph 3). Hebr 3 bezeichnet Jesus selbst als »Apostel«, die Autoren des 1/2 Petr reklamieren die paulinische Bezeichnung »Apostel Jesu Christi« wiederum für Petrus; unklar ist die inhaltliche Bestimmung des Begriffs in Jud 17.

In der Schlussvision Offb 21 erscheint das himmlische Jerusalem, erbaut auf zwölf Grundsteinen, welche die »zwölf Namen der Apostel des Lammes« tragen. Hier hat sich die lukanische Vorstellung des »Zwölferapostolats«, verbunden mit der Idee aus Eph 2 (»die Kirche ist erbaut auf dem Grund der Apostel und Propheten«), durchgesetzt. Daneben nennt Offb 2 auch solche, die sich *fälschlicherweise* als Apostel bezeichnen.

Vgl. dazu ergänzend A 5.d (Apostolat des Paulus) und B 10 (Gemeindestruktur/Ämter).

### *d) Die »Sieben« (»Diakone«)*

Texte: **Apg 6–8**; 21

In **Apg 6** wird ein urchristlicher Streit um die Witwenversorgung (hier: gr. *diakonia*) zwischen »Hebräern« und »Hellenisten« geschildert. Die Jerusalemer »Apostel« sehen die Verkündigung des »Wortes« gefährdet und wählen deshalb die »Sieben« (vgl. Apg 21) aus, sieben Männer aus dem Kreis der Hellenisten, d. h. der *griechisch sprechenden Juden*. Da sie zum »Tischdienst« (»Diakonie«) beauftragt werden, werden sie traditionell die »sieben Diakone« genannt – diese Bezeichnung ist jedoch angesichts ihrer Bedeutung in der Apg irreführend. Ihre Namen lauten: **Stephanus**, **Philippus**, Prochorus, Nikanor, Timon, Parmenas sowie *Nikolaus*, ein *Proselyt* aus Antiochia.

Stephanus und Philippus beschränken ihre Wirksamkeit offenkundig nicht auf diesen »Tischdienst«, sie betreiben Verkündigung. Während Stephanus in **Apg 7** wegen seiner *Tempelrede* gesteinigt wird (hier wird erstmals *Saulus Paulus* erwähnt), wirkt Philippus (**Apg 8**), der in Apg 21 als »Philippus der Evangelist, einer von den *Sieben*« bezeichnet wird, als Missionar in Samarien.

Außerhalb der Apg finden diese Personen keine Erwähnung. Bisweilen wird angenommen, die in den Sendschreiben an Ephesus und Pergamon genannten »Nikolaiten« (Offb 2) seien Anhänger des hier genannten *Proselyten* Nikolaus.

## 4. Zentrale Gestalten der Urgemeinde aus dem Kreis der »Zwölf«

### *a) Simon Petrus (»Kephas«) – der »Gemeindeleiter«*

Texte: **Mk 1; 8; 14; Mt 4; 16; 26; Lk 5; 9; 22; Joh 1; 6; 13; 18; 20–21; Apg 1–12.15; Gal 1–2; 1 Kor 1; 9; 15,3–5**; 1/2 Petr

Nach Darstellung aller Evangelien gehört der Fischer **Simon aus Kafarnaum** mit seinem Bruder Andreas zu den erstberufenen Jüngern Jesu (Mk 1; Mt 4; in der Darstellung abweichend Lk 5; Joh 1), an die in der markinischen Darstellung als Dreier- bzw. Vierergruppe (Petrus, Jakobus, Johannes, teilweise auch Andreas) an einigen

Stellen besondere Offenbarungen ergehen (Mk 5 [Tochter des Jairus]; 9 [Verklärung]; 13 [Endzeitrede – dort mit Andreas]). Zu den ersten Personen, die Jesus in Kafarnaum heilt, gehört auch die Schwiegermutter des Petrus.

Bei der Einsetzung der »Zwölf« (s. o.) erhält er zunächst den Beinamen »Petrus«, ohne dass dies näher erläutert würde – eine Deutung bieten nur Mt 16 und Joh 1 (s. u.). Nach **Mt 16** heißt er »Simon *Barjona* (*aram.* = Sohn des Jona)«, im JohEv hingegen »Simon, (Sohn) des Johannes« (Joh 1; 21). Seine zentrale Bedeutung in den Evangelien erhält Petrus positiv durch das so genannte messianische **»Petrusbekenntnis«**: »Du bist der Christus« (Mk 8,29; Mt 16,16; Lk 9; anders Joh 6: »Du bist der *Heilige Gottes*«), negativ durch seine dreifache **Verleugnung Jesu** im Kontext der Passionserzählungen (Mk 14; Mt 26; Lk 22; Joh 13.18). Diese Ambivalenz, die im MkEv vorherrscht, verschiebt sich jedoch bei den Seitenreferenten: In **Mt 16,16–19** erhält Simon den Namen »Kephas« (aramäisch; gr. = *petros* = »Fels«) und damit verbunden die Verheißung, der »Fels« der Gemeinde zu sein, und ihm wird die »Schlüsselgewalt« zugesprochen. Er kann sogar wie Jesus auf dem See wandeln (**Mt 14**). In der lukanischen Darstellung wird seine Berufung bei einem wundersamen Fischzug (Lk 5) besonders herausgestellt – hier ist Petrus der Erstberufene schlechthin – und zugleich fehlt dort die Zurückweisung des Petrus im Kontext der »ersten Leidensankündigung« (Mk 8 bzw. Mt 16: »Satan«; diese Bezeichnung fehlt in Lk 9); außerdem wird die Verleugnung deutlich gemildert (vgl. Lk 22).

Im JohEv tritt das Ansehen des Petrus deutlich zurück. Bereits bei seiner Berufung (als »Dritter«, direkt nach seinem Bruder Andreas) erhält er das »Felswort« (**Joh 1**; vgl. Mt 16) zugesprochen (das sowohl bei Mk als auch bei Lk nicht begegnet!). Beim »Petrusbekenntnis« (**Joh 6**) wird seine Rolle als »Sprecher« der »Zwölf« deutlich, die ab **Joh 13** jedoch in Konkurrenz zum »Geliebten Jünger« tritt. Zu der »Sprecherrolle« passt auch, dass Petrus als »Schwertträger« bei der Gefangennahme Jesu auftritt und von Jesus zurechtgewiesen werden muss. Die Konkurrenz zum geliebten Jünger (GJ) wird auch in **Joh 18** deutlich, wo ein namenloser Jünger Petrus überhaupt erst den Zugang zum Hof eröffnet; sie wird erneut in Joh 20 beim »Wettlauf zum Grab« und schließlich in **Joh 21** hervorgehoben, wo Petrus von Jesus dreimal zum »Hirten der Gemeinde« beauftragt wird, nachdem er dreimal seine Liebe zu Jesus versichern muss. Dabei schimmert durch, dass das Wort der Nachfolge an Petrus auf sein **Martyrium** verweist, das er bereits in Joh 13 ankündigt (vgl. zum Martyrium in Rom 1 Clem 5,9; auch 2 Petr 1; evtl. 1 Petr 5).

In der **Apostelgeschichte** ist Petrus die *überragende Gestalt der Frühzeit*. Er ist Wortführer der »zwölf Apostel« (**Apg 1**), deutet das Pfingstereignis in einer großen Rede (**Apg 2**), heilt Kranke, wirkt als Wundertäter, treibt Dämonen aus und weckt sogar Tote auf (Apg 3; 5; 9 u. ö.). Daneben bekehrt und tauft er den heidnischen Hauptmann Cornelius (**Apg 10–11**) und wird damit in der Apg zum ersten Heidenmissionar, plädiert sogar auf dem Apostelkonzil (Apg 15) für die beschneidungsfreie Heidenmission. An Pessach wird er von einem Engel auf wundersame Weise aus dem Gefängnis befreit (Apg 12). Nach dem Apostelkonzil verliert sich seine Spur.

Dieses Bild deckt sich an vielen Punkten mit dem, was Paulus in seinen Briefen mitteilt. In **Gal 1–2** erwähnt er, dass Petrus, den er meist »Kephas« nennt, eine der drei »Säulen« der Urgemeinde (neben dem Zebedaiden Johannes und dem Herrenbruder Jakobus) gewesen sei; mit ihm trifft Paulus drei Jahre nach seiner Berufung als erstem aus dem Zwölferkreis zusammen. Den Apostel*konvent* stellt Paulus jedoch in einigen Details anders dar – demnach war Petrus nicht von Anfang an ein Verfechter der gesetzesfreien Heidenmission und macht beim so genannten »Antiochenischen Zwischenfall« (Gal 2) eine äußerst schlechte Figur, sodass er sich von Paulus den Vorwurf der Heuchelei gefallen lassen muss. Der alten Gemeindetradition **1 Kor 15,3–5** zufolge ist Petrus (»Kephas«) erster Zeuge der Auferstehung Jesu gewesen (vgl. das möglicherweise alte Traditionsstück Lk 24,34!). Paulus überliefert indirekt, dass Petrus zusammen mit seiner Ehefrau als Missionar gewirkt hat (1 Kor 9; vgl. Mk 1: »Schwiegermutter des Petrus«), wohl auch in Korinth, wo sogar eine »Kephaspartei« existiert – Christen, die Petrus vermutlich bekehrt und getauft hat (1 Kor 1).

Als Briefautor findet Petrus in 1/2 Petr Erwähnung – allerdings stammen diese Briefe mit Sicherheit nicht von ihm. Während der 1 Petr durch die Erwähnung des Silvanus (s. u.) als Briefüberbringer (1 Petr 5) eine Nähe zu Paulus suggeriert, bezeugt der Autor des 2 Petr seine Kenntnis von Sammlungen einzelner Paulusbriefe, worin »manches schwer verständlich« sei und daher von »Unwissenden« verdreht werde (2 Petr 3). Dies könnte bereits auf die Existenz der frühen Gnosis hinweisen.

### *b) Die »Söhne des Zebedäus«: Jakobus und Johannes*

Texte: Mk 1; 3; **10**; 13; **Lk 9**; **Apg 1**; 3; 8; **12**; Gal 2,9

Jakobus und Johannes, die *Söhne des* (ansonsten unbekannten) *Zebedäus* waren nach Darstellung der Synoptiker Fischer, arbeiteten zusammen mit Petrus und Andreas in Kafarnaum und gehören mit ihnen zu den vier erstberufenen Jüngern Jesu (vgl. dazu das unter 3.b und 4.a Gesagte). Nur in Mk 3 ist die zusätzliche (aram.) Bezeichnung der Zebedaiden durch Jesus als »*Boanerges*« (= »Donnersöhne«) erwähnt. Am Ende des Weges nach Jerusalem (Mk 10) kommt es zu einem Konflikt mit Jesus, weil sie ihn bitten, im Reich Gottes zu seiner Rechten und seiner Linken sitzen zu dürfen. Jesus weist dies ab, kündigt aber zugleich deren *Martyrium* (»Bluttaufe«) an.

Das LkEv schildert die Zebedaiden zu Beginn seines »Reiseberichts« gar als »Racheengel«: Sie wollen für das ungastliche Dorf der Samaritaner ein »Feuer vom Himmel« (*wie bei Elija: 2Kön 1*) erbitten und es so zerstören. Jesus weist sie daraufhin zurecht (**Lk 9**,54).

In der Apg spielen beide Gestalten im Urchristentum zwar eine herausgehobene Rolle im Kreis der »Apostel«, ihre Darstellung bleibt aber ausgesprochen blass. **Jakobus** wird nach **Apg 12** unter Herodes Agrippa I. enthauptet. Sein Bruder **Johannes** wirkt als Begleiter des Petrus nur in dessen Schatten (**Apg 3; 8**); letztmals erwähnt ihn die Apg (indirekt) in Kap. 12 (»Jakobus, *der Bruder des Johannes*«); bei der Schilderung des Apostelkonvents (Apg 15) wird er bereits nicht mehr genannt.

Im Unterschied dazu kam *Johannes Zebedäus* nach Darstellung des **Paulus** im Urchristentum eine exponierte Funktion zu, der ihn eine der drei »Säulen« nennt und seine Anwesenheit beim Apostelkonvent (neben Petrus und dem »Herrenbruder Jakobus«) ausdrücklich hervorhebt (**Gal 2,9**). Über sein weiteres Schicksal finden sich in den neutestamentlichen Schriften keine Hinweise.

Ende des 2. Jh. geht die kirchliche Tradition davon aus, dass *Johannes Zebedäus* der Verfasser des JohEv und der drei Johannesbriefe sei (trotz ebenfalls kursierender Ansichten, dass er bereits zusammen mit seinem Bruder das Martyrium erlitten habe, vgl. Mk 10). Später setzt sich auch die seit Justin bezeugte Ansicht durch, der Zebedaide Johannes habe die Apokalypse verfasst (dies wird aber noch bis ins 4. Jh. bezweifelt). Keine dieser Angaben ist *bibelkundlich* gesichert – und daher auch *kein Bestandteil bibelkundlichen Wissens.* Weder Joh 21 noch 1 Joh 1 noch 2/3 Joh geben den *Namen* des Verfassers preis, und die Offb nennt als ihren Verfasser lediglich einen »Johannes«, ohne ihn mit einem bestimmten, aus der Geschichte des Urchristentums bekannten Johannes zu identifizieren.

### *c) Der »Verräter«: Judas Iskariot*

Texte: **Mk 3; 14; Mt 26–27; Lk 22; Apg 1; Joh** 6; **12; 13; 18**

*Judas Iskariot* gehört zwar streng genommen *nicht* in die Geschichte des »Urchristentums«, da sich seine Spur nach der Kreuzigung und Auferstehung Jesu bereits schnell verliert. Er ist aber wirkungsgeschichtlich eine der bedeutendsten Gestalten des *Zwölferkreises.*

Allein die Evangelien und die Apostelgeschichte benennen einen Jünger aus dem Kreis der »Zwölf« als den, der Jesus »ausgeliefert« (gr. *paradidonai*) habe. In der ältesten Darstellung findet sich dieser Hinweis bereits bei der Berufung des Judas Iskariot (**Mk 3**), der in der Liste der »Zwölf« stets als letzter erscheint (vgl. Mt 10; Lk 6). Erst in den Passionserzählungen wird seine Rolle als »Auslieferer« und damit faktisch als »Verräter« deutlich. Nach **Mk 14** bietet Judas im direkten Anschluss an die Salbung Jesu in Betanien den Hohenpriestern an, Jesus auszuliefern, wofür sie ihm Geld versprechen. Beim letzten Mahl, vor den »Deuteworten«, prophezeit Jesus, »einer von den Zwölfen« werde ihn ausliefern, gibt jedoch den Namen nicht preis (»der mit mir in die Schüssel eintaucht« ist hier noch *kein* »Erkennungszeichen«). Judas taucht später mit einer bewaffneten Schar im Garten Getsemani auf und verrät Jesus mit einem Kuss als Erkennungszeichen. Danach verliert sich seine Spur.

Diese Darstellung liegt auch den Seitenreferenten zugrunde, die das Judasbild allerdings weiter »ausschmücken«:

**Mt 26** zufolge erhält Judas »30 Silberstücke« (vgl. Sach 11,12) und wird beim Mahl von Jesus identifiziert. In **Mt 27** bereut Judas seine Tat, gibt den Hohenpriestern das Geld zurück und erhängt sich. Diese kaufen von dem Geld einen Acker, den so genannten »Blutacker«.

In **Lk 22** hingegen fährt der »Satan« in den Judas und gibt ihm den Plan ein, Jesus auszuliefern. Eine Identifikation bei Tisch hingegen findet nicht statt, von einer Reue nach der Auslieferung wird ebenfalls nicht berichtet. Sein Ende wird erst in **Apg 1** geschildert – Judas kauft von dem Geld einen Acker und verunglückt dort tödlich – *deshalb* heiße dieser Acker »Blutacker« (aram. *Akeldama*).

Eine stärkere *Dämonisierung* des Judas bietet das JohEv. In **Joh 6** wird Judas als ein »Teufel« bezeichnet, in **Joh 12** ist er es allein, der Kritik an der *verschwenderischen* Salbung Jesu durch eine Frau (dort: »Maria«, die Schwester des Lazarus) übt. Hier wird er gar als »Dieb« gebrandmarkt, der eine »Geldkasse« bei sich trage. Nach **Joh 13** ist es zwar der Teufel, der Judas den Verrat ins Herz gibt (später wird gesagt, der »Satan« sei in ihn gefahren), aber Jesus ist derjenige, der ihn *tatsächlich* »beauftragt« – Judas wird zu einer tragischen Marionette in Gottes Heilsplan. In **Joh 18** erscheint er als *Anführer* derer, die Jesus in Getsemani verhaften, und fällt zusammen mit den Soldaten zu Boden. Wie im MkEv verliert sich danach seine Spur.

Paulus erwähnt Judas im Kontext seiner Erinnerung an das »letzte Mahl« (1 Kor 11) nicht; ob ihm die Tradition des »Verrats« durch Judas überhaupt bekannt war, kann daher nicht geklärt werden.

## 5. Paulus

Texte: **Apg 8f.13–28; [echte] Paulusbriefe**

Grundsätzlich ist zwischen dem Bild, das die Apostelgeschichte vom »*Apostel*« *Saulus Paulus* (Apg 14) zeichnet, und dem, was er selbst in den »echten« Paulinen über sich erzählt, sorgfältig zu unterscheiden, wenngleich es zwischen beiden Darstellungen viele Berührungspunkte gibt. Im Zweifelsfall stützt sich die (Re-)Konstruktion des »historischen Paulus« vorrangig auf die von ihm selbst in seinen (d. h. den »echten«) Briefen gemachten Aussagen.

Dabei ist »Paulus« (gr. *paulos* = der »Geringe«) ein Beiname (*cognomen*) des jüdischen Gelehrten Saul(us). **Apg 13,9** schildert eine Begegnung mit dem Statthalter Sergius Paulus auf Zypern, bei der beiläufig erwähnt wird, dass Saulus »auch Paulus« hieß. Das Sprichwort »Vom Saulus zum Paulus werden« ist somit falsch und sollte zumindest von künftigen Theologinnen und Theologen nicht gebraucht werden: **Aus Saulus *wurde nie* Paulus!**

### *a) Person und Herkunft*

Texte: Apg 8f; 18; Apg 21f; Röm 11; **Gal 1**; **Phil 3**

Die Apg berichtet, Paulus stamme aus **Tarsus** in Kilikien (Apg 21f), sei **Pharisäer** (Apg 22; so auch Phil 3), genauer ein Schüler des Gamaliel (Apg 22; vgl. 5) gewesen, von Beruf aber »Zeltmacher« (Apg 18).

**Paulus** selbst gibt zumindest an, dass er »mit eigenen Händen gearbeitet« habe, um anderen nicht zur Last zu fallen (1 Thess 2; vgl. 1 Kor 9). Er war ein beschnittener Diasporajude aus dem Stamm Benjamin (Röm 11; Phil 3). Zunächst trat er als **Christenverfolger** in Aktion (**Gal 1**; **Phil 3**; vgl. **Apg 8f**), bis er aufgrund einer Vision des auferstandenen Christus vor Damaskus zum **Heidenmissionar** bzw. **Heidenapostel** berufen wird (so nach Apg 22; 26; vgl. Apg 9; **Gal 1**; 1 Kor 9; 15).

Ein Problem stellt die dreifache Darstellung der »Bekehrung des Paulus« vor Damaskus in Apg 9; 22 und 26 dar (22 und 26 sind referentielle *Selbstberichte*). Apg 9 berichtet allein von der Vision, der Erblindung des Paulus und seiner Taufe durch den Christen Hananias. In Apg 22 schildert Paulus darüber hinaus, er habe im Anschluss an das »Bekehrungserlebnis« eine weitere Christusvision im Tempel gehabt (welche die Apg vorher nicht schildert), bei der er zum *Heidenmissionar* berufen worden sei. In Apg 26 identifiziert er beide Visionen miteinander, was der Selbstdarstellung in Gal 1 nahe kommt. Auch das Detail, dass er in einem Korb die Stadtmauer von Damaskus überwand und so aus der Stadt floh (Apg 9), findet in 2 Kor 11 Erwähnung – wenngleich beides noch nicht notwendig für die Zuverlässigkeit der Angaben in der Apg sprechen muss. Die jeweils unterschiedliche Darstellung der Begleitumstände (mal *sehen* die Begleiter und hören nichts [Apg 9], mal *hören* sie und sehen nichts [Apg 22], und zuletzt erwähnt Paulus gar keine Begleiter mehr [Apg 26]) erhärtet den Verdacht, dass die Einzelheiten aus Sicht des Autors kaum »historisch« zu bewerten sind.

**Gal 1** zufolge ging Paulus im Anschluss an seine Berufung für eine unbestimmte Zeit nach Arabien, bevor er drei Jahre lang in Damaskus wirkte, und anschließend für 15 Tage nach Jerusalem, wo er erstmals mit Petrus (Kephas) und Jakobus zusammentraf. Danach habe er 14 Jahre in Syrien und Kilikien verbracht und missioniert.

In 1 Tim 1 werden die Verfolgungstätigkeit des Paulus und seine Begegnung mit Christus als »Beispiel« dafür angeführt, wie Gott den Sünder rettet, unter denen Paulus der »erste« ist.

### *b) Die missionarische Wirksamkeit des Paulus*

Texte: **Apg 13–28; Röm 15; 1 Kor 16; 2 Kor 1; 11; Gal 1f; 1 Thess 1–3**

Im Folgenden können nicht sämtliche Ereignisse der Missionsreisen des Apostels aus der Apostelgeschichte wiedergegeben werden, ein knapper, v. a. geographischer Überblick ist jedoch notwendig. Dabei empfiehlt sich die Lektüre der biblischen Berichte, die hier nur deutlich verkürzt wiedergegeben werden können.

#### **i) Apg 13–14**: Die »**erste Missionsreise**« (*Zypern und südl. Kleinasien*)

Nach der Darstellung von Apg 13 ging diese erste Mission von Antiochia aus. Die Reise führt Paulus und Barnabas zunächst nach **Zypern**, wo Paulus dem Statthalter Sergius Paulus begegnet (13,9!). Von dort aus reisen sie in das **süd(öst-)liche Kleinasien** in die Landschaften Pamphylien, Pisidien (Antiochia) und Lykaonien (Ikonium, Lystra, Derbe) und zurück nach Antiochia, dann nach Perge (Pamphylien) zur Hafenstadt Attalja und von dort zurück in das syrische **Antiochia**, dem Ausgangspunkt der Reise.

In den Paulusbriefen findet sich kein Hinweis auf diese »erste Missionsreise«; Gal 1 zufolge missionierte Paulus 14 Jahre lang in Syrien und Kilikien (s. o.), bevor er zum zweiten Mal nach Jerusalem (zum Apostelkonvent) reiste. Auch die in Apg 11–12 beschriebene Kollektenübergabe mit Barnabas deckt sich nicht mit der paulinischen Chronologie (s. u.).

#### **ii) Apg 15 und Gal 2**: Das **Apostelkonzil** bzw. der **Apostelkonvent**

Zur Nomenklatur ist zu sagen, dass man in der Forschung hinsichtlich der Darstellung in Apg 15 vom »Apostelkonzil« spricht (als welches es auch in der Reihe der »ökumenischen Konzilien« der katholischen Kirche angesehen wird), die Darstellung des Paulus in Gal 2 jedoch den Eindruck eines »Apostelkonvents« macht, also einer aufgrund aktueller Probleme erfolgten Zusammenkunft mehrerer Apostel.

Als die Frage entbrannte, ob die Heidenchristen beschnitten werden sollen, werden **Apg 15** zufolge Paulus und Barnabas mit einigen anderen nach Jerusalem entsandt. Auf dem Apostel*konzil* (so stellt es zumindest die Apg dar) reden ausschließlich die Apostel und Ältesten von Jerusalem. *Petrus* tritt als Befürworter der beschneidungsfreien Heidenmission auf; nach dem Vorschlag des *Jakobus* einigt man sich schließlich auf das so genannte »**Aposteldekret**«, das brieflich fixiert wird: Die Heidenchristen sollten sich demnach enthalten von »Ersticktem, Blut, Unzucht und Götzenopferfleisch« (15,29.39).

Dieser Darstellung widersprechen in einigen Details die Angaben des Paulus in **Gal 2**: Paulus sei demnach mit Barnabas und Titus, der *nicht* beschnitten wurde, zum Apostel*konvent* angereist. Paulus erwähnt auf der Gegenseite neben Petrus und Jakobus auch Johannes (Zebedäus) (die »Säulen«) und schildert den Streit offensichtlich als Auseinandersetzung zwischen den antiochenischen (gesetzesfreie Heidenmission) und den Jerusalemer Autoritäten (Einhaltung von Gesetzesvorschriften). Es habe anschließend keinerlei Auflagen (auch kein »Dekret«) gegeben, man habe lediglich eine »Aufteilung der Mission« beschlossen: Paulus und Barnabas zu den Heiden, Petrus und Jakobus zu den Juden, und zuletzt eine Kollekte für die Armen (in Jerusalem) verabredet. Im Anschluss daran sei es jedoch in Antiochia zu einem »Zwischenfall« gekommen (**Antiochenischer Zwischenfall**; auch *factum Antiochenum* genannt), bei dem die Tischgemeinschaft mit den Heiden von Leuten des Jakobus, aber auch von Petrus und Barnabas aufgegeben wurde. Paulus erwähnt, er habe dann dem »Kephas ins Angesicht widerstanden« und ihn an die Grundlagen des christlichen Glaubens erinnert: die Rechtfertigung aus Glauben und die damit verbundene Freiheit von Werken des Gesetzes.

**iii) Apg 15,35–18,22**: Die **»zweite Missionsreise«** (*Makedonien und Achaia*)
Immerhin schildert die Apg im Anschluss an den Apostelkonvent eine Auseinandersetzung des Paulus mit Barnabas, der daraufhin zusammen mit Johannes Markus nach Zypern reist. Paulus wählt sich **Silas** (Silvanus? s. u.) als Begleiter und reist nun auf dem Landweg nach Westen. Über Syrien und Kilikien gelangen sie erneut nach Derbe und Lystra. In Lystra gewinnt Paulus **Timotheus** als Begleiter und lässt ihn beschneiden. Dann wandern sie gemeinsam quer durch Kleinasien direkt zur Hafenstadt (Alexandria) Troas – eine Route, die ihnen der »Heilige Geist« vorgibt, wie die Apg hervorhebt. Dort hat Paulus eine Vision und reist auf diese hin mit dem Schiff nach *Makedonien* (der heutigen nordöstlichen Provinz Griechenlands), über Samothrake und Neapolis zunächst nach **Philippi** (**Apg 16**), wo Paulus die Purpurhändlerin Lydia gewinnt. Anschließend werden er und Silas ins Gefängnis geworfen, weil sie einer »Magd« ihren »Wahrsagegeist« ausgetrieben haben, jedoch auf wundersame Weise befreit. Die nächste Station ist **Thessalonich** (**Apg 17**) – dort klagen die ansässigen Juden die Christen des Aufruhrs und Staatsverrats an, weil sie Jesus

als »König« proklamierten. Die inhaftierten Christen kommen jedoch gegen Kaution frei. Daraufhin reisen Paulus, Silas und Timotheus nach **Beröa**, wo sie freundlicher empfangen werden. Als die Juden aus Thessalonich ihnen nachstellen, lässt Paulus Timotheus und Silas zurück und reist auf eigene Faust nach **Athen**, wo er seine berühmte »Areopagrede« hält. Seine Weiterreise nach Süden führt ihn in die Stadt der Provinzverwaltung von *Achaia*, **Korinth** (**Apg 18**) – hier begegnet er Priscilla und Aquila und trifft bald wieder mit Timotheus und Silas zusammen. Er bleibt dort **eineinhalb Jahre**. Als die Juden ihn bei dem Prokonsul Gallio verklagen wollen, weist dieser die Klage ab mit der Begründung, es handle sich hier um eine innerjüdische Angelegenheit, um Fragen ihres eigenen Gesetzes. In der Hafenstadt Kenchreä lässt sich Paulus aufgrund eines nicht näher ausgeführten »Gelübdes« den Kopf scheren und reist mit dem Schiff nach Cäsarea (Maritima), wobei er eine kurze Zwischenstation in *Ephesus* einlegt. Von Cäsarea aus zieht er zuerst nach Jerusalem hinauf, dann zurück nach Antiochia.

In **1 Thess 1–3** gibt Paulus einen frühen *Reisebericht*, der sich zum Teil mit den Angaben aus Apg 16–18 deckt. Der Brief ist verfasst von den drei Reisegefährten **Paulus, Sil(v)a(nu)s und Timotheus** und adressiert an die Gemeinde in Thessalonich. Paulus erwähnt darin zuvor erlittene Misshandlungen in Philippi (1 Thess 2), bevor sie erstmals nach Thessalonich kamen, sowie Verfolgungen der Gemeinde durch Mitbürger und verbindet diese mit einer scharfen Judenpolemik (1 Thess 2,14–16). Zwischenzeitlich seien sie allein in Athen zurückgeblieben, da sie der »Satan« an einem Besuch gehindert habe. Von dort aus hätten sie dann Timotheus nach Thessalonich gesandt, um sich nach dem Befinden der Gemeinde zu erkundigen (1 Thess 3). Dieser ist zur Zeit der Abfassung des Briefes bereits zurückgekehrt. Da Paulus in 1 Thess 1 erwähnt, dass die Gemeinde ein Vorbild für die Glaubenden in *Makedonien* und der *Achaia* geworden sei, könnten sich die Absender also bereits in Korinth befinden.

### iv) Apg 18,23–21,14: Die »dritte Missionsreise« (*Ephesus, Troas, Milet*)

Da Paulus seine Reise bereits »nach kurzer Zeit« fortsetzt, wirkt die Unterscheidung in eine zweite und eine dritte Missionsreise eher künstlich. Paulus bricht nach Galatien und Phrygien (im nördlichen Kleinasien) auf. Zwischenzeitlich wird das Wirken des Judenchristen und Johannesjüngers Apollos aus Alexandria in Ephesus geschildert, der von dort aus nach Korinth weiterreist. Paulus gelangt erst jetzt nach **Ephesus**, trifft also nicht mit Apollos zusammen (**Apg 19**). Dort tauft er die Jünger Johannes des Täufers, bewirkt große Wunderheilungen und Exorzismen und lehrt zwei Jahre lang im »Lehrhaus des Tyrannus«. Zuletzt kommt es zur Auseinandersetzung mit dem Silberschmied Demetrius, der (ähnlich wie die Geschäftsleute der wahrsagenden Frau aus Philippi) um seine Einnahmen fürchtet, die eng mit dem Tempelkult der Artemis zusammenhängen. Der »Stadtschreiber« (gr. *grammateus*) jedoch, der einen Tumult fürchtet, verweist auf das Fehlen eines vorliegenden Straftatbestandes seitens der Christen und löst den Volksauflauf im Theater der Stadt auf.

Paulus reist daraufhin für drei Monate nach Makedonien und gelangt über Philippi nach **Troas**, wo er den während der Predigt des Paulus eingenickten und aus dem Fenster gestürzten Eutychus wieder aufweckt (**Apg 20**). Weiter geht es über Assos, Mitylene, Chios und Samos nach **Milet**, wo Paulus eine zu Tränen rührende Abschiedsrede vor den versammelten Ältesten aus Ephesus hält, in der er, seinen nahenden Tod vor Augen, auf seine **dreijährige** Wirksamkeit in Ephesus zurückblickt und die Gemeinde angesichts drohender Verfolgungen (»reißende Wölfe«) zur Wachsamkeit mahnt. Über Kos und Patara, an Zypern vorbei nach *Syrien*, zunächst nach Tyrus, dann nach Ptolemais und von dort aus auf dem Landweg erreicht er schließlich **Cäsarea (Apg 21)**. Hier trifft er mit dem Evangelisten Philippus, dessen vier prophetisch begabten Töchtern und dem aus Apg 11 bekannten Propheten *Agabus* zusammen, welcher mittels einer Zeichenhandlung die Verhaftung des Paulus in Jerusalem ankündigt.

In dieser Zeit entsteht die **Korintherkorrespondenz** (1/2 Kor) des Paulus; so hat er den 1 Kor in Ephesus verfasst und berichtet darin von seinem Plan, über Makedonien nach Korinth zu reisen, um eine *Kollekte für Jerusalem* einzusammeln (**1 Kor 16**). In 2 Kor 2 und 7 schildert er eine bereits vollzogene Reise von Troas nach Makedonien. Da er aber in 2 Kor 12f einen *dritten* Besuch ankündigt, muss er zuvor noch einmal nach Korinth (von Ephesus aus?) gereist sein. – Den in Apg 20 erwähnten Wunsch des Paulus, nach *Rom* zu reisen, äußert er selbst in **Röm 15**: Nach der Übergabe der Kollekte in Jerusalem will er nach Rom, um von dort aus weiter nach Spanien zu gelangen.

### c) Die Kollekte für Jerusalem

Texte: **Röm 15**,25–29; **Gal 2**,10; **1 Kor 16**; **2 Kor 8–9**; (vgl. Apg 11–12)

Nach Darstellung des Paulus wurde auf dem Apostelkonvent eine »Kollekte« verabredet (Gal 2,10: »Der Armen [in Jerusalem] sollten wir gedenken.«) **1 Kor 16** zufolge hat Paulus eine solche »Sammlung für die Heiligen« in Makedonien angeordnet: an jedem Sonntag sollen die Gemeindeglieder etwas beiseite legen, das anschließend mit »Briefen« nach Jerusalem geschickt werden soll. Ziel dieser Kollekte ist offensichtlich, den Mangel in Jerusalem auszugleichen und »Gleichheit« zu schaffen (**2 Kor 8**), sie ist aber auch Ausdruck des Dankes an Gott (**2 Kor 9**). In **Röm 15** erwähnt Paulus noch einmal diese »Sammlung« in Makedonien und der Achaia und berichtet von seinen Plänen, diese nach Jerusalem zu bringen, um anschließend nach Rom zu reisen.

In 2 Kor 8–9 liegen möglicherweise zwei »Bittbriefe« bzw. »Kollektenbriefe« vor; 2 Kor 8 erwähnt Titus als Briefüberbringer, aber auch noch andere Brüder, Gemeindemitglieder aus Makedonien. 2 Kor 9 könnte zu 2 Kor 8 gehören oder ein selbständiges zweites Schreiben darstellen.

In der Apg wird diese Kollekte nicht erwähnt, wohl aber die Reise des Paulus nach Jerusalem (Apg 20–21). Dagegen berichtet **Apg 11–12** von einer früheren Kollekte für die Jerusalemer Christen, die aufgrund einer Hungersnot unter Kaiser Claudius gesammelt wurde. Paulus reist in Apg 12 mit Barnabas nach Jerusalem und überbringt diese »Gabe« (gr. *diakonia*).

## *d) Grundzüge der Theologie des Paulus*

Im Folgenden kann die paulinische Theologie nur stark verkürzt wiedergegeben werden. Es geht dabei lediglich um eine *grobe Orientierung* und *Zuordnung* der echten Paulusbriefe zu theologischen Grundpositionen des Apostels, keine vollständige Darstellung seiner Theologie.

Die paulinische Theologie existiert nicht als ein abstraktes System von »Lehrbegriffen« – sie ist eine »Theologie im Werden« und kann nur aus den wenigen Äußerungen des Apostels in den »echten Paulusbriefen« (Röm, 1/2 Kor, Gal, Phil, 1 Thess, Phlm) rekonstruiert werden (im Blick auf einzelne Topoi ist auch auf XIV. B zu verweisen). Die folgende Darstellung verknüpft wesentliche Positionen des Paulus mit bestimmten Briefen; mit gewissem Recht ist dabei der Römerbrief als ein »Kompendium« paulinischer Theologie zu verstehen und gilt daher bibelkundlich neben dem 1 Kor und dem Gal als der bedeutendste Paulusbrief. Folgende Aspekte sind maßgeblich:

1) Der Ursprung des Glaubens liegt im Bekenntnis zum auferweckten Christus, der *für unsere Sünden* gekreuzigt wurde (»**Kerygma**«).

2) Mit diesem Bekenntnis verbunden ist die Erkenntnis der Gegenwart als »vorläufige« Zeit, die unter dem Zorn Gottes steht, in der die Christen die Wiederkunft Christi (»Parusie«) und die Auferstehung der Toten erwarten (»**Apokalyptik**«).

3) Die Erlösung durch Christus ist als befreiender Akt zu verstehen, der in der Taufe symbolisch an jedem Christen vollzogen wird (Erlösung als »**Befreiung**«).

4) Der den Gemeinden verliehene Geist Gottes fordert notwendig die »Heiligkeit« der Gemeinde, die in der wechselseitigen Liebe und im Lebenswandel wie auch in der »Einheit der Gemeinde« ihren Ausdruck findet (**Pneumatologie**, **Ekklesiologie** und **Ethik**).

5) Die Tatsache der Kreuzigung Christi illustriert einerseits, dass der Christ die Weisheit Gottes nicht verstehen kann und deshalb eine demütige Haltung (»Niedrigkeitsgesinnung«) einnehmen muss (»**Kreuzestheologie**«).

6) Die Kreuzigung (nach Dtn 21,23 ein »Fluch«) illustriert andererseits, dass das »Gesetz«, die Befolgung der jüdischen Tora, als *Heilsweg* keine Geltung mehr besitzt. Der Tod Jesu geschah ausdrücklich zum Heil für die Sünder auch aus den Heiden (»**Rechtfertigungslehre**«).

### i) Das »Vorwissen« (»Kerygma«) (Röm 1,3f; 4,24f; 10,9f; 1 Kor 11,23–25; 15,3–5; Gal 3,26–28; Phil 2,6–11)

Die Ursprünge der paulinischen Theologie liegen in den ihm nach seiner Berufung von der Urgemeinde überlieferten Formeln (vgl. Gal 1). Den Kern dieser Überlieferungen stellt das alte **Bekenntnis zu Jesus Christus als dem von Gott auferweckten Gekreuzigten** dar, der für unsere Sünden starb und dessen *Erscheinungen* vor einzelnen Jüngern und Jüngergruppen die Geburtsstunde des Christentums markieren (1 Kor 15,3–5). Dieses Christusereignis wird als »den (alttestamentlichen) Schriften gemäß« (gr. *kata tas graphas*) angesehen. Die Auferweckung selbst markiert an anderer Stelle den Beginn der Gottessohnschaft Jesu, wenn es heißt: »nach dem Fleisch aus dem Samen Davids – *als Sohn Gottes eingesetzt* gemäß dem Geist der Heiligkeit, *seit* der Auferstehung der Toten« (Röm 1,3f). Ihr geht die Kreuzigung Jesu voraus (1 Kor 1,18–25) und dieser wiederum die »Nacht der Auslieferung«, in der Jesus eine Zeichenhandlung mit Brot und Kelch vornahm (1 Kor 11,23b-25), und in deren regelmäßiger Wiederholung und Erinnerung Paulus die »Verkündigung des Todes Jesu« erblickt. Dieser Tod, diese »Dahingabe«, geschah »um unserer Verfehlungen« und seine Auferweckung »um unserer Freisprechung« willen (s. u. iv: Rechtfertigung). Mit Hilfe von Opfertermini kann Paulus in Röm 3,25 dies auch so ausdrücken, dass Gott durch die Hingabe des Lebens Jesu »Sühne« geschaffen habe, die durch den Glauben wirksam werde, sodass es heißt: »Wenn du mit deinem Mund bekennst, dass Jesus der Herr ist und in deinem Herzen glaubst, dass Gott ihn von den Toten erweckt hat, wirst du gerettet werden« (Röm 10,9). Im Hymnus Phil 2,6–11 wird das Ereignis »Jesus Christus« im Doppelschema »Erniedrigung« bzw. »Entäußerung« und »Erhöhung« dargestellt: Hier erscheint Jesus bereits als ursprünglich »Gott gleiches« Wesen, das menschliche Gestalt annahm und sich erniedrigte im Gehorsam bis zum Kreuzestod. Aufgrund dieses Gehorsams wurde er erhöht und hat Gott ihm einen herausragenden »Namen« verliehen, in dem sich jedes Knie beugen und bekennen soll, dass Christus der Herr (*kyrios*) ist. Die Konsequenz für die Glaubenden liest sich in (der möglicherweise alten Taufformel aus) Gal 3,28 folgendermaßen: »Da ist nicht mehr Jude noch Grieche, nicht Sklave noch Freier, nicht männlich noch weiblich: Ihr seid alle *einer* in Christus.«

Zu den (vorpaulinischen) Elementen des christlichen Glaubens gehören demnach:

1. Das Bekenntnis zu *Jesus*, dem auferweckten Gekreuzigten als dem *Herrn* (*kyrios*).

2. Das Wissen darum, dass dem *Tod Jesu* eine rettende Kraft für die Christen innewohnt, wobei auf die wechselseitige Korrespondenz von Tod und Auferstehung zu verweisen ist.

3. Die Ereignisse »Tod für die Sünden« und »Auferweckung« werden als »gemäß den Schriften« (Israels) angesehen, wobei der Tod die *Reinigung* von den Sünden, die Auferweckung die *Rechtfertigung* des Sünders präfiguriert. Auf konkrete Schriftstellen wird aber nicht verwiesen.

4. Im gemeinsamen Mahl, das auf eine Stiftung Jesu vor seinem Tod zurückgeführt wird, vergegenwärtigt und verkündigt die Gemeinde den Tod Jesu.

5. In der Gemeinde, die sich als »in Christus« lebend versteht, sind sämtliche Schöpfungsunterschiede prinzipiell aufgehoben – in Christus gibt es keine Unterschiede (mehr).

### ii) Die »Anfänge« (1 Thess)

In **1 Thess 1** bietet Paulus möglicherweise eine frühe Zusammenfassung seiner Missionspredigt: Die angeschriebenen Thessalonicher hätten sich *von den »nichtigen Göttern« dem »lebendigen, wahren Gott« zugewandt und erwarteten Gottes Sohn, Jesus (Christus), den dieser auferweckt hat, der die Christen vor dem kommenden Zorn (Gottes) rettet* (V. 9f). Letzteres schildert Paulus konkret in **1 Thess 4**: nach der Auferstehung verstorbener Christen werden alle gemeinsam bei der »Stimme des Erzengels« bzw. der »Posaune Gottes« in den Himmel entrückt, um abschließend allezeit beim Herrn zu sein. Eine Berechnung des Termins dieser »Parusie Christi« lehnt er jedoch entschieden ab und mahnt zu *Nüchternheit* und *Wachsamkeit.* (1 Thess 5). In der Zwischenzeit werden die Gemeindeglieder, die den »Heiligen Geist« empfangen haben (1 Thess 4,8), dazu ermuntert und unterwiesen, ein »geheiligtes« Leben zu führen, in wechselseitiger Ermahnung und Liebe, Freude, Gebet und Danksagung (1 Thess 4; 5).

Deutlich tritt also die *apokalyptische* Vorstellung hervor, dass Gott bald Gericht halten wird, die Christen jedoch vor diesem gerettet werden durch die Ankunft Christi, der sie retten wird. Diese Sicht resultiert zwangsläufig aus dem Bekenntnis, dass Christus »auferweckt wurde«: Die Auferstehung Toter wird als Zeichen der »Endzeit« gedeutet, während derer nun der auferweckte Christus herrscht. Die (apokalyptische) Vorstellung von Gottes Zorn und der angebrochenen Endzeit beherrscht zwar die gesamte paulinische Literatur (vgl. 1 Kor 15 und Röm 1–3), tritt aber in späteren Briefen deutlich zurück.

Dieser »Endzeitstimmung« korrespondiert der Gedanke der Verantwortung füreinander; so bietet 1 Thess 4,1–12 bereits die Grundlegung für spätere Ermahnungen des Paulus: Das zentrale Kriterium ist die von Gott der Gemeinde durch den Geist zuerkannte »Heiligkeit«. Dieser Heiligkeit muss aber das Verhalten ihrer Mitglieder auch entsprechen: Dazu gehört etwa Enthaltsamkeit von »Unzucht« auf der einen wie gegenseitige ethische Verantwortung füreinander in wechselseitiger Liebe auf der anderen Seite.

#### iii) »Kreuzestheologie« und »Demut« (1/2 Kor; Phil)

Ausgehend von Paulus hat M. Luther seine *theologia crucis* einer von ihm abgelehnten *theologia gloriae* (der römisch-katholischen Theologen) entgegengestellt. Die zentralen Hauptgedanken dieser Theologie begegnen vorwiegend in den beiden Korintherbriefen.

Zwei zentrale Aspekte aus 1 Thess 4–5 kehren im 1 Kor wieder: Zum einen wird der Gedanke der *Heiligkeit der Gemeinde* in den Einzelmahnungen noch einmal unterstrichen, eindrucksvoll durch das Bild der Gemeinde wie des einzelnen Leibes eines Christen als Bau bzw. »Tempel« (1 Kor 3; 6), zum anderen erhält die Frage der *Auferstehung der Toten* in 1 Kor 15 eine Zuspitzung, da in Korinth von einzelnen offensichtlich *generell* die Möglichkeit der Totenauferstehung bestritten wird. Beide Fragen bilden jedoch nicht das Zentrum der Auseinandersetzungen in Korinth. Vielmehr geht es dort – neben dem Streit um die Anerkennung des Paulus als Apostel (s. dazu u. 5.f) – vorrangig um die Frage der rechten *Grundhaltung* eines Christen. Diese formuliert Paulus deutlich als Kontrast zu dem im Bild der heiligen Gemeinde sichtbaren *Erlösungsbewusstsein* und dem daraus abgeleiteten *Freiheitsbewusstsein*, das in der Parole »Alles ist mir erlaubt« (vgl. 1 Kor 4 u.ö.) zum Ausdruck kommt. Die Debatten in Korinth nötigen Paulus zu einer intensiven Reflexion über das, was er in **1 Kor 1** als das »**Wort vom Kreuz**« bezeichnet:

»Während die Juden Zeichen fordern, die Griechen Weisheit, verkündigen wir Christus, den Gekreuzigten, den Juden ein Ärgernis, den Heiden eine Torheit. Denen, die berufen sind, Juden wie Griechen (verkündigen wir aber) Christus als Gottes Kraft und Gottes Weisheit. Denn was bei Gott töricht ist, ist weiser als die Menschen, und was bei ihm schwach ist, stärker als die Menschen.« (1 Kor 1,22–25)

Jesus Christus, der Gekreuzigte, ist für Paulus einerseits Vorbild seiner *eigenen Schwachheit* (1 Kor 2; 2 Kor 12), andererseits Ausdruck dessen, was Paulus einer Theologie entgegenstellt, in der das »Erlösungsbewusstsein« einzelne Christen zum »Rühmen« (gr. *kauchêsis*), zur Überheblichkeit verführt. Als einzige Form des Rühmens erlaubt Paulus: »Wer sich rühmt, der rühme sich des Herrn!« (**1 Kor 1**; 2 Kor 10; ein Zitat aus Jer 9,23). Die Deutung des Gekreuzigten als ein Ärgernis, als »anstößig«, weil er als »am Holz Hängender« ein »Verfluchter« ist (Dtn 21,23), stellt Paulus besonders in Gal 3 heraus. Die Botschaft vom »gekreuzigten Herrn« ist in jeder Hinsicht eine Anfechtung, denn weder die Philosophie treibenden Griechen noch die gottergebenen Juden können mit dieser Botschaft etwas Sinnvolles verbinden (1 Kor 1). Gerade daran aber wird das Spezifische der Theologie des Paulus sichtbar, in Auseinandersetzung mit anderen, ebenfalls »christlichen« Meinungen seiner Zeit. Die grundlegende Bedeutung dieser »Kreuzestheologie« für das paulinische Denken illustriert der Satz aus 1 Kor 2,2: »Mein Entschluss war es, bei euch nichts zu kennen außer Jesus Christus *und diesen als den Gekreuzigten.*«

Dem Verzicht auf das »Rühmen«, besonders auf den »Selbstruhm«, korrespondieren weitere *Grundhaltungen*, die Paulus etwa in 1 Kor 7 als »Haben als hätte man nicht« und in 1 Kor 9 als »Allen alles Werden« beschreibt. Diese *demütige* Haltung, die er in **Phil 2** als »**Niedrigkeitsgesinnung**« beschreibt, welche bereits Jesus Christus vorgelebt habe (Phil 2,6–11), darf nicht als »Schwäche« oder »Unfreiheit« interpretiert werden: Aus den Äußerungen des Paulus geht hervor, dass erst diese Haltung eine *Freiheit* ermöglicht, die auf »Rechtsansprüche« *verzichtet* (1 Kor 6–10). Die »Kraft Gottes« vollendet sich gerade in der »Schwachheit« (2 Kor 12,9). Wenn Paulus in diesem Zusammenhang die Rücksichtnahme auf »Schwache« einfordert, so meint er damit nicht sich selbst, sondern Christen, die unsicher sind und sich durch das Verhalten der »Starken« (zu denen sich auch Paulus zählt!) genötigt sehen, Dinge zu tun, die ihr Gewissen belasten (z. B. Opferfleisch zu essen, vgl. 1 Kor 8–10). »Stark« ist Paulus, weil er eine *Erkenntnis* besitzt, die ihm erst die Freiheit ermöglicht.

Der Begriff der *Demut*, der im Deutschen eine problematische Begriffsgeschichte erfahren hat, ist hier in seinem ursprünglichen Sinne als *Niedrigkeitsgesinnung* aufzufassen und entspringt konsequent aus dieser paulinischen *Kreuzestheologie*. Das Verständnis der Freiheit bei Paulus als »geschenkte« und somit unverdiente Freiheit, die der Geist Gottes verleiht, korrespondiert theologisch dem Gedanken der Rechtfertigung des Sünders, den Paulus ins Zentrum des Gal und des Röm stellt.

Ein letzter Aspekt ist jedoch zu ergänzen: Der *Heiligkeit* der Gemeinde entspricht ein weiteres Kriterium: ihre *Einheit*. Dies wird aus dem mehrfach von Paulus kritisieren Gedanken der »Parteiungen« (1 Kor 1; 11) deutlich, und dieser dominiert *de facto* auch die Äußerungen zu den »Charismen« in der Gemeinde (1 Kor 12): Die vielen Begabungen der Christen werden durch das einigende Band, das »Eins-Sein in Christus« (Gal 3,28), zusammengehalten, das im Bild von der Gemeinde als »Leib« sichtbar wird (1 Kor 12; Röm 12).

### iv) Die Rechtfertigungslehre ([Phil], Gal, Röm)

Seine »reformatorische Entdeckung« führte M. Luther in seinem autobiographischen Rückblick auf ein neues Verständnis der »Gerechtigkeit Gottes« zurück, das er in der Beschäftigung mit Röm 1,16 gewonnen habe. Der Artikel von der Rechtfertigung bildet das Kernstück der lutherischen Lehre; er folgt auf die Gotteslehre (CA 1), die Lehre von der Erbsünde (CA 2) und die Christologie (CA 3) als vierter Artikel des Augsburger Bekenntnisses und beruft sich dort auf Röm 3 und 4.

Die Formulierung der paulinischen »Rechtfertigungslehre« ist zunächst als Reaktion auf Tendenzen innerhalb der galatischen Gemeinden zu verstehen, die weiterhin Teile der jüdischen Ritualvorschriften als gültig und notwendig erachteten. Die fatale Konsequenz demonstriert Paulus am »Antiochenischen Zwischenfall«: Die aufgrund von Speisevorschriften vorgenommene Separation Einzelner (Jakobus, Petrus, Barnabas) bei der *Tischgemeinschaft* gefährdet die für Paulus als notwendig erachtete Einheit der Gemeinde aus Judenchristen und Heidenchristen (vgl. die Missstände beim »Herrenmahl«; 1 Kor 11). Die den Gal prägende Polemik gegen das »Gesetz« (s. u.) ist somit *auch* der konkreten Situation in den galatischen Gemeinden geschuldet.

Die *Kerngedanken der Rechtfertigungslehre* lassen sich **Gal 2–3** und **Röm 3–4** entnehmen: Das Heilshandeln Christi, sein Tod am Kreuz, offenbart nach Paulus die Unmöglichkeit, aus »Werken des Gesetzes« vor Gottes richtendem Zorn als *gerecht* befunden zu werden. Stellt Paulus allerdings in Gal 3 die Insuffizienz des Gesetzes heraus, so demonstriert er in Röm 7, wie die Sünde den Menschen von Grund auf beherrscht, so dass die positive Funktion des Gesetzes, das »zum Leben gegeben« ist, pervertiert wird. Es gilt daher, dass der Mensch »*allein* aus *dem Glauben* (an Jesus Christus) gerecht wird, nicht aus *Werken des Gesetzes*« (Röm 3,28).

Paulus denkt hier *nicht* wie Luther an »gute Werke« im Sinne der römisch-katholischen Lehrmeinung des 16. Jh., es geht ihm hier um die Unmöglichkeit, sich durch das Befolgen der jüdischen Tora eine »Heilsgewissheit« zu verschaffen. Die Analogie zur römischen Praxis ist nicht grundsätzlich falsch, insofern Luther das *Grundanliegen* des Paulus richtig erkannt hat: Von der Rechtfertigungslehre aus verbietet sich der Gedanke, der Mensch könne sein Heil aus eigener Kraft, etwa durch das Befolgen bestimmter »Vorschriften« erwirken.

Der Römerbrief lässt sich mit Recht als »Summe« der Theologie des Paulus bezeichnen. Zwar ist die darin sichtbare Konzentration auf den Schlüsselgedanken der »Gerechtigkeit Gottes« in den echten Paulusbriefen singulär, doch wird deutlich, dass in ihm zentrale Grundeinsichten ineinanderfließen: Das Verständnis der Gegenwart als »Endzeit«, mit der Erwartung von Gottes nahem Gericht, ruft die Frage wach, welche »Grundhaltung« nötig ist, um vor diesem Gericht zu bestehen (Röm 1–3). Kann der Mensch *von sich aus* nicht vor Gottes Zorn bestehen, weil er einerseits dazu neigt, sich das Heil durch eigene Werke zu verschaffen, andererseits unter der

Macht der Sünde steht, die all sein Tun und Lassen pervertiert, so erfährt nun der Tod Jesu als Opfertod (stellvertretend) *für* die Sünder (Röm 3) und als Zeichen der Liebe Gottes (Röm 5) eine besondere Interpretation: Er dient der grundlegenden Erneuerung menschlicher Existenz, die sich in der Taufe (Röm 6) symbolisch (als *Mitsterben* mit Christus) vollzieht. Als »im Geist« lebend und durch das »Gesetz des Geistes« befreit (Röm 8; vgl. Gal 5–6) ist der Christ in der Lage, den Willen Gottes im Liebesgebot zu befolgen (Röm 13,8–10; Gal 5,14). Diese Deutung entspricht so auch der in der »Kreuzestheologie« entfalteten demütigen Haltung des Christen, die eine »Sicherheit« im Glauben in Form des »Rühmens« ausschließt. *Diese* Gerechtigkeit Gottes erlangt ein Christ »umsonst« und unverdient.

**v) Freiheit und Sklaverei (Phlm, [Gal])**

Stellt man dem Gal als *magna charta libertatis*, als »Freiheitstraktat«, den Brief an Philemon zur Seite, so ergeben sich durch letzteren wichtige Modifikationen, da dort das paulinische Verständnis von »Freiheit« von seiner »politischen« Seite her in den Blick gerät: Indem Paulus die Sklaverei nicht grundsätzlich in Frage stellt, wird anschaulich, dass die nach Gal 3,26–28 *aufgehobenen* Unterschiede nicht als Aufruf zur Umgestaltung der weltlichen Begebenheiten zu verstehen sind. Dem entspricht die Äußerung in 1 Kor 7: »Bist du als Sklave berufen, soll es dich nicht kümmern, kannst du aber frei werden, so nutze die Gelegenheit.« Man darf aber fragen, ob die Annahme des Sklaven Onesimus als »Bruder« durch den Herrn Philemon nicht doch die Unvereinbarkeit der Sklaverei mit dem christlichen Glauben impliziert. Paulus zufolge bezieht der christliche Glaube jedoch seine Begründung nicht aus der Welt und lässt daher auch die Maßstäbe der Welt grundsätzlich unangetastet. Dem entspricht die Haltung des Paulus zur römischen Staatsgewalt, deren strafendes und belohnendes Handeln er ausdrücklich – als ursprünglich von Gott gegebene Ordnung – bejaht (vgl. Röm 13).

Auch das Thema »Freiheit« zieht sich implizit durch die gesamte paulinische Theologie: Der Befreiung von den Sünden durch den Tod Christi entspricht die Befreiung von gesetzlichen Vorschriften. Somit beschreibt Paulus die Freiheit als ein Geschenk, welchem die demütige Haltung eines Christen entspricht: Gerade *weil* er frei von religiösen Vorschriften ist und sein Handeln nach dem Liebesgebot ausrichten kann und weil sein »Bürgerrecht« (gr. *politeia*) ein himmlisches ist (Phil 3), kann der Christ frei leben. Diese Freiheit schließt jedoch Leiden und Verfolgung (Phil 1; 2 Kor 1; 11) nicht aus, vielmehr *ein* (vgl. Röm 8). Gerade deshalb verbietet es sich von Paulus her, eine wie auch immer geartete *Theodizeefrage* zu stellen: Der Mensch als Befreiter fragt nicht mehr, ob Gott gerecht ist, denn er hat diese Gerechtigkeit erfahren, indem er befreit wurde. Leid und Ungerechtigkeit in der Welt schließen diese Erfahrung nicht aus, sie werden aber in dem Moment zur *Aufgabe*, wo der Mensch sich in die Verantwortung, in die Pflicht genommen sieht. Deshalb ist die *freimütige* Befolgung des Liebesgebotes Ausdruck der Freiheit eines Christenmenschen.

**vi) Paulus und Israel (1 Thess 2; 2 Kor 3; Gal 4; Phil 3; Röm 9–11)**

Das Verhältnis des Juden (Benjaminiten; Röm 11) und Pharisäers Paulus zu seinen Volksgenossen ist nicht ungetrübt. Die schärfste Polemik findet sich in **1 Thess 2**,14–16, wo Paulus die »Juden« in Jerusalem nicht nur des »Herrenmordes« beschuldigt, sondern sie sogar als grundsätzlich menschenfeindlich verzeichnet. Im Hintergrund stehen offensichtlich negative Erfahrungen, Verfolgungen durch Diasporajuden auf seinen Missionsreisen. Auch die Polemik gegen seine jüdische (und pharisäische) Vergangenheit in **Phil 3** ist jedoch nicht als *generelle* Distanz zum Judentum zu werten: Paulus ereifert sich dort über eine bestimmte Haltung, die aus der jüdischen Identität eine besondere Erwählung ableitet (vgl. auch 2 Kor 11). In **2 Kor 3** bezeichnet er die Israeliten als »Diener des Buchstabens«, die bis heute eine Decke auf den »alten Bund« (= »Altes Testament«) legten, ja, auf deren Herzen eine Decke liege, sooft aus dem mosaischen Gesetz vorgelesen werde. In **Gal 4** stellt Paulus die beiden Frauen Abrahams, Sara und Hagar, einander typologisch gegenüber: Die nicht christusgläubigen Juden bezeichnet er als Kinder der (unfreien) Hagar, die Christen als Kinder Saras und damit als rechtmäßige »Erben der Verheißung« Abrahams. Aus all diesen Äußerungen ist zunächst kein positives Verhältnis zum »empirischen« Israel ersichtlich; wer nicht an Christus glaubt, ist verloren.

In **Röm 9–11** reflektiert Paulus die Frage nach dem Schicksal Israels angesichts der christlichen Botschaft – und in keinem anderen Briefabschnitt argumentiert Paulus so stark auf der Basis alttestamentlicher Schriftaussagen. Die von ihm selbst gestellte »Ausgangsfrage« muss Paulus zurückweisen: »Hat Gott sein Volk verworfen? Das sei ferne!« (11,1) Zwar ist für Paulus ein »Heilsweg« *an Christus vorbei* nicht denkbar, doch muss er den Widerspruch zwischen der bleibenden Erwählung Israels und der gegenwärtigen »Verstockung« erklären. Er löst es durch ein *heilsgeschichtliches* Modell: Durch Israels »Straucheln« kommt das Heil zu den Völkern – es soll die Israeliten eifersüchtig machen und dadurch zum Glauben bringen. Am Ende, wenn die Völker zum Glauben gekommen sind, wird *ganz Israel gerettet* werden, dies ist aber ein Geheimnis, ein »*Mysterium*« Gottes, das von Menschen nicht eingesehen werden kann.

Im »Ölbaumgleichnis« (Röm 11) erläutert Paulus schließlich das Verhältnis der Völker zu Israel: Einige Zweige sind ausgerissen – das sind die nicht an Christus glaubenden Juden –, einige sind als Triebe von einem wilden Ölbaum eingepfropft – das sind die Heidenchristen. Die Wurzel symbolisiert das vorchristliche Israel mit den Verheißungen an die Erzväter. Gott aber ist souverän, er kann Zweige auszureißen und einpfropfen wie er will, was erneut jegliches »Rühmen«, jegliche Überheblichkeit über das »nichtgläubige Israel« ausschließt. An diesem Beispiel wird noch einmal deutlich, welche Bedeutung die »demütige« Grundhaltung des Paulus für sein Glaubensverständnis besitzt.

Die Darstellung der Lehre des Paulus in der Apostelgeschichte weicht bisweilen erheblich von dem ab, was den Paulusbriefen zu entnehmen ist. Die wichtigsten Abweichungen sind die Darstellung der Gerechtigkeit aus Glauben in **Apg 13**, die dort als »Ergänzung« zum jüdischen

Gesetz erscheint, weil nicht das ganze Gesetz erfüllt werden konnte, sowie die apologetisch anmutende Lehre von der »Verehrung des unbekannten Gottes« im Rahmen der Areopagrede (**Apg 17**). Auch die Zentralstellung der Lehre von der »Auferstehung der Toten« im Kontext des durch Jesus sich vollziehenden Gerichts, die ebenfalls in Apg 17 und im Kontext der Verhaftung (Apg 22; 24) thematisiert wird, passt nicht ganz in das Bild, das die Paulusbriefe zeichnen. Das Bild der Heilsgeschichte, das der lukanische Paulus in Apg 28 zeichnet, besitzt zwar eine große Nähe zu den Überlegungen in Röm 9–11, wirkt aber deutlich pessimistischer.

### *e) Das Ende des Paulus*

**i) Apg 21,15–26,30: Gefangenschaft** und **Prozess** des Paulus (*Jerusalem, Cäsarea*)
Paulus reist nach Jerusalem (die Begleiter sind nicht bekannt, der Wir-Stil suggeriert die Anwesenheit weiterer Jünger) und trifft dort mit dem Herrenbruder Jakobus zusammen, der die Geltung des Aposteldekrets weiter betont. Als Paulus in den Tempel geht, kommt es zu einem Tumult – er wird beschuldigt, die »heilige Stätte« durch das Hineinführen eines Heiden entweiht zu haben. Der Oberst der Kohorte kann eine Lynchjustiz dadurch verhindern, dass er Paulus in Schutzhaft nimmt (**Apg 21**). Nach einem kurzen Dialog der beiden ergreift Paulus das Wort und hält seine **erste Verteidigungsrede** (**Apg 22**) in hebräischer Sprache, in der er von seiner Bekehrung und seiner späteren Berufung zum Heidenapostel durch Christus berichtet. Die Menge lehnt ihn ab. Als Paulus ausgepeitscht werden soll, bringt er (vgl. Apg 16!) sein römisches Bürgerrecht ins Spiel, das ihn vor einer solchen Strafe bewahrt.

Am nächsten Tag wird Paulus vor den Hohen Rat geführt (**Apg 23**). Mit einer List hetzt er Sadduzäer gegen Pharisäer auf, indem er behauptet, es ginge in seinem Prozess um die *Auferstehung der Toten*, die er als Pharisäer vertrete. Erneut wird Paulus in Schutzhaft genommen. Der Neffe des Paulus bekommt zufällig Anschlagspläne gegen Paulus von einer Gruppe radikaler Juden mit und informiert den Oberst (Claudius Lysias), der Paulus mit einem Schreiben an den Statthalter Felix nach Cäsarea überführen lässt. Fünf Tage später wird der Prozess vor Felix eröffnet (**Apg 24**): Paulus wird als Aufrührer angeklagt, der den Tempel habe entweihen wollen. Er selbst entgegnet nun in seiner **zweiten Verteidigungsrede**, er stehe lediglich aufgrund seiner »Hoffnung auf die Auferstehung der Toten« vor Gericht. Die Verhandlung wird vertagt. Als Felix mit seiner Frau Drusilla einige Tage später die Botschaft des Paulus hört, wird ihnen angesichts des darin angekündigten Gerichts angst und bange. Paulus bleibt weiter inhaftiert, Felix trifft sich aber von nun an häufiger mit ihm, bis er zwei Jahre später von Porcius Festus abgelöst wird.

Mit dem Antritt des Festus wird erneut Anklage gegen Paulus erhoben; es kommt zur Verhandlung in Cäsarea (**Apg 25**). Nun beruft sich Paulus auf sein römisches Bürgerrecht und appelliert an den Kaiser. Dies wird ihm gewährt. Als König Agrippa II. mit seiner Frau Berenike eintrifft, will dieser Paulus sehen. Paulus wird daraufhin am nächsten Tag in den Audienzsaal geführt. Festus bittet Agrippa, ihm die Sachlage zu erläutern, von der er nichts verstehe, bevor er Paulus um eine (**dritte**) **Verteidi-**

**gungsrede** (**Apg 26**) bittet. Auch in dieser holt er weit aus und berichtet von seiner Jugend als Pharisäer, seiner Verfolgertätigkeit und seiner Bekehrung vor Damaskus, bei der er nun direkt (anders als in Apg 9; 22) die Berufung zum Heidenapostel erfährt. Nun ist der Kern seiner Botschaft die Bekehrung und Hinwendung aller Menschen zu Gott. Festus hält ihn für verrückt, Agrippa gesteht zu, dass Paulus ihn fast zum Christen mache – doch beide können die Überfahrt nach Rom nicht mehr verhindern, wenngleich sie Paulus für unschuldig halten.

**ii) Apg 27–28**: Die Überführung nach **Rom** (*Kreta, »Malta«, Rom*)
Unter der Aufsicht des Hauptmanns Julius segeln Paulus und einige andere Gefangene Richtung Kilikien und Pamphylien und gelangen nach Myra, wo sie das Schiff wechseln (**Apg 27**). Paulus prophezeit den Untergang des Schiffes – und tatsächlich gerät es in einen schweren Sturm. Das Schiff kommt vom Kurs ab und treibt tagelang auf hoher See. Paulus jedoch beruhigt die Mannschaft: Ein Engel Gottes habe ihm versichert, dass er vor den Kaiser treten werde – sie würden bald stranden. Nachdem die Mannschaft 14 Tage lang nichts gegessen hat, ermuntert Paulus sie dazu. Er nimmt Brot, dankt Gott, bricht es und fängt an zu essen. Auch die anderen essen und werfen schließlich das Getreide ins Meer. Vor der Adria-Insel Malta (Melite) erleiden sie Schiffbruch – wie durch ein Wunder werden alle gerettet. Paulus wird von einer Natter gebissen, die ihm aber nichts anhaben kann (**Apg 28**), kurz darauf heilt er den Vater des vornehmen Publius und andere Kranke. Drei Monate später stechen sie in See; über Syrakus, Rhegium und Puteoli gelangt Paulus schließlich als Gefangener nach Rom, wo er in leichter Haft bleibt. Abschließend berichtet die Apg von einem Disput mit den Juden in Rom: Paulus eröffnet ihnen, was ihm in Jerusalem aufgrund seines Glaubens widerfahren ist. Die römischen Juden wissen davon nichts und sind begierig auf seine Lehre. Dass sich nicht alle überzeugen lassen, führt Paulus auf Jes 6,9f zurück und folgert, dass das Heil von Gott nun zu den Völkern gesandt sei. Zwei Jahre lang verkündet Paulus nun das Reich Gottes in Rom *ungehindert*.

Über das weitere Schicksal des Paulus macht das Neue Testament keine Angaben. Die fiktive Gefangenschaft in Eph und Kol sowie die Pastoralbriefe mit ihren konkreten Anweisungen für die Zeit *nach* Paulus, besonders der als »Testament des Paulus« stilisierte 2 Tim (vgl. 2 Tim 4), dürften bereits auf den Tod des Apostels zurückblicken. Aus 1 Clem 5 und der legendarischen Überlieferung geht hervor, dass er in Rom unter Nero den Märtyrertod gestorben sei.

### *f) Der Apostolat des Paulus: Selbstverständnis und Rezeption*

Texte: **Gal 1**; **1 Kor 9**; **2 Kor 4–6; 11f**; **Phil 2**; Rezeption: **Kol 1f**; Eph 3; 1 Tim 1f; 2 Tim 3f

Das unter 3.c) bereits Erwähnte wird hier noch einmal vertieft und weitergeführt. Dass Paulus seinen Apostolat auf seine Christusvision und den damit verbundenen Auftrag zur Heidenmission zurückführt, wird aus den echten Paulusbriefen hinreichend deutlich. Sein Apostolat scheint aber in Galatien (Gal 1) und in Korinth

(1 Kor 9; 2 Kor 10) nachhaltig bestritten worden zu sein: Verwiesen wurde vermutlich darauf, dass er den irdischen Jesus gar nicht gekannt habe und dass er ohnehin ein schwacher Redner sei (2 Kor 10).

Paulus betrachtet den apostolischen Dienst, den Dienst der Verkündigung des Evangeliums (Gal 1; 1 Kor 1) in 2 Kor 4–6 als *Versöhnungsdienst*, der durch Leiden und Bedrängnis charakterisiert ist (2 Kor 6; 11). In der »Narrenrede« (2 Kor 11–12) spricht Paulus einerseits von »Zeichen und Wundern«, die durch Apostel vollbracht würden, erinnert aber zugleich an die Stärke in der »Schwachheit«, die er auf ein Herrenwort in 2 Kor 12,9 zurückführt: »Lass dir an meiner Gnade genügen, denn meine Kraft vollendet sich in Schwachheit.«

Dabei bietet er sich auch selbst bisweilen als Beispiel an, dem die Glaubenden nachahmen können (vgl. Gal 4; 1 Kor 7); dieser Gedanke tritt besonders im Philipperbrief, in der Gefangenschaft, deutlich hervor, wo Paulus den *Vorbildcharakter* der Apostel betont (Phil 3,17), welche wiederum das Beispiel Christi vor Augen haben (Phil 2). In Phil 2,16–18 äußert Paulus erstmals den Gedanken, sein Leben als »Opfer« für den Glauben der Gemeinde zu geben – anders als beim Gedanken an die *Selbstaufopferung* in 2 Kor 12 ist hier definitiv an seinen Tod zu denken.

Erst die Deuteropaulinen schreiben dem Apostolat des Paulus eine neue, nun gar *soteriologische Qualität* zu. Von einem stellvertretenden Leiden zugunsten der Kirche spricht Kol 1, »Paulus« bezeichnet sich im Kontext als Diener der Geheimnisse Gottes. In Kol 2 heißt es, er sei zwar nicht persönlich da, aber »im Geiste anwesend«. Auch Eph 3 spricht von dem Apostel als Geheimnisempfänger und -übermittler, er ist der Diener der Heiden und »allerletzter unter allen Heiligen«. Die in Kol und Eph betonte »Gefangenschaft« des Apostels unterstreicht dabei offensichtlich diese Position. Die Pastoralbriefe schließlich machen aus dem Verkündiger Paulus geradezu einen »Verkündigten«; 1 Tim 1 schildert das Beispiel des Paulus als Vorbild für alle Glaubenden: so wie *Einer* Gott ist und *ein* Mittler der Mensch Jesus Christus, der sein Leben als »Lösegeld« gab, so ist Paulus als »Apostel und Herold« für das Zeugnis Jesu Christi eingesetzt worden, als »Lehrer der Völker« (1 Tim 2). Der 2 Tim schärft bereits die Leidensnachfolge der »Nachapostel« (Timotheus) ein; als »Vorbild« erscheint Paulus abschließend auch in seinem »Testament« (**2 Tim 3–4**).

In anderer Weise, aber doch ähnlich wie in den Past schimmert in der Apg der Gedanke einer »Passion des Paulus« durch. Paulus wird berufen, er wirkt als Verkündiger und Wundertäter, weiß jedoch um sein Schicksal, wie er es in seiner »Abschiedsrede« formuliert: »Mein Leben ist mir nicht der Rede wert, wenn ich nur meinen Lauf vollenden und bis zuletzt den Dienst tun kann, den ich vom Herrn Jesus empfangen habe: Zeugnis abzulegen für das Evangelium von der Gnade Gottes.« (Apg 20,24) Wie für Jesus stellt für Paulus *Jerusalem* die Stadt der Verfolgung dar – er wird gefangengenommen und verhört, die Juden wollen ihn umbringen. Dabei ist eine geschichtliche Entwicklung zu beobachten: Jesus sieht keine Notwendigkeit, sich zu verteidigen und stirbt als leidender Gerechter (Lk 23), Stephanus verteidigt sein Vorgehen und wird daraufhin gesteinigt (Apg 7), Petrus wird an einem Passafest gefangengenommen, kommt aber auf wundersame Weise frei (Apg 12). Paulus hingegen wird – aufgrund des Vorwurfs der Tempelschändung und -kritik – verhaftet, führt einen jahrelangen Prozess mit drei Verteidigungsreden und gelangt schließlich nach *Rom*.

## 6. Mitarbeiter des Paulus

Die Informationen über die folgenden Personen sind zwar kaum Bestandteil bibelkundlichen »Grundwissens«, zumindest die Namen und einige wenige Angaben über diese sollten jedoch jeder und jedem geläufig sein.

Hinsichtlich der Mitarbeiter ist ebenfalls sorgfältig zwischen der Darstellung in der Apg und den Aussagen der echten Paulinen zu unterscheiden. Während die *Apg* als Begleiter auf den Missionsreisen zunächst (Josef) **Barnabas** (Apg [4; 9]; 13–15; Gal 2), **Silas** (bzw. »**Silvanus**«) (Apg 15–18; Mitabsender des 1 Thess [1,1] und Missionar in Korinth [2 Kor 1]; vgl. 1 Petr 5) und **Timotheus** (Apg 16–21; 1 Thess 3; Phil 2; Mitabsender des 1 Thess [1,1] und des 2 Kor [1,1]) in den Vordergrund stellt, erfährt man allein aus den *echten Paulusbriefen* Details über **Titus** (2 Kor) und **Epaphroditus** (Phil) sowie den Sklaven **Onesimus** (Phlm), den die Tradition mit dem späteren Bischof von Kolossä (vgl. Kol 4) gleichgesetzt hat.

**Stephanas**, der Täufling des Paulus (1 Kor 1; 16), zählt möglicherweise ebenfalls zu den engeren Mitarbeitern. Der Mitabsender des 1 Kor (1,1), **Sosthenes**, bleibt dagegen unbekannt – eine Identifikation mit dem jüdischen Synagogenvorsteher aus 1 Kor 18 legt sich von der dort geschilderten Szene her nicht nahe. Der Schreiber **Tertius** (Röm 16) ist mit Paulus oder der römischen Gemeinde offensichtlich enger verbunden, da er einen eigenen Gruß anfügt.

### *a) (Josef) Barnabas*

Texte: **Apg 4**; 9; **13–15**; **Gal 2**; 1 Kor 9; (Kol 4)

Der Apostel (1 Kor 9) und Paulusbegleiter **Barnabas** ist nach Darstellung der Apg vermutlich mit jenem Judenchrist aus Zypern identisch, der sein Vermögen der Urgemeinde zur Verfügung stellt (Apg 4). In Apg 9 trifft Paulus mit ihm erstmals in Antiochia zusammen, Apg 13–14 werden beide zusammen als aus dem Kreis der »Propheten und Lehrer« der antiochenischen Gemeinde stammend auf eine Missionsreise nach Zypern und Kleinasien (Pamphylien, Lykaonien) geschickt. Auf dem Apostelkonvent (Apg 15) berichten beide von der erfolgreichen Heidenmission, doch anschließend kommt es zu einem Dissens um die Person des »Johannes Markus« und beide trennen sich – Barnabas reist mit Markus nach Zypern, wo sich seine Spur schließlich verliert.

Dies entspricht im Wesentlichen der Darstellung von Gal 2, wonach Paulus und Barnabas zunächst mit Titus zum Apostelkonvent gehen, dort zu Heidenaposteln beauftragt werden, Barnabas jedoch anschließend »heuchelt« – eine Trennung erwähnt Paulus nicht. In 1 Kor 9 führt Paulus an, dass sie beide auf das Recht verzichtet haben, nicht für ihren Unterhalt arbeiten zu müssen.

Dass Barnabas der »Vetter« des »Markus« gewesen sei, behauptet schließlich Kol 4.

### *b) Silas/Silvanus*

Texte: **Apg 15–18**; **2 Kor 1**; 1 Thess 1,1; (*2 Thess 1,1*; *1 Petr 5,12*)

Sollte der in **Apg 15** erstmals erwähnte Silas mit dem Paulusmitarbeiter und Missionar Silvanus identisch sein (was als *Konsens* in der Forschung gilt), dann handelt es sich um ein prophetisch begabtes Mitglied der Jerusalemer Urgemeinde, der (laut Apg 15 zusammen mit *Judas Barsabbas*) beauftragt wird, die Ergebnisse des Apostelkonvents nach Antiochia zu übermitteln. Laut **Apg 15,40–18,5** ist er neben Timotheus ein Begleiter des Paulus auf der »zweiten Missionsreise« und wird mit diesem in Philippi inhaftiert (**Apg 16**). Eine dort dem Paulus in den Mund gelegte Aussage suggeriert, dass auch er **römischer Bürger** gewesen ist (Apg 16).

Seine Darstellung als Paulusbegleiter und Mitarbeiter auf der Mission in Makedonien und Achaia deckt sich mit den Angaben aus **2 Kor 1**, Timotheus und Silas hätten in Korinth »Christus gepredigt«, zudem nennt ihn Paulus als Mitabsender des 1 Thess, des ältesten Paulusbriefes.

Die Mitabsenderschaft des 2 Thess ist dagegen wohl fingiert. 1 Petr 5,12 wird *Silvanus* als *Schreiber* des Briefes (1 Petr) genannt, womit möglicherweise eine indirekte Verbindung zu Paulus hergestellt werden soll.

### *c) Timotheus*

Texte: **Apg 16–18**; (Röm 16); **1 Kor 4**; (16); **2 Kor 1**; **Phil 1–2**; **1 Thess** 1; **3**; (2 Thess 1); (1/2 Tim); (Hebr 13)

***Timotheus*** ist einer der **wichtigsten Paulusmitarbeiter**; Paulus nennt ihn seinen »Sohn« (1 Kor 4) und »Bruder«, seinen Mitarbeiter (Röm 16) und einen »Mitarbeiter Gottes« (1 Thess 3). Er ist Mitabsender zahlreicher Paulusbriefe (**1 Thess**; **2 Kor**; **Phil**; **Phlm**; *wohl fiktiv: Kol; 2 Thess*) und taucht darüber hinaus in zwei Grußlisten (Röm 16,10; 1 Kor 16,10) auf. Paulus hat mit ihm und Silvanus zusammen vermutlich die Gemeinde in Korinth gegründet (1 Kor 4; 2 Kor 1) und sendet ihn mehrfach in verschiedene Gemeinden, er besucht auf Geheiß des Paulus Thessalonich (1 Thess 3) und Korinth (1 Kor 4; 16) und überbringt den Brief an die Gemeinde in Philippi (Phil 2).

Der Apostelgeschichte zufolge war er Sohn einer Jüdin und eines Griechen aus Lystra (Apg 16,1–8) sowie Begleiter des Paulus auf der zweiten und dritten Missionsreise (vgl. v. a. Apg 16,1; 20,4); Paulus bekehrte ihn zum Christentum, ließ ihn aber »aus Rücksicht auf die Juden der Gegend« beschneiden.

Die Pastoralbriefe erwähnen weitere, historisch leider ebenfalls nicht gesicherte Details: den Namen seiner Mutter »Eunike«, Tochter der Lois (2 Tim 1), sowie einen späteren Aufenthalt in Ephesus (1 Tim 1), was in der Tradition zu der Annahme geführt hat, Timotheus sei der erste ephesinische Bischof gewesen (*Euseb*, Kirchengeschichte III 4,5). Im Briefschluss von Hebr 13 suggeriert die Erwähnung des Timotheus eine Nähe des Schreibens zur paulinischen Tradition.

### *d) Titus*

Texte: **Gal 2**; **2 Kor 2**; **7–8**; 12; 2 Tim 4; (Tit)

***Titus*** ist einer der **frühesten Paulusmitarbeiter**, wird aber in der Apg nicht erwähnt; bei Paulus nur in Gal 2 und 2 Kor 7f; 12. Er war Paulusbegleiter auf dem Apostelkonvent und sollte beschnitten werden, wurde es aber nicht (Gal 2!). Der 2 Kor belegt eine enge Verbindung des Titus zur Gemeinde in Korinth, demnach dürfte Titus als »Gemeindeapostel« fungiert haben, der auch die Briefe des Paulus überbracht hat (vgl. 2 Kor 2; 7; 12); zudem war er maßgeblich an der Kollekte in Makedonien beteiligt (2 Kor 8).

Im pseudonymen Titusbrief sendet ihn »Paulus« nach Kreta, um dort Irrlehrer zu bekämpfen (Tit 1), 2 Tim 4 zufolge hat er jedoch Paulus verlassen und ist nach Dalmatien gegangen.

### *e) Epaphroditus*

Texte: Phil 2; 4

Über Epaphroditus, das Gemeindemitglied aus Philippi, ist über Phil 2 und 4 hinaus nichts bekannt: Er war offensichtlich schwer krank und genas, weshalb er Paulus als »Zeichen« für die Philipper gilt. Paulus bezeichnet ihn in diesem Zusammenhang als »Apostel der Gemeinde«; wie Titus scheint er also die Kontaktperson des Paulus in der Gemeinde von Philippi zu sein, was auch daraus hervorgeht, dass Paulus von ihm »die Gabe der Gemeinde« erhalten habe.

Nicht zu verwechseln ist er mit *Epaphras*, dem Paulusmitarbeiter und angeblichen Gemeindegründer von Kolossä (Phlm 23, Kol 1,7f; 4,12).

### *f) Onesimus*

Texte: Phlm; (Kol 4)

Die Bitte um die Wiederaufnahme des Onesimus, eines entlaufenen Sklaven des Philemon, den Paulus im Gefängnis zum Christentum bekehrt hat, ist das zentrale Thema des Phlm. In der Grußliste von Kol 4 begegnet der Name noch einmal.

Die kirchliche Tradition hat aus Onesimus später den *ersten Bischof von Kolossä* gemacht.

## 7. Apollos

Texte: **Apg 18**; **1 Kor 1**; **3–4**; 16; (Tit 3)

In **Apg 18** wird ein gewisser Apollos erwähnt, ein Judenchrist aus Alexandria, der in den Schriften »bewandert« und »unterwiesen« war sowie über das Schicksal Jesu sehr genau lehrte, jedoch nur die Taufe des Johannes gekannt habe. Als er in der Synagoge von Ephesus lehrt, wird er von Priscilla und Aquila unterwiesen und schließlich *in die Achaia* (nach *Korinth* [Apg 19]) gesandt, wo er »die Juden widerlegt« und die Messianität Jesu aus den Schriften »erwiesen« habe. Ein Zusammentreffen mit Paulus wird nicht geschildert.

In **1 Kor 1–4** berichtet Paulus von Spaltungen in der Gemeinde von Korinth. Dabei erfährt man, dass einige Gemeindeglieder sich auf »Apollos« berufen, d.h. wohl von diesem getauft (und unterwiesen) wurden. Die Trias *Paulus – Apollos – Kephas* (1 Kor 1; 3) verdeutlicht dessen Bedeutung für die urchristliche Mission, insofern sich in Korinth drei unterschiedliche christliche Traditionen niedergeschlagen haben, die einen Richtungsstreit auslösten. Auch ist offenkundig, dass Paulus eine größere (theologische?) Nähe zu Apollos als zu Kephas (Petrus) besitzt, wenn er sagt: »Ich habe gepflanzt, Apollos hat bewässert …« (1 Kor 3) und: »Was ich dargestellt habe …, hat sich auf mich und Apollos bezogen … An uns sollt ihr lernen, nicht über das hinaus zu gehen, was geschrieben steht« (1 Kor 4). In 1 Kor 16 erwähnt Paulus, er habe Apollos mehrfach gebeten, die Gemeinde in Korinth zu besuchen. All dies spricht für eine enge Zusammenarbeit beider – inwieweit es ein »Konkurrenzverhältnis« war, wird aus dem Text nicht deutlich. Allerdings betitelt ihn Paulus nie explizit als »Apostel«, obwohl er die Kriterien dafür zu erfüllen scheint. Diese Sonderstellung macht Apollos zu einer einzigartigen Figur im Neuen Testament.

Apollos wird zuletzt (fiktiv) in der Grußliste Tit 3 als Reisegefährte eines gewissen »Gesetzeslehrers« Zenas erwähnt, die Titus für ihre Weiterreise ausstatten solle. Erst eine sehr viel spätere altkirchliche Tradition macht aus ihm den ersten Bischof einer christlichen Gemeinde in der illyrischen Hafenstadt Durrës.

## 8. Frauen im Neuen Testament

Texte: **Mk 7; 15–16; Lk 7; 8; 10; Joh 11–12; Apg 16**

Die besondere Rolle von *Frauen* im Urchristentum wird oft hervorgehoben, andererseits wird gerade Paulus oft Frauenfeindlichkeit nachgesagt. Dies nötigt zu einem differenzierten Blick.

Die Evangelien berichten von *Jüngerinnen Jesu* besonders im Kontext von Passion und Auferstehung (wenngleich die *Bezeichung* »Jüngerin« allein der Tabitha aus Apg 9 vorbehalten bleibt): Die Frauen als Zeuginnen der Kreuzigung (Mk 15) harren aus, anders als die bereits geflohenen Jünger; sie sind auch die ersten am Grab (Mk 16: dort sind es **Maria Magdalena**, **Maria, die Mutter Jesu** und eine sonst unbekannte Frau namens **Salome**).

Tatsächlich hat in der Tradition große Verwirrung geherrscht hinsichtlich der »Maria, Mutter des Jakobus bzw. des Joses« (Mk 15,40.47; 16,1) – dabei deutet bereits die Parallele Mt 27,56, wo Joses durch »Josef« ersetzt wird, eindeutig auf die *Mutter Jesu*, die hier lediglich »verschlüsselt« erwähnt wird.

Der Mutter Jesu kommt eine zentrale Rolle zu, wie auch aus **Apg 1** noch hervorgeht (s. dazu oben ausführlich den Abschnitt A.2.b: *Jesu Familie*).

Bereits in den Evangelien finden einzelne Frauengestalten Erwähnung, die durch ihr herausragendes Verhalten zentrale Bedeutung für die Christenheit erlangt haben;

hierzu zählt neben der »blutflüssigen Frau« (Mk 5 parr) v.a. die so genannte **»Syrophönizierin«** (**Mk 7**), auch als »kanaanäische Frau« (Mt 14) bekannt. Diese Griechin wird zur ersten Heidin, die Jesus nicht nur um Hilfe für ihre Tochter bittet, sondern ihn zugleich davon überzeugt, dass seine Botschaft und sein rettendes Handeln nicht *allein* den verlorenen Schafen des Hauses Israel gelten. Noch größere Bedeutung hat die namenlose **Salbende aus Betanien** (**Mk 14**; Mt 26) erlangt. Sie wird in **Lk 7** als »Sünderin« dargestellt, deren Dienst Jesus als Liebesdienst besonders hervorhebt. In **Joh 12** ist es Maria, die Schwester der Martha und des Lazarus (Joh 11), die Jesus die Füße salbt – ob sie auf der textinternen Ebene mit Maria Magdalena, der Auferstehungszeugin aus **Joh 20** (vgl. **Lk 24**), identisch ist, bleibt unsicher. **Lk 8** erwähnt Jüngerinnen Jesu mit Namen, die ihn logistisch unterstützen (neben der bereits erwähnten *Maria Magdalena* die ansonsten unbekannten Frauen *Johanna* und *Susanna*). Die **Apg** nennt weitere bedeutende Frauen des Urchristentums, u.a. die ursprünglich aus Thyatira stammende Purpurhändlerin **Lydia** in Philippi (**Apg 16**), die oft als »erste Christin Europas« bezeichnet wird. In **Joh 4** erfährt die **samaritanische Frau** am Brunnen, dass Jesus der Messias ist und wird zur *ersten Missionarin* in Samarien; in **Joh 11** bekennt sich **Martha** zu Jesus als dem Messias, während ihre Schwester **Maria** (s.o.) zuhause bleibt. Ein Geschwisterpaar **Maria und Martha** kennt auch **Lk 10** (einen [«armen«] Lazarus kennt die Erzählung Lk 16, aber nicht als Bruder dieser Schwestern).

Aus den Paulusbriefen geht ebenfalls hervor, dass Frauen bei den Christen weitgehend gleichgestellt waren, galt doch der Grundsatz aus der Taufformel **Gal 3,26–28**: »Hier ist nicht männlich noch weiblich … ihr alle seid *einer* in Christus.« So erfährt man aus den Briefen von wichtigen Frauen, etwa in Korinth (Phöbe; 1 Kor 1) oder von Ehepaaren wie **Prisca** (Apg: *Priscilla*) und Aquila (**Röm 16**; vgl. Apg 18) bzw. Andronicus und **Junia** (Röm 16,7) – letztere zählt Paulus *beide* zum Kreis der Apostel, weshalb Junia zu Recht als »erste Apostelin« gilt.

In der späteren Paulustradition (*Deuteropaulinen*) wandelt sich das Frauenbild. Wie schon die Parenthese in **1 Kor 14**,33–35 den Frauen das Reden in der Gemeindeversammlung untersagte (wohl ein späterer, *nichtpaulinischer Einschub*), so empfehlen bereits die Autoren von Eph 5 und Kol 3 in ihren »Haustafeln« die *Unterordnung der Frauen*, wenngleich sie parallel dazu die Liebe der Männer zu den Frauen einfordern. Der Autor von **1 Tim 2**,8–15 schließlich predigt den Frauen einerseits den Verzicht auf äußeren Schmuck (vgl. 1 Petr 3) – sie sollen sich stattdessen mit »guten Werken« schmücken –, andererseits die Unterordnung unter die Männer durch »stilles Zuhören« und erkennt schließlich das Heil der Frauen im Gebären von Kindern, was wohl als Reaktion auf asketische Tendenzen im Urchristentum zu verstehen ist. Allerdings kennt 1 Tim 5 auch ein besonderes Amt der »Witwen« (vgl. hierzu auch den Streit um die *Witwenversorgung* in Apg 6). In Offb 2, im Sendschreiben an die Gemeinde in Thyatira, ist zuletzt von einer Prophetin namens **Isebel** die Rede, die angeblich häretische Lehren verbreitet.

## 9. Tabellarische Übersicht über weitere Personen der Zeitgeschichte

Hier sind vornehmlich Personen aufgeführt, die auch außerhalb des Neuen Testaments bezeugt sind, sowie einige weitere aus der Apg bekannte Gestalten. Ist eine Zahl in Klammern gesetzt, bedeutet dies, dass der *Name* an der jeweiligen Stelle nicht genannt wird und lediglich aus dem Kontext oder mit Hilfe zeitgeschichtlichen Wissens erschlossen werden kann.

| Name | Mk | Mt | Lk | Apg | Joh | Sonstige |
|---|---|---|---|---|---|---|
| **a) (Klientel-)Könige** | | | | | | |
| **Herodes der Große** | | 2 | 1 | | | |
| Archelaus (Sohn des Herodes) | | 2 | | | | |
| **Herodes Antipas** | 6; 8 | (11); 14 | 3; (7); 9; 13; 23 | | | |
| Herodias | 6 | 14 | 3 | | | |
| Tochter der Herodias | 6 | 14 | | | | |
| **Herodes Agrippa I.** | | | | 12 | | |
| **Herodes Agrippa II.** | | | | 25–26 | | |
| Berenike | | | | 25–26 | | |
| Aretas IV. | | | | | | 2 Kor 11 |
| **b) Römische Kaiser** | | | | | | (Offb 13ff) |
| Kaiser Augustus | | | 2 | | | |
| Kaiser Tiberius | (12) | | 3; (20.23) | | (18f) | |
| Kaiser Caligula | (13) | | | | | |
| Kaiser Claudius | | | | 11; (17); 18 | | |
| Kaiser Nero | | | | (25–28) | | (Phil 4) |
| **c) Römische Offizielle** | | | | | | |
| **Pilatus** | 15 | 27 | 3; 23 | 3; 13 (in Predigten) | 18f | 1 Tim 6 |
| *Pilatus' Frau* | | *27* | | | | |
| Quirinius | | | 2 | | | |
| **Sergius Paulus** | | | | 13 | | |
| **Gallio** | | | | 18 | | |
| **Felix** | | | | 23–25 | | |
| Drusilla, Felix' Frau | | | | 24 | | |
| **Porcius Festus** | | | | 24–26 | | |
| «Schreiber« von Ephesus | | | | 19 | | |

| Name | Mk | Mt | Lk | Apg | Joh | Sonstige |
|---|---|---|---|---|---|---|
| **Cornelius** | | | | 10 | | |
| **Claudius Lysias** | | | | 21–24 | | |
| **d) Jüdische Hohepriester** | | | | | | |
| **Kajaphas** | 14 | 26 | 3 | 4; (5; 7; 9) | 11; 18 | |
| **Hannas** | | | 3 | 4 | 18 | |
| Hananias (HP) | | | | 23–24 | | |
| Skevas (Hohepriester) | | | | 19 | | |
| **E) Prominente Juden/ jüdische Gelehrte** | | | | | | |
| **Josef von Arimatäa** | 15 | 27 | 23 | | 19 | |
| **Nikodemus** | | | | | 3; 7; 19 | |
| **Gamaliel I.** | | | | 5; 22 | | |
| Jairus (Synagogenvorsteher) | 5 | | | | | |
| Krispus (ebenfalls SV) | | | | 18 | | |
| Sosthenes (ebenfalls SV) | | | | 18 | | |
| **F) Jüdische Aufrührer** | | | | | | |
| **Barabbas** | 15 | 27 | 23 | 3 | 18 | |
| Theudas | | | | 5 | | |
| Judas der Galiläer | | | | 5 | | |
| **G) Weitere Einzelgestalten** | | | | | | |
| **Levi (Zöllner)** | 2 | | 5 | | | |
| **Zachäus** | | | 19 | | | |
| **Simon Magus** | | | | 8 | | |
| Äthiop. Eunuch | | | | 8 | | |
| **Agabus** (Prophet) | | | | 11; 21 | | |
| **Lydia** | | | | 16 | | |
| Dionysius Areopagita | | | | 17 | | |
| Damaris | | | | 17 | | |
| **Demetrius** | | | | 19 | | |
| **Eutychus** | | | | 20 | | |
| Publius, erster der Insel | | | | 28 | | |
| Theophilus | | | 1 | 1 | | |

## *B) Theologische Themen*

### 1. Taufe

Texte: **Mk 1**; 10; **16,16**; **Mt 3**; **28,18–20**; **Lk 3**; **Apg 1**; **2**; 8; 10; 19; **Joh 1**; **3–4**; **Röm 6**; **1 Kor 1**; (10); **12**; 15; **Gal 3,26–28**; **Kol 2**; **Eph 4**; 1 Petr 3; **Tit 3**,5 (s. o. Thema A.1.)

Es lassen sich drei grundsätzliche Aspekte hinsichtlich der Taufe unterscheiden: a) Die Bußtaufe des Johannes, b) die Berichte von der Taufe Jesu und c) die urchristliche Taufe *auf den Namen Jesu* mit ihrer eigentümlichen Tauftheologie. Da sich aber in der Rezeptionsgeschichte alle drei Aspekte wechselseitig beeinflusst haben, ist es sinnvoll, das Thema »Taufe« einheitlich zu behandeln.

Bibelkundlich ausdrücklich zu unterscheiden ist die Taufe von allgemein jüdischen rituellen Waschungen (vgl. Mk 7; Mt 23 u. ö.) und den Berichten anderer »Waschungen«, wenngleich diese Aspekte im Neuen Testament zusammenklingen können (so im Streit der Johannesjünger mit den Juden »über die Reinigung« [Joh 3]).

**Mk 1** und **Lk 3** schildern **Johannes den Täufer** als Verkünder einer »**Bußtaufe zur Vergebung der Sünden**«, **Mt 3** streicht diesen letzten Aspekt und verknüpft ihn mit den »Einsetzungsworten« des Abendmahls (s. Thema B 2.); laut **Joh 1** tauft Johannes der Täufer »lediglich mit Wasser«, der Zweck der Taufe bleibt unerwähnt, sodass sie eher als »Reinigungsbad« erscheint (so entzündet sich Joh 3 ein Streit über die »Reinigung«). Auch **Apg 1** betont den Unterschied zwischen der »Wassertaufe« Johannes des Täufers und der Geisttaufe, mit der die Jünger an Pfingsten »getauft« werden sollen.

**Mk 1** und **Mt 3** berichten von der **Taufe Jesu im Jordan durch Johannes** (wobei der Täufer in Mt 3 sich anfänglich weigert, Jesus zu taufen), nach **Lk 3** ist Johannes der Täufer auf der Textebene bereits im Gefängnis, und demzufolge **unklar, wer Jesus tauft**. In **Joh 1** schließlich **fehlt** die Erwähnung, ***dass* Jesus getauft wurde**, der Täufer spricht ausschließlich von der Herabkunft des Geistes auf Jesus, die synoptisch mit der Taufe Jesu verknüpft ist.

Ein »Taufbefehl« Jesu begegnet noch nicht im ursprünglichen MkEv, erst **Mt 28,18–20** und wohl als Reaktion darauf der sekundäre Mk-Schluss (**Mk 16,16**) kennen einen »Taufbefehl« Jesu, Mt 28,18 nennt bereits die **triadische Tauformel** »auf den Namen des Vaters und des Sohnes und des Heiligen Geistes« (anders Mk 16,16: »Wer da glaubt und getauft wird, der wird selig werden, wer nicht glaubt, wird verdammt werden«). Dagegen entbehrt das lk Doppelwerk einen »Taufbefehl« Jesu – Apg 1 kündet die »Geisttaufe der Jünger« an, doch eine Aufforderung zur Taufe wird erst **Petrus** in den Mund gelegt: »Tut Buße und jeder von euch lasse sich **taufen auf den Namen Jesu Christi** *zur Vergebung eurer Sünden*, so werdet ihr *empfangen die Gabe des Heiligen Geistes.*« (Apg 2,38) Dass die Taufe Voraussetzung für den Geistempfang ist, wird an vielen Stellen der Apg deutlich: So bei der Taufe der »Hellenisten« in Samaria (**Apg 8**), bei der die »Apostel« Petrus und Johannes aus Jerusalem anreisen müssen, um den Geist durch Handauflegung zu verleihen, oder bei den zwölf Johannesjüngern in Ephesus (**Apg 19**), die zunächst »auf den Namen Jesu« getauft werden müssen (obwohl sie die *Taufe des Johannes* bereits empfangen hatten!) und anschließend von Paulus ebenfalls durch Handauflegung den Geist empfangen. In besonderer Weise wird das Verhältnis »Taufe → Geistempfang« bei der ersten »Heidentaufe« umgekehrt: Als Petrus den heidnischen Personen im Haus des Kornelius predigt und der Geist über diese kommt, folgt die Taufe zwangsläufig: »Kann auch jemand denen das Wasser zur Taufe verwehren, die den Heiligen Geist empfangen haben ebenso wie wir?« (**Apg 10,47**) Der erste *Taufbefehl an Heiden* geht aber erneut auf das Konto des Petrus (Apg 10,48). Eine sündentilgende Kraft der Taufe schildert die Apg im Übrigen *nicht*.

Über die »Tauftheologie« des JohEv lässt sich hingegen nur schwer etwas sagen, da es dieses Thema nur »verschlüsselt« anspricht. **Joh 3** schildert ein Gespräch Jesu mit dem jüdischen Gelehrten *Nikodemus*, in welchem Jesus betont, dass man »von oben« geboren werden müsse, *»aus Wasser und Geist«* (**Joh 3,3.5**), um in das Reich Gottes zu gelangen (es ist der einzige »Reich-Gottes«-Beleg im JohEv überhaupt!), wobei der Akzent auf der Neugeburt aus »Geist« liegt. Wenig später wird behauptet, *Jesus habe getauft* – und damit »Jünger gemacht« (Joh 3), Joh 4,2 wird diese Aussage dahingehend revidiert, dass nur die *Jünger* Jesu getauft hätten.

In den echten Paulusbriefen ist schwer zu entscheiden, welche Ansichten zur Taufe von Paulus selbst stammen und welche bereits auf vorpaulinische Tradition zurückgeführt werden können. Oft wird die Aussage aus **Gal 3,26–28**, in der vom »Anziehen« Christi bei der Taufe die Rede ist, als vorpaulinische »Tauftradition« gewertet. Ähnlich traditionell, doch von paulinischer Theologie bereits durchtränkt, ist die Aussage in **Röm 6**, dass Christen durch die Taufe »in den Tod Jesu« getauft werden: Sie symbolisiert ein »Mitsterben«, das den Christen der Macht der Sünde entreißt und eine Hoffnung auf die Erlösung (eine *zukünftige* »Auferstehung«) impliziert. Aus **1 Kor 1** geht hervor, dass Paulus selbst zwar getauft hat, dies aber nicht als seine Hauptaufgabe ansieht. Die Berufung einiger Gemeindemitglieder auf ihre »Täufer« (Petrus, Paulus, Apollos) scheint zu inhaltlichen Differenzen und Spaltungen in der korinthischen Gemeinde geführt zu haben. In **1 Kor 12** betont daher Paulus die durch die Taufe und den Geist hergestellte Einheit der Gemeinde. Aus *1 Kor 15* schließlich erfährt man, dass frühe Christen sich stellvertretend für bereits Verstorbene haben taufen lassen (so genannte *Vikariatstaufe*), eine Praxis, die Paulus im Übrigen *nicht* kritisiert.

Die Deuteropaulinen greifen einige Aspekte der paulinischen Tauftheologie auf, wobei z.T Modifikationen sichtbar werden. Deutlich von Röm 6 zu unterscheiden ist die Aussage **Kol 2,10–12**, dass die Christen in der Taufe, die der Autor auch als »Beschneidung ohne Hände« bezeichnet, nicht nur mit Christus sterben, sondern auch mit ihm wieder *lebendig geworden sind* (vgl. Eph 2). In **Eph 4** wird die *eine* Taufe beschworen. Als Bad der Wiedergeburt bezeichnet es Tit 3,5; 1 Petr 3 deutet die Sintfluterzählung typologisch auf die Taufe.

## 2. Abendmahl

Texte: **Mk 14**; **Mt 26**; **Lk 22**; Joh 13; (Joh 6); **1 Kor 10–11**; **Apg 2**; [Apg 15; Gal 2; Jud 12]

### *a) Das christliche Gemeindemahl*

Die Feier des christlichen »Herrenmahls« wird bereits in der frühesten Erwähnung bei Paulus (1 Kor 11,23–25) auf eine Stiftung durch Jesus in der »Nacht seiner Auslieferung« zurückgeführt. Die synoptischen Evangelien schildern dieses als Passamahl (Mk 14; Mt 26; Lk 22), das JohEv hingegen als ein (antikes) »Abendmahl« vor dem Passafest, welches erst am Abend der Hinrichtung Jesu stattfindet. Allen Schilderungen gemeinsam ist die Erwähnung des »Verräters« aus dem Kreis der Jünger, genauer dem Kreis der »Zwölf« (s. zu der Unterscheidung Thema A 3.).

Die relativ kurzen *Tischreden* in der Darstellung des MkEv und des MtEv finden in Lk 22 eine Ausweitung – dort werden die aus Mk 10 bekannten Ausführungen über Herrschaft und Dienst eingefügt. In Joh 13 ist dieselbe Thematik mit einer *Fußwaschung* Jesu an seinen Jüngern verbunden; als »Tischreden« erscheinen die so genannten »Abschiedsreden« (Joh 13,31 – 16,33), die zuletzt in das »Hohepriesterliche Gebet« Jesu (Joh 17) münden.

In **1 Kor 10** vergleicht Paulus das »Herrenmahl« mit antiken Kultmahlzeiten. Er spricht davon, dass man im Brechen des Brotes Gemeinschaft mit (bzw. Teilhabe an; gr. *koinônia*) dem Leib Christi, im Dankgebet über dem Kelch Gemeinschaft mit dem Blut Christi erhält. Der Antiochenische Zwischenfall, den Paulus in *Gal 2* schildert, illustriert jedoch ebenso deutlich, dass die Mahlgemeinschaft zwischen Juden und Heiden innerhalb der christlichen Gemeinden eine theologisch umstrittene Angelegenheit war, wie es das »Aposteldekret« in *Apg 15* verdeutlicht, das ebenfalls als Minimalkonsens für diese Tischgemeinschaft angesehen werden kann. Die frühen Mahlfeiern waren demnach Sättigungsmahle, wie es auch für die in *Jud 12* geschilderten »Liebesmahle« (gr. *agapê*) gilt. Umstritten ist, ob mit dem Ausdruck »Brotbrechen«, einem der Kennzeichen der Urgemeinde in **Apg 2,42–46** (vgl. Lk 24: Emmaus), das christliche »Herrenmahl« gemeint ist. Mahlfeiern mit dem Auferstanden schildern immerhin Lk 24, Apg 1 und Joh 21 sowie der sekundäre Mk-Schluss (Mk 16) – ihr Verhältnis zum christlichen Gemeindemahl, aus dem sich später das »Abendmahl« bzw. die »Eucharistie« entwickelt, ist ebenfalls unklar.

Seit wann man im frühen Christentum rituelle Mahlfeiern (die spätere »Eucharistie«) von »Sättigungsmahlen« (den späteren »Agapen«) deutlich unterschieden hat, ist unsicher.

### *b) Die »Einsetzungsworte«*

Die so genannten »Einsetzungsworte« oder besser »Deuteworte« zum Abendmahl bilden den Grundstock der christlichen Abendmahlsliturgie, weshalb die Kenntnis des Wortlauts unerlässlich ist. Dabei unterscheidet man aufgrund der jeweiligen Besonderheiten in den Formulierungen zwei Typen: den »matthäisch-markinischen« und den »lukanischen-paulinischen« Typ:

| | Mk 14,22–25 | Mt 26,26–29 | Lk 22,15–20 | 1 Kor 11,23–26 |
|---|---|---|---|---|
| **(Kelch-wort I)** | | | Kelch und Verzichtwort (»bis das Reich Gottes kommt«) | |
| **Brot-wort** | kurz : »*Nehmt*, das ist mein Leib.« | kurz, (erweitert) »*Nehmt, esst*, das ist mein Leib | lang (o. Aufforderung) »Das ist mein Leib *für euch gegeben*« + Wiederholungs-befehl | lang (o. Aufforderung) »Das ist mein Leib *für euch*« + Wiederholungs-befehl |
| **Kelchwort** | Blut des Bun-des vergossen für *viele* | Blut des Bundes vergossen für *viele* + zur Vergebung der Sünden | Kelch = neuer Bund »in meinem Blut, das für euch vergossen wird« | Kelch = neuer Bund »in meinem Blut« + Wiederholungs-befehl |
| **Eschato-logischer Ausblick** | Verzichtwort mit Ausblick: Trinken im Reich Gottes | Verzichtwort mit Ausblick: Trinken im Reich des Vaters | | Das Mahl als Ver-kündigung des Todes »bis er kommt« |

In der so genannten »Lebensbrotrede« (**Joh 6**,26–58), in der Jesus sich selbst als das »Brot des Lebens« bezeichnet, spricht man in der Forschung vom so genannten »eucharistischen Abschnitt«, der entweder auf 6,48–58; 6,51c-58 oder 6,52–58 begrenzt wird. Wichtig sind die darin sichtbaren Anspielungen auf die Aussagen der »Deuteworte«: »Wer mein Fleisch isst und mein Blut trinkt …« In Joh 6,51 findet sich zudem die »Hingabeformel«: Jesus gibt sein Fleisch »für das Leben der Welt«. Auffallend ist gegenüber den syn.-pln. Deuteworten der Wechsel von »Leib« (gr. *sôma*) zu »Fleisch« (gr. *sarx*). Dagegen fehlt in Joh 13 eine »Einsetzung« des Mahls; immerhin wird dort aber in Analogie zu den synoptischen Darstellungen die Gabe eines eingetunkten »Bissens« an Judas geschildert.

## 3. (Heiliger) Geist (gr. *pneuma*)

Texte: **Mk 1**; **3**; **13**; **Mt 1**; **28**; **Lk 4**; **Apg 2;** 16 u. ö.; **Joh** 1; **3**; 4; 7; **14–16**; **20**; **Röm 8**; **1 Kor 12–14**; **Gal 5–6**; Eph 4 (vgl. auch Thema B 1: Taufe); Offb 1; 22

Für die christliche Theologie kommt dem »Heiligen Geist« eine wesentliche Funktion zu – im Bekenntnis zum dreieinigen Gott stellt der Heilige Geist die dritte »Hypostase« bzw. »Person« Gottes dar. Die Wurzeln dieser Anschauung liegen wesentlich in den alttestamentlichen und neutestamentlichen Aussagen begründet, wobei die Darstellung des »Heiligen Geistes« in der Apg, im JohEv sowie bei Paulus maßgeblich das Bild des Geistes innerhalb der christlichen Theologie beeinflusst hat. Grundsätzlich gilt zuvor, dass »Geist« (gr. *pneuma*) keine *Instanz* im Menschen beschreibt, sondern eine *von Gott ausgehende Kraft*, die er einzelnen Menschen (v. a. Propheten) verleihen und entziehen kann; diese ist zu unterscheiden von der oft auch mit »Geist« übersetzten

*Verstandeskraft* (gr. *nous*), die jedem Menschen innewohnt, und der »Seele« (gr. *psychê*), die das Lebensprinzip im Menschen repräsentiert.

Bereits das MkEv verleiht dem »Heiligen Geist« eine exponierte Stellung: Nach Auskunft des Täufers wird Jesus »mit Heiligem Geist taufen«; Jesus erhält den Geist bei seiner eigenen Taufe (s. o.) und wird von diesem in die Wüste geführt (**Mk 1**). In **Mk 3** (*parr*) findet sich die Auskunft, dass eine »Sünde wider den Heiligen Geist« nicht vergeben wird – damit reagiert Jesus auf den Vorwurf, er habe einen »unreinen Geist«. In **Mk 13** kündigt Jesus an, dass in Zeiten der Verfolgung der Heilige Geist *durch die Jünger* sprechen werde. Unklar ist, ob die Aussage Mk 15, Jesus habe »(den Geist) ausgehaucht« (gr. *exepneusen*), eine Anspielung auf den »Heiligen Geist« ist (deutlicher formulieren hier Mt 27: Der Geist *fährt aus*; Joh 19: Jesus *übergibt* den Geist; vgl. Lk 23,46).

In **Mt 1** und **Lk 1** wird die Schwangerschaft der Maria auf den »Heiligen Geist« zurückgeführt. Über die Parallelen zum MkEv hinaus ist noch der »Missionsbefehl« erwähnenswert, wo erstmals eine »triadische Formel« erscheint: Die Jünger sollen die Menschen »auf den Namen des Vaters und des Sohnes und des Heiligen Geistes taufen« (**Mt 28**).

Im lk Doppelwerk entfaltet der »Geist« eine besondere Funktion. Zunächst wirkt er an verschiedenen Personen (*Zacharias, Maria, Simeon, Johannes der Täufer* [vgl. Lk 1–3]). Nach der Taufe (Lk 3), in der der Geist »herabkommt«, konstatiert Jesus in seiner »Antrittspredigt« in Nazaret (**Lk 4**): »Der Geist des Herrn ist auf mir …«, die Verheißung des Propheten Jesaja (Jes 61) hat sich in Jesus erfüllt. Diesen Geist befiehlt er am Kreuz in Gottes Hände (**Lk 23**). Die in Lk 24/Apg 1 verkündete Ausgießung des Geistes auf die Jünger an Pfingsten (50 Tage nach Ostern) (**Apg 2**) markiert eine Zeitenwende. Von jetzt an wirkt Gottes Geist auf verschiedene Weise: Als er von Hananias und Saphira *belogen* wird, müssen diese sterben (**Apg 5**). In Apg 8 entrückt er den Philippus, in Apg 15–16 bestimmt er die Reiseroute des Paulus. Der Magier Simon aus Samarien will den Geist »kaufen«, weil er die Gabe Wunder zu tun erlangen möchte (**Apg 8**; »*Simonie*«). Wesentlich ist der Geist aber an die Taufe und die Handauflegung gebunden (s. o. Thema B 1.).

Das JohEv trifft zwar wenige, dafür aber sehr prägnante Aussagen über den Geist. Jesus ist der »Geisttäufer« (Joh 1), und die Christen müssen »von oben«, aus »Wasser und Geist« geboren werden, der Geist selbst weht jedoch, »wo er will« (Joh 3; vgl. »Taufe«). In **Joh 4** wird Gott mit dem »Geist« identifiziert (»Gott ist Geist«), weshalb er auch »in Geist und Wahrheit« verehrt werden soll. Neben Jesus und Gott wird der Geist als »lebendig machend« angesehen (**Joh 6**,62); in Joh 7,35–37 kündet Jesus den Glaubenden »Ströme lebendigen Wassers« an, die der Autor mit dem »Geist« identifiziert. In den Abschiedsreden verheißt Jesus den »Parakleten« (= »Beistand«), der auch als »Heiliger Geist« oder »Geist der Wahrheit« betitelt wird: Seine Funktion ist es, die Gemeinde der nachösterlichen Gegenwart Jesu zu versichern, die Welt der Sünde zu überführen und an die Worte Jesu zu erinnern (vgl. **Joh 14–16**). Die abschließende Gabe des Geistes, bei der Jesus die Jünger »anhaucht« (**Joh 20**) besitzt eine doppelte Komponente; einerseits erinnert die Szene an das Pfingstereignis (Apg 2), andererseits erhalten die Jünger die »Binde- und Lösegewalt«, die nach Mt 16,16–19 allein Petrus zugesprochen wird.

Der 1 Joh knüpft an das JohEv an: Hier hat der Geist v.a. eine belehrende (1 Joh 2; dort ist metaphorisch vom »Salböl« die Rede) und bezeugende (1 Joh 5,7: zusammen mit Wasser und Blut) Funktion.

Für Paulus stellt der Gegensatz von »Fleisch« (irdische Existenz, unter der Sünde) und »Geist« (Erlösung und göttliche Be-Gabung) eine anthropologische Grundkonstante dar. Der (Heilige) Geist ist die dem Christen (in der Taufe; vgl. 1 Kor 12) übereignete Kraft Gottes, aus der bestimmte Gaben (»Charismen«) resultieren, deren höchste jedoch die Liebe ist (**1 Kor 12–14**), und die wiederum »Früchte des Geistes« (Gal 5–6) hervorbringen, wie Liebe, Barmherzigkeit, Anteilnahme: Christen leben und wandeln »im Geist« (**Röm 8**: »Gesetz des Geistes«; Gal 5). Geist ist zugleich »Angeld« der zukünftigen Auferstehung (2 Kor 5), bei der die Menschen durch den Geist »verwandelt« werden (1 Kor 15). Der Geist befreit von der Knechtschaft der Sünde (**Röm 8**), denn »Gott ist Geist und wo der Geist des Herrn ist, da ist Freiheit« (**2 Kor 3,17**). Es ist daher ein Geist der »Kindschaft«, in dem Christen Gott als Vater anrufen (**Röm 8**).

Ein besonderes Interesse am Geist zeigt von den Deuteropaulinen allein der Eph, der in Kap. 4 die »Einheit« des Geistes betont, und der generell als »pneumatischer Brief« bezeichnet wird.

In Hebr 1 hingegen werden die Engel als »dienstbare Geister« bezeichnet – dieser Gebrauch von *pneumata* steht damit den »Dämonen« in den synoptischen Exorzismen nahe wie auch der »Unterscheidung der Geister« in 1 Joh 4 (»Geist des Antichrists«). In der Offb steht der »prophetische Geist« (vgl. Offb 1; 22) im Mittelpunkt, der als »Sprecher« immer wieder in Aktion tritt. Eine besondere »Pneumatologie« ist nicht erkennbar; der Autor knüpft hier eher an die alttestamentliche Prophetentradition (v.a. Ez 1–3) an.

## 4. Buße, Sündenvergebung und Versöhnung

### *a) Umkehr und Buße (gr. metanoia)*

Texte: **Mk 1** (parr); **Lk 3; 5; 15** (u.ö.); **Apg 2**; **11**; 17; **Hebr 6**; 12; **Offb 2–3**

Das Thema »Umkehr« (im Deutschen auch: »Buße«) ist im Neuen Testament vor allem mit dem Thema »Taufe« (s.o. B 1.) eng verknüpft. So verkündet Johannes der Täufer eine Bußtaufe/Umkehrtaufe (vgl. Mk 1 parr; vgl. Apg 13; 19), und Jesus greift den Aufruf zur Umkehr, d.h. zur Hinwendung zu Gott, in seiner »Predigt« vom Reich Gottes auf (vgl. **Mk 1,14f**). Doch stellt dieses Thema weder im MkEv noch im MtEv einen zentralen Aspekt der Lehre Jesu dar.

Erst der dritte Evangelist zeigt ein gesteigertes Interesse an dieser Thematik: An verschiedenen Stellen wird die »Umkehr des Sünders« als notwendiger Bestandteil seiner Annahme durch Gott propagiert (etwa in **Lk 5** bei der Berufung des Levi oder in **Lk 15** beim Gleichnis vom Verlorenen Schaf). In der Apostelgeschichte ist die »Umkehr« notwendige *Voraussetzung* für die Taufe (Apg 2) – Gott selbst ruft angesichts des künftigen Gerichts nun alle Menschen zur Umkehr (vgl. Apg 11; **Apg 17**: Areopagrede), wie es bereits Jesus zu seinen Lebzeiten tat (vgl. Lk 5 u.ö.).

Im johanneischen Schrifttum fehlt der Gedanken einer »Reue« oder »Buße« hingegen gänzlich.

Das Thema spielt in den Paulusbriefen eine untergeordnete Rolle – den Begriff *metanoia* verwendet Paulus vorwiegend im Sinne von »Reue« bzw. »Sinnesänderung« (z.B. 2 Kor 7). Dagegen hat die Verwerfung einer nachträglichen »Buße« in **Hebr 6** (und 12) in manchen christlichen Gruppen einen Rigorismus erzeugt, der u.a. zu Luthers Verwerfung dieses Schreibens führte. In den Sendschreiben der Apokalypse ruft der Seher Johannes die Gemeinden mehrfach zur Umkehr/Buße auf (**Offb 2–3**), was an den Gebrauch des Begriffs in der synoptischen Tradition erinnert.

### *b) Sündenvergebung und Sühne*

Texte: **Röm 3,25**; **1 Kor 15,3–5**; **Mk 2** (parr); **Mt 26,26–29**; Lk 7; **Joh 1,29**; **20**; **Röm 5–8;** Hebr 2; 4; 7–10; 1 Petr 2

Schon in der frühesten Überlieferung wird der Tod Jesu als ein Tod »für die Sünden« verstanden (1 Kor 15,3–5; vgl. Gal 1,4), seinem Blut sündenvergebende Kraft zugesprochen (Röm 3,25). Dieser Gedanke kehrt in zahlreichen traditionellen Wendungen wieder (vgl. auch Kol 1,14; Eph 2,1; Offb 1).

Im Bericht von der Heilung des Gelähmten (**Mk 2,1–12** parr) wird Jesu Vollmacht zur Sündenvergebung hervorgehoben. In Lk 7 wird von der »Sünderin« gesagt, dass ihr viel vergeben werde, denn sie habe viel geliebt. Jesu Zuwendung zu den Sündern (vgl. Lk 5) impliziert seine Bereitschaft zur Sündenvergebung, doch grundsätzlich bindet das lk Doppelwerk die Sündenvergebung an den Gedanken der »Buße« (Lk 24; s.o.). In der synoptischen Tradition tritt daher der Gedanke eines »Sühnetodes« Jesu deutlich zurück; allein in den Einsetzungsworten des MtEv (26,26–29) wird eine Beziehung zwischen dem Blut Jesu und der Sündenvergebung hergestellt. In Mt 18 (und Lk 17) wird stattdessen (analog zur 5. Bitte des Vaterunsers; Mt 6; Lk 11) die wechselseitige Vergebung der »Geschwister« im Glauben eingefordert.

In Joh 1,29 wird Jesus als »Lamm Gottes, das die Sünde der Welt hinweg trägt« bezeichnet. Jesus selbst vergibt im JohEv keine Sünden, er deckt die Sünde der Welt bzw. der Juden auf (Joh 8–9), wie es auch der Paraklet tun wird (Joh 16). Damit wird Jesus zum wahren Opferlamm (Joh 19). Doch die Sünde der Welt wird nicht vollständig *getilgt*, denn in Joh 20 erhalten die Jünger Jesu durch den Heiligen Geist die Vollmacht, Sünden zu vergeben und zu behalten.

Im 1 Joh ist das Bekenntnis der eigenen Sünden wesentliche Voraussetzung für deren Tilgung – wer dagegen behauptet, sündlos zu sein, mache Gott zum Lügner (1 Joh 1). Wer sündigt, der habe einen »Fürsprecher« (»Parakleten«) bei Gott, nämlich Jesus Christus, der als Sühne für die Sünden gestorben sei. Dies widerspricht allerdings scheinbar anderen Aussagen, in denen behauptet wird, wer in Christus, wer aus Gott geboren sei, der *könne gar nicht sündigen* (1 Joh 3). Nach 1 Joh 5 werden Sünden auch durch Fürbitte vergeben, ausgenommen die »Sünde zum Tode« (vermutlich ist die Apostasie gemeint).

In **Röm 5–8** reflektiert Paulus intensiv über die durch Adam in die Welt gekommene Sünde (Röm 5) und sieht die Taufe als »Sterbevorgang« an, in welchem ein Mensch der Sünde stirbt (Röm 6). Da Paulus die Sünde als den Menschen beherrschende Macht oder Tatsphäre ansieht, ist der Gedanke einer »Befreiung« von Sünde für ihn wesentlicher als der des »Abwaschens« von »(Tat-)Sünden« und insofern der Gedanke der »Rechtfertigung« des Sünders (s. u.) wichtiger als die traditionelle Vorstellung der »Sündenvergebung« durch Jesu Blut.

In Hebr 4 und 1 Petr 2 begegnet erstmals die Vorstellung der *Sündlosigkeit* Jesu. Hebr 2 (4; 7–10) sieht diese als Voraussetzung für die Wirksamkeit des »Selbstopfers« dieses »wahren Hohenpriesters«: Nur so konnte er die Sünden *endgültig* vergeben, denn: »Wo Vergebung der Sünden ist, da geschieht kein Sündopfer mehr.« (Hebr 10,18) In 1 Petr 2 begegnet die Vorstellung Jesu als des »Opferlamms«, verbunden mit Gedanken aus dem »vierten Gottesknechtslied« (Jes 52,13–53,12): Jesus *trug unsere* Sünde auf das Kreuz hinauf, und so sind wir der Sünde gestorben.

Die Offb spricht nicht von »Sünden*vergebung*«, wenn das »Blut des Lammes« thematisiert wird, wenngleich die verwendeten Metaphern so gedeutet werden können: Die Adressaten sind »befreit« von ihren Sünden (Offb 1), die Schar aus den Völkern wurde »erkauft« mit dem Blut des Lammes (Offb 5), sie haben ihre Kleider darin »gewaschen« (Offb 7), und der Satan wird durch das Blut besiegt (Offb 12).

### *c) Versöhnung (gr. katallagê)*

Texte: **Röm 5; 2 Kor 5**

Das Stichwort »Versöhnung« kommt innerhalb des Neuen Testaments lediglich in zwei Kapiteln der echten Paulusbriefe vor (**Röm 5**; **2 Kor 5,14–21**). Die Aussagen zum »sühnenden« Tod Jesu (s. o.) weisen im Griechischen keine etymologische Beziehung zur »Versöhnung« auf wie im Deutschen. Allerdings besteht eine inhaltliche Beziehung zum *Kreuzesgeschehen*. Paulus spricht beide Male von der Versöhnung mit Gott durch den Tod Jesu und leitet daraus in **2 Kor 5** den »Dienst der Versöhnung« ab. Gott hat durch den Tod Jesu das »Wort von der Versöhnung« aufgerichtet, während Paulus und seine Mitarbeiter »Botschafter an Christi Statt« sind.

Das von Paulus hier für die »Verkünder« der Versöhnung verwendete gr. Verb *parakalein* erinnert zwar terminologisch an den »Parakleten« (Joh 14–16), doch ist dort von »Versöhnung« keine Rede.

## 5. Rechtfertigung und Gerechtigkeit Gottes

Texte: **Röm 1,16f**; **Röm 3**,21–28; **Gal 2**; (Eph 2; Tit 2–3;) Apg 13; Jak 2 (*vgl. B.6: »Gesetz«*)

Die paulinische Lehre von der gnädigen Rechtfertigung des Sünders aus Glauben findet sich in zwei seiner Briefe besonders ausgeprägt: dem Römerbrief, der in seinem ersten Teil (Röm 1–11) gänzlich von diesem Thema bestimmt ist, und dem Galaterbrief. Der Ausdruck »Gerechtigkeit Gottes« (gr. *dikaiôsynê theou*) findet fast ausschließlich im Römerbrief Verwendung, fungiert dort aber als Schlüsselgedanke.

Ihre wesentliche Ausformulierung findet sich in **Gal 2** und **Röm 3**: Die Rechtfertigung, d. h. die Gerechtmachung des Sünders ist im heilvollen Tod Christi begründet und geschieht »aus (dem) Glauben (an Jesus Christus)« allein, nicht aus »Werken des Gesetzes«. Es ist demnach ein gnädiges Geschehen, an dem der Christ selbst nicht »mitwirken« kann. Während Paulus in Gal 3 davor warnt, nun erneut »gesetzliche« Bestimmungen auf sich zu nehmen, was dem Gedanken der Freiheit vom Gesetz gänzlich widerspreche, bietet er in **Röm 1–8** eine fortlaufende Reflexion über die Notwendigkeit, die Voraussetzungen sowie die Realisierung und Wirklichkeit der aus diesem Geschehen entspringenden »Rechtfertigung«, der »Gerechtigkeit Gottes«: Angesichts des *Zornes Gottes* über alle Menschen und der über alle Menschen gleichermaßen herrschenden Sünde sind Juden und Heiden an sich verloren (Röm 1–3). Doch Gott gab seinen Sohn Jesus Christus *für die Sünden* dahin, um die Möglichkeit des Glaubens zu eröffnen (Röm 3). Dieser Glaube war bereits in Abraham wirksam, bevor dieser beschnitten war (Röm 4 mit Verweis auf Gen 15,6), und der nicht umsonst ein »Vater vieler Völker« genannt werden sollte. In Röm 5 konstatiert Paulus: »Gerechtfertigt aus Glauben haben wir Frieden bei Gott durch unsern Herrn Jesus Christus.« Dies erläutert er anhand einer Typologie: So wie durch einen Menschen (Adam) die Sünde in die Welt kam, so musste durch einen Menschen (Christus) die Erlösung kommen. In Röm 6 wird erläutert, wie der einzelne durch die Taufe Anteil an der Erlösung bekommt: Getauft wird »in den Tod« Jesu, wer getauft ist, ist mitbegraben und wird mit Christus einst in einem neuen Leben wandeln. Doch weist Paulus mehrfach die Vorstellung zurück, man könne oder solle jetzt umso mehr »sündigen«. Vielmehr legt er in Röm 7 (einem der schwierigsten Paulustexte überhaupt!) dar, wie der Mensch unter der Sünde lebt: Die Sünde korrumpiert das Gesetz, sodass dieses seine eigentliche Funktion nicht erfüllen kann. Immerhin kann es aber die Sünde überführen, auch wenn der Mensch ihr verfallen bleibt: »Das Gute, das ich will, tue ich nicht, sondern das Böse, das ich nicht will.« (Röm 7,19) Aus diesem »Zwiespalt« retten kann nur Jesus Christus (7,25a; 7,25b ist wohl eine spätere Zufügung), denn das »Gesetz des Geistes« befreit vom »Gesetz der Sünde und des Todes« (Röm 8) – und die Christen leben »im Geist«. Dieses schützt zwar nicht vor Verfolgung und Bedrängnis, nicht vor Leid und Schmerz, doch »[nichts] kann uns trennen von der Liebe Gottes, die in Jesus Christus, unserem Herrn, ist.« (Röm 8,39)

In Gal 5–6 wie in Röm 12–15 entfaltet Paulus die Konsequenzen aus der Rechtfertigung, weswegen diese Abschnitte oft als »Paränese« bezeichnet werden: Der Befreiung von der Sünde entspricht ein »geheiligtes« Leben, das von der Freiheit des Christen bestimmt wird und im Liebesgebot (Gal 5,14; Röm 13,8–10; s. u.) seinen höchsten Ausdruck findet.

In den Deuteropaulinen erscheint der paulinische Gedanke der Rechtfertigung aus Glauben nicht zentral (Eph 2; Tit 3), von der Rechtfertigung des Sünders, die ein Leben in Gerechtigkeit ermöglicht, spricht Tit 2. In Apg 13 hingegen wird Paulus in den Mund gelegt, die Gerechtigkeit aus Glauben sei notwendig, weil das Gesetz des Mose nicht »ausgereicht« habe (vom Unvermögen des Gesetzes spricht Petrus in Apg 15). Dieser Gedanke widerspricht jedoch den eigenen Äußerungen des Paulus.

Als die gewichtigste »Gegenstimme« zu Paulus im Kanon ist der Jakobusbrief zu nennen (**Jak 2**): »Glaube ohne Werke ist tot!« Am Beispiel Abrahams (er zitiert ebenfalls Gen 15,6), der seinen Sohn opfern wollte (Gen 22), demonstriert er, dass Abraham wie auch die Hure Rahab (Jos 2) aus *Werken* gerecht wurden, und schließt: »Ihr seht, dass der Mensch aus Werken gerechtfertigt wird und nicht aus Glauben allein.« (Jak 2,24)

## 6. Gesetz (gr. *nomos*)

Texte: **Mt 5,17–20; Lk 16**,16f; **Apg 7; 13**; 15; **Joh 1**; 5; 7–10; **Röm 7**; **Gal 3**; (1 Tim 1); Hebr 7; 10

Die paulinische Lehre von der »Rechtfertigung (des Sünders)« setzt ein spezifisches Verständnis des »Gesetzes« voraus, das besonders in der lutherischen Theologie zur wesentlichen Unterscheidung von »Gesetz« und »Evangelium« geführt hat. Den Hintergrund bildet ein bestimmtes Verständnis der jüdischen *Tora* (gr. *nomos*). Doch auch die griechische Philosophie (v. a. Platon und die Stoa) kannte die Vorstellung eines allgemeinen »Weltgesetzes«. Im Folgenden werden daher noch einmal spezifische Aussagen über *nomos* im Neuen Testament angeführt.

Die charakteristischste Aussage über die bleibende Geltung des Gesetzes findet sich im Munde Jesu am Anfang der Bergpredigt (**Mt 5,17–20**) und in den daran anschließenden so genannten »Antithesen«: Jesus sei demnach nicht gekommen, »aufzulösen«, d. h. das Gesetz außer Kraft zu setzen, sondern es »zu erfüllen«. Das Fehlen dieser Aussage in den übrigen Evangelien ist allerdings zu bedenken.

Im LkEv ist das Gesetz grundsätzlich positiv konnotiert; so wird Jesus noch »nach dem Gesetz« (Lk 2) beschnitten, das höchste Gebot ist Teil des »Gesetzes« (Lk 10), Passion und Auferstehung Jesu werden als »Erfüllung des Gesetzes« gedeutet (Lk 24). Nach **Lk 16,16**f ist die Zeit der Geltung des »Gesetzes« jedoch auf die Epoche bis Johannes (den Täufer) beschränkt. Charakteristisch für die Apostelgeschichte sind Aussagen, die das den Juden durch Engel vermittelte (Stephanus: **Apg 7**) Gesetz als »Joch« deuten (Petrus: Apg 15), durch das man – ohne den Glauben – keine Gerechtigkeit erlangen könne (Paulus: **Apg 13**).

Im Johannesprolog (**Joh 1**,17) erscheint das Gesetz als »Gabe durch Mose« dem die durch Jesus Christus gewordene »Gnade und Wahrheit« kontrastiert werden. Besonders in Joh 5–10 streitet der joh Jesus mit »den Juden« über das Gesetz des Mose, dessen Schriften »von Jesus zeugen«.

In der Exegese ist umstritten, ob dem Gesetz im joh Schrifttum über diese »Zeugnisfunktion« hinaus noch eine Geltung zugeschrieben wird.

Besonders ausführlich und durchaus schillernd urteilt Paulus über das Gesetz in Röm und Gal. In **Gal 3** nennt er den *Nomos* eine »Gabe von Engeln durch einen Mittler« (vgl. Apg 6 und Joh 1,17!), durch den keine Gerechtigkeit, kein Leben gegeben werden konnte. So wurde er zum »Zuchtmeister« (gr. *paidagôgos*), von dem erst der Glaube befreit. Paulus begründet dies mit der Verheißung an Abraham, die 430 Jahre *vor* dem Gesetz gegeben worden sei. Wer daher dennoch »Gesetzeswerke« wie die Beschneidung fordere, müsse auch das *ganze* Gesetz befolgen (Gal 5). Ausgehend vom Liebesgebot als Erfüllung des Gesetzes (Gal 5; s. u.) kann Paulus dann sogar vom »Tragen der Lasten« als »Gesetz Christi« sprechen. In **Röm 7** bezeichnet er das Gesetz grundsätzlich als »heilig, gerecht und gut«, es vermittle ein Bewusstsein der Sünde, durch die es jedoch korrumpiert werde. Da die Erlangung der Gerechtigkeit aus dem Gesetz unmöglich sei (Röm 9), Christus jedoch das »Ende« bzw. »Ziel« (gr. *telos*) des Gesetzes darstelle (**Röm 10**), könne allein die *Liebe* das Gesetz erfüllen bzw. vollenden (Röm 13,10; s. u.).

Deutlich über Paulus hinaus geht dann der »Paulusschüler« in 1 Tim 1: Das Gesetz sei gut (gr. *kalos*), gelte aber nicht für den Gerechten; dieser habe kein Gesetz nötig.

Der Autor des Hebr vertritt auch im Blick auf das Gesetz eine »Überbietungstheorie«: Es war zu schwach, um zu vollenden (Hebr 7), es ist nur ein »Schatten« der zukünftigen (eschatologischen) Heilsgaben (Hebr 10). Darum erfüllt sich im Opfertod des »wahren Hohenpriesters« (Christus) die Verheißung aus Jer 31, dass das Gesetz »in die Herzen geschrieben« wird (Hebr 10).

Ein sehr viel positiveres Gesetzesverständnis bezeugt dagegen **Jak 2** (mit Jak 4), wo sich viele paulinische Gedanken wiederfinden: Das Gesetz überführt der Sünde (vgl. Röm 7), und wer nur gegen ein einziges Gebot verstößt, ist des ganzen Gesetzes schuldig (vgl. Gal 3). Hier kommt ein neues, »christliches« (?) Gesetzesverständnis zum Vorschein, das vom »Gesetz der Freiheit« spricht (vgl. aber auch die Wendung »Gesetz Christi« in Gal 6).

## 7. Liebe (gr. *agapê*) und Liebesgebot

### *a) Liebe (gr. agapê) allgemein*

Texte: **Röm 8; 1 Kor 13**; Kol 3; **Joh 3; 15; 1 Joh 4**

Gemeinhin gilt das Christentum als »Liebesreligion« schlechthin. Dabei mag überraschen, dass Substantiv und Verb gerade in den synoptischen Evangelien äußerst selten vorkommen. Über die »Liebe« wird besonders in den (deutero-)paulinischen und johanneischen Schriften reflektiert. (Zur Bezeichnung »Agape« als *Liebesmahl* s. o. Thema B 2.: Abendmahl.)

Für Paulus stellt die Liebe selbst die höchste aller »Geistesgaben« (1 Kor 13) dar: Sie ist dabei sowohl Gabe (**1 Kor 13**) als auch Frucht (Gal 5) des Geistes. Ihren Grund besitzt sie im Tod Jesu Christi für die Sünder (Röm 5), weshalb Paulus auch von der *Liebe Christi* (bzw. Gottes *in* Christus) spricht, von welcher einen Christen *nichts und niemand trennen* kann (**Röm 8**). In 1 Kor 13 spricht Paulus vom »Haben« der Liebe – eine nur noch im joh Schrifttum (s. u.) begegnende Wendung, die den Charakter der Liebe als *Gabe* bzw. Begabung Gottes hervorhebt. Die wechselseitige Liebe (»Bruderliebe«) als Ausdruck christlicher Existenz betont er bereits in 1 Thess 4.

In **Joh 3,16** ist von der Liebe Gottes zur Welt die Rede, die in der Sendung und Hingabe seines Sohnes ihren Ausdruck findet; in **Joh 15** deutet Jesus selbst seinen Tod als »Liebestat«, die dadurch Vorbildcharakter (zum Martyrium?) gewinnt, was er bereits in der Fußwaschung (Joh 13) zeichenhaft zum Ausdruck bringt. Im Abschluss des »Hohenpriesterlichen Gebetes« (Joh 17) äußert Jesus den Wunsch, dass die Jünger in dieser Liebe »bleiben«. Vor einem Verständnis des Liebesdienstes als »Aufruf zum Martyrium« scheint hingegen 1 Joh 3 zu warnen. In **1 Joh 4** wird die Liebe als Gabe Gottes gepriesen, bis hin zu dem Bekenntnis: »Gott ist Liebe. Und wer in der Liebe bleibt, der bleibt in Gott und Gott in ihm.« (1 Joh 4,16)

Die Existenz des »Jüngers, den Jesus liebte« (Joh 13 u. ö.) und seine Kontrastierung mit Petrus, dem Jünger, »der Jesus liebt« (Joh 21), unterstreicht die Bedeutung der Liebesthematik für die johanneischen Schriften. Auch dort ist eine Beziehung zum Martyrium sichtbar: Petrus' Liebesdienst in der Nachfolge besteht in seinem Martyrium – während der geliebte Jünger eines solchen Martyriums nicht bedarf (Joh 21).

### *b) Das Liebesgebot*

Texte: **Mk 12; Mt 5;** Mt 22; **Lk 6; 10**; Röm 13; Gal 5; **Joh 13**,34f; Joh 15; **1 Joh 2**; **2 Joh** 4–6; Jak 2

Im Blick auf das als Grundlegung des christlichen Gesetzesverständnisses maßgebliche **Liebesgebot** lassen sich grob drei Typen unterscheiden:

1. Im Munde Jesu erklingt das »**Doppelgebot** der Liebe« (»Du sollst Gott lieben […] und deinen Nächsten wie dich selbst!«) als »höchstes Gebot« (**Mk 12 parr**).

2. Paulus deutet das Gebot der »**Nächstenliebe**« als »Erfüllung« bzw. »Zusammenfassung des Gesetzes« (**Röm 13**; **Gal 5**). **Lk 10** illustriert das Gebot der Nächstenliebe (im Anschluss an das »Doppelgebot«) am Beispiel des »Barmherzigen Samariters« und weitet damit den Gedanken des »Nächsten« stark aus. Jak 2 deutet die Nächstenliebe gar als Erfüllung des »königlichen Gesetzes« (s. o.).

3. Im joh Schrifttum erscheint es als Gebot »einander zu lieben« (**Joh 13**; 15; **2 Joh** 4–6) bzw. als Gebot der »**Bruderliebe**« (**1 Joh 2–3**).

In Ergänzung zu diesem »alten Gebot« schreibt jedoch der Autor des 1 Joh ein »*neues Gebot*«, das offensichtlich lautet: »Liebt *nicht* die Welt und was in ihr ist!« (1 Joh 2) Die Liebe zu den Brüdern schließt nun also das Gebot zur Weltdistanz, wenn nicht gar zum »Welthass« ein.

Darüber hinaus erscheint im Munde Jesu das in den so genannten »Antithesen« (**Mt 5**; vgl. **Lk 6**) überlieferte Gebot der »**Feindesliebe**« als Radikalisierung des Nächstenliebe-Gebotes.

Als Problemanzeige ist zu bemerken, dass die unterschiedlichen Nuancen evtl. ein unterschiedliches Verständnis widerspiegeln, dem wohl auch eine unterschiedliche Praxis entsprach: Während der Gedanke der »Nächstenliebe« zunächst kein Ansehen der Person voraussetzt, scheint das Gebot der »Bruderliebe« ausschließlich auf den (inneren) Kreis der Christen beschränkt zu sein. Umgekehrt stellt die Feindesliebe eine gegenüber der paulinischen Darstellung radikalisierte Form des Liebesgebotes dar.

## 8. Schöpfung, Schöpfungsmittlerschaft (Christi), Neuschöpfung

Texte: **Mk 10** (parr); **Joh 1**,3.10; **Röm 1;** 4,17; 1 Kor 8,6; Kol 1,16; Hebr 1,2; 2 Kor 5; **Offb 21f**

Die neutestamentlichen Schriften gehen selbstverständlich von der alttestamentlichen Vorstellung Gottes als des »**Schöpfers**« von Himmel und Erde aus, auch wenn dies nicht oft thematisiert wird. In Jesu Worten zur Ehescheidung (**Mk 10** parr) vermischen sich dabei die unterschiedlichen Traditionen zur Menschenschöpfung (vgl. Gen 1; 2). Paulus nimmt sogar an, dass alle Menschen aus der Schöpfung heraus Gottes Werke einsehen könnten (**Röm 1**) und aus Röm 4,17 (»Gott ruft zu dem ›Nichtseienden‹, dass es ›sei‹«) haben bereits die frühen Kirchenväter den Gedanken einer *creatio ex nihilo* abgeleitet.

In einigen möglicherweise sehr frühen Texten wird Jesus selbst als »**Schöpfungsmittler**« angesehen: So formuliert der »Johannesprolog« (**Joh 1,1–18**), dass »durch Jesus (den *Logos*)« die gesamte Welt (gr. *kosmos*) geschaffen wurde; Paulus (1 Kor 8,6) und dem Kolosserhymnus (**Kol 1**,15f) zufolge sind durch Jesus, den »Erstgeborenen aller Schöpfung«, *alle Dinge* (gr. *ta panta*) geschaffen worden. Laut **Hebr 1**,2 wurden durch Jesus die »Weltzeiten« (»Äonen«; gr. *aiôn*) geschaffen.

Der von der alttestamentlichen Prophetie inspirierte Gedanke einer **Neuschöpfung** der Welt (vgl. Jes 65–66) hat das frühe Christentum stark geprägt. So versteht Paulus bereits die Hinwendung zu Christus (oder die Taufe?) als einen Akt der »Neuschöpfung« (vgl. **2 Kor 5,17**: »Ist jemand in Christus, so ist er eine neue *Schöpfung* [gr. *ktisis*]«; vgl. Gal 6,15), daher sind die Gemeinden selbst aus einem »schöpferischen« Prozess entstanden, wie auch der Gedanke, dass Gottes lebendig machender Geist in den Christen ist, nahelegt. **Offb 21–22** verkündet im Anschluss an die alttestamentlichen Propheten eine Vision des »neuen Himmels«, der »neuen Erde« sowie des »neuen Jerusalem«. Zwar dominiert hier stärker als bei Paulus der Gedanke einer *zukünftigen* Neuschöpfung, doch enthält das »neue Jerusalem« zahlreiche Elemente, die es als Bild für die »Kirche« der Gegenwart erscheinen lassen.

## 9. Bund/Testament (gr. *diathêkê*)

Texte: **2 Kor 3**; **Gal 3–4**; **Hebr 8**; vgl. auch Thema B 2 (Abendmahl)

Das gr. Wort *diathêkê* bezeichnet sowohl den »Bund«, d.h. die alttestamentlichen Selbstverpflichtungen Gottes seinem Volk Israel gegenüber, als auch das »Testament« (»Verfügung«) eines Menschen.

Dieser *Polysemie* (gr. Lehnwort = »mehrfacher Sinn«) bedient sich Paulus in **Gal 3** um zu erläutern, inwiefern der Tod eines Menschen dieses »Testament« nicht aufhebt, sondern es vielmehr in Kraft setzt. In **Gal 4** deutet er die zwei Frauen Abrahams (Sara und Hagar) typologisch-allegorisch als »zwei Bundesschlüsse«: Die Christen seien demnach Kinder der Sara, die Juden Kinder der Hagar. In **2 Kor 3** findet sich erstmals die Wendung »Alter Bund« bzw. »Altes Testament«, wobei Paulus pejorativ von den »Schriften des alten Bundes« spricht – von daher hat sich im Christentum der Ausdruck »Altes Testament« eingebürgert.

In der *lukanisch-paulinischen* Fassung des »Kelchworts« zum Abendmahl (Lk 22; 1 Kor 11) begegnet die wohl im Anschluss an die Verheißung Jer 31,31–34 formulierte Wendung »Neuer Bund« bzw. »Neues Testament« (s.o.). Eine regelrechte »Bundestheologie« im Anschluss an Jer 31 entwirft der Hebräerbrief: Jesus Christus wird hier als Mittler eines besseren Bundes verstanden (**Hebr 8**): Der erste Bund gilt als veraltet und dem Ende nahe.

## 10. Gemeindestruktur (Ämter)

Texte: **Apg 1**; **6**; **14–16**; 20; **1 Kor 12**; **Gal 2**; **Phil 1**; 1 Thess 5; Eph 3–4; **1 Tim 3**; 5; **Tit 1**; (2/3 Joh); Offb 1; 2; 21

Bereits in der Frühzeit der paulinischen Mission bilden sich innerhalb der Gemeinden Strukturen aus. Doch die Darstellungen der Apg, der echten Paulusbriefe und der Deuteropaulinen unterscheiden sich signifikant in der Darstellung der Ämter.

Nach Darstellung der **Apg** existierten in Jerusalem zunächst zwei Gremien: das Gremium der »zwölf Apostel« (**Apg 1**; s.o. A 3.c) und das der »Sieben« (**Apg 6**; s.o. A 3.d), die nur indirekt als »Diakone« bezeichnet werden. In Antiochia hingegen ist einmal von »Propheten und Lehrern« die Rede (**Apg 13**), später werden auch die »Ältesten von Jerusalem« erwähnt (Apg 15–16). Im Kontext der Missionsreisen setzt Paulus in verschiedenen Gemeinden »Älteste« (gr. *presbyteroi*) ein (vgl. **Apg 14**,23) – prominent sind die Ältesten von Ephesus, die als Hörer der Abschiedsrede des Paulus in Milet gezeichnet werden (**Apg 20**).

In den echten Paulusbriefen lässt sich eine Entwicklung der Ämter erkennen, die zugleich eine deutliche Differenzierung zulässt. Der älteste Paulusbrief nennt noch keine Ämter, kennt aber bereits bestimmte Hierarchien (»Vorsteher«, vgl. 1 Thess 5). Als »Gremium« der Urgemeinde kennt Paulus offensichtlich nur die drei »**Säulen**« Petrus, Jakobus (Herrenbruder) und Johannes (Zebedäus) (**Gal 2**), dagegen zählt er in **1 Kor 12** drei auch in der Folgezeit bestehende Amtstitel auf: »**Apostel**,

**Propheten** und **Lehrer**« (vgl. zum Apostolat auch A3.c; A5.d). Eine Sondertradition bietet das Präskript in **Phil 1**, das von »**Bischöfen**« (gr. *episkopoi* = »Aufseher«) und »**Diakonen**« (gr. *diakonoi* = [Tisch-]Diener) spricht, ohne dass deren Funktionen deutlich werden. Eine klare Hierarchisierung der Ämter fehlt bis zum Schluss – es scheint sich zunächst um eine pragmatische Amtsführung zu handeln.

Während Kol 1 dem Apostolat des Paulus eine besondere Würde zuschreibt, erscheinen in Eph 3 die Apostel und Propheten als mit besonderer Würde ausgestattete Gestalten der Vergangenheit; **Eph 4** listet schließlich fünf Ämter auf: »Apostel, Propheten, Evangelisten (*vgl. Apg 21*), Hirten und Lehrer«. Doch erst in den **Pastoralbriefen** finden sich Ausführungen zu der späteren Amtstrias **Bischof**, **Diakone** und **Presbyter**: **1 Tim 3** behandelt die Anforderungen an *den* Bischof, der mit Lehre und Verwaltung der Gemeinde betraut ist, sowie an die Diakone, **1 Tim 5** schließlich die Presbyter, deren Aufgabe in Lehre und Verkündigung besteht. **Tit 1** hingegen nennt nur den Bischof, dem die Aufgabe der Lehre und Verkündigung zuerkannt wird, und die Presbyter. Darüber hinaus wird in **1 Tim 5** auch das Amt der »**Witwen**« gesondert erwähnt.

Die *Amtstrias* »Bischof, Presbyter, Diakone« findet sich dann später u. a. in den Briefen des Ignatius von Antiochia (»Apostolische Väter«) wieder.

Im übrigen Schrifttum ist keine klare Ämterstruktur sichtbar: Hebr 13 spricht ausdrücklich nur von »Leitenden«; als »Älteste« kennt er allein die (alttestamentlichen) »Glaubenszeugen« (Hebr 11), »aufsehen« (gr. *episkopein*) und »dienen« (gr. *diakonein*) verwendet er als Verben für die gesamte Gemeinde (Hebr 6; 12). Unklar ist die Funktion des »Presbyter«-Titels als Absender des 2/3 Joh. In den Visionen der Offb spielen (24) »Älteste« eine wichtige Rolle (Offb 4 u. ö.), der Autor bezeichnet sich selbst als »Prophet« (Offb 1) und setzt sich mit »Falschpropheten« (Isebel; Offb 2) auseinander. Die »zwölf Apostel des Lammes« erscheinen dagegen (wie auch in Eph 2) als eine Größe der Vergangenheit (Offb 21).

## 11. Ehe, Ehescheidung, Ehelosigkeit

Texte: **Mk 10; Mt 19**; **1 Kor 7**; Kol 3; Eph 5; 1 Tim 4; Hebr 13, Offb 14

Grundsätzlich lassen sich im Urchristentum zwei Tendenzen beobachten: Einerseits gibt es asketische Forderungen, die auch die Ehelosigkeit, zumindest in bestimmten Fällen, fordern, andererseits ist gerade im jüngeren neutestamentlichen Schrifttum eine Hochschätzung der (Ein-)Ehe sichtbar.

Ein Sonderfall ist die Erwähnung der »Leviratsehe« (»Schwagerehe«) im Kontext der »Sadduzäerfrage« (Mk 12 parr), dass also 7 Brüder mit derselben Frau verheiratet waren. Diese aus dem Alten Testament bekannte Praxis spielt aber in den neutestamentlichen Kontexten sonst keine Rolle. Darüber hinaus findet sich in neutestamentlichen Zusammenhängen mehrfach das Motiv der »Hochzeit« (u. a. mit Jesus als dem »Bräutigam«) als Bild für die messianische Heilszeit bzw. Endzeit (vgl. Mk 2,18–22 parr; Mt 22; 25; Joh 2; 3; Offb 21), das im Folgenden ebenfalls nicht berücksichtigt wird.

In den synoptischen Evangelien ist das von Jesus propagierte Verbot der Ehescheidung bemerkenswert (**Mk 10**), das sowohl eine Scheidung als auch die Wiederverheiratung (Geschiedener) ausschließt. Diese radikale Position, die auch in der Bergpredigt begegnet (vgl. Mt 5), wird dort und in **Mt 19** eingeschränkt: die Scheidung im Fall eines Seitensprungs der Frau wird für legitim erachtet, die Möglichkeit der Ehelosigkeit als Alternative (»Eunuchen um des Himmelreichs willen«) in Mt 19 sogar ausdrücklich hervorgehoben. Im LkEv fehlt diese Perikope, und Lk 16,18 konstatiert lediglich das Scheidungsverbot, die Apg äußert sich gar nicht zu dieser Frage.

Paulus zitiert in **1 Kor 7** das jesuanische Verbot der Ehescheidung als »Herrenwort«, modifiziert es jedoch dahingehend, dass er Ehen zwischen christlichen und nichtchristlichen Partnern von diesem Verbot grundsätzlich ausnimmt. Als Lebensform propagiert er jedoch die von ihm selbst praktizierte Ehelosigkeit; anders als z. B. Kephas (Petrus) und die Brüder Jesu, die von ihren Ehefrauen auf den Missionsreisen begleitet werden (1 Kor 9).

In den *Haustafeln* Kol 3 und Eph 5 wird die wechselseitige Verpflichtung in der Ehe hervorgehoben. Eph 5 bezeichnet die Ehe gar als »Geheimnis« (was in der Tradition zum Verständnis der Ehe als »Sakrament« geführt hat).

Eine Diskussion um asketische Lebensformen scheint hingegen **1 Tim 4** widerzuspiegeln: Hier wird eine offensichtlich von anderen propagierte Pflicht zur Ehelosigkeit als Irrlehre gebrandmarkt; dementsprechend werden dem Bischof und den Diakonen sowie späteren »Witwen« (als Amtsträgern) die »Einehe« (d. h. wohl u. a. auch: Verbot der *Wiederverheiratung*; 1 Tim 3), jungen Witwen hingegen die Wiederverheiratung anempfohlen (1 Tim 4).

Diese Ambivalenz ist auch in anderen Schriften sichtbar: Während Hebr 13 vor der Entehrung der Ehe bzw. der »Befleckung des Ehebetts« warnt, werden in der Apokalypse Männer gepriesen, die sich »nicht mit Frauen befleckt haben«, d. h. jungfräulich geblieben sind (Offb 14).

## 12. Besitz und Besitzverzicht

Texte: **Mk 10** (Mt 19; Lk 18); **Mt 6**; **Lk 5; 14;** 19; **Apg 4–5**; 1 Tim 6; Jak 5; Offb 18

In der Perikope vom »Reichen«, der das ewige Leben erlangen will (**Mk 10** parr), findet sich das berühmte Logion Jesu: »Eher geht ein Kamel durch ein Nadelöhr als ein Reicher in das Reich Gottes.« Eine grundsätzliche Reflexion über das problematische Verhältnis von Reichtum und Nachfolge findet sich aber weder bei Mk noch bei Mt: in der Bergpredigt fordert Jesus zwar, freigiebig Almosen zu spenden, keine Schätze zu sammeln und sich nicht von der »Sorge« bestimmen zu lassen (**Mt 6**), doch erst der dritte Evangelist zeigt ein auffallendes Interesse an der Thematik, indem er einerseits betont, dass die Jünger Jesu »alles« zurücklassen (**Lk 5** u. ö.), und den radikalen Besitzverzicht für die Nachfolge Jesu fordert (**Lk 14; 18**), andererseits einen angemessenen Umgang mit Geld empfiehlt (in einigen Gleichnissen wie auch bei Zachäus [**Lk 19**]). Das Programm einer »Gütergemeinschaft« im Urchristentum entfaltet er dann in **Apg 4–5**: Die frühen Christen haben alles gemeinsam (»Liebeskommunismus«), wer aber von seinem Vermögen etwas zurück behält und so »den Heiligen Geist belügt« (Hananias und Saphira), muss mit der Strafe Gottes rechnen.

Über ein derartiges Ethos im frühen Christentum schweigen die Briefe jedoch im Allgemeinen. Die Kollekte für Jerusalem (s. o. A 5.c), die Paulus einsammelt, fordert zwar Solidarität mit den Geschwistern ein, enthält aber keinerlei grundsätzliche Kritik am Reichtum. Paulus' »demütige« Grundhaltung (s. o. A 5.d), die eine Indifferenz gegenüber weltlichen Gütern impliziert, könnte aber eine »asketische« Theologie, die den Verzicht auf weltliche Güter propagiert, befördert haben (vgl. 1 Kor 7; 9). Die massivste Polemik gegen Reichtum (und die »Reichen« überhaupt) bietet der Jakobusbrief (Jak 5); vor der »Liebe zum Geld« und der Gefahr des Reichtums warnt immerhin auch 1 Tim 6. Klare Kritik an den »Kaufleuten der Erde«, die sich mit der »Hure Babylon« (= Rom) eingelassen haben, äußert der Apokalyptiker Johannes (Offb 18) in der Vision vom »Fall Babylons«.

Am Rande ist immerhin zu vermerken, dass die Evangelisten Judas bei seinem Verrat offenbar auch *finanzielle Motive* unterstellen (vgl. Mk 14; Mt 26; Lk 22); im JohEv wird er gar als »Dieb« gebrandmarkt, der die »Kasse« bei sich trug (vgl. Joh 12–13).

## 13. Verhältnis zur (römischen) Staatsmacht

Texte: **Mk 12**; (Mt 22; Lk 20); **Joh 19**; **Apg 5,29; 18–19** u. ö.; **Röm 13**; 1 Tim 2; Tit 3; **1 Petr 2**; **Offb 13; 17f**

Da Jesus den **Kreuzestod** erlitt, d. h. nach außen hin als jüdischer Verbrecher bzw. Aufrührer von der römischen Besatzungsmacht hingerichtet wurde (vgl. auch den »Titulus« am Kreuz!), stand das frühe Christentum *zwangsläufig* unter einem Generalverdacht, den es ausräumen musste. Aus frühchristlicher Zeit sind drei lokale Christenverfolgungen bekannt: Gemeinhin gilt das Edikt unter Kaiser Claudius, der im Jahre 49/50 aufgrund eines Tumults »*ex impulsore Chresto*« (Tacitus) die Juden aus Rom vertrieb, als früheste belegte »antichristliche« Maßnahme (vgl. Apg 18: Paulus trifft in Korinth mit Priscilla und Aquila zusammen, die aus Rom vertrieben worden waren). Unter Kaiser Nero kam es in der 60er Jahren zu ersten Christenverfolgungen in Rom, denen der Legende nach auch Petrus und Paulus zum Opfer fielen. Auch Kaiser Domitian (81–96) gilt als Christenverfolger. Das wichtigste zeitgeschichtliche Dokument aus dem 2. Jh. ist ein Briefwechsel zwischen dem Kaiser Trajan und Plinus d.J., der um 115 als Statthalter in der Provinz Pontus Bithynien auf Christen trifft, deren Glauben als harmlose *superstitio* (Aberglauben) wertet, aber den Kaiser fragt, wie man mit ihnen verfahren soll. Es ist das erste Schreiben, das sich mit dieser Problematik auseinandersetzt. Man erfährt, dass es dort zu Prozessen gekommen ist – möglicherweise rekurriert der 1 Petr auf eine solche Situation (s. o.).

Die Synoptiker überliefern nur eine einzige Erzählung, in der die Stellung Jesu zum römischen Kaiser diskutiert wird, und zwar die so genannte »**Steuerfrage**« bzw. »Zinsgroschenperikope« (**Mk 12** parr), als deren Pointe das Wort Jesu gilt: »Gebt dem Kaiser, was des Kaisers ist«. Alle vier Evangelien berichten jedoch, dass Jesus als »König der Juden« gekreuzigt wurde; er wurde also als Messiasprätendent oder Aufrührer hingerichtet, deren es im 1. Jh. einige gab (vgl. u.a. Apg 5: »Judas der Galiläer« und »Theudas«, wohl auch der Übeltäter Barabbas [Mk 15 parr]). Dass Pontius Pilatus mit Aufrührern kurzen Prozess machte, illustriert die kurze Notiz von der Niederschlagung eines Aufstands in Lk 13. Die nur in Mt 17 zu findende Perikope von der »Tempelsteuer« verdeutlicht, dass auch das Verhältnis zur Tempelaristokratie geklärt werden musste, der im 1. Jh. auch politische Macht übertragen war.

Im JohEv ist das Verhältnis zur römischen Staatsmacht scheinbar ebenso distanziert wie zur »Welt« überhaupt. Jesus formuliert: »Mein Reich ist nicht von dieser Welt« (**Joh 19**); dass die »Juden« sich im Kontext dem Kaiser unterordnen, kann als antijüdische Polemik gedeutet werden. Die Welt hasst die Jünger wie sie Jesus gehasst hat, und die Verfolgungen sind Ausdruck dieses Hasses (Joh 15–16), doch die einzig angemessene Reaktion scheint das Martyrium zu sein (vgl. Joh 15: Liebe als Hingabe des Lebens *für die Freunde*).

Die Apg schildert hingegen das Verhältnis zur römischen Staats- und Besatzungsmacht ambivalent. Grundsätzlich gilt die *Clausula Petri* (**Apg 5,29**): »Man muss Gott mehr gehorchen als den Menschen« Die Vorwürfe gegen Christen (sie seien Wirtschaftsfeinde oder gar Staatsfeinde und betrieben Gotteslästerung) werden vom Prokonsul Gallio in Korinth wie von dem Stadtschreiber von Ephesus (**Apg 18–19**) zurückgewiesen. Paulus selbst erwirkt durch sein römisches Bürgerrecht eine Appellation an den Kaiser und wird – römischer Rechtspraxis entsprechend – nach Rom überführt (Apg 22; 26–28). Das Verhältnis zum Staat wird grundsätzlich positiv dargestellt, wobei zugleich Amtsmissbrauch und Willkür auf Seiten des Staates wie auf Seiten der jüdischen Tempelgerichtsbarkeit angeprangert werden.

Paulus selbst behandelt die Frage in **Röm 13**, einem Text, der wirkungsgeschichtlich über Augustin und Luther die protestantische Staatsauffassung maßgeblich geprägt hat. Demnach ist die *Obrigkeit* »von Gott eingesetzt«, ihr ist Gehorsam zu leisten und ihr sind Steuern zu entrichten, weil ihr das Amt zu richten, zu strafen und zu belohnen aufgetragen ist. Auf diesem Wege verzichtete das frühe Christentum auf eine »Eigengerichtsbarkeit«, wie sie z.B. das Judentum für sich beanspruchte (vgl. aber auch die Forderung des Paulus in 1 Kor 6, dass Christen nicht vor heidnischen Gerichten Prozesse führen sollen).

In der Paulustradition wird dieses grundsätzlich positive Verhältnis zur Staatsmacht (trotz erlittener Verfolgungen; vgl. 2 Kor 11!) fortgeführt: In **1 Tim 2** wird die »Fürbitte für den Kaiser« anempfohlen, in Tit 3 fordert der Autor von den Gläubigen, sich den Machthabern und Autoritäten unterzuordnen. Und selbst der 1 Petr mahnt trotz der drohenden Verfolgung um des Namens willen zur Staatsloyalität, die entfernt an Apg 5,29 erinnert: »Fürchtet Gott, ehrt den Kaiser« (**1 Petr 2,17**).

Die einzige neutestamentliche Schrift, welche die römische Staatsmacht sichtbar attackiert, ist die Apokalypse: In der Darstellung der »Hure Babylon« (**Offb 17–18**) wird Rom als satanische Macht entlarvt, die dem Untergang geweiht ist. Ein römischer Kaiser erscheint als das »Tier« aus dem Abgrund mit der Zahl eines Menschen

(666; vgl. **Offb 13**), der von einem zweiten Tier, dem »Falschpropheten«, begleitet die Menschen von Christus wegführen möchte.

## 14. Engel (Engellehre)

Texte: **Mk 13; Mt 1f; 18; Lk 1f; Hebr 1–2; Gal 1; 3**; 2 Kor 12; Hebr 1–2; **Offb**

Engel spielen im Neuen Testament eine nicht unbedeutende Rolle, wenngleich ihre *theologische Relevanz* eher gering zu veranschlagen ist. Wie im Alten Testament sind die mit ihnen verbundenen Vorstellungen zudem sehr disparat. Zunächst einmal bedeutet das gr. Wort *aggelos* »Bote (Gottes)« – und bezeichnet Gestalten, die Gott sendet, um mit Menschen zu kommunizieren. Aus diesem Grund hat es auch im frühen Christentum wohl eine »Engelchristologie« gegeben, d. h. die Vorstellung, dass Jesus ein »Engel Gottes« gewesen sei (s. u.).

Im MkEv wird Jesus nach seiner Versuchung durch den Teufel von Engeln »bedient« (Mk 1,13; vgl. Mt 4); ansonsten sind Engel v. a. mit der eschatologischen Ankunft des »Menschensohns« verbunden (Mk 13; vgl. Mk 8; [Mt 24f; Lk 12]). Die **richtende Funktion** der Engel wird auch in Mt 13 (vgl. Mt 24) hervorgehoben, wohingegen in Lk 16 die Engel als Begleiter und Führer eines Toten auftreten. Dagegen sagt Jesus im Blick auf die »Sadduzäerfrage« (Mk 12), dass nach der Auferstehung alle Menschen »wie die Engel im Himmel« seien. Die Gestalt(en) am leeren Grab (Mk 16) werden erst in den späteren Evangelien als »Engel« gedeutet (Mt 28; Lk 24,23; Joh 20).

In der »Vorgeschichte« des MtEv erscheint Josef dreimal ein Engel im Traum (Mt 1–2). *Locus classicus* für christliche (Schutz-)Engeltheologie ist **Mt 18,10**, wo Jesus über die »Kleinen« sagt: »Ihre Engel im Himmel schauen allezeit das Angesicht meines himmlischen Vaters.« Ansonsten überwiegt jedoch auch im MtEv der Aspekt der Engel als »Richtergestalten« (s. o.).

Im LkEv und in der Apg sind Engel wichtige **Mittlerwesen**, vor allem in den Geburtsgeschichten (Lk 1–2). Sie überbringen den ersten Christen wichtige Botschaften (Lk 24; Apg 8; 10) und stehen nicht nur Jesus im Todeskampf bei (Lk 22 [aber: *textkritisch umstritten*]), sondern helfen den Aposteln auf vielfältige Weise (Apg 5; 12; in Apg 27 auch *Paulus* und den Schiffsreisenden) wie umgekehrt der Bösewicht Herodes von einem Engel gestraft wird (Apg 12).

Während also die Synoptiker entweder positiv von den Engeln als *Boten Gottes* sprechen (allein Mt 25 kennt auch »Engel des Teufels«), aber auch deren richtende Funktion unterstreichen, zeichnet Paulus ein **ambivalentes Engelbild**. Die Stimme des »*Erzengels*« kündet das endzeitliche Gericht an (1 Thess 4). Das Gesetz ist nach Paulus durch Engel gegeben (**Gal 3**; vgl. Apg 7; Hebr 2), was offensichtlich abwertend zu verstehen ist, denn selbst wenn ein »Engel vom Himmel« ein »anderes Evangelium« verkündigen würde, das dem »ursprünglichen Evangelium« widerspreche, sei dieser verflucht (**Gal 1**). An vielen Stellen spricht er von »dämonischen«, d. h. die Menschen bedrohenden Engelgestalten (vgl. z. B. Röm 8; 1 Kor 11 oder der Paulus quälende »Satansengel« in **2 Kor 12**), in 2 Kor 11 meint er gar, der Satan selbst tarne sich als »Engel des Lichts«.

Dem entspricht die Ablehnung einer Engelverehrung im Kolosserbrief (Kol 2). Der Hebräerbrief bestreitet offenbar eine Position, die Jesus Christus als »Engel« ansieht (*Engelchristologie?*; **Hebr 1–2**) und hebt die über alle Engel erhabene Stellung Christi wie der Gläubigen hervor. Jud 6 und 2 Petr 2 thematisieren Gottes *Gericht über die Engel* im Sinne einer Warnung an die Christen.

Zeigen die johanneischen Schriften grundsätzlich ein geringes Interesse an Engelwesen (Joh 1,51 wird eine »Engelsvision« angekündigt, doch nur in Joh 20 erscheinen tatsächlich zwei Engel [s. o.]; die Johannesbriefe erwähnen keine Engel), so ist die *Johannesapokalypse* durchzogen von Engelsgestalten unterschiedlicher Art. Hier sind *mindestens* **drei Typen von Engeln** zu unterscheiden: 1) Der »*Offenbarungsengel*«, der die »Apokalypse« selbst überbringt (Offb 1; 22) und zwischenzeitlich als Deuteengel in Erscheinung tritt; 2) die »*Engel der Gemeinden*«, an die der Apokalyptiker schreiben soll (Offb 2–3), wobei unsicher ist, ob sich dahinter die apokalyptische Vorstellung himmlischer »Repräsentanten« verbirgt oder ob damit symbolisch die »Gemeindeleiter« bezeichnet werden, und 3) *Himmelswesen*, Mitglieder des himmlischen Hofstaates (Offb 5), die als Vollstrecker des göttlichen Gerichts, z. B. als Träger der sieben Posaunen (Offb 8–9) und der sieben Schalen bzw. Plagen (Offb 15–16) tätig sind. Hinzu kommen in Offb 14 sechs Engel, die unterschiedliche Botschaften verkünden, aber auch der »Erzengel **Michael**« (**Kap. 12**), der im Himmel einen Kampf mit dem Drachen ficht.

Weitere Engelgestalten sind die vier Engel an den Enden der Erde (Kap. 7), die vier »Todesengel« am Euphrat (Kap. 9), der Engel mit der Buchrolle (Kap. 10), die Engel, die den Untergang Babylons verkünden (18), der Engel mit dem Schlüssel zum Abgrund (20) und schließlich die zwölf Engel, welche das himmlische Jerusalem bewachen (Kap. 21).

## 15. Auferstehung/postmortale Existenz

Texte: **Mk 12 parr (Mt 22; Lk 20)**; Lk 16; 23; Apg 17; 22; **Joh 5; 11**; 14; Röm 6; 1 Kor 15; 1 Thess 4; 2 Kor 5; 2 Thess 2; Kol 2,12; 2 Tim 2; **Offb 20**

Grundsätzlich ist zu unterscheiden zwischen der Botschaft von der *Auferstehung des gekreuzigten Jesus* als Urdatum des Christentums und der Vorstellung einer *allgemeinen Totenauferweckung*, die im Frühjudentum gewöhnlich für den »jüngsten Tag«, den endzeitlichen Gerichtstag, den »Tag JHWHs« (vgl. Am 5; Joel 3 u. ö.), erwartet wird. Die Auferweckung Jesu thematisieren die Ostererzählungen der Evangelien und die Missionsreden der Apg. Vergleicht man dies mit den Aussagen bei Paulus, wird deutlich, dass »Auferstehung« und »Himmelfahrt« (anders als in Lk 24; Apg 1) in der Theologie des Paulus identisch sind: Der auferstandene Herr ist der zu Gott erhöhte, mit Macht ausgestattete *Kyrios*. Das Bekenntnis zur Auferweckung hat soteriologische Konsequenzen: Sie ist Grundlage des Rechtfertigungsgeschehens (vgl. Röm 10,9f). Obwohl also die »Auferstehung Jesu« und die »Auferstehung der Toten« zu unterscheiden sind, macht Paulus deutlich, dass das Bekenntnis zum *einen* die Hoffnung auf das *andere* einschließt (v. a. 1 Kor 15).

In Mk 9 fragen die Jünger Jesus im Anschluss an seine Verklärung: »Was ist das: ›Auferstehung von den Toten‹?« Die Sadduzäer wollen Jesus anhand einer Beispielgeschichte die Absurdität der Auferstehungsvorstellung vor Augen führen – doch Jesus erläutert ihnen, dass die Auferstandenen »wie die Engel im Himmel« seien (**Mk 12**; vgl. Mt 22; Lk 20).

Im LkEv wird die Auferstehung Jesu »leiblich« gedeutet, wie die Darstellung des Essens mit dem Auferstandenen (**Lk 24**) unterstreicht – daher bedarf es auch einer zusätzlichen »Himmelfahrt« Jesu (Lk 24; Apg 1). Von einer »Auferstehung der Gerechten«, bei der rechtes Verhalten belohnt werde, ist in Lk 14 am Rande die Rede. In der Apg erscheint die »Auferstehung der Toten« als Spezifikum christlicher Lehre: in Athen wird sie zum Anlass für die Philosophen auf dem Areopag, Paulus nicht mehr ernst zu nehmen (**Apg 17**); ihretwegen wird Paulus in Jerusalem angeblich angeklagt (**Apg 22**). Allerdings begegnen im lk Doppelwerk auch andere postmortale Vorstellungen: So befindet sich in Lk 16 der gestorbene Lazarus »in Abrahams Schoß«, während der Reiche gepeinigt wird – und am Kreuz verheißt Jesus dem reumütigen Mitgekreuzigten, er werde »noch heute« mit ihm »im Paradies« sein (Lk 23).

Ebenfalls widersprüchlich erscheint hier das JohEv. In **Joh 5**,28f spricht Jesus von einer »doppelten Auferstehung«: einer Auferstehung des Lebens und einer Auferstehung des Gerichts (dies erinnert an Dan 12,1–3). Doch im Gespräch Jesu mit Martha eröffnet ihr Jesus: »Ich bin die Auferstehung und das Leben« (**Joh 11**), als sie ihm erklärt, sie erwarte die Auferstehung »am jüngsten Tag«. In **Joh 14** kündigt Jesus an, beim Vater »Wohnungen« für die Jünger zu bereiten. Da das »ewige Leben« im JohEv bereits *gegenwärtiges* Heilsgut ist und das Gericht sich schon in der Gegenwart vollzieht (vgl. Joh 5; 12), erscheint die »Auferstehung« lediglich als »Verlängerung« dieser (»präsentischen«) Heilsperspektive; demgemäß formuliert Jesus in Joh 6 wiederholt, er werde den Glaubenden »am jüngsten Tag auferwecken«.

Paulus äußert sich in seinen Briefen mehrmals zu dieser Frage. Aus **1 Thess 4** geht hervor, dass er eine allgemeine Totenauferstehung für bereits verstorbene Christen erwartet und dass alle gemeinsam bei der Parusie ihrem Herrn begegnen werden. In Korinth setzt er sich mit Leugnern der Auferstehung auseinander; dabei erinnert er an das Zeugnis von der Auferstehung Jesu und beseitigt anschließend das Missverständnis, Auferstehung sei »fleischlich« zu verstehen – vielmehr würden alle Christen beim Zeitpunkt der Auferstehung *verwandelt* in einen »Geistleib« (hierfür verwendet Paulus das Bild vom Samenkorn) und damit Christus gleichgestaltet (**1 Kor 15**). In **Röm 6** formuliert er: »Wie Christus auferstanden ist von den Toten, so werden auch wir in einem neuen Leben wandeln« (futurisch). Ähnlich wie im LkEv finden sich jedoch auch bei Paulus Aussagen, in denen der Tod den Übergang zum »Sein in/bei Christus« markiert (vgl. **Phil 1**: »Ich habe Lust zu sterben und beim Herrn zu sein«; umstritten ist die Deutung von 2 Kor 5,1–10).

In der Paulusschule wurde offensichtlich über diese Frage kontrovers gestritten: Nach **Kol 2**,12 sind die Gläubigen bereits »mit Christus auferweckt durch den Glauben«; und auch Eph 2 formuliert, sie seien »mit Christus gestorben und auferweckt.« 2 Tim 2 nennt hingegen zwei *Irrlehrer*, Hymenäus und Philetus, die behaupten: »Die Auferstehung ist schon geschehen.«

2 Thess 2 schließlich scheint die Aussagen aus 1 Thess 4 korrigieren zu wollen, indem der Autor anstelle der von Paulus formulierten »Naherwartung« einen »apokalyptischen Fahrplan« der Endereignisse präsentiert: Etwas halte den Verlauf der Zeit noch auf (das »Katechon«) und am Ende werde Christus in einem Kampf siegen und die Endzeit herbeiführen. Dies erinnert stark an die Darstellung in Offb 19–20. **Offb 20** unterscheidet darüber hinaus eine erste und eine zweite Auferstehung (der »Märtyrer« – zum »Endgericht«).

## *C) Vorliterarische Traditionen*

### 1. Traditionsstücke und vorliterarische Formeln

Texte: **Röm 1,3f**; Röm 3,25; 4,24b-25; 10,9f; **1 Kor 11,23b-25**; **1 Kor 15,3b-5**; 1 Tim 6,13–16

Die hier aufgelisteten Traditionsstücke wurden bereits mehrfach angeführt. Allein 1 Kor 11,23b-25 und Röm 15,3b-5 sind deutlich als »Traditionsstücke« gekennzeichnet, alle übrigen Texte enthalten traditionelle Vorstellungen, könnten aber auch von Paulus selbst formuliert worden sein, sie sprechen vom Sühnetod Jesu (Röm 3,25; 4,24b-25), von der Sohnschaft Christi (Röm 1,3f) und vom notwendigen Bekenntnis zum auferweckten Herrn (Röm 10,9f). Als Hintergrund für 1 Tim 6,13–16 wird ein urchristliches Ordinationsbekenntnis vermutet.

### 2. »Hymnen« und Lieder

Texte: **Lk 1,46–55**, **1**,68–79; **2**,20–23; Joh 1,1–18; **Phil 2,6–11**; **Kol 1,15–20**; 1 Tim 3,16; Offb 5; 15

Die drei lukanischen Hymnen, das *Magnificat* der Maria (Lk 1,46–55), das *Benedictus* des Zacharias (Lk 1,68–79) und das *Nunc Dimittis* des Simeon (Lk 2,20–23) sind deutlich als poetische Texte bzw. Gesänge im Erzählverlauf gekennzeichnet. Die Offb enthält eine Reihe von Texten, die evtl. auf urchristliche Hymnen zurückgehen. Zwei werden als Lied benannt: das Lied der vier Gestalten und der 24 Ältesten (Offb 5) und das »Lied des Mose und des Lammes« (Offb 15). Als »Christushymnen« bezeichnet man aber auch die Traditionsstücke in Phil 2,6–11 und Kol 1,15–20 sowie den kurzen Text 1 Tim 3,16. Auch der Prolog des JohEv lässt sich als »Logoshymnus« lesen.

## XV. Ein hermeneutisches Nachwort

Die einstige Zentralstellung der Bibel im Protestantismus hat seit der Aufklärung ihre Begründung immer mehr verloren – daran hat auch die »Dialektische (Wort-) Theologie« grundsätzlich nichts geändert. Die notwendige historische Kritik hat nicht nur den Gedanken der »Schriftinspiration« zunichte gemacht und die Grenzen des Wissens über den »historischen Jesus« sowie über die Geschichte des Urchristentums aufgezeigt, sondern auch die Vielstimmigkeit des neutestamentlichen Zeugnisses aufgedeckt, in welchem der christliche Glaube als ein Konglomerat menschlicher Erfahrungen und Deutungen zutage tritt. Mit den Worten E. Käsemanns begründet daher »[d]er neutestamentliche Kanon [...] *als solcher* nicht die Einheit der Kirche [...], [sondern] in seiner dem Historiker zugänglichen Vorfindlichkeit [...] die Vielfalt der Konfessionen.«

Diese Einsichten sind unumstößlich – aber auch heilsam. Sie verbieten, das Neue Testament als »Gesetzbuch« misszuverstehen. Sie verbieten, einander widersprechende Aussagen vorschnell zu harmonisieren. Sie nötigen jede Leserin und jeden Leser dazu, nicht beim »Buchstaben« stehen zu bleiben, sondern nach dem *Sinn* der Texte zu fragen. Sie regen zum Nachdenken über den Glauben an. Die Begegnung mit den Texten kann persönliche Glaubensüberzeugungen erschüttern – und sie kann dem Glaubenden neue, bisher unbekannte, ungeahnte Wege eröffnen. Dabei ist jeder Zugang zum Neuen Testament legitim, sofern er dem literarischen Charakter der neutestamentlichen Schriften und der *Sache* des Neuen Testaments nicht widerspricht. Wie diese *Sache*, das »Evangelium«, in Worte gefasst werden kann, ist aber jeder Generation neu als Aufgabe gegeben, denn »der Kanon [...] ist nicht einfach mit dem Evangelium identisch und Gottes Wort nur insofern [...] er Evangelium ist und wird. *Insofern* begründet dann auch *er* Einheit der Kirche.« (*E. Käsemann*)

Als selbsternannter »Anwalt« und zugleich »Sklave« des Textes habe ich versucht, die Schriften des Neuen Testaments *selbst* zu Wort kommen zu lassen, Zugänge zu ihren Inhalten zu bahnen und dabei Strukturen aufzuzeigen, um Lektüre und Memorieren zu erleichtern. Ob mir das angemessen gelungen ist, darüber mögen *Sie* nun urteilen. Offenkundige Fehler sollten Sie mir verzeihen und auch aus diesen lernen; denn *richtig verstanden* will mein Buch *zur Lektüre des Neuen Testaments anregen*, nicht diese ersetzen.

Abschließend sei gesagt: Die Begegnung mit diesen Texten setzt keinen »Glauben« voraus. Wer aber als *Glaubender* an die Texte herantritt, wird notwendig Fragen stellen, und in dieser fragenden Begegnung *kann* der Glaube wachsen und reifen, lebendig bleiben und mir meine Existenz neu erschließen.

In diesem Sinne gilt weiterhin das Wort des Pietisten J. A. Bengel (1687–1752):

*Te totum applica ad textum, rem totam applica ad te.*
»Wende dich ganz dem *Text* zu, (und anschließend) wende die ganze *Sache* auf dich an.«